Sources et reflets de l'h...

SOURCES
et
REFLETS

de l'histoire de France

EDITED BY

MADELYN GUTWIRTH
WEST CHESTER STATE COLLEGE

MARCEL M. GUTWIRTH
HAVERFORD COLLEGE

JOHN P. SPIELMAN, JR.
HAVERFORD COLLEGE

New York
OXFORD UNIVERSITY PRESS
London   1972   Toronto

PREFACE

 This book is intended for the classroom, where we hope it will prove a useful tool. Our purpose is simple: to acquaint students with the general pattern of French history through the words of the men who made it and the reflections of their contemporaries. The course of history, in this manner, is recorded both in the statements and documents left by those who made it and in the lively and often impassioned reactions of poets and thinkers speaking in the name of those who endured it.

Each chapter presents a period in French history; the divisions are familiar and traditional. In each chapter we have tried to include a number of sources of varying linguistic difficulty, and of literary as well as purely historical interest, among which a teacher can select those most appropriate to the course concerned and to the linguistic achievements of his students. The introductions, prepared by the editors, do not pretend to give a complete and comprehensive history of each period, but rather provide a coherent framework which will help in understanding the sources.

For courses in French civilization and literature we have attempted to provide a core around which longer literary works can be assigned. The student of history can find here supplementary source reading. Graduate students preparing to demonstrate a reading knowledge of French can sample a variety of styles from the different periods. For all students we hope that this book will help bridge the gap between formal language instruction and the use of French as a medium of study.

The vocabulary appended to this book assumes a basic knowledge of French: the common verbs and their forms, obvious cognates, and simple idioms. The selections have been silently edited where it seemed advisable to do so in order to preserve the essence of the statement, yet avoid obscure references or long digressions. All sources from the earlier period have been modernized in spelling, but the original syntax has been preserved, with footnotes used occasionally to explain obscure phrases.

We are grateful to many who have assisted in the assembling of this collection. The staffs of the Haverford College Library and the New York Public Library have been very helpful indeed. Professor Constantine Christophides of the University of Washington has made many helpful suggestions. Martin Fuller, a student at Haverford College, assisted in the location and selection of the *Mazarinades;* Stanton Lovenworth, also a Haverford College student, assisted in preparing the vocabulary. We are also grateful for the cooperation of many publishers and copyright holders who have released selections for reprinting here; acknowledgment for these is made in the citation of each work.

Haverford, Pennsylvania   M. G.   M. M. G.   J. P. S.
October 1971

CONTENTS

VIII   La Deuxième République et le Second Empire   229

IX   La Troisième République   267

X   L'Entre-deux-guerres   307

XI   La Quatrième et la Cinquième République   343

MAP DESIGN BY DAVID LINDROTH

Sources et reflets de l'histoire de France

INTRODUCTION

During what we call the Middle Ages a new European civilization arose from the ruins of the ancient Mediterranean world of Rome. At the center of this new, European world, between the Pyrenees mountains and the Rhine, lay the kingdom of the Franks, a Germanic tribe whose military conquest of Roman Gaul stamped their name on what became the richest and at times the most powerful nation of Europe.

Nature was kind to the land of France, and even before Cæsar conquered Gaul for Rome, the many primitive tribes there had developed a mixed agricultural system, herding livestock and tilling the heavy, rich soil with wheeled plows. Primitive social organization centered on the family clan, with real or mythical kinship relations and the seasonal round of labor providing the structure and limits of life in the tranquil interludes between the frequent calamities of war and famine.

A warrior caste, usually left over from the latest incursion of marauders, provided the elite ruling class. For several centuries before the Roman conquest the Celts filled this role in Gaul and much of the rest of northern Europe, bringing with them a cultural vigor and an ability to adapt some of the technology of the more advanced eastern Mediterranean civilizations.

Cæsar's well-publicized Gallic wars (58–51 B.C.) endowed Rome with a vast and immensely wealthy province. Roman legions planted their camps and forts, suppressing local rebellion. Roman landowners and merchants brought their organizing skills and production techniques. Cities grew rapidly around the army camps and at intersections in the incomparable road system. Gaul, like all the imperial provinces, was a tributary of Rome, paying in produce, soldiers, and slaves for the benefits of

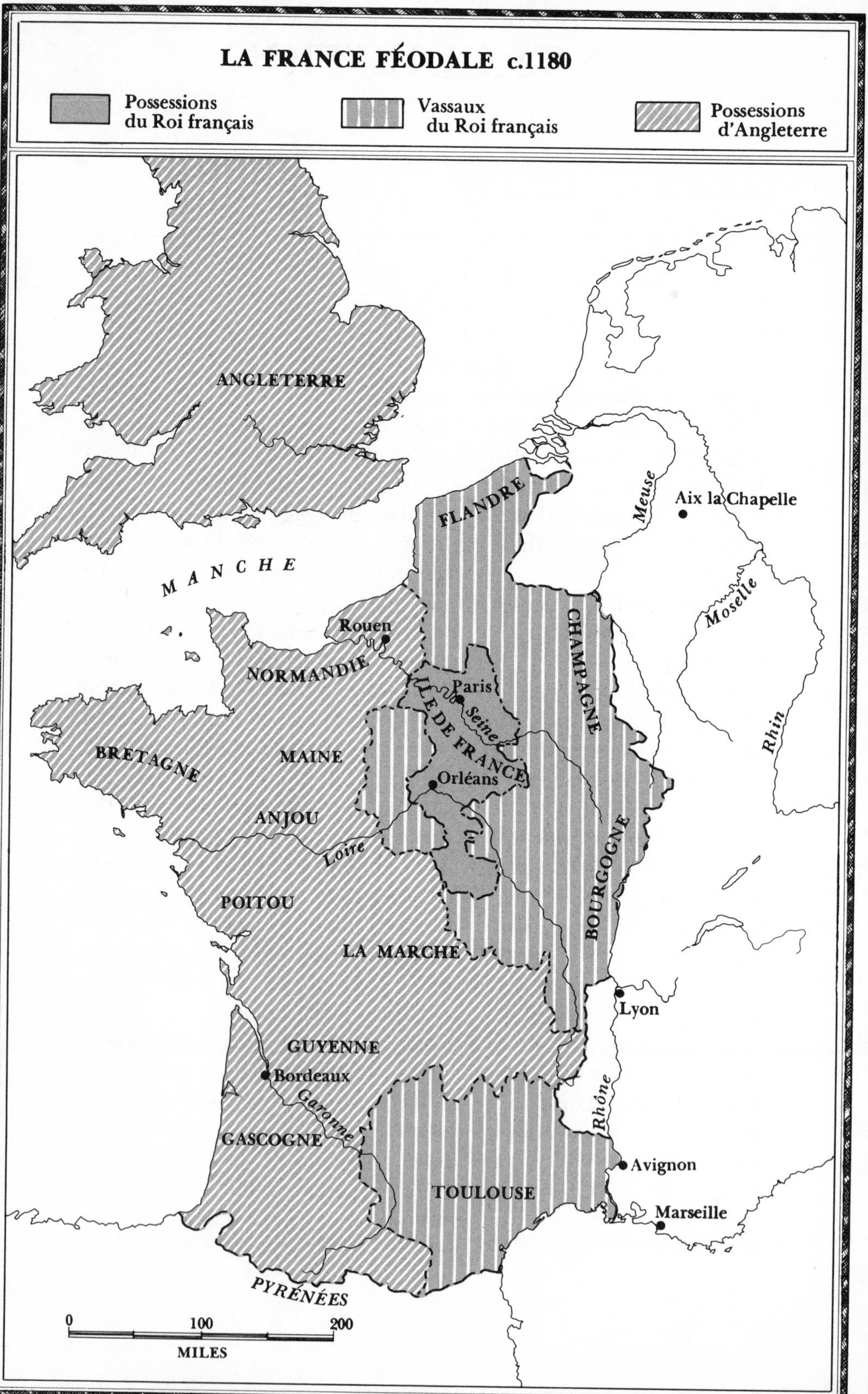

LA FRANCE FÉODALE c.1180

Possessions du Roi français

Vassaux du Roi français

Possessions d'Angleterre

ANGLETERRE

FLANDRE

Meuse

Aix la Chapelle

Moselle

MANCHE

CHAMPAGNE

Rhin

Rouen

NORMANDIE

ÎLE DE FRANCE

Paris

Seine

BRETAGNE

MAINE

Orléans

ANJOU

BOURGOGNE

Loire

POITOU

LA MARCHE

Lyon

GUYENNE

Bordeaux

Garonne

Rhône

GASCOGNE

Avignon

TOULOUSE

Marseille

PYRÉNÉES

0   100   200

MILES

Roman protection, government, and commerce. The old languages gave way gradually to various forms of vernacular Latin, giving access to the written word and to a cosmopolitan body of learning, literature, and law.

For over five centuries Gaul shared the turbulent fate of Rome. Gallic legions took part in the sordid and triumphant conquests of Asian provinces, and in the endless civil wars among Roman armies disputing the imperial succession. Provincial cities experienced their urban unrest, tax riots, and ideological crises. Rural life moved at a slower pace and clung to more traditional ways. The old wheeled plow, best suited to heavy soil reclaimed from the forest, never gave way to the clumsy Roman plow. Similarly, rural religion, largely derived from the nature worship of primitive ages, was only superficially modified by the official cults of Rome. The contrast between urban restlessness and rural conservatism, so characteristic of French life in more recent times, was in one sense built into the society in its earliest history.

The *Pax romana,* and all the costly blessings it brought with it, began to crumble in the third century of the Christian era. Just as the barbarian tribes outside the empire increased their attacks on the long and precarious frontier, internal political crises set off a series of civil wars within the empire. The legions, formerly servants of the state, became its master; their maintenance a financial burden greater than the resources of the empire could bear. Gaul saw its share of violence, especially during the reigns of Valerianus (253–9) and Probus (276–81). Both emperors had to defend Gaul from the Franks and other Germanic peoples who crossed the Rhine in search of plunder. Not until the long reigns of Diocletian (284–305) and Constantine the Great (306–37) did the imperial power become strong enough again to master, at least temporarily, both rebellion in the armies and barbarian invasions.

Constantine abandoned the empire's traditional official hostility to Christianity, a sect which had spread widely despite persecution. During Constantine's reign the church rapidly became the center of active intellectual and social life, at the same time absorbing from the classical tradition whatever was congenial to its doctrines. Ecclesiastical organization, clandestine for over two centuries, took its place beside the imperial bureaucracy. As secular government declined in the western provinces of the empire, the bishops assumed greater authority in municipal affairs, becoming in many cases virtual rulers of provinces and cities.

From time to time throughout the third and fourth centuries, bands of eastern and Germanic tribes had penetrated within the empire only to be expelled by the legions; or, if they proved strong enough to defend themselves, they were permitted to settle as allies within the frontier and become part of the imperial system. Finally in 406 the western frontier collapsed, as whole populations pushed across the Rhine and into Gaul and Italy. In the wake of the terrifying depredations of the Vandals, the Franks moved out from their original settlements on the lower Rhine into Roman Gaul. Sometimes allied with the Romans against other barbarians, more often looking for new lands for themselves, they gradually penetrated the whole of northern France, replacing or living alongside the impoverished and weak provincial landlords. By the time King Clovis (Chlodovech, 481–511) united the Frankish tribes into a single kingdom, the Roman Empire of the west had disappeared. Clovis, the greatest ruler of the Merovingian house, was converted to Christianity around 496 and won the support of the bishops against competing tribes, who were either still pagan, or, like the Visigoths, Arian heretics. Before his death he brought most of what is now France under his rule, established a firm alliance between the crown and the Roman church, and made Paris the center of his kingdom.

The violent and confused age following the death of Clovis, vividly portrayed in all its brutal detail by Gregory of Tours, provided a crucible in which the elements of a new nation were fused. The Franks themselves divided culturally into a southern group which rapidly adopted the Latin speech, and a northern group which retained the ancestral Germanic tongue. The kings, from Clovis on, divided their realms among all their heirs, leaving their sons to fight and murder each other in order to reunite the territories. Dagobert (628–38), the last strong ruler among the descendants of Clovis, inherited a united kingdom which he passed on to his feeble heirs, the pathetic *rois fainéants* of the seventh and eighth centuries. As the kings degenerated, the managers of the royal household or Mayors of the Palace became the real rulers.

In government as in the church the Merovingians clung to the fiction that Rome lived on, but though some of the forms were still observed, the reality had changed substantially. The counts and dukes who were set up as provincial administrators with traditional Latin titles were in fact little more than leaders of armed bands more interested in plunder and extortion than in maintaining public order. Their payment took the form of various privileges which allowed them to exploit the territories entrusted to their administration. Any public administration, in the Roman sense, that remained was largely a matter for the church. The clergy, governed hierarchically by powerful bishops and abbots, held a virtual monopoly on literacy. For the layman, law was largely a matter of Frankish tribal custom administered locally by the landlords. Memories of the cosmopolitan culture of Rome faded into myth and legend.

Lacking the political cohesion of Rome, the Frankish kingdom lived precariously through two centuries of constant threats from new invaders. The Burgundians, troublesome neighbors in the quietest of seasons, were subdued by 613, but within another century the tidal wave of Moslem expansion reached Spain and crossed the Pyrenees into Aquitaine and Gascony as far north as the Loire valley. Charles Martel, Mayor of the Frankish kingdom, defeated a large raiding party in 732 near Poitiers. In order to raise an army against the Moslem invaders he took large tracts of land from the church to distribute in return for the support of the mounted knights who followed him. These exchanges of land and privilege for military service and oaths of loyalty formed the core of the feudal social system, which dominated France for over a millennium.

Charles's son, Pepin the Short, succeeded in having himself elected king of the Franks in 752 with the assistance of the pope, whom he supported against the Lombards in northern Italy. Both the kingdom and the close alliance with Rome he passed on to his son Charles the Great or Charlemagne (768–814). With these two tools Charlemagne forged a European empire. Endowed with remarkable physical vigor and a keen political intelligence, he became a legend in his own lifetime. Expanding the military system pioneered by his grandfather, he built an army that drove the Moslems out of northern Spain, and the Avars from the upper Danube; he then crossed the Rhine to conquer and convert the Saxons. Along the exposed frontiers of this rapidly expanding empire he set up military marches, semi-independent states with large garrisons of soldiers settled on the land to hold off further invasions. On Christmas day in the year 800, a friendly pope crowned him emperor, *Augustus,* but Charlemagne was still a Frankish warlord, and his empire bore little resemblance to the Roman state he tried to imitate. His achievements remain, however, of immense importance to the evolution of France and Europe.

In Aix-la-Chapelle (Aachen), a settlement which provided as much of a capital as this peripatetic ruler ever possessed, Charlemagne founded a palace school to educate his courtiers and improve the learning of the churchmen. To his school he brought scholars from all Europe, especially from England, where the monasteries had kept alive the tradition of Christian learning of the Latin Fathers. There they developed a new and simplified Latin script for copying their manuscripts. In return for his protection and encouragement, Charlemagne expected and received the support of the clergy in routine administrative work, such as the drawing up of charters, the writing of letters and instructions, and the keeping of those simple accounts which sufficed as royal finances in such primitive circumstances. Many monasteries throughout the empire were endowed with grants of land, in order to bring Christianity to the countryside and to provide an administrative link between the court and the villages.

Moving constantly from one frontier to another, campaigning incessantly, sending his agents to inquire into local affairs and to investigate the conduct of local justice and the administration of the royal estates, Charlemagne brought to affairs a degree of order and regularity unknown for four centuries. In all of this there was but little understanding of the abstract conceptions of a civil law; and imposing though the structure was, it remained largely dependent on the vigor, will, and personality of a single man. There was no state, in the modern sense, to embody the system impersonally and carry on the public business after the death of the man who created the system.

Charlemagne's son, Louis the Pious (814–40), was a sincere and willing ruler, well trained for his duties but lacking the sterner qualities that enabled his father to transform Europe. Early in his reign he had to recognize his quarrelsome sons as kings and heirs to parts of the empire. When he died their disputes led to open warfare and a return to political anarchy.

The division of the empire was confirmed by the Strasbourg Oaths (842), sworn by the various rulers and their armies in the vernacular languages, providing us with the earliest official document in French. The following year the Treaty of Verdun divided the empire, and Charles the Bald became king of the west Franks and of a territory roughly approximating medieval France but not including Burgundy, Lorraine, or Provence.

The political collapse of Charlemagne's empire came about when western Europe was once again victim of invasions from abroad—the Saracens in the Mediterranean, the Magyars in the east, and most terrifying of all, the Norse sea raiders along the Atlantic coastline. Sweeping out of the North Sea, the Northmen pushed their shallow-draft longboats up the rivers, striking villages, monasteries, and towns by surprise. Defense against them could be organized only on a very local base, for the raiders did their work and were gone before a large force could be gathered and dispatched to the scene. This encouraged the weakening of central authority and the creation of powerful local military lords who were tied by the needs of defense to their own small regions. Authority disappeared from the center and became concentrated in those regional units where it could be most effectively applied.

As the counts, dukes, and barons each built up a local following of knights, the king's army withered away to the point where he was no more powerful than his supposed vassals, and often less so. Kings of the west Franks continued to be elected by these lords from among the descendants of Charlemagne, but most of them were *rois fainéants,* like those Merovingians their ancestors had set aside two centuries earlier. Powerless in the face of the Norse sea raiders, Charles III (893–923), known universally even in his lifetime as "the Simple," in 911 granted to a large group of raiders and their leader Rollo a province at the mouth of the Seine. The new rulers of Normandy rapidly took over the language and customs of their Frankish neighbors and subjects, but remained for centuries a powerful challenge to the authority of the crown, particularly after Duke William I won for himself the crown of England in 1066.

When the last of the Carolingian kings died in 987 the nobles of France elected one of their own number king: Hugh Capet, count of Paris. There was very little he could do to affirm royal authority in defiance of the powerful feudal nobles who had elected him. By having his son Robert II (996–1031) elected and crowned shortly after his own coronation, however, he established a tradition carried on by his successors until the Capetians' right to the throne was clearly recognized. France remained for another century a patchwork of feudal and ecclesiastical jurisdictions largely immune from royal authority.

For all Europe the tenth century had been a second "dark age," when the bonds that held society together seemed to break apart. The revival which followed in the late eleventh and twelfth centuries is striking by contrast. The crucial period for France was the reign of Louis VI (1108–37). The first Capetian king to extend his influence effectively over his own domain, the Ile de France, he built up the wealth of the royal estates by encouraging settlers to move into wastelands and clear the forests which had overgrown them during the centuries of economic depression and depopulation. He cultivated good relations with the growing commercial class of townsmen and rebuilt the traditional alliance between the church and the throne.

Political revival was only symptomatic of the general upswing of European life and culture. The church remained the custodian of literate culture. Its Latin, a serviceable language for teaching and for its ritual observances, was no longer understood by the populations it served. An oral popular literature, of which but scanty evidence remains, grew up alongside the formal Latin learning of the church. There is ample evidence of a great revival in the church. The cathedrals, particularly Paris, Orléans, and Chartres, as well as the monasteries, set to work rebuilding their curricula and training professional teachers, many of whom soon filled high offices in the hierarchy. The church remained a cosmopolitan world, however, and took little note of the rapidly growing vernacular literature. The *Chanson de Roland,* probably composed shortly before the reign of Louis VI, reflects the remarkable vigor of this popular, vernacular culture. The grandeur it invokes of a hero both fearless and unwise sums up both the glory and the failure of the new warrior class.

Renewal of urban life accompanied the revival of learning and the growth of monarchy. Towns had never completely disappeared in France after Roman times, but their commercial life had been virtually extinguished by general poverty, insecurity, and political anarchy. All fell under the domination either of powerful local *seigneurs* or of the bishops and became enmeshed in the feudal structure of society, a system hardly well suited to capitalistic enterprise. As the external threats to life and property slowly subsided, a new class of merchants came into being, possibly at first arising from the landless, rootless dregs of society turning from brigandage to trade. From the beginning these men stood outside the tangled web of contractual obligations and privileges of feudal society; yet they were "free" men, at least in the sense that they were not tied to the land. When they settled down, usually in suburbs (*faubourgs*) outside the walls of a fortress or cathedral city, they set up communes for governing themselves and purchased from the king charters guaranteeing their independence from local potentates. The monarchy found many advantages in an alliance with the new bourgeoisie, for their money allowed the king to hire mercenary armies and free himself from dependence on an unreliable feudal levy.

Philip II *Augustus* (1180–1223) capitalized on all these new signs of material and social progress. Coming to the throne at fifteen, he had little time for formal education; but what he lacked in Latin he more than made up for in his shrewd, calculating, and realistic perception of the world. With his encouragement the bellicose feudal barons exhausted themselves in petty wars against each other while he cultivated good relations with the church and the rich merchants to balance the power of the *seigneurie.*

A brutal crusade against the puritanical Albigensian heretics in southern France (1208–13) reaffirmed his loyalty to Rome and at the same time began to extend Capetian royal domain amidst the ruins of a brilliant Provençal culture. Direct heir to the Roman tradition, as the seat of the earliest Roman settlement (*provincia nostra* became Provence), the south had indeed greatly outstripped the north in social refinement and literary sophistication. The courtly tradition — the code of love set to song by its warrior poets, the troubadours — was to triumph over its victors, as had Greek culture over the Roman invaders. But the crusade snuffed all life out of that region along with its heresy.

While Simon de Montfort and the other crusading barons were kept busy regaining Provence for France and orthodox belief, Philip II concentrated on his greater enemies to the north: the dukes of Normandy, who were also kings of England. King

John (1199–1216) refused to fulfill his obligations as a vassal of France for Normandy, and Philip II declared the duchy forfeit to the crown in 1203. The next year he succeeded in driving the English from their possessions north of the Loire. John built an international alliance against France, seeking to destroy the Capetian monarchy. In 1214, at Bouvines near Tournai, Philip II defeated this impressive coalition, which included England, the German emperor, and most of the great feudal lords of Flanders, Belgium, and Lorraine. From these conflicts Philip II emerged unchallenged in France, and France itself, a great power in Europe.

What Philip II began was carried to fruition not by his insipid son Louis VIII (1223–26) but by his astonishing grandson Louis IX (1226–70), St. Louis, whose long reign spans the climax and golden age of medieval France. Very rarely does a society find in its political rulers such a remarkable realization of its own ideals. Joinville's *Histoire du roi Saint Louis* (1309), the first important biography of a layman in French, gives a vivid impression of this king, whose lofty character and profound piety led all Europe to seek justice at his hands.

Royal justice provided the means by which Louis IX confirmed the supremacy of the monarchy in France. One of the nobles' most treasured and profitable privileges had been the right to hold courts and collect judicial fines in their domains, immune from royal interference. The court of the king traditionally restricted itself to dealing with disputes among the direct vassals of the crown, the great lords themselves. By his energetic and invariably equitable intervention in local affairs, Louis IX clearly established the right of men to appeal from feudal to royal courts. The king's own court, formerly an informal and casual gathering of officials and great vassals, turned into a more regular and permanent institution, differentiating between the court concerned with the financial affairs of the royal domains (the *chambre des comptes*) and the high court of justice (the *parlement*).

France prospered under Saint Louis, and Paris became the undisputed center of European learning and artistic fashion. The university of Paris, chartered in 1200 and expanded after the endowment of Robert de Sorbon in 1247, attracted the greatest philosophers and theologians of a brilliant century. Albertus Magnus, Vincent of Beauvais, and, towering over them all, Thomas Aquinas, wrote, taught, and studied in Paris. Their work, and that of many others in their generation, gave definition to medieval civilization through their efforts to harmonize the classical rational spirit with Christian revelation.

The arts fared as well as learning. The "French style" of architecture, misnamed "Gothic" by later critics, took firm root in Paris in the twelfth century in Abbot Suger's church of St. Denis and the beginning of the great cathedral of Notre Dame. One of its finest expressions is Louis IX's graceful Sainte Chapelle. An exuberant naturalism manifested itself in sculpture. Architects and stone masons came to Paris from all Europe to learn their trade. In secular literature the chivalric ideals of the age found expression in the Arthurian romances of Chrétien de Troyes. An earthier realism pervaded the popular *fabliaux*, bourgeois tales of the lives and loves of more ordinary mortals.

Everywhere signs of a brilliant cultural flowering accompanied the material and political progress of France. But Louis IX did not earn sainthood for these reasons. The most chivalrous man of his age, he was also a deeply devoted son of the church who took seriously his duty to extend its influence. It was characteristic of him that he would turn again to the unfinished work of the crusades. Against the advice of many of his closest supporters he took the cross in 1244 and went off to regain the Holy Land by attacking Egypt in 1248. The expedition failed utterly, Louis IX was captured, and most of his army massacred. Ransomed and returned to France, he prepared another expedition; in 1270 he landed a crusading army at Tunis, where he died the victim of a pestilence.

The pious and heroic legend the chivalrous St. Louis left France was in sharp contrast to the hasty poor judgment of his son Philip III (1270–85) and the ruthless ambition of Philip IV (1285–1314). One sign of the coming of a new era was the disappearance of the old alliance between the French crown and Rome. Philip IV, ambitious beyond his means, as rulers usually are, determined to tax the church in France. Pope Boniface VIII (1294–1303), fearing that the church would become merely an agent of the crown in its ambitious extension of royal authority, issued the famous bull *Unam sanctam* in 1302, claiming the universal and supreme sovereignty of the papacy in secular as well as in spiritual affairs. Philip IV responded by calling together an Estates-General in 1302 to mobilize behind himself the support of nobles, the independent French clergy, and the towns. The following year he sent his agent, Nogaret, to Italy to seize the pope and bring him to France for trial. Boniface escaped from his captors, but died in Rome shortly thereafter, a broken man. The cardinals could not summon up the courage to defy France and, meeting under the "protection" of Philip IV, elected a French pope — Clement V — who in 1309 took up permanent residence at Avignon. For seventy years the papacy remained in France in its "Babylonian captivity," an agent of French political designs. This was a blow to the prestige of the papacy from which it never fully recovered. The usefulness of the papal alliance to France was shattered since it was now clear that the popes could no longer act independently of their French masters. Meanwhile the French pope meekly allowed Philip IV to confiscate the enormous wealth of the crusading order of Knights Templar.

The restrained, conscientious reign of Louis IX had brought real power as well as immense prestige to the French crown. Philip IV's despotic use of it led to a strong reaction against the monarchy. Royal taxation increased to the point where it strained the productive resources of the nation, and by the end of the reign many signs of economic crisis could be seen. The crown's supporting alliances with the church and the towns, which had been of such great service in the past weakened. The political crisis, marked by a rapid increase in the influence of the Estates-General and other large assemblies of nobles and clergy, reached a climax with the extinction in 1328 of the direct male line descended from Hugh Capet. The confidence and exuberance which had been so characteristic of the thirteenth century retreated before the growing impoverishment of life, the bureaucratization of government, and the general fear of unbridled violence, which ultimately swept over France in a century of war for national survival.

Reflets du moyen âge

La littérature du moyen âge semble coupée des époques qui ont suivi, et elle est comme rejetée par elles dans une obscurité relative, que le grand médiéviste Gaston Paris observe pour la déplorer dans ces termes:

> Si le génie [qui a inspiré cette littérature] a sommeillé en France, — grâce surtout à l'atroce guerre de Cent ans, pendant deux siècles et demi, — s'il s'est donné, en se réveillant, une forme tout autre que celle qu'il avait eue jadis, il n'en est pas moins resté essentiellement le même dans ses traits fondamentaux., . .[1]

Ces traits fondamentaux — l'intérêt psychologique, l'observation des mœurs, l'esprit critique, le sens du récit — se retrouvent dans les trois morceaux suivants, qui illustrent deux des grands moments de l'histoire du moyen âge: la carrière presque légendaire de Charlemagne, et l'aventure des croisades.

---

1. Gaston Paris, *Mélanges de littérature française du moyen âge* (Paris: Honoré Champion, 1912), p. 9.

Le Couronnement Louis[1]

VII

Ce jour y eut bien vingt et six abbés,
Et si* eut quatre rois couronnés.   *aussi
Ce jour y fut Louis élevé,
Et la couronne mise dessus l'autel;
Le roi son père lui eut le jour donné.
Un archevêque est au lutrin monté,
Qui sermonna à la chrétienté:
« Barons, dit-il, à moi en entendez:
Charles le magne a moult* son temps   *grandement
    usé,
Or* ne peut plus cette vie mener.   *désormais
Il ne peut plus la couronne porter:
Il a un fils à qui la veut donner. »
Quand ceux-[ci] l'entendent, grand'
    joie en ont mené[e];
Toutes leurs mains en tendirent vers
    Dieu:
« Père de gloire, tu sois [re]mercié
Qu'étrange* roi n'est sur nous dé-   *étranger
    valé! »
Notre empereur a son fils appelé:
« Beau fils, dit-il, envers moi enten-
    dez:
Vois la couronne qui est dessus
    l'autel?

---

1. This episode, from an early twelfth-century *chanson de geste*, relates the humiliation of the aging Charlemagne, who misinterprets the youthful meekness of the tongue-tied Louis for cowardice. Louis I (814–40) in fact earned the tag *le Débonnaire* ("the Soft") for his subservience to the clergy.

From *Le Couronnement de Louis* (*Li Coronemenz Looïs*), edited by E. Langlois (Paris: Firmin Didot, 1888).

Par tel convent* la te veux-je donner: *convention
Tort ni luxure ni péché ne mener,
Ni trahison vers nelui* ne ferez,   *personne
Ni orphelin son fief ne lui toldrez*;   *arracherez
S'ainsi le fais, j'en louerai Damedieu*:   *le Seigneur
Prends la couronne, si seras couronné;
Or si ce non, fils, laissez-la ester*:   *let it be
Je vous défends que vous n'y adesez*. »   *approchez

VIII

« Fils Louis, vois ici la couronne?
Si tu la prends, empereur seras de
    Rome;
Bien peux mener en ost* mil et cent   *armée
    hommes,
Passer par force les eaux de [la] Gi-
    ronde,
Païenne gent craventer* et confondre,   *écraser
Et la leur terre deis* à la nôtre   *devras
    joindre.
S'ainsi veuilles faire, je te donnes la
    couronne;
Or si ce non, ne la baillier* tu   *saisir
    onques**. »   **jamais

IX

« Si tu dois prendre, beau fils, de
    faux loyers*,   *paiements indus
Ni démesure [é]lever ni exaucer,
Faire luxure ni élever péché,
Ni eir* enfant retolir le sien fief**,   *héritier **enlever son fief à
Ni veuve femme tolir quatre deniers,
Cette couronne de [par] Jésus la te
    vié*,   *interdis
Fils Louis, que tu ne la baillier. »
Ot* le li** enfant, ni mit avant le   *ouït **l'
    pied.
Pour lui pleurèrent maint vaillant
    chevalier,

Et l'empereur fut moult grains* et
   irié**:   *vexé
                                                    **irrité
« Hélas! dit-il, comme or suis engei-
   gnié*!   *dupé
Delez* ma femme se coucha palto-   *auprès de
   niers**   **valet
Qui engendra ce couard héritier.
Ja* en sa vie ne fut de moi avancé**.   *jamais   **procréé
Qui le ferait roi, ce serait grand
   péché.
Or lui faisons tous les cheveux
   trancher,
Si le mettons là [dedans] ce mous-
   tier*:   *monastère
Tirera les cordes et sera marguillier,
S'aura provende que ne puisse men-
   dier. »

Chanson de croisade

Seigneurs, sachez qui or ne s'en ira
En cette terre où Dieu fut mort et vif
Et qui la croix d'outremer ne prendra,
A peine mais* ira en paradis.   *grande
Qui a en soi pitié et remembrance,
Au haut Seigneur, doit quérir sa vengeance
Et délivrer sa terre et son pays.

Tous les mauvais resteront par deçà,
Qui n'aiment Dieu, ni le bien ni l'honneur.
Et chacun dit: « Ma femme, que fera?
Ne laisserais à nul prix mes amis! »
C'est là tomber en une folle attente:
Il n'est d'ami, n'en doutez, que Celui
Qui pour nous fut en la vraie croix mis.

Or s'en iront les vaillants bacheliers
Qui aiment Dieu et l'honneur de ce monde,
Qui sagement veulent à Dieu aller;
Et les morveux, les cendreux resteront.
Aveugle est bien, il n'en faut pas douter,
Qui en sa vie à Dieu ne fait secours
Et pour si peu perd la gloire du monde.

Dieu se laissa pour nous en croix peiner
Et nous dira, au jour où tous viendront:
« Vous qui ma croix m'aidâtes à porter,

From *Anthologie des poètes français du Xe au XVIe siècle,* edited by André Dumas
(Paris: Librairie Delagrave, 1935), pp. 68–69.
    Thibaut IV (1201–53), Count of Champagne and King of Navarre, was Louis
IX's most powerful vassal and led the crusade of 1238. He is best remembered for a
considerable poetic output, which ranged from pastoral to devotional works.

Vous en irez là où mes anges sont:
Là me verrez, et ma mère Marie.
Et vous, par qui n'eus onques aïe*,   *aide
Descendez tous en enfer le profond. . . »

Douce Dame, reine au ciel couronnée,
Priez pour nous, ô Vierge bien eurée* . . .   *heureuse

LA DAME DE FAËL

Chanson de croisade

Chanterai pour mon courage
Que je veux réconforter:
Car avec mon grand dommage
Ne veux mourir n'affoler;
Quand de la terre sauvage
Ne vois nului retourner
Où cil* est qui m'assuage   *celui
Le cœur quand j'en ouïs parler.

Dieu! quand crieront outrée*,   *en avant
Sire, aidez au pèlerin
Pour qui suis épouvantée,
Car félon est Sarrasin.

Je souffrirai mon dommage
Tant que l'an verrai passer.
Il est en pèlerinage,
Dont Dieu le laisse retourner!
Et, malgré tout mon lignage*,   *parenté
Ne quiers occasion trouver
D'autre faire mariage:
Fol est qui j'en ouïs parler.

De ce suis au cœur dolente
Que cil* n'est en ce pays   *celui-là
Qui si souvent me tourmente.

From *Anthologie des poètes français du Xe au XVIe siècle*, edited by André Dumas (Paris: Librairie Delagrave, 1935), pp. 60–61.
    Renaud de Coucy, who was fatally wounded at the siege of Acre (1189–90), and his beloved Gabrielle de Vergy are better known as le Sire de Coucy and la Dame de Faël (also la châtelaine de Vergy). Their own verses contributed to a rich folklore which grew up around the true lovers separated by the Third Crusade.

Je n'en ai ni jeu ni ris.
Il est beau et je suis gente.
Sire Dieu, pour quel* féis**?   *quoi   **(le) fis
Quand l'un à l'autre atalente*   *plaît
Pourquoi nous a départis?

De ce suis en bonne attente
Que je son hommage pris.
Et quand la douce ore* vente   *brise
Qui vient de ce doux pays
Où cil est qui m'atalente
Volontiers y tors* mon vis**:   *tourne   **visage
A donc m'est vis* que je'l sente   *me paraît
Par dessus mon manteau gris.

De ce suis moult déçue
Que ne fus au convoyer*.   *départ
Sa chemise qu'eut vêtue
M'envoya pour embrasser.
La nuit, quand s'amour m'arguë*   *aiguillonne
La mets delez moi coucher
Toute nuit à ma chair nue
Pour mes maux assuager.

Dieu! quand crieront outrée,
Sire, aidez au pèlerin
Pour qui suis épouvantée,
Car félon est Sarrasin.

I · LE DECLIN

DU MOYEN AGE

 Le XIVe siècle vit s'effondrer le noble ensemble que représentait la civilisation médiévale en France. Une série de désastres secoua jusque dans ses fondements l'ordre politique, religieux, économique et social de l'Europe tout entière, rompant l'équilibre obtenu à grande peine entre l'Eglise et l'Etat, entre les trois ordres de la société, entre la France et ses puissants voisins. En 1328, par la mort du dernier des Capétiens, Charles IV, le trône de France passa à la maison de Valois. Dix ans plus tard une révolte dans le Comté de Flandre, qui était alors une dépendance de la couronne de France, amenait les Anglais à prendre les armes pour la défense de leurs intérêts commerciaux, Edouard III revendiquant le trône de France pour lui-même. La guerre de Cent Ans avait commencé, qui allait, avec quelques rares intervalles de trêve, s'étendre sur cinq générations. La querelle dynastique n'était d'ailleurs qu'un prétexte: l'enjeu véritable, c'était la domination des Pays-Bas, le contrôle de la papauté, la primauté de la monarchie sur les états du royaume, l'unification de la France.

En 1346, à la bataille de Crécy, une armée anglaise défit les forces françaises, qui dépassaient du double ses effectifs. L'artillerie avait sonné le glas de la caste militaire des temps féodaux, la chevalerie. Arme de la roture, le boulet de canon ne respectait ni panache ni armoiries.

Ce fut aussi le temps de la grande peste, qui dans ces années de guerre et d'infortune, de 1348 à 1350 emporta près d'un tiers de la population du pays. La crise économique et sociale qui en résulta donna lieu à un soulèvement des bourgeois de Paris, commandés par le prévôt des marchands, Etienne Marcel (1355). Ce mouvement se doubla bientôt d'une révolte paysanne, la Jacquerie de 1358. Aux remous internes vint s'ajouter la victoire écrasante remportée par les Anglais à Poitiers (1356), qui mit le Roi Jean II en leur puissance. La monarchie perdait prise, et en 1357 les états généraux promulgaient la Grande Ordonnance. Sérieusement appliquée, elle eût doté la France d'un gouvernement parlementaire pareil à celui de l'Angleterre. Le régent Charles, sur ces entrefaites, parvint à rallier les seigneurs contre les rebelles. Il fit exécuter Marcel, réprima durement la révolte dans les campagnes, et en 1360 signa, avec l'Angleterre, une trêve qui le mit en mesure de restaurer l'autorité royale.

Devenu roi, Charles V (1364–80) réorganisa la monarchie. Les soldats indisciplinés des Grandes Compagnies, qui vivaient de pillage, passèrent combattre en Espagne, sous le commandement du connétable Bertrand Du Guesclin. La Couronne prit en charge l'appareil fiscal créé par les états généraux. Sans cesser de percevoir les lourds impôts de guerre, elle affecta le revenu qu'elle en tirait à la reconstruction de ses places fortes et à la mise sur pied — en lieu et place des levées féodales — d'une armée permanente de professionnels à gages, pourvue d'artillerie et dotée d'un commandement unique.

Une suite de revers désastreux, dans les longues années de guerre qui suivirent, mirent la France à deux doigts de sa perte: elle finit tout de même par s'en tirer. Agincourt (1415) n'eut pas les suites graves qu'une telle défaite semblait promettre: dès 1422 Henri V d'Angleterre et Charles VI de France étaient tous deux dans la tombe. A partir de 1429 la fortune des armes tourna en faveur de la France: au siège d'Orléans, les troupes françaises, menées par Jeanne d'Arc, la petite bergère inspirée de Domrémy, surent délivrer la ville. Faible mais bien servi, Charles VII (1429–1461) sut mettre à profit cette fortune nouvelle, et les Anglais peu à peu furent « boutés hors » de France. Livrée aux Anglais par le parti bourguignon, Jeanne fut brûlée vive comme sorcière en 1431 (en 1456 une cour ecclésiastique devait renverser la sentence). Ayant pu survivre, la France avait vaincu.

Après le départ des Anglais la monarchie eut à se consacrer à une tâche considérable: remettre sur pied l'Etat de telle sorte qu'il pût tenir en respect et l'ennemi extérieur et ses propres grands nobles altiers et remuants. Louis XI (1461–83), roi peu glorieux mais habile, sut vaincre les uns et se concilier les autres à prix d'or. Les ducs de Bourgogne, Philippe le Bon et son fils Charles le Téméraire, dont les états rivalisaient d'importance avec le sien, furent ses principaux adversaires. A la mort de Charles, Louis sut rattacher le duché aux biens de la Couronne, ce qui brisa l'alliance des grands feudataires. Quand lui-même vint à mourir, Louis XI, autant servi par la fortune que par sa sagacité retorse, devait laisser à son fils Charles VIII un trône dont les ressources le mettaient à l'abri des entreprises de ses vassaux.

La création la plus importante de ce nouvel Etat était un corps d'officiers du royaume appelés à gouverner les provinces au nom du Roi. Les états généraux avaient perdu leur importance dès 1469, et ne furent plus convoqués que de loin en loin, à l'occasion de circonstances exceptionnelles. S'il arrivait que le Roi n'était pas lui-même à la hauteur de la tâche (le cas n'était pas rare), le Conseil du roi gouvernait en son nom. Ce système, qui ne fut perfectionné que sous le règne de Louis XIV, fut mis en place par Charles VIII et Louis XII, les successeurs de Louis XI, souverains médiocrement doués, qui chargèrent une foule grandissante de secrétaires et de courtisans du détail des affaires de l'Etat.

Rendue par degrés à la prospérité, la France allait bientôt se tourner vers l'Italie, centre d'une civilisation brillante et raffinée. Le commerce avec l'Orient et la sécularisation croissante des milieux urbains avaient favorisé l'essor d'une bourgeoisie patricienne, dont l'opulence servait, dans les intervalles de la guerre qu'ils se livraient incessamment, à cultiver le renouveau des lettres et des arts, sous l'inspiration d'une antiquité toute dégagée du moralisme étroit de la tradition scolastique. Cette renaissance de la culture étalait aux yeux de l'Europe une riche moisson d'avantages incontestables. Le droit romain, remis à l'honneur dans les universités, renforçait les thèses de l'absolutisme royal. Un art séculier, une architecture équilibrée et harmonieuse offraient à la noblesse de cour un idéal de confort et de bonheur insoupçonné des rudes guerriers de la caste féodale. Les travaux des humanistes sur les textes profanes de l'antiquité païenne connurent même, dans les débuts, la faveur du clergé, qui voyait là la promesse d'une élucidation des textes remontant aux premiers temps de l'Eglise. La France chercha à attirer — c'était le cas de tout le nord de l'Europe — les artisans, les artistes, les écrivains italiens. Mais elle voulut aussi dominer politiquement l'Italie.

Charles VIII fit une descente dans la péninsule, pour intervenir dans la guerre perpétuelle que s'y livraient toutes les cités principales. L'Italie du nord, à partir de 1495, allait devenir le terrain d'affrontement des deux grandes puissances, la France et l'empire des Habsbourg, qui se disputaient Milan, clef des richesses de la péninsule. Le règne de François Ier débuta par la victoire de Marignan, qui le rendit maître du Milanais. En 1516 il se fit accorder de force par le pape, aux termes du concordat de Boulogne, la nomination des archevêques, des évêques et des abbés du royaume. Ce concordat, qui renforçait l'autorité royale par le contrôle des bénéfices de l'Eglise, posa la Couronne en adversaire déterminé du mouvement de réforme déclenché en Allemagne par le défi de Luther à l'autorité du pape.

L'influence des réformateurs allemands se fit rapidement sentir par toute la France. Dès 1520 les livres luthériens circulaient dans tout le pays par milliers d'exemplaires. La bourgeoisie et la petite noblesse furent bientôt gagnées à une doctrine de la foi qui répudiait le formalisme de l'Eglise et sa structure autoritaire. Centre de commerce et d'industrie, la ville de Lyon devint aussi le centre de diffusion des écrits clandestins de la secte réformée. Alarmé par les progrès de la Réforme, — l'hérésie étant menace à l'autorité de l'Etat aussi bien qu'à celle de l'Eglise, — François Ier eut recours à des mesures de répression féroces pour tenter d'enrayer l'avance foudroyante de la doctrine nouvelle.

Les luthériens représentaient déjà un danger certain pour l'intégrité de l'Etat. La publication, en 1541, de l'*Institution chrétienne* de Jean Calvin allait faire éclater un péril bien plus grave encore. Français d'origine, et homme de loi, Calvin avait édifié une théologie qui était un monument de rigueur. Elle ne préconisait pas seulement un recours absolu à la Grâce qui privait de toute autorité l'Eglise, détentrice des sacrements, mais elle déliait de leur serment les sujets d'un prince dont les commandements allaient à l'encontre de leur foi. Le calvinisme devait s'ancrer partout où se manifestait une opposition à la poussée envahissante de l'absolutisme royal, non seulement au sein de la bourgeoisie indépendante et dévote, mais aussi parmi la grande noblesse.

Au temps où le calvinisme se répandait en France la Société

de Jésus, milice avancée de la Contre-Réforme, fit elle aussi son apparition. Le clergé gallican, les parlements, le Roi lui-même, craignant un renouveau de l'influence papale en France, éprouvaient à l'égard des jésuites une méfiance égale à celle que leur inspiraient les protestants. La monarchie était prise entre deux feux. Henri II et ses infortunés successeurs eurent à défendre l'autorité royale et les libertés de l'Eglise proprement gallicane, et contre les assauts des jésuites ultramontains, et contre l'activité révolutionnaire des réformés. Henri II dut prendre un parti: le 2 juin 1559 il déclara la guerre à ses sujets protestants. Six semaines plus tard il succomba aux suites d'un accident, plongeant la France désemparée au fort de la tourmente.

Le siècle d'intervalle entre la fin de la guerre de Cent Ans, en 1461, et le début de la guerre civile en 1561 avait vu la transformation profonde du pays. L'évolution de l'art de la guerre et le bouleversement des institutions de l'Etat avaient métamorphosé la noblesse féodale en aristocratie. L'Eglise avait perdu le monopole du savoir, et depuis l'invention de l'imprimerie, le droit écrit avait remplacé la coutume et le serment comme base de l'administration de la justice et de l'organisation de l'Etat. La virulence de la crise qui avait marqué la fin du moyen âge avait contribué à la création d'un sentiment d'identité nationale dépassant les vieux loyalismes de province.

L'œuvre du seul très grand poète du xve siècle, le *Testament* (1461) de François Villon, reflète le pessimisme d'une époque que ne quittait pas le sentiment de la mort. L'effervescence artistique et littéraire des xiie et xiiie siècles n'eut guère de contrepartie dans ces années de calamités publiques. Le bouillonnement de la renaissance italienne, alimentée aux sources de l'antiquité retrouvée, n'eut aucune peine à gagner les esprits à une mode nouvelle rompant avec les réalités affligeantes du passé immédiat.

EUSTACHE DESCHAMPS

Ballade sur la mort de Du Guesclin[1]

Estoc d'honneur, et arbre de vaillance,
Cœur de lion, épris de hardement*   *hardiesse
La fleur des preux et la gloire de France
Victorieux et hardi combattant,
Sage en vos faits, et bien entreprenant,
    Souverain homme de guerre,
Vainqueur de gens et conquérant de terres,
Le plus vaillant qui oncques* fut en vie,   *jamais
Chacun pour vous doit noir vêtir et querre*.   *prendre
Pleurez, pleurez, fleur de chevalerie!

O Bretagne, pleure ton espérance,
Normandie, fais son enterrement;
Guyenne aussi, et Auvergne, or* t'avance,   *maintenant
Et Languedoc, quiers-lui son monument.
Picardie, Champagne et Occident
    Doivent pour pleurer acquerre*.   *chercher
Tragédien, Aréthuse requerre,*   *invoque
Qui en eau fut par pleurs convertie,
Afin qu'à tous de sa mort le cœur serre.
Pleurez, pleurez, fleur de chevalerie!

Hé! gens d'armes, ayez en remembrance
Votre père, vous étiez son enfant.

1. Bertrand Du Guesclin (c. 1320–80) was a legendary captain of great boldness
and unprepossessing appearance. His successful leadership against the English and
his removal of the marauding *Grandes Compagnies* to Spain earned him the undy-
ing love and admiration of his fellow-countrymen.

From *Anthologie de la chanson française*, edited by Pierre Vrignault (Paris: Ch.
Delagrave, n.d.), pp. 17–18.

    Eustache Deschamps (c. 1346–c. 1406) was one of the ranking poets of the four-
teenth century. He wrote a large number of *ballades* and *rondeaux* which, like the
present example, touched on themes from public life as well as the more conven-
tional lyric motifs.

Le bon Bertrand, qui tant eut de puissance,
Qui vous aimait si amoureusement,
Guesclin est mort: priez dévotement
    Qu'il puisse paradis conquerre.
Qui deuil n'en fait, et qui n'en prie, il erre,
Car du monde est la lumière faillie.
De tout honneur était la droite serre.
Pleurez, pleurez, fleur de chevalerie!

Le Quadrilogue invectif

Le peuple: Qu'appellé-je guerre? Ce n'est pas guerre qui en ce royaume se mène, c'est une privée roberie, un larcin abandonné, force publique sous ombre d'armes et violente rapine que faute de justice et de bonne ordonnance fait être loisible. Les armes sont criées et les étendards levés contre les ennemis, mais les exploits sont contre moi à la destruction de ma pauvre substance et de ma misérable vie. Les ennemis sont combattus de parole et je le suis de fait. Regarde, mère, regarde, et avise bien ma très langoureuse affliction et tu connaîtras que tous refuges me défaillent, les champs n'ont plus de franchise pour administrer sûre demeure, et je n'ai de quoi les cultiver ni fournir pour y recueillir le fruit de nourriture. Tout est en autres mains acquis ce que force de murs et de fossés n'environne, et encore en meilleures gardes a-t-il souvent de grandes pertes que chacun voit. Or conviendra-t-il les champs demeurer déserts, inhabités et abandonnés aux bêtes sauvages, et ceux qui par travail de loyale marchandise ont les [auc]uns en leur nécessité secourus, demeurer dépourvus et égarés, et perdre par courroux la vie après les biens; le soc est tourné en glaive mortel et mes mains, qui ont porté le faix dont les autres recueillent les aises en abondance, sont souvent étreintes jusques au sang épandre pour ce que je n'ai bailli ce que j'ai et ce que je n'ai mie. Si faut que le corps décline en défaut des biens et que en langueur sous seigneurie dissipée et chargée de famille mendie. Je vis en mourant, voyant la mort de ma pauvre femme et de mes petits enfants et désirant la mienne, que tant me tarde que je la regrette chaque jour, comme celui que courroux, faim et défiance de confort mènent douloureusement à son dernier jour. Du surplus ne faut faire enquête ni demande, les œuvres sont

From *Le Quadrilogue invectif,* edited by E. Droz (Paris: Librairie ancienne Honoré Champion, 1923), pp. 18–22.

Alain Chartier (*c.* 1385–*c.* 1422) studied at the University of Paris and then entered the service of the Dauphin (later Charles VII). This dialogue among the people, seigneurs, and clergy, while giving full expression to their mutual grievances, concludes on a note of strong support for the national cause, as well as the unity of all social orders under the crown to resist the English. It was written about 1422.

publiques et le témoin en est intolérable famine, qui encourt et courra sus à un chacun si amèrement que tard sera de regretter la passée abondance et vouloir par raison départir le demeurant des choses consumées par outrages, et s'en ensuivra que Nature, qui chacun enseigne à conserver sa vie par la récréation de manger, lâchera la bride et la licence de la ravir par force où il sera, dont les commencements sont jà moult merveilleux et les conclusions seront tant redoutables que la chose sera plus épouvantable à voir qu'elle n'est merveilleuse à imaginer.

Le peuple si est membre notable d'un royaume, sans lequel les nobles ni le clergé ne peuvent suffire à faire corps de police ni à soutenir leurs états ni leur vie, et ne me puis trop donner de merveille qu'il doive si être abandonné à toute infélicité et persécuté par les autres membres sujets à son même chef, ni je ne vois meilleure similitude à ce propos sinon que notre police française est comme l'homme furieux qui de ses dents mord et déchire ses autres membres. Trop bien pourvurent à tels inconvénients les anciens Romains quand, pour garder les parties de leur communauté chacune en sa dignité et en son ordre, ils établirent les tribuns du peuple qui avaient office pour icelui soutenir et défendre sa franchise contre le Sénat et la puissance des nobles hommes. Ainsi n'est pas, car sans aide ni secours je suis délaissé ès mains des ravisseurs comme la proie des autres qui me contraignent à crier à Dieu vengeance contre eux de l'insupportable et dure affliction qu'ils me donnent. Car, comme souvent répètent les anciens écrits, pour la misère des pauvres et gémissements des souffreteux la divine justice donne sentence de très aigre punition. Or s'en garde qui en coulpe s'en sent, car il n'est pas à penser que tant de courages tourmentés et de voix très pitoyables, qui comme par désespoir adressent leurs cris et leurs plaintes aux cieux, n'émeuvent à pitié la clémence du très miséricordieux et tout-puissant créateur, et que sa justice ne les secoure à la confusion de ceux dont procèdent telles iniquités. Et je, qui suis en attente de ma mort et désespéré de ma vie, ne sais plus autre part recourir. Ainsi décharge mon cœur envers toi, mère très redoutable, exempt de la coulpe de griefs maux dont je porte la peine, et me rapporte à ton bon jugement de savoir à qui en est le blâme.

Journal d'un bourgeois de Paris

1439

Item, en celui temps, spécialement tant comme le roi fut à Paris, les loups étaient si enragés de manger chair d'hommes, de femmes ou d'enfants que, en la dernière semaine de septembre, étranglèrent et mangèrent quatorze personnes, que grands que [1] petits, entre Montmartre et la porte Saint-Antoine, que dedans les vignes que dedans les marais; et s'ils trouvaient un troupeau de bêtes, ils assaillaient le berger et laissaient les bêtes. La veille Saint-Martin fut tant chassé un loup terrible et horrible, qu'on disait que lui tout seul, avait fait plus de douleurs devant dites que tous les autres; celui jour fut pris: et n'avait point de queue, et pour ce fut nommé courtaut; et parlait-on autant de lui comme on fait d'un larron des bois ou d'un cruel capitaine, et disait-on aux gens qui allaient aux champs: « Gardez-vous de Courtaut! »

---

1. *que. . . que:* as well as

From Anon., *Journal d'un bourgeois de Paris sous Charles VI et Charles VII,* edited by André Mary (Paris: Henri Jonquières, 1921), p. 309.

FRANÇOIS VILLON

Grand Testament

CXLIX

Quand je considère ces têtes
Entassées en ces charniers,
Tous furent maîtres des requêtes,
Au moins de la Chambre aux Deniers*,   *Cour des Comptes
Ou tous furent porte-paniers;
Autant puis l'un que l'autre dire,
Car, d'évêques ou lanterniers,
Je n'y connais rien à redire.

CL

Et icelles qui s'inclinaient
Unes contre autres en leurs vies;
Desquelles les unes régnaient,
Des autres craintes et servies:
Là les vois toutes assouvies,
Ensemble en un tas pêle-mêle.
Seigneuries leur sont ravies;
Clerc ni maître ne s'y appelle.

CLI

Or sont-ils morts, Dieu ait leurs âmes!
Quant est des corps, ils sont pourris.
Aient été seigneurs ou dames,
Souef* et tendrement nourris,   *doucement

From *Œuvres complètes*, edited by Auguste Longnon (Paris: A. Lemerre, 1892), p. 96.

François Villon (1431–6?) wrote two major collections of verse as "Testaments," which in their rueful jocularity give witness to the wild and sometimes criminal life of a medieval student; Villon died a Master of Arts. All his great *ballades* — « Les Regrets de la belle heaumière » (fair no more), « La Ballade des dames du temps jadis, » « L'Epitaphe Villon » (written when about to be hanged) — are reminders that we return to dust, and ask that God have mercy on our souls.

De crême, fromentée* ou riz,   *bouillie de froment
Leurs os sont déclinés en poudre,
Auxquels ne chault* d'ébats ni ris. . .   *importe
Plaise au doux Jésus les absoudre!

Louis XI

J'ai vu beaucoup de tromperies en ce monde, et de beaucoup de serviteurs envers leurs maîtres, et plus souvent tromper les princes et seigneurs orgueilleux, qui peu veulent ouïr parler les gens, que les humbles qui volontiers les écoutent. Et entre tous ceux que j'ai jamais connus, le plus sage pour soi tirer d'un mauvais pas, en temps d'adversité, c'était le roi Louis XI, notre maître, et le plus humble en paroles et en habits; qui plus travaillait à gagner un homme qui le pouvait servir ou qui lui pouvait nuire. Et ne s'ennuyait point à être refusé une fois d'un homme qu'il pratiquait à gagner; mais y continuait en lui promettant largement, et donnant par effet argent et état qu'il connaissait qui lui plaisait. Et ceux qu'il avait chassés et déboutés en temps de paix et de prospérité, il les rachetait bien cher quand il en avait besoin, et s'en servait; et ne les avait en nulle haine pour les choses passées.

Il était naturellement ami des gens de moyen état, et ennemi de tous grands qui se pouvaient passer de lui. Nul homme ne prêta jamais tant l'oreille aux gens, ni ne s'enquit de tant de choses, comme il faisait, ni ne voulut jamais connaître tant de gens: car aussi véritablement il connaissait toutes gens d'autorité et de valeur qui étaient en Angleterre, Espagne et Portugal, Italie et ès seigneuries du duc de Bourgogne, et en Bretagne, comme il faisait ses sujets. Et ces termes et façons qu'il tenait, lui ont sauvé la couronne, vu les ennemis qu'il s'était lui-même acquis à son avènement au royaume. Mais surtout lui a servi sa grande largesse: car ainsi comme sagement conduisait l'adversité, à l'opposite, dès ce qu'il cuydait être assuré, ou seule-

From *Extraits des chroniqueurs français du moyen âge*, edited by L. Petit de Julleville (Paris: Armand Colin et Cie., 1893), pp. 317–25.

Philippe de Commines (1445?–1511), of Flemish bourgeois origins, self-educated in warfare and letters, served Charles the Bold of Burgundy and then, after 1472, Louis XI of France as a powerful and useful minister. He wrote his *mémoires* between 1488 and 1500, after he had fallen from power. In these recollections he reviewed the personalities and events of his times with an objectivity unknown since antiquity.

Louis XI.
(D'après un tableau contemporain)

ment en une trêve, se mettait à mécontenter les gens, par petits moyens, qui peu lui servaient, et à grand' peine pouvait endurer paix.

Il était léger à parler de gens, et aussitôt en leur présence qu'en leur absence, sauf de ceux qu'il craignait, qui étaient beaucoup; car il était assez craintif de sa propre nature.

Encore fait Dieu grande grâce à un prince, quand il sait bien et mal, et par especial quand le bien le précède, comme au roi notre maître dessus-dit. A mon avis le travail qu'il eut en sa jeunesse, quand il fut fugitif de son père et fuit sous le duc Philippe de Bourgogne, où il fut six ans, lui valut beaucoup: car il fut contraint de complaire à ceux dont il avait besoin: et ce bien lui apprit Adversité, qui n'est pas petit. Comme il se trouva grand et roi couronné, d'entrée ne pensa qu'aux vengeances, mais tôt lui en vint le dommage, et quant et quant la repentance. Et s'il n'eût eu la nourriture autre que les seigneurs que j'ai vu nourrir en ce royaume, je ne crois pas que jamais se fût ressours; car ils ne les nourrrissent seulement qu'à faire les fous en habillements et en paroles. De nulles lettres ils n'ont conaissance. Un seul sage homme on ne leur met à l'entour. Ils ont des gouverneurs à qui on parle de leurs affaires, à eux rien; et ceux-là disposent de leurs dites affaires; et tels seigneurs y a qui n'ont que treize livres de rente en argent, qui se glorifient de dire: "Parlez à mes gens »; cuydant par cette parole contrefaire les très grands.

Encore ne me puis-je tenir de blâmer les seigneurs ignorants. Environ tous seigneurs se trouvent volontiers quelques clercs et gens de robes longues (comme raison est) et y sont bien séants, quant ils sont bons; et bien dangereux, quand ils sont autres. A tous propos ont une loi au bec, ou une histoire: et la meilleure qui se puisse trouver, se tournerait bien à mauvais sens; mais les sages, et qui auraient lu, n'en seraient jamais abusés; ni ne seraient les gens si hardis, de leur faire entendre mensonges. Et croyez que Dieu n'a point établi l'office de roi ni d'autre prince, pour être exercé par les bêtes, ni par ceux qui, par vaine gloire, disent: « Je ne suis pas clerc, je laisse faire à mon conseil, je me fie en eux »; et puis, sans assigner autre raison, s'en vont en leurs ébats.

Entre tous les princes dont j'ai eu la connaissance, le roi notre maître l'a le mieux su faire, et plus honorer et estimer les gens de bien et de valeur. Il était assez lettré, il aimait à demander et entendre de toutes choses, et avait le sens naturel parfaitement bon, lequel précède toutes autres sciences qu'on saurait apprendre en ce monde: et tous les livres qui sont faits ne serviraient de rien, si ce n'était pour ramener en mémoire les choses passées.

Journal d'un bourgeois de Paris

1525

Audit an (1525), le lundi, cinquième jour de février, il y eut un arrêt donné par la cour de Parlement, lequel, ce même jour, fut publié par tous les carrefours de Paris, à son de trompe, qui fut dit de par ladite cour que dorénavant nuls imprimeurs n'eussent plus à imprimer aucuns livres de Luther, en quelque manière que ce soit; et que tous ceux qui en avaient, fussent-ils imprimeurs ou autres, ils les apportassent au greffe de ladite cour dedans la huitaine ensuivant, sur peine de confiscation de corps et de biens; et défense à toutes personnes de non plus parler, exposer ni translater de latin en français les épîtres de Saint Paul, l'Apocalypse ni autre livres, ni aussi de plus parler des ordonnances de l'Eglise, ni des images, sinon ainsi que sainte Eglise l'a ordonné de toute ancienneté, avec plusieurs autres choses qui ont été faites contre ledit Luther.

1534

Audit an mil cinq cent trente-quatre, dixième novembre, premièrement furent condamnées sept personnes, par le lieutenant criminel, à faire amende honorable [1] en un tombereau, tenant chacun une torche ardente en la main, leurs biens confisqués au Roi, et à être brûlés en divers lieux et jours, cette sentence confirmée par arrêt. Le premier desquels fut Barthélemy Mollon, fils d'un cordonnier, demeurant en la rue entre les deux portes du Palais. Lequel Barthélemy était par maladie impotent de ses membres et paralytique, et avait lesdits placards et écriteaux. Et pour ce fut brûlé tout vif au cimetière Saint-Jean, le treizième novembre.

---

1. *amende honorable:* public recantation. This act satisfied the church courts, which could not demand the death penalty for heresy. The condemned were subsequently handed over to the secular officers to be burned at the stake.

From *Le Journal d'un bourgeois de Paris sous le règne de François I*er *(1515–1536)*, edited by V.-L. Bourilly (Paris: Librairie Alphonse Picard et Fils, 1910), pp. 232–33, 379–82.

Le second fut Jean du Bourg, riche drapier, demeurant rue Saint-Denis, à l'enseigne du *Cheval noir,* qui était sa maison à lui appartenant, lequel Du Bourg avait épousé la fille d'un autre riche drapier nommé Favereau, et avait lui-même affiché de ces écriteaux et placards ès coins de rues; parquoi le lendemain, le quatorzième de novembre, il fut mené faire amende honorable en un tombereau, devant l'église Notre-Dame; de là fut mené devant les fontaines des Innocents, rue Saint-Denis, là où il eut le poing coupé, puis aux Halles, où il fut brûlé tout vif, pour ce qu'il n'avait pas voulu accuser ses compagnons.

Le troisième fut un imprimeur de la rue Saint-Jacques qui avait imprimé et vendu les livres de Luther. Et pour ce, par sentence confirmée par arrêt, il fit amende honorable devant l'église Notre-Dame, de là mené brûler tout vif en la place Maubert.

Le lendemain pareillement, un libraire demeurant près la place Maubert, qui reliait et vendait livres de Luther, fit amende honorable et fut brûlé comme les autres en ladite place Maubert.

1535

Le vingt unième janvier, avait été faite la grande procession solennelle et générale, en laquelle furent portés les saints reliquaires de la Sainte-Chapelle et d'ailleurs, et s'y trouva le Roi et toute la cour et tous les états de Paris en grande dévotion et révérence, accompagnant le précieux corps de Notre-Seigneur.

Dans l'après-dînée furent brûlés trois luthériens à la croix du Tirouer, rue Saint-Honoré.

Luther, Calvin et le pape se tirent les oreilles.
(Gravure de l'époque des guerres de religion)

JEAN CALVIN

Du magistrat

Le Seigneur n'a pas seulement testifié que l'état des magistrats était approuvé de lui et lui était agréable, mais aussi il nous l'a davantage grandement recommandé, ayant honoré la dignité d'icelui de titres fort honorables. Car il affirme, *Proverb.* 8, que c'est une œuvre de sa sapience que les rois règnent, que les conseillers ordonnent choses justes et que les magnifiques de la terre sont juges. Et ailleurs, *Psalm.* 82, il les nomme dieux, parce qu'ils font son œuvre. Aussi en autre lieu, *Deutéro.* 1 et 2, *Paral.* 19, ils sont dits exercer jugement pour Dieu, non pour l'homme. Et saint Paul, *Rom.* 12, nomme entre les dons de Dieu, les supériorités. Mais, *Rom.* 13, où il en entreprend plus grande dispute, il enseigne très clairement que leur puissance est ordonnance de Dieu et que eux ils sont ministres de Dieu, pour louange à ceux qui font bien, et pour faire la vengeance de l'ire de Dieu sur les mauvais. Par quoi il appartient aux princes et magistrats de penser à qui ils servent en leur office et de ne faire rien indigne des ministres et lieutenants de Dieu. Or quasi toute leur sollicitude doit être en ceci, c'est qu'ils conservent en vraie pureté la forme publique de religion, qu'ils instituent la vie du peuple par très bonnes lois et qu'ils procurent le bien et tranquillité de leurs sujets, tant en public qu'en privé.

D'autre côté le devoir mutuel des sujets est de non seulement honorer et révérer leurs supérieurs, mais de recommander au Seigneur par prières leur salut et prospérité, et de volontiers se soumettre à leur domination, obéir à leurs édits et constitutions et de ne refuser les charges qui par eux sont imposées: soit tailles, péages ou tributs et autres rentes, ou soit offices et commissions civiles, et tout ce qui est de telle manière. Et ne faut pas que nous nous rendions seulement obéissants aux supérieurs, lesquels bien à droit et selon que leur devoir

From *Le Catéchisme français* (1537) (Geneva: H. Georg, 1878), pp. 96–99.

Jean Calvin (1509–64), secure in the Genevan republic, carried the ideas of earlier reformers to their logical and often revolutionary conclusions. His meditations on the difficult problem of the conflicting authority of church and state resulted in a formulation which, paradoxically, could lead to theocratic rule in Geneva, while fostering rebellion against a Catholic king of France.

est administrent leur supériorité, mais aussi il convient d'endurer ceux-là, lesquels abusent tyranniquement de leur puissance, jusques à ce que, par ordre légitime, nous ayons été délivrés de dessous leur joug. Car, comme un bon prince est un témoignage de la bénéficence divine pour conserver le salut des hommes, ainsi un mauvais et méchant est un fléau de Dieu pour châtier les péchés du peuple. Toutefois ceci soit généralement tenu pour certain que, tant aux uns qu'aux autres, la puissance est donnée de Dieu, et que nous ne leur pouvons résister que nous ne résistions à l'ordonnance de Dieu.

Mais en l'obéissance des supérieurs il faut toujours excepter une chose: c'est qu'elle ne nous retire de l'obéissance de celui aux édits duquel il convient que les commandements de tous rois cèdent. Le Seigneur donc est le roi des rois, lequel, quand il a ouvert sa très-sacrée bouche, est à ouïr seul pour tous et pareillement par dessus tous. En après nous sommes sujets aux hommes, lesquels sont constitués sur nous, mais non point autrement qu'en lui. S'ils commandent quelque chose contre lui, on n'en doit rien faire ni tenir compte, ains plutôt [1] celle sentence ait lieu: Qu'il faut plus obéir à Dieu qu'aux hommes, *Act.* 4.

1. *ains plutôt:* but rather

II · CREATION DE
L'ETAT MODERNE

 Le règne des derniers des Valois—les trois fils de Henri II — devait sombrer dans les remous causés par des factions que la puissance royale ne suffisait plus à tenir en respect. La Reine mère, Catherine de Médicis, exerçait à la cour une influence prédominante. Elle était soutenue par un entourage de notables et d'hommes de loi que, par opposition aux factions des huguenots et des catholiques, on appelait les *politiques*. Le parti catholique, mené par les ducs de Guise et soutenu de l'étranger par le pape, les jésuites et l'Espagne, était concentré dans la ville de Paris. Les huguenots (c'est ainsi qu'on appelait désormais les calvinistes) recoururent aux armes pour se défendre contre la persécution décrétée par Henri II en 1559. Dans les années qui suivirent, près de la moitié de la noblesse française devait passer au protestantisme et faire cause commune avec bourgeois et artisans calvinistes.

La première des guerres dites de religion que se livrèrent ces trois factions prit fin en 1570, par l'octroi conditionnel de la liberté de culte aux huguenots. Le parti catholique réagit en organisant le massacre de la Saint-Barthélemy: la nuit du 23 au 24 août 1572 l'assassinat de l'amiral Coligny, le chef du parti protestant en France, déclencha la tuerie dans les rues de Paris. Les huguenots reprirent les armes et, en 1574, ils trouvèrent un nouveau chef en la personne de Henri de Navarre, prétendant au trône dès le moment où la branche des Valois venait à s'éteindre. Les succès remportés par Henri amenèrent les catholiques à conclure une alliance ouverte avec l'Espagne en 1576, visant à

43

établir le duc de Guise sur le trône et à écraser le parti protestant. Intimidée par les deux factions, la monarchie, penchant tantôt pour l'une tantôt pour l'autre partie, parvint de la sorte à frustrer les uns et les autres de la victoire.

En 1584 la mort du duc d'Alençon, dernier des Valois dans la ligne de succession au trône, précipita la dernière (et la plus sanglante) des guerres de religion, la guerre des Trois Henri — Henri III, Henri de Navarre, Henri de Guise. La Ligue (le parti catholique) était maîtresse de Paris, et les huguenots tenaient l'Ouest et le Midi. Henri III, chassé à Blois par un soulèvement de la ville de Paris, y fit assassiner Henri de Guise et le cardinal son frère. Il dut aussitôt chercher refuge auprès de Henri de Navarre, pour échapper aux poursuites de leurs partisans ulcérés. Il y fut assassiné à son tour à quelques mois de là par un moine aux ordres de la Ligue, ce qui fit passer la couronne à Henri de Navarre, par un droit de succession que toute une partie du royaume continua de lui refuser. En 1593 ce dernier abjura sa foi réformée (« Paris vaut bien une messe! ») et l'année suivante la reddition de Paris mit fin aux guerres de religion. Par l'Edit de Nantes (1598) Henri IV fonda une paix durable sur le respect des droits politiques des deux parties et sur l'octroi de la liberté du culte partielle aux huguenots.

La France était épuisée, Henri IV en était parfaitement conscient et, dans les quelques années d'un règne qui fut bref, il s'employa à rendre le calme aux esprits par une politique généreuse et éclairée. En 1610 il devait tomber à son tour sous le couteau d'un fanatique, Ravaillac, et la France, une fois de plus, se trouva sur le bord de l'anarchie. Louis XIII n'était encore qu'un enfant, qui ne devait d'ailleurs jamais prendre en main le contrôle des affaires. La période de troubles qui suivit fut marquée par la dernière convocation des états généraux (1614) avant la Révolution de 1789. En 1624 Armand-Jean du Plessis, cardinal-duc de Richelieu, établit son ascendant sur le Conseil de la Couronne, dont il ne devait plus se relâcher jusqu'au jour de sa mort, gouvernant la France au nom d'un Roi qui s'effaça entièrement derrière son ministre. Rompu à tous les secrets de la diplomatie, Richelieu sut, tout en maintenant la paix à l'intérieur du royaume, tirer tout le parti possible des conflits qui déchiraient le reste de l'Europe. Il étendit le rayon d'action de la bureaucratie royale et, par la création des intendants, mit à la tête du gouvernement des provinces des agents de la Couronne ayant à leur disposition les forces nécessaires pour mettre à exécution les décrets de l'autorité gouvernementale. Pour la première fois en France le pouvoir avait prise sur les autorités locales.

Richelieu poursuivit aux dépens des privilèges de la noblesse et des garanties octroyées aux huguenots la centralisation des fonctions politiques entreprise par Charles V et Louis XI. Sa politique trouvait sa justification dans la raison d'Etat, doctrine favorisée par le rationalisme renaissant d'une époque éprise d'ordre et de stabilité. De fait les institutions nouvelles ne faisaient que se superposer à l'enchevêtrement médiéval des institutions, des prérogatives et des coutumes locales qui devaient subsister intactes jusqu'en 1789.

Les termes d'*ordre,* d'*harmonie,* de *raison* n'en devaient pas moins se faire entendre avec une fréquence croissante. Les politiques, sans se défaire pour autant d'une argumentation scolastique nourrie de citations de l'Ecriture et des Pères de l'Eglise, regardèrent l'Etat désormais comme une création autonome fondée en raison. La débauche de fanatisme déclenchée par les guerres de religion inclina les esprits, par voie de réaction, à une confiance plus grande dans la raison souveraine, — confiance résumée dans la belle formule que Pierre Corneille (1606–84) met dans la bouche de l'empereur Auguste: « Je suis maître de moi comme de l'univers. » La redécouverte de la civilisation antique, fruit des fouilles et des recherches des humanistes, avait élargi l'horizon spirituel et moral d'une élite intellectuelle. Les découvertes faites dans le Nouveau Monde, largement diffusées grâce à l'essor de l'imprimerie, jointes aux spéculations issues des travaux de l'astronomie nouvelle (celles de Galilée entre autres) firent voler en éclats l'étroite cosmologie médiévale, liée à des observations datant du savant alexandrin Ptolémée. Et même les progrès de la technologie militaire, qui devaient aboutir à la création d'un corps de génie et pousser les officiers à l'étude des mathématiques et des sciences, contribuèrent à mettre en honneur un certain rationalisme.

Les aventures des bons géants de Rabelais (1494–1553), au début du siècle, traduisaient la confiance dans l'homme, la soif de connaissances qui animaient l'humanisme européen. Les poètes dits de la Pléiade (Ronsard, Du Bellay, Belleau) avaient dans leur *Défense et illustration de la langue française* manifesté leur vo-

Le massacre de la Saint Barthélemy (24 août 1572).
(D'après un tableau du peintre contemporain François Dubois)

lonté de rupture avec les modes héritées du moyen âge et leur intention de rattraper leurs modèles anciens, le français valant bien le grec et le latin en tant qu'idiome poétique. Montaigne (1533–92), sur le déclin du siècle, s'appliqua dans les *Essais* à fonder une sagesse purement humaine, également éloignée du dogmatisme autoritaire des novateurs et de l'aveugle soumission aux vérités admises des partisans de la tradition.

Avec le *Discours de la méthode* (1637) de Descartes la victoire semblait acquise à la raison mathématique, donc à une conception rigoureusement mécaniste de l'univers. Les idées claires et distinctes et les dénombrements exacts avaient soumis à l'homme l'ordre même de la nature. Le monde clos de la chrétienté médiévale avait en partie succombé au renouveau de la pensée antique, qui avait affranchi les hommes de la Renais-

sance de l'obligation de croire, sans examen, aux vérités consa-
crées. L'âge de Richelieu devait voir émerger une Europe nouvelle, qui se détachait lentement de tout ce qui avait constitué
son propre passé. Blaise Pascal (1623–62), dans ses *Pensées sur la
religion chrétienne* devait exprimer d'une manière inoubliable ce
sentiment de rupture. Poète et mathématicien illuminé par une
vision mystique, il consigna tous les doutes que devait inspirer
cette même raison, que lui-même n'avait pas peu contribué à
rendre triomphante.

   Le cardinal de Richelieu venant à mourir en décembre 1642,
le Roi son maître le suivit bientôt dans la tombe, au mois de mars
de l'année suivante. Un enfant héritait du trône: le futur Louis
XIV, qui avait alors cinq ans. Le fauteuil du ministre passa au
souple et zélé cardinal Mazarin, le digne héritier et fidèle continuateur de l'œuvre de Richelieu. La régence d'Anne d'Autriche,
veuve de Louis XIII, se signala par des années de troubles ag-
gravés par la présence sur le trône de France d'une Espagnole,
dont le plus fidèle appui était un ministre italien. L'œuvre de
Richelieu résista à l'épreuve. Une suite de révoltes échelonnées
sur plusieurs années — les guerres de la Fronde (1648–53) —
menacèrent de replonger la France dans l'anarchie. Mais la
Reine, soutenue par Mazarin, sut tenir ferme les rênes du pouvoir, fragmentant l'opposition qui finit par se désagréger en une
fine poussière de factions adverses, incapables désormais
d'attenter à la puissance royale. Une pluie de pamphlets inju-
rieux, les *mazarinades,* mirent vainement en débat l'autorité royale et les libertés du peuple français (ou plutôt de ses
représentants bénévoles, les deux noblesses, d'épée et de robe):
l'astuce et la ténacité du ministre avaient d'avance réglé la question, sur le terrain des réalités politiques.

MICHEL DE MONTAIGNE

De la coutume et de ne changer aisément une loi reçue

Je suis dégoûté de la nouveauté, quelque visage qu'elle porte, et ai raison, car j'en ai vu des effets très dommageables. Celle qui nous presse depuis tant d'ans, elle n'a pas tout exploité, mais on peut dire avec apparence que, par accident, elle a tout produit et engendré: voire et les maux et ruines qui se font depuis sans elle, et contre elle: c'est à elle à s'en prendre au nez. Ceux qui donnent le branle à un Etat sont volontiers les premiers absorbés en sa ruine. *Le fruit du trouble ne demeure guère à celui qui l'a ému, il bat et brouille l'eau pour d'autres pêcheurs.* La liaison et contexture de cette monarchie et ce grand bâtiment ayant été démis et dissous, notamment sur ses vieux ans, par elle, donne tant qu'on veut d'ouverture et d'entrée à pareilles injures. *La majesté royale,* dit un ancien, *s'avale plus difficilement du sommet au milieu qu'elle ne se précipite du milieu au fond.*

Mais si les inventeurs sont plus dommageables, les imitateurs sont plus vicieux, de se jeter en des exemples desquels ils ont senti et puni l'horreur et le mal. Et s'il y a quelque degré d'honneur, même au mal faire, ceux-ci doivent aux autres la gloire de l'invention, et le courage du premier effort.

Toutes sortes de nouvelles débauches puisent heureusement en cette première et féconde source les images et patrons à troubler notre police. On lit en nos lois mêmes, faites pour le remède de ce premier mal, l'apprentissage et l'excuse de toute sorte de mauvaises entreprises; et nous advient, ce que Thucydide dit des guerres civiles de son temps, qu'en faveur des vices publics on les baptisait de mots nouveaux plus doux, pour leur excuse, abâtardisant et amollissant leurs vrais titres.

From *Essais,* edited by Strowski (Archives municipales de Bordeaux, 1906), Vol. I, pp. 152–153.

Michel de Montaigne (1533–92), in the *Essais,* brought his classical learning and Epicurean style of thinking to bear on the general moral problems he saw arising from the tumultuous events of his lifetime. The result was one of the masterpieces of French prose, infused with a wisdom, wit, and tolerance far removed from the passion and fanaticism of the time.

C'est, pourtant, pour réformer nos consciences et nos créances. Mais le meilleur prétexte de nouveauté est très dangereux. Si me semble-t-il, à le dire franchement, qu'il y a grand amour de soi et présomption, d'estimer ses opinions jusque-là que, pour les établir, il faille renverser une paix publique, et introduire tant de maux inévitables, et une si horrible corruption de mœurs que les guerres civiles apportent, et les mutations d'état, en chose de tel poids; et les introduire en son pays propre. *Est-ce pas mal ménagé, d'avancer tant de vices certains et connus, pour combattre des erreurs contestables et débatables? Est-il quelque pire espèce de vices, que ceux qui choquent la propre conscience, et naturelle connaissance?*

PIERRE DE RONSARD

Discours des misères de ce temps

La France à jointes mains vous en prie et reprie,
Las! qui sera bien tôt et proie et moquerie
Des Princes étrangers, s'il ne vous plaît en bref
Par vostre autorité apaiser son meschef.
Hà! que diront, là-bas, sous les tombes poudreuses,   5
De tant de vaillants Rois les âmes généreuses?
Que dira Pharamond, Clodion, et Clovis?
Nos Pépins, ños Martels, nos Charles, nos Louis,
Qui de leur propre sang versé parmi la guerre
Ont acquis à nos Rois une si belle terre?   10
Que diront tant de Ducs et tant d'hommes guerriers
Qui sont morts d'une plaie au combat les premiers,
Et pour France ont souffert tant de labeurs extrêmes,
La voyant aujourd'hui détruire par nous-mêmes?
Ils se repentiront d'avoir tant travaillé,   15
Querellé, combattu, guerroyé, bataillé,
Pour un peuple mutin divisé de courage,
Qui perd en se jouant un si bel héritage,
Héritage opulent, que toi peuple qui bois
Dans l'anglaise Tamise, et toi More qui vois   20
Tomber le chariot du soleil sur ta tête,
Et toi race Gothique aux armes toujours prête,
Qui sens la froide bise en tes cheveux venter,
Par armes n'avez su ni froisser ni dompter.   25

.   .   .   .   .

O toi historien, qui d'encre non menteuse
Ecris de notre temps l'histoire monstrueuse,

From *Œuvres complètes de Ronsard* (Paris: Librairie A. Franck, 1866), Vol. VII,
pp. 11–15.

Pierre de Ronsard (1524–85) was the main figure of the *Pléiade*, a literary circle seeking to infuse new vigor into the French language through classical inspiration. The original version of this discourse, addressed to the Queen Mother, Catherine de Médicis, was written during Condé's siege of Paris in 1562.

Raconte à nos enfants tout ce malheur fatal,
Afin qu'en te lisant ils pleurent notre mal,
Et qu'ils prennent exemple aux péchés de leurs pères,   30
De peur de ne tomber en pareilles misères.

    De quel front, de quel œil, ô siècles inconstants!
Pourront-ils regarder l'histoire de ce temps?
En lisant que l'honneur et le sceptre de France,
Qui depuis si long âge avait pris accroissance,   35
Par une opinion nourrice des combats,
Comme une grande roche est bronché contre-bas!

    .   .   .   .   .

    Ce monstre arme le fils contre son propre père,
Et le frère (ô malheur!) arme contre son frère,
La sœur contre la sœur, et les cousins germains   40
Au sang de leurs cousins veulent tremper leurs mains;
L'oncle hait son neveu, le serviteur son maître;
La femme ne veut plus son mari reconnaître;
Les enfants sans raison disputent de la foi,
Et tout à l'abandon va sans ordre et sans loi.   45
    L'artisan par ce monstre a laissé sa boutique,
Le pasteur ses brebis, l'avocat sa pratique,
Sa nef le marinier, son trafic le marchand,
Et par lui le prud'homme est devenu méchant.
L'écolier se débauche, et de sa faux tortue   50
Le laboureur façonne une dague pointue,
Une pique guerrière il fait de son râteau,
Et l'acier de son coutre il change en un couteau.
    Morte est l'autorité; chacun vit à sa guise;
Au vice déréglé la licence est permise;   55
Le désir, l'avarice, et l'erreur insensée
Ont sens dessus-dessous le monde renversé.
    On a fait des lieux saints une horrible voirie,
Un assassinement et une pillerie,
Si bien que Dieu n'est sûr en sa propre maison;   60
Au ciel est revolée et Justice et Raison,
Et en leur place, hélas! règne le brigandage,
La haine, la rancœur, le sang et le carnage.
    Tout va de pis en pis; le sujet a brisé
Le serment qu'il devait à son Roi méprisé;   65
Mars enflé de faux zèle et de vaine apparence,

Ainsi qu'une furie agite notre France,
Qui, farouche à son Prince, opiniâtre suit
L'erreur d'un étranger qui folle la conduit.

    Tel voit-on le poulain, dont la bouche trop forte   70
Par bois et par rochers son écuyer emporte,
Et malgré l'éperon, la houssine et la main,
Se gourme de sa bride, et n'obéit au frein;
Ainsi la France court, en armes divisée,
Depuis que la raison n'est plus autorisée.   75

. . . . .

Satyre Ménippée[1]

Enfin, nous voulons un Roi pour avoir la paix; mais nous ne voulons pas faire comme les grenouilles, qui s'ennuyant de leur Roi paisible, élurent la cigogne qui les dévora toutes. Nous demandons un Roi et chef naturel, non artificiel; un Roi déjà fait, et non à faire; et n'en voulons point prendre le conseil des Espagnols, nos ennemis invétérés, qui veulent être nos tuteurs par force, et nous apprendre à croire en Dieu et en la foi chrétienne, en laquelle ils ne sont baptisés, et ne la connaissent que depuis trois jours. Nous ne voulons pour conseillers et médecins ceux de Lorraine, qui de longtemps béent après notre mort. Le Roi que nous demandons est déjà fait par la nature, né au vrai parterre des fleurs de lis de France, jeton droit et verdoyant de la tige de Saint Louis. Ceux qui parlent d'en faire un autre se trompent, et ne sauraient en venir à bout. On peut faire des sceptres et des couronnes, mais non pas des Rois pour les porter; on peut faire une maison mais non pas un arbre ou un rameau vert: il faut que la nature le produise, par espace de temps, du suc et de la moëlle de la terre, qui entretient la tige en sa sève et vigueur. On peut faire une jambe de bois, un bras de fer et un nez d'argent, mais non pas une tête. Aussi pouvons-nous faire des maréchaux à la douzaine, des Pairs, des amiraux, et des secrétaires et conseillers d'Etat, mais de Roi, point; il faut que celui-là seul naisse de lui-même, pour avoir vie et valeur. Un Roi électif et artificiel ne nous saurait jamais voir, et serait non seulement aveugle en nos affaires, mais sourd, insensible et immobile en nos plaintes.

1. The *Satyre Ménippée* (1594), taking its name from the third-century author Menippus, is a burlesque account of the Estates General of 1593, which refused to choose a king. It is the collective work of a group of moderate Parisian bourgeois who opposed the pro-Guise Holy League. Among the authors were officials, scholars, lawyers, and humanists. The *Harangue de M. D'Aubray* is from the pen of Pierre Pithou, a vigorous defender of Henry of Navarre's right to the throne.

From *Satyre Ménippée* (Paris: Charpentier, 1841), pp. 213–19.

Entrée d'Henri IV dans Paris

En un mot, nous voulons que Monsieur le Lieutenant sache que nous reconnaissons pour notre vrai Roi légitime, naturel, et souverain seigneur, Henri de Bourbon, ci-devant Roi de Navarre. C'est lui seul, par mille bonnes raisons, que nous reconnaissons être capable de soutenir l'Etat de France et la grandeur de la réputation des Français; lui seul qui peut nous relever de notre chute, qui peut, comme un Hercule naturel, né en Gaule, défaire ces monstres hideux, qui rendent toute la France horrible et épouvantable à ses propres enfants. C'est lui seul, et non autre, qui exterminera ces petits demi-Rois de Bretagne, de Languedoc, de Provence, de Lyonnais, de Bourgogne et de Champagne; qui dissipera ces Ducs de Normandie, de Berry et Sologne, de Rheims et de Soissons. Tous ces fantômes s'évanouiront au lustre de sa présence, quand il sera sis au trône de ses majeurs, et en son lit de justice, qui l'attend en son Palais Royal.

Une chose lui manque, que je dirais bien à l'oreille de quelqu'un, si je voulais: je ne veux pas dire la religion différente de la nôtre, que lui reprochez tant. Car nous savons de bonne part que Dieu lui a touché le cœur, et veut être enseigné, et déjà s'accommode à l'instruction: même a fait porter parole au Saint Père de sa prochaine conversion; dequoi je fais état comme si je l'avais déjà vue, tant il s'est toujours montré respectueux en ses promesses, et religieux gardien de ses paroles. Mais, quand ainsi serait qu'il persisterait en son opinion, pour cela le faudrait-il priver de son droit légitime de succession à la Couronne? Quelles lois, quels chapitres, quel Evangile nous enseigne de déposséder les hommes de leurs biens, et les Rois le leurs Royaumes, pour la diversité de religion? L'excommunication ne s'étend que sur les âmes, et non sur les corps et les fortunes.

Edit de Nantes

*Edit du Roi sur la pacification des Troubles de
ce Royaume. Donné à Nantes au mois d'avril 1598,
vérifié en parlement le 25 février 1599*

HENRI par la grâce de Dieu, Roi de France et de Navarre: à
tous présents et à venir, Salut. Entre les grâces infinies qu'il a plu à
Dieu nous départir, celle est bien des plus insignes et remarquables, de
nous avoir donné la vertu et la force de ne céder aux effroyables troubles, confusions et désordres, qui se trouvèrent à notre avènement à ce
Royaume qui était divisé en tant de parts et de factions, que la plus
légitime en était quasi la moindre; et de nous être néanmoins tellement roidis contre cette tourmente, que nous l'ayons enfin surmontée,
et touchions maintenant le port de salut, et le repos de cet Etat.

Et en cette grande concurrence de si grandes et périlleuses affaires,
ne se pouvant toutes composer à la fois et en même temps, il nous y a
fallu tenir cet ordre: d'entreprendre premièrement celles qui ne se
pouvaient terminer que par la force, et plutôt remettre et suspendre
pour quelque temps les autres, qui se devaient et pouvaient traiter par
la raison et la Justice. Comme les différends généraux d'entre nos bons
Sujets, et les maux particuliers des plus saines parties de l'Etat, que
nous estimons pouvoir bien plus aisément guérir, après en avoir ôté la
cause principale, qui était en la continuation de la guerre civile. En
quoi nous étant (par la grâce de Dieu) bien et heureusement succédé,
et les armes et hostilités étant du tout cassées en tout le dedans du
Royaume, nous espérons qu'il nous succèdera aussi bien aux autres affaires qui restent à y composer, et que par ce moyen nous parvien-
drons à l'établissement d'une bonne paix et tranquille repos, qui a
toujours été le but de tous nos vœux et intentions, et le prix que nous
désirons de tant de peines et travaux, auxquels nous avons passé le
cours de notre âge.

Maintenant qu'il plaît à Dieu commencer à nous faire jouir de
quelque meilleur repos, nous avons estimé ne le pouvoir mieux em-

From *Edits, declarations et arrests concernans la réligion p. réformée 1622–1751*
(Paris: Librairie Fischbacher et Cie., 1885), pp. i–ix.

ployer qu'à vaquer à ce qui peut concerner la gloire de son saint Nom et service, et à pourvoir qu'il puisse être adoré et prié par tous nos Sujets. Et s'il ne lui a plu permettre que ce soit encore en une même forme et Religion, que ce soit au moins d'une intention, et avec telle règle, qu'il n'y ait point pour cela de trouble ou de tumulte entr'eux et que nous et ce Royaume puissions toujours mériter et conserver le titre glorieux de Très Chrétien,[1] qui a été par tant de mérites et dès si longtemps acquis: et par même moyen ôter la cause du mal et trouble qui peut advenir sur le fait de la Religion, qui est toujours le plus glissant et pénétrant de tous les autres.

Après avoir repris les cahiers des plaintes de nos Sujets Catholiques, ayant aussi permis à nosdits Sujets de ladite Religion Prétendue Réformée,[2] de s'assembler par députés, pour dresser les leurs, et mettre ensemble toutes remontrances, et sur ce fait conférer avec eux par diverses fois, et revu les Edits précédents, Nous avons jugé nécessaire de donner maintenant sur le tout à tous nosdits Sujets une loi générale, claire, nette et absolue, par laquelle ils soient réglés sur toutes les différences qui sont ci-devant sur ce survenues entr'eux, et y pourraient encore survenir ci-après, et dont les uns et les autres aient sujet de se contenter, selon [que] la qualité du temps le peut porter: n'étant pour notre regard entré en cette délibération que pour le seul zèle que nous avons au service de Dieu, et qu'il se puisse dorénavant faire et rendre par tous nosdits Sujets, et établir entr'eux une bonne et perdurable paix. Sur quoi nous implorons et attendons de sa Divine bonté la même protection et faveur, qu'il a toujours visiblement départie à ce Royaume depuis sa naissance, et pendant tout ce long âge qu'il a atteint, et qu'elle fasse la grâce à nosdits sujets de bien comprendre, qu'en l'observation de cette notre Ordonnance consiste (après ce qui est de leur devoir envers Dieu et envers nous) le principal fondement de leur union et concorde, tranquillité et repos, et du rétablissement de tout cet Etat en sa première splendeur, opulence et force. Comme de notre part nous promettons de faire exactement observer, sans souffrir qu'il y soit aucunement contrevenu. Avons par cet Edit perpétuel et irrévocable, dit, déclaré et ordonné, disons, déclarons et ordonnons ce qui s'ensuit.

1. *Très Chrétien:* The kings of France were formally addressed as "Most Christian Majesty."

2. *Religion Prétendue Réformée:* This formula was used universally in official documents to refer to the Huguenots, the French Calvinists who themselves called their church the "reformed religion."

I

Premièrement, que la mémoire de toutes choses passées d'une part et d'autre, depuis le commencement du mois de mars 1585, jusqu'à notre avènement à la couronne, et durant les autres troubles précédents, et à l'occasion d'icieux, demeurera éteinte et assoupie, comme de chose non advenue.

II

Défendons à tous nos Sujets, de quelque état et qualité qu'ils soient, d'en renouveler la mémoire, s'attaquer, ressentir, injurier ni provoquer l'un l'autre par reproche de ce qui s'est passé: Mais se contenir et vivre paisiblement ensemble comme frères, amis et concitoyens, sur peine aux contrevenants d'être punis comme infracteurs de Paix et perturbateurs du repos public.

III

Ordonnons que la Religion Catholique, Apostolique et Romaine sera remise et rétablie en tous les lieux et endroits de cetui notre Royaume et Pays de notre obéissance, où l'exercice d'icelle a été intermis, pour y être paisiblement et librement exercée sans aucun trouble ou empêchement. Défendant très expressément à toutes personnes, de quelque état, qualité ou condition qu'elles soient, sur les peines que dessus, de troubler, molester, ni inquiéter les Ecclésiastiques en la célébration du Divin Service.

VI

Et pour ne laisser aucune occasion de troubles et différends entre nos Sujets; avons permis et permettons à ceux de ladite Religion Prétendue Réformée, vivre et demeurer par toutes les Villes et lieux de cetui notre Royaume et Pays de notre obéissance, sans être enquis, vexés, molestés ni astreints à faire chose, pour le fait de la Religion, contre leur conscience, ni pour raison d'icelle être recherchés ès maisons et lieux où ils voudront habiter, en se comportant au reste selon qu'il est contenu en notre présent Edit.

HENRI

JEAN BODIN

De la souveraineté

La souveraineté est la puissance absolue et perpétuelle d'une République. . . .

Puisqu'il n'y a rien plus grand en terre après Dieu, que les princes souverains, et qu'ils sont établis de lui, comme ses lieutenants, pour commander aux autres hommes, il est besoin de prendre garde à leur qualité, afin de respecter, et révérer leur majesté en toute obéissance, sentir et parler d'eux en tout honneur, car qui méprise son prince souverain, il méprise Dieu, duquel il est l'image en terre.

Ce grand Dieu souverain ne peut faire un Dieu pareil à lui, attendu qu'il est infini et qu'il ne se peut faire qu'il y ait deux choses infinies, par démonstration naturelle et nécessaire: aussi pouvons-nous dire que le Prince que nous avons posé comme l'image de Dieu ne peut faire un sujet égal à lui, que sa puissance ne soit anéantie.

Nous conclurons que la première marque du prince souverain c'est la puissance de donner loi à tous en général, et à chacun en particulier. Mais ce n'est pas assez, car il faut ajouter, sans le consentement de plus grand, ni de pareil, ni de moindre que soi. Car si le Prince est obligé de ne faire loi, il est vrai [ment] sujet: et par ainsi toute la force des lois et coutumes gît au pouvoir du prince souverain.

From *Les Six livres de la république* (Geneva?: Le Juge?, 1577), Book I, Chapters IX and XI.

Jean Bodin (1530–96), a magistrate and legal scholar, provided the theoretical background for the *politique* faction at the court of Catherine de Medici.

CHRISTOPHE PLANTIN

Le Bonheur de ce monde

Avoir une maison commode, propre et belle,
Un jardin tapissé d'espaliers odorants,
Des fruits, d'excellent vin, peu de train, peu d'enfants,
Posséder seul sans bruit une femme fidèle.

N'avoir dettes, amour, ni procès, ni querelle,
Ni de partage à faire avecque ses parents,
Se contenter de peu, n'espérer rien des Grands,
Régler tous ses desseins sur un juste modèle.

Vivre avecque franchise et sans ambition,
S'adonner sans scrupule à la dévotion,
Dompter ses passions, les rendre obéissantes.

Conserver l'esprit libre et le jugement fort,
Dire son chapelet en cultivant ses entes,
C'est attendre chez soi bien doucement la mort.

From *Anthologie des poètes français du Xe au XVIe siècle*, edited by André Dumas (Paris: Librairie Delagrave, 1935), p. 405.
    Christophe Plantin (1514–*c.*1589) was a noted typographer whose only known poetic work is this sonnet summarizing the Renaissance idea of felicity.

CARDINAL DE RICHELIEU

Raison d'Etat

La lumière naturelle fait connaître à un chacun que, l'homme ayant été fait raisonnable, il ne doit rien faire que par raison, puisqu'autrement il ferait contre sa nature et par conséquent contre Celui même qui en est l'auteur. Elle enseigne encore que plus un homme est grand et élevé, plus il doit faire état de ce principe et que moins doit-il abuser du raisonnement, qui constitue son être.

De ces deux principes il s'ensuit clairement que, si l'homme est souverainement raisonnable, il doit souverainement faire régner la raison, ce qui ne requiert pas seulement qu'il ne fasse rien sans elle, mais l'oblige, de plus, à faire que tous ceux qui sont sous son autorité la révèrent et la suivent religieusement.

Cette conséquence est la source d'une autre, qui nous enseigne qu'ainsi qu'il ne faut rien vouloir qui ne soit raisonnable et juste, il ne faut rien vouloir de tel qu'on ne fasse exécuter et où les commandements ne soient suivis d'obéissance, parce qu'autrement la raison ne règnerait pas souverainement.

La pratique de cette règle est d'autant plus aisée que l'amour est le plus puissant motif qui oblige à obéir, et qu'il est impossible que des sujets n'aiment pas un prince, s'ils connaissent que la raison ne soit la guide de toutes actions.

L'autorité contraint à l'obéissance, mais la raison y persuade. Il est bien plus à propos de conduire les hommes par des moyens qui gagnent insensiblement leur volonté, que par ceux qui, le plus souvent, ne les font agir qu'autant qu'ils les forcent.

Le Gouvernement des Royaumes requiert une vertu mâle et une fermeté inébranlable, contraire à la mollesse qui expose ceux en qui elle se trouve aux entreprises de leurs ennemis.

Il faut, en toutes choses, agir avec vigueur, vu principalement que, quand même le succès de ce qu'on entreprend ne serait pas bon, au moins aura-t-on cet avantage que, n'ayant rien omis de ce qui le

From *Testament politique*, edited by Louis André (Paris: Robert Laffont, 1948), pp. 325–29, 334–42. Reprinted by permission of Editions Robert Laffont.

Armand du Plessis, cardinal-duc de Richelieu.
(Triple portrait de Philippe de Champaigne)

pouvait faire réussir, on évitera la honte, lorsqu'on ne peut éviter le mal d'un mauvais événement.

Si, une fois, on n'est pas propre à l'exécution d'un bon dessein, il en faut attendre un autre, et, lorsqu'on a mis la main à l'œuvre, si les difficultés qu'on rencontre obligent à quelque surséance, la raison veut qu'on reprenne ses premières erres aussitôt que le temps et l'occasion se trouveront favorables.

En un mot, rien ne doit détourner d'une bonne entreprise, si ce n'est qu'il arrive quelque accident, qui la rende tout à fait impossible, et il ne faut rien oublier de ce qui peut avancer l'exécution de celles qu'on a résolues avec raison.

C'est ce qui m'oblige à parler en ce lieu du secret et de la diligence, qui sont si nécessaires au bon succès des affaires, que rien ne le peut être davantage.

Outre que l'expérience a fait foi, la raison est évidente, vu ce qui surprend étonne d'ordinaire, de telle sorte qu'il ôte souvent les moyens de s'y opposer, et que poursuivre lentement l'exécution d'un dessein et le divulguer est le même que parler d'une chose et ne la faire pas.

De là vient que les femmes,[1] paresseuses et peu secrètes de leur nature, sont si peu propres au gouvernement que, si on considère encore qu'elles sont fort sujettes à leurs passions et, par conséquent, peu susceptibles de raison et de justice, ce seul principe les exclut de toute administration publique.

Ce n'est pas qu'il ne s'en puisse trouver quelques-unes tellement exemptes de ces défauts qu'elles pourraient y être admises.

Il y a peu de règles générales qui ne soient capables de leur exception. Ce siècle même en a porté quelques-unes qu'on ne saurait assez louer. Mais il est vrai qu'ordinairement leur mollesse les rend incapables d'une vertu mâle, nécessaire à l'administration, et qu'il est presque impossible que leur gouvernement soit exempt ou de bassesse ou de diminution, dont la faiblesse de leur sexe est la cause, ou d'injustice et de cruauté, dont le dérèglement de leurs passions, qui leur tient lieu de raison, est la vraie source.

Rien n'est plus nécessaire au gouvernement d'un Etat que la prévoyance, puisque, par son moyen, on peut aisément prévenir beaucoup de maux, qui ne se peuvent guérir qu'avec de grandes difficultés quand ils sont arrivés.

Il faut dormir, comme le lion, sans fermer les yeux, qu'on doit avoir continuellement ouverts pour prévoir les moindre inconvénients qui peuvent arriver, et se souvenir qu'ainsi que la phtisie ne rend pas le pouls ému, bien qu'elle soit mortelle, aussi arrive-t-il souvent dans les Etats que les maux, qui sont imperceptibles de leur origine et dont on a le moins de sentiment, sont les plus dangereux et ceux qui viennent enfin à être de plus grande conséquence.

C'est un dire commun, mais d'autant plus véritable qu'il a été, de tout temps, en la bouche et en l'esprit de tous les hommes, que la peine et la récompense sont les deux points les plus importants pour la conduite d'un Royaume.

Je fais marcher la peine devant la récompense, parce que, s'il fallait se priver de l'une des deux, il vaudrait mieux se dispenser de la dernière que de la première.

Etre rigoureux envers les particuliers, qui font gloire de mépriser les lois et les ordres de l'Etat, c'est être bon pour le public, et on ne

1. Richelieu's experience during the regency of Marie de Medici and his fear of further disorder should Anne of Austria become regent prompted him to give this unusually strong warning to the highly susceptible Louis XIII.

saurait commettre un plus grand crime contre les intérêts publics qu'en se rendant indulgent envers ceux qui les violent.

En matière de crime d'Etat, il faut fermer la porte à la pitié, mépriser les plaintes des personnes intéressées et les discours d'une populace ignorante, qui blâme quelquefois ce qui lui est le plus utile et souvent tout à fait nécessaire.

CARDINAL DE RETZ

Origine du mot Fronde[1]

Ce mot [Fronde] me remet dans la mémoire ce que je crois avoir oublié de vous expliquer dans le premier volume de cet ouvrage. C'est son étymologie, qui n'est pas de grande importance, mais qui ne se doit pas toutefois omettre dans un récit où il n'est pas possible qu'elle ne soit nommée plusieurs fois. Quand le Parlement commença à assembler pour les affaires publiques, M. le duc d'Orléans et M. le Prince [2] y vinrent assez souvent, comme vous avez vu, et y adoucirent même quelquefois les esprits. Ce calme n'y était que par intervalles. La chaleur revenait au bout de deux jours, et l'on s'assemblait avec la même ardeur que le premier moment. Bachaumont [3] s'avisa de dire un jour, en badinant, que le Parlement faisait comme les écoliers qui frondent dans les fossés de Paris, qui se séparent dès qu'ils voient le lieutenant civil et qui se rassemblent dès qu'il ne paraît plus. Cette comparaison, qui fut trouvée assez plaisante, fut célébrée par les chansons, et elle refleurit particulièrement lorsque, la paix étant faite entre le Roi et le Parlement, l'on trouva lieu de l'appliquer à la faction particulière de ceux qui ne s'étaient pas accommodés avec la cour. Nous y donnâmes nous-mêmes assez de cours, parce que nous remarquâmes que cette distinction de noms échauffe les esprits. Le président de Bellièvre m'ayant dit que le Premier Président [4] prenait avantage contre nous de ce quo-

1. The *fronde* was a sling used to good effect against the police in the mischief that little boys got into along the Paris moats.
2. Gaston d'Orléans, brother of Louis XIII, the leading figure in the aristocratic rebellion, sought to get control of France by replacing Anne of Austria as regent for the young king Louis XIV. Louis II de Bourbon, Prince of Condé, the greatest French general of his day and victor over the Spaniards at Rocroi, joined the rebellion against Mazarin in 1649, fleeing to Spain in 1652 when the Fronde collapsed.
3. Bachaumont was a flippant and gossipy *parlementaire*.
4. Nicolas de Bellièvre, an elderly jurist, held the office of First President of the Paris Parlement intermittently throughout the first half of the century, usually alternating with his opponent, Mathieu Molé, another *parlementaire* who wrote extensive memoirs of his career.

From *Œuvres du Cardinal de Retz* (Paris: Hachette, 1872), Vol. II, pp. 492–95.

Paul de Gondi, Cardinal de Retz (1614–79), was the restive and essentially political coadjutor of his uncle, the archbishop of Paris. Retz' *Mémoires* provide a lively, if unreliable, account of the civil disorders he had done so much to stir up.

Soldats armés de piques.
(Jacques Callot)

libet, je lui fis voir un manuscrit de Saint-Aldegonde,[5] un des premiers
fondateurs de la république de Hollande, où il était remarqué que
Brederode [6] se fâchant de ce que, dans les premiers commencements de
la révolte des Pays-Bas, l'on les appelait *les Gueux,* le prince
d'Orange,[7] qui était l'âme de la faction, lui écrivit qu'il n'entendait
pas son véritable intérêt, qu'il en devait être très aise, et qu'il ne man-
quât pas même de faire mettre sur leurs manteaux de petits bissacs en
broderie, en forme d'ordre. Nous résolûmes, dès ce soir-là, de prendre
des cordons de chapeaux qui eussent quelque forme de fronde. Un
marchand affidé nous en fit une quantité, qu'il débita à une infinité de
gens qui n'y entendaient aucune finesse. Nous n'en portâmes que les
derniers pour n'y point faire paraître d'affectation qui en eût gâté tout
le mystère. L'effet que cette bagatelle fit est incroyable. Tout fut à la
mode, le pain, les chapeaux, les canons, les gants, les manchons, les
éventails, les garnitures; et nous fûmes nous-mêmes à la mode encore
plus par cette sottise que par l'essentiel.

5. Philip of Marnix, Seigneur of St. Aldegonde, led the bourgeois faction in the
Dutch rebellion against Spain in the 1560's.
6. Henry, Count of Brederode, was an early leader of the Dutch rebellion.
7. William (the Silent), Prince of Orange, was the greatest political and military leader in the Dutch rebellion and founder of Dutch independence from Spain.

Mazarinades[1]

RAISONS D'ÉTAT CONTRE
LE MINISTÈRE ÉTRANGER
1649

C'est une maxime politique reçue de tout temps, que les étrangers introduisent les mœurs et les vices de leurs pays dans celui qu'ils viennent habiter, qu'ils y corrompent toutes choses, et que de cette corruption naissent les vices.

Les Français, qui ont toujours voulu vivre selon leur ancienne liberté, n'ont jamais pu souffrir le ministère des étrangers, non-seulement pour l'appréhension qu'ils ont de se voir devancés par eux dans les charges et dans les honneurs dont ils sont très jaloux, mais pour ce qu'il leur a presque été impossible de s'accoutumer à la légèreté des Anglais, à la pesanteur des Allemands, au faste des Espagnols, et à la longueur des Italiens tant à bien résoudre qu'à bien faire.

Prêtez l'oreille aux murmures publics et particuliers de tous les gens de bien qui s'élèvent si hautement contre le Cardinal Mazarin, dont on ne peut plus supporter la façon d'agir entièrement contraire à celle de notre nation. Je ne touche point à sa vie et ne m'amuse point à exagérer les reproches que quelques-uns font contre la pureté ou l'impureté de ses mœurs. Je dirai seulement qu'il s'est gouverné avec nous en sorte que s'il continuait plus longtemps, la rage même ne trouverait pas de quoi mordre; outre que la dignité qui le met à couvert de toute sorte d'atteintes, m'empêche d'en exagérer davantage.

En un mot, les promesses générales qu'il faisait à tout le monde,

---

1. The *Mazarinades* appeared in a variety of forms; some as essays like the two given here, some as satirical or obscene poetry, others as dialogues or as letters and petitions to the Queen Regent. Most are anti-Mazarin and anonymous. *A qui aime la vérité*, though published anonymously, is known to be the work of M. Cohon, Bishop of Dol, an ardent defender of the royal cause and one of Mazarin's *créatures*.

From *Choix de mazarinades*, edited by C. Moreau (Paris: Jules Renouard et Cie., 1853), Vol. I, pp. 56–65, 185–90.

et l'inexécution dont tout le monde se plaignait, sont les raisons qui l'ont dépourvu d'amis et de créatures. Hé! d'où vient tout cela, sinon des mœurs de son pays, auxquelles voulant toujours se tenir ferme, il se conduisait par des voies entièrement opposées aux nôtres?

Je vous ai justifié par les Lois et par les exemples comme les étrangers ont été bannis du maniement des affaires politiques. Maintenant je m'en vais dire succinctement les raisons sur lesquelles on leur donne l'exclusion.

La première, si je ne me trompe, a été celle qu'Aristote et saint Augustin après lui ont rapportée, que la différence des mœurs et de langage met la discorde entre les cœurs.

C'est pourquoi le meilleur de nos Historiens dit que quand un étranger gouvernerait bien l'Etat, toutefois à cause de la différence qui sera entre son esprit et les nôtres, sa manière de vivre et celle des Français, il donnera toujours quelque sujet de plainte, étant impossible qu'il connaisse particulièrement la République qu'il conduit, comme les Sujets naturels, cette connaissance lui étant absolument nécessaire avant toutes choses.

La seconde raison est pour ce que jamais un étranger ne conduit l'Etat avec la même passion qui se trouve dans un sujet naturel. Le plus grand de ses soins est d'élever sa maison, d'accumuler des trésors, et de faire sa retraite quand il n'y aura plus rien à prendre dans un Royaume. Un Prince, dit Tacite, instruit aux coutumes étrangères plutôt qu'en celles de son Royaume, sera non-seulement suspect au peuple, mais il passera toujours pour fâcheux et peu bienfaisant. Et ce que cet auteur dit d'un Prince, il le faut entendre également d'un ministre, parce que, bien qu'il y ait de la différence dans le caractère, il n'y en a presque point dans le pouvoir.

Cette autorité de Tacite me fait passer à la troisième raison, qui est qu'un étranger ne peut être en sûreté contre la défiance du peuple, ni contre la jalousie des grands, si premièrement il ne se fortifie de gardes, s'il ne dispose des meilleures places, s'il ne change les Magistrats, s'il n'engloutit les charges séculières et les dignités Ecclésiastiques, s'il n'arrache les Citoyens de leur bien, et s'il ne leur ôte le crédit pour donner tous les deux à des étrangers, en un mot, s'il ne se fait diverses créatures, pour l'agrandissement desquelles il faut abaisser tout le reste; et ces moyens sont insupportables au peuple.

Enfin, c'est une chose honteuse à un peuple qui ne manque pas de personnes capables du ministère, de se voir soumis à un étranger.

A QUI AIME LA VÉRITÉ
1649

Le Parlement veut dépouiller le Roi de son autorité pour s'en revêtir. Les Princes qui sont unis au Parlement, voudraient bien s'accommoder de son bien et de ses places.

Et vous, pauvres Bourgeois de Paris, sacrifiez votre repos, hasardez votre vie, videz le fond de vos bourses, vous réduisez à la faim, prenez les armes contre votre Roi et ne travaillez qu'à votre ruine pour appuyer, sans le savoir, les injustes prétentions des uns et des autres. C'est bien se tourmenter pour se rendre criminels et malheureux toute votre vie, quoi qu'il arrive; car ou le Roi demeurera le maître, comme il y a grand'apparence, et si avant cela vous ne réparez votre crime, et ne regagnez son affection par quelque marque de la vôtre, il vous fera servir, vous et vos familles, d'exemple à la postérité par un châtiment mémorable de la rébellion que vous commettez; ou le Parlement et les Princes auront le dessus (ce qui fait horreur, seulement à le penser, à tout bon Français), vous aurez quatre cents tyranneaux qui vous déchireront et vous opprimeront de mille taxes, comme ils ont déjà commencé; et votre opiniâtreté n'aura servi qu'à allumer et nourrir une guerre civile qui rendra la France la proie de ses ennemis, et changera votre ville, la plus belle du monde et la plus heureuse, en un théâtre d'horreur et de misères.

Pauvre peuple, dessille tes yeux! Permettras-tu d'être sacrifié pour des intérêts particuliers de nulle considération, et de plus pour des gens qui se moquent de toi dans le temps même que tu seras à leurs fins? Ne sais-tu pas que ces braves Princes, passementés et brodés à tes dépens, boivent tous les jours, l'un et l'autre, à la santé des badauds de Paris?

Est-il possible après cela que tu sois encore dupe et que tu laisses si longtemps abuser de ta bonté? Venge plutôt ton Roi désobéi, maltraité, offensé, attaqué; venge-toi toi-même des maux que tu souffres et de ceux où l'on ne se soucie guère de te plonger à l'avenir. Quand tu n'aurais autre chose à craindre que de perdre pour toujours la présence de ton Roi, ce qui t'est infaillible si tu t'opiniâtres en ta rébellion, ne considères-tu point quelle serait pour toi la grandeur de cette perte, et que cette présence est ce qui t'enrichit et te donne la splendeur et l'opulence par-dessus les autres villes? Où irais-tu chercher le payement de tant d'argent que la Cour te doit? Ne t'aperçois-tu point que si elle faisait son séjour en quelqu'autre ville, tous tes artisans seraient à la faim et qu'il se dépenserait à Paris moins de douze millions de livres par an qu'on ne fait?

Déclare-toi seulement; et tu seras le maître de ces factieux criminels qui t'ont armé contre ta patrie. Tu auras les bénédictions du Ciel, les grâces de ton Roi et l'applaudissement de tous les bons Français. Oblige le Parlement à sortir de Paris; et tu obligeras ton Roi à y retourner, et avec lui le bonheur, l'abondance, le commerce, la tranquillité, la sûreté et enfin toute sorte d'opulence, de félicité et contentement.

III · LOUIS XIV

La mort du cardinal Mazarin survint le 7 mars 1661. Le lendemain, le jeune Roi recevait les principaux ministres du royaume. A l'archevêque de Paris qui lui demandait à qui désormais ils auraient à s'enquérir de leurs instructions, Louis XIV répondit avec une fermeté dont il ne devait jamais plus se départir: *à moi*. Ces deux syllabes devaient bouleverser le gouvernement de la France; à la toute-puissance ministérielle succédait — le Roi étant devenu son propre premier ministre — la pleine autorité royale.

La destitution du surintendant des finances Nicolas Fouquet, seul rival possible à la puissance du Roi, confirma rapidement ce coup d'état. Fouquet pouvait prétendre à la succession de Mazarin: ses intrigues, sa fortune immense, la splendeur de sa petite cour de Vaux portèrent ombrage au monarque, qui n'entendait pas se laisser éclipser par un de ses sujets. Son procès fut tôt monté, et la cour de justice réunie à cet effet le condamna à l'exil pour malversations. Louis commua cette sentence à l'emprisonnement perpétuel dans la forteresse de Pignerol. La brutalité de l'exemple ne fut pas sans effet: cette dureté excita bien quelques murmures, mais les grands officiers du royaume se plièrent sans résistance au rôle subalterne qui leur était réservé: ils n'avaient plus à donner des ordres, mais seulement à les transmettre.

Mazarin avait rompu Louis à son métier de roi, l'associant tout jeune aux séances du Conseil et le faisant travailler avec les secrétaires. Le Roi se montra résolu et, à la fois, capable de s'astreindre aux lourdes tâches de l'administration du royaume, qui devaient le mener à la *gloire*. Il avait toujours à la bouche ce mot-là, dont le sens embrassait apparemment tout à la fois la prospérité de ses sujets, la politesse de leurs mœurs, la magnificence de sa cour et le progrès des sciences et des arts. Mais le plus souvent la gloire se ramenait tout simplement au prestige personnel découlant de la victoire remportée par les armes.

Louis XIV ne devait pas tarder à se reposer sur des généraux de très grande valeur (Turenne, Villars, Vauban) du soin de ses campagnes et de l'ordre de ses batailles: il n'en continua pas moins à jouer au chef militaire, fidèle à une prédilection qui, tout au long de sa vie, devait faire de la guerre le terrain d'élection de cette course à la gloire qui l'opposait à tous les souverains de son temps. Sa première campagne de Flandre, en 1667, devait se dérouler selon un modèle auquel il allait rester fidèle dans une longue suite de victoires, mais où déjà se profile, cependant, l'enlisement progressif des dernières années. Ses diplomates commençaient par isoler le pays visé, dont ils affaiblissaient les alliances. Puis les généraux, dans une campagne éclair, se saisissaient des places fortes et capturaient les troupes de l'adversaire. A mesure que Louis approchait de la victoire, les autre puissances — justement inquiètes — prêtant main forte à sa victime, se coalisaient contre la France. Son offensive enrayée, le Roi devait chercher une issue diplomatique, ce qui menait à une de ces paix longuement négociées, telles que celles de Nimègues ou des Pyrénées. Tel fut à peu près le scénario de la guerre de Hollande (1672–79), de la guerre de la Ligue d'Augsbourg (1685–97) et enfin, frisant le désastre, de la guerre de la Succession d'Espagne (1701–14).

L'ambition de Louis réclamait un peuple dont les ressources pouvaient suffire au maintien de sa flotte et de ses armées, aux subsides accordés à ses alliés, aux monuments élevés à sa gloire par une politique de magnificence. L'organisation de ces ressources fut confiée au plus habile de ses ministres, Jean-Baptiste Colbert, un bureaucrate de génie, qui sut tirer tout le parti imaginable d'une fiscalité monumentalement encombrante, renchérissant sur la vente des offices et imposant à une noblesse docile et sans ressort le rachat répété de ses titres. Il avait au moment de sa mort en 1683, plus que quadruplé les revenus de la Couronne, tout en assurant la prospérité générale par une politique de mercantilisme qui favorisait l'expansion du commerce et de l'industrie. L'œuvre de Richelieu et de Mazarin, — la création d'une bureaucratie centralisée, — avait trouvé en lui un digne et zélé continuateur. Primitives au regard de l'Etat moderne, les ressources dont pouvait disposer Louis XIV (et le degré d'obéissance des rouages de l'Etat à la volonté du maître) dépassaient de loin ce que pouvait espérer tout autre monarque de l'époque.

L'absolutisme royal trouvait un autre appui considérable dans le personnel ecclésiastique qui constituait le premier état du royaume. Le droit de *régale* mettant entre les mains du Roi la nomination des abbés et des évêques, il pouvait confier à des hommes sûrs des postes d'une très grande influence, et qui jouissaient de revenus immenses. Dès 1682 l'Assemblée du clergé avait voté les quatre articles proclamant les *libertés gallicanes,* qui réduisaient à peu de choses le droit de regard du pape sur l'Eglise de France. Jacques-Bénigne Bossuet, évêque de Meaux et tuteur du Grand Dauphin, énonça lui-même la doctrine gallicane dans la formule: un roi, une loi, une foi. Tout en réduisant, à l'intérieur du royaume, l'autorité du pape Louis XIV restait inébranlablement attaché aux doctrines orthodoxes. Il soutint les jésuites, soldats de l'Eglise militante, contre les jansénistes de Port-Royal, dont le rigorisme augustinien menaçait la cohésion d'une Eglise qui cherchait par tous les moyens à maintenir son ascendant sur les grands de la terre. Cette controverse, qui devait rebondir sur le terrain politique au siècle suivant, tira toute son importance de la haute valeur des esprits ralliés à la cause perdante. Ainsi les *Lettres provinciales* de Blaise ·Pascal,[1] fustigeant dans un style mémorable casuistes et jésuites, devaient, à la longue, contribuer à déconsidérer toute une partie du personnel de l'Eglise.

Un conflit bien plus grave allait se déclarer, sur un terrain tout autre, entre les intérêts matériels et les intérêts spirituels du royaume, conçus par le monarque sous l'aspect de l'intégrité du culte. En 1685, après de longues années de persécution qui avaient dissipé leur puissance politique, les huguenots se virent privés par l'Edit de Fontainebleau de la liberté de culte qui leur avait été concédée par Henri IV, aux termes de l'Edit de Nantes. L'émigration qui s'ensuivit priva la France d'une population industrieuse et prospère qui par dizaines de milliers se répandit en Hollande, en Angleterre, en Prusse et dans le Nouveau Monde, à

1. Sous le règne du roi précédent.

l'époque précisément où Louis s'engageait dans la plus longue et la plus pénible de ses guerres.

Entre 1682 et 1685 la mort de Colbert, le départ de la cour pour Versailles, l'Edit de Fontainebleau, le début de la guerre de la Ligue d'Augsbourg marquent l'avènement d'une époque de déclin. Privée de la direction de Colbert, la bureaucratie royale ne fonctionnait plus au même rythme. Le Roi avait bien atteint le faîte de sa puissance et de sa gloire, mais en France comme à l'étranger les forces qui (sur la fin de son règne) devaient concourir à l'épuisement physique et moral du pays, étaient déjà en marche. La façade imposante de Versailles, d'où rayonnait sur toute l'Europe une culture arrivée à son zénith, devait, pour un temps, cacher aux yeux de tous les signes encore imperceptibles des malheurs à venir.

Dans le cadre somptueux de Versailles se déroulait en effet un spectacle digne de servir de modèle à tout un continent. Depuis son lever jusqu'à son coucher, tout ce qui touchait la personne du Roi était cérémonie. A table, à l'église, à la chasse, qu'on lui passât sa chemise ou les dépêches de l'Etat, Louis XIV s'entendait à jouer le personnage principal d'un drame dont tous les détails avaient été soigneusement réglés. Le palais lui-même, avec ses grandes perspectives et ses jardins imposants, n'était que le prolongement magnifique de la majesté royale, et son ordonnance grandiose le reflet d'un règne qui savait faire la loi aux hommes comme aux choses. Depuis les fontaines du jardin jusqu'à la statuaire de la façade et aux tapisseries des grandes salles, depuis l'alignement des parterres jusqu'à la masse des bâtiments, à la fois imposante et légère, tout proclamait à l'envi la gloire du Roi-Soleil et la puissance de son royaume.

L'extraordinaire développement des lettres et des arts sous son règne n'était pas le moindre sujet de gloire pour Louis XIV. De Le Nôtre, créateur des jardins de Versailles, à Vauban, rénovateur de l'art de la fortification, des peintres Poussin, Mignard et Le Lorrain aux sculpteurs Puget et Coysevox, en passant par l'architecte Mansart et le compositeur Lulli, Louis avait su, dans tous les domaines des beaux-arts, s'entourer d'une étonnante constellation de grands hommes. Par la création de l'atelier de tapisserie des Gobelins il allait adjoindre à ce noble ensemble le domaine des arts décoratifs, propre à rehausser la magnificence du cérémonial où il se complaisait. Complaisance dont découle la faiblesse la plus évidente de ce grand art, que révèlent les vastes tapisseries de l'époque, inlassablement concentrées sur la personne du monarque, glorifiant à perte de vue ses hauts faits. Tel défaut ne dépare pas, heureusement, la création la plus durable de l'époque: l'ensemble remarquable de chefs-d'œuvre par lesquels la littérature française se trouva portée à son degré de perfection classique — les comédies de Molière, les tragédies de Racine, les fables de La Fontaine, les lettres de madame de Sévigné, le roman de madame de La Fayette, les mémoires du duc de Saint-Simon. Née en partie de la politique de mécénat pratiquée par Louis (pour le théâtre surtout, dont il raffolait), cette conjonction unique d'un art à la fois vigoureux et raffiné et du public de connaisseurs qui lui était nécessaire a fait du « siècle de Louis le Grand » (l'expression est de Voltaire) un des sommets de la culture européenne.

La création d'une noblesse de cour décisivement coupée de ses attaches terriennes, comme de ses cousins pauvres, les nobles de campagne (pour qui elle n'avait que mépris), marque un des triomphes de l'absolutisme royal. Pour cette grande noblesse, autrefois factieuse et redoutable, Versailles était la cage dorée où elle jouait les figurants dans l'immuable cérémonial de l'existence royale. La présence des grands nobles au lever et au coucher du Roi, les menus services dont ils s'arrachaient l'accomplissement (comme de lui passer sa canne ou sa chemise) fournissaient la preuve visible de leur asservissement à l'autorité royale, de leur *domestication* pour tout dire. La faveur royale se répandait sur les courtisans fidèles sous forme d'offices, de titres, de pensions, de promotions, de gratifications parfois énormes récompensant l'assiduité de leur présence. Ceux qui n'avaient pas les moyens de paraître à la cour ou qui s'en éloignaient par indépendance de caractère étaient inexorablement oubliés. Quiconque avait déplu était banni sur ses terres.

Du moins dans les débuts la cour servit la politique du Roi, en mettant au pas cette noblesse de tous temps turbulente, dont les mœurs mêmes allaient quelque peu s'adoucir. Mais cette méthode n'était pas sans danger: en isolant le Roi de la capitale — et de la masse bourgeoise dont l'énergie et l'esprit d'entreprise allaient faire la classe de l'avenir — la cour de Versailles devait le mettre à la merci d'une foule de grands, avides et flagorneurs, qui ne purent manquer d'influer sur ses décisions politiques. A partir

Louis XIV à la prise de Dunkerque.
(D'après une tapisserie de Charles Le Brun)

de 1685 cette influence se fit sentir dans la tendance croissante à réserver aux grands du royaume les postes les plus influents dans l'armée, l'Eglise, les bureaux de l'Etat. Après avoir, au début du règne, pleuré la perte de son indépendance seigneuriale, la noblesse dans les dernières années se découvrit pratiquement un monopole de ces mêmes offices, créés à l'origine pour rogner sa puissance.

En novembre 1700 Louis décidait de défendre les droits de son petit-fils Philippe d'Anjou au trône d'Espagne. C'était un

choix difficile, Louis n'ayant d'autre alternative vraisemblablement que de laisser encercler son royaume, une fois de plus,
par la puissance des Habsbourg. La guerre qui en résulta devait
durer douze longues années, toutes les puissances de l'Europe
ayant été amenées à se coaliser contre l'Espagne et la France. En
1707 une armée autrichienne assiégeait Toulon, et dès 1709
l'économie de la France tombait en ruines. Dans quelques-unes
des provinces l'insurrection régnait. Les Anglais et les Autrichiens ayant envahi le Nord, Lille était tombée en leur puissance. Seule la mort de l'empereur Joseph Ier permit à Louis XIV
de détacher l'Angleterre de ses alliés et de mener peu à peu ce
désastreux conflit à bon terme. Par les traités d'Utrecht (1713) et
de Rastatt (1714) la paix fut conclue, et en 1715, après un règne
d'un demi-siècle, Louis XIV s'éteignit, laissant sur le trône un enfant de cinq ans, son arrière-petit-fils Louis XV.

LOUIS XIV

Réflexions sur le métier de Roi[1]

Les rois sont souvent obligés à faire des choses contre leur inclination, et qui blessent leur bon naturel. Ils doivent aimer à faire plaisir, et il faut qu'ils châtient souvent, et perdent des gens à qui naturellement ils veulent du bien. L'interêt de l'Etat doit marcher le premier. On doit forcer son inclination, et ne se pas mettre en état de se reprocher, dans quelque chose d'important, qu'on pouvait faire mieux, mais que quelques intérêts particuliers en ont empêché, et ont détourné les vues qu'on devait avoir pour la grandeur, le bien et la puissance de l'Etat.

Souvent il y a des endroits qui font peine; il y en a de délicats qui sont difficiles à démêler; on a des idées confuses; tant que cela est, on peut demeurer sans se déterminer; mais dès qu'on s'est fixé l'esprit à quelque chose, et qu'on croit voir le meilleur parti, il le faut prendre: c'est ce qui m'a fait réussir souvent dans ce que j'ai entrepris. Les fautes que j'ai faites, et qui m'ont donné des peines infinies, ont été par complaisance, et pour me laisser aller trop nonchalamment aux avis des autres.

Rien n'est si dangereux que la faiblesse, de quelque nature qu'elle soit. Pour commander aux autres, il faut s'élever au-dessus d'eux; et après avoir entendu ce qui vient de tous les endroits, on se doit déterminer par le jugement qu'on doit faire sans préoccupation,[2] et pensant toujours à ne rien ordonner ni exécuter qui soit indigne de soi, du caractère qu'on porte, ni de la grandeur de l'Etat.

Les princes qui ont de bonnes intentions et quelques connaissances de leurs affaires, soit par expérience, soit par étude, et une grande application à se rendre capables, trouvent de différentes choses

---

1. This selection comes from a fragment in Louis' own hand, written sometime after 1679 and apparently intended for inclusion in his instructions for the Dauphin.

2. *préoccupation:* prejudice

From *Œuvres, Mémoires historiques et politiques et instructions pour le Dauphin, son fils* (Paris: 1806), Vol. II, pp. 455–57.

par lesquelles ils se peuvent faire connaître, qu'ils doivent avoir un soin particulier et une application universelle à tout.

Il faut se garder contre soi-même, prendre garde à son inclination, et être toujours en garde contre son naturel. Le métier de roi est grand, noble et délicieux, quand on se sent digne de bien s'acquitter de toutes les choses auxquelles il engage; mais il n'est pas exempt de peines, de fatigues et d'inquiétudes. L'incertitude désespère quelquefois; et quand on a passé un temps raisonnable à examiner une affaire, il faut se déterminer, et prendre le parti qu'on croit le meilleur.

Quand on a l'Etat en vue, on travaille pour soi. Le bien de l'un fait la gloire de l'autre. Quand le premier est heureux, élevé et puissant, celui qui en est cause en est glorieux, et par conséquent doit plus goûter que ses sujets, par rapport à lui et à eux, tout ce qu'il y a de plus agréable dans la vie. Quand on s'est mépris, il faut réparer sa faute le plutôt qu'il est possible, et que nulle considération n'en empêche, pas même la bonté.

MADAME DE SÉVIGNÉ

Lettres à M. de Pompone

Jeudi 4ᵉ décembre 1664

Enfin les interrogations sont finies. Ce matin M. Fouquet est entré dans la chambre; M. le chancelier [1] a fait lire le projet tout du long. M. Fouquet a repris la parole le premier, et a dit: « Monsieur, je crois que vous ne pouvez tirer autre chose de ce papier,[2] que l'effet qu'il vient de faire, qui est de me donner beaucoup de confusion. » M. le chancelier a dit: « Cependant vous venez d'entendre, et vous avez pu voir par là que cette grande passion pour l'Etat, dont vous nous avez parlé tant de fois, n'a pas été si considérable que vous n'ayez pensé à le brouiller d'un bout à l'autre. — Monsieur, a dit M. Fouquet, ce sont des pensées qui me sont venues dans le fort du désespoir où me jetait quelquefois M. le Cardinal,[3] principalement lorsque après avoir plus contribué que personne du monde à son retour en France, je me vis payé d'une si noire ingratitude. J'ai une lettre de lui et une de la Reine mère, qui font foi de ce que je dis; mais on les a prises dans mes papiers, avec plusieurs autres. Mon malheur est de n'avoir pas brûlé ce misérable papier, qui était tellement hors de ma mémoire et de mon

1. The chancellor, Séguier, who conducted this trial had himself been deeply involved in the plots and counterplots of the Fronde and made himself useful to the dukes of Orléans and Condé. Each of the points Fouquet lists later as being a "*crime d'Etat*" refers to specific accusations that could be brought against Séguier.

2. *ce papier:* a document brought forth in the trial which suggested that Fouquet had vague connections with a conspiracy against the crown. In the end, the evidence was not enough to convict him in a court of law, and the king had to imprison him under a *lettre de cachet,* an act of royal power.

3. Cardinal Mazarin.

From *Lettres de Madame de Sévigné* (Paris: Hachette, 1862), Vol. I, pp. 459–64 *passim*.

Marie de Rabutin-Chantal, Marquise de Sévigné (1626–96), wrote voluminous letters to her daughter and to others reporting on public affairs, court gossip, and the arts. Aside from their considerable literary merit, these letters are a priceless source for the details of the reign of Louis XIV. Her account of Fouquet's trial, gathered not at first-hand but through informants, is strongly biased in favor of the defendant.

esprit, que j'ai été plus de deux ans sans y penser, et sans croire l'avoir. Quoi qu'il en soit, je le désavoue de tout mon cœur, et vous supplie de croire Monsieur, que ma passion pour la personne et le service du Roi n'en a pas été diminuée. » M. le chancelier a dit: « Il est bien difficile de le croire, quand on voit une pensée opiniâtrement exprimée en différents temps. » M. Fouquet a répondu: « Monsieur, dans tous les temps, et même au péril de ma vie, je n'ai jamais abandonné la personne du Roi; et dans ces temps-là vous étiez, Monsieur, le chef du conseil de ses ennemis, et vos proches donnaient passage à l'armée qui était contre lui. »

M. le chancelier a senti ce coup; mais notre pauvre ami était échauffé, et n'était pas tout à fait le maître de son émotion. Ensuite on lui a parlé de ses dépenses; il a dit: « Monsieur, je m'offre à faire voir que je n'en ai fait aucune que je n'aie pu faire, soit par mes revenus, dont M. le Cardinal avait connaissance, soit par mes appointements, soit par le bien de ma femme; et si je ne pouvais prouver ce que je dis, je consens d'être traité aussi mal qu'on le peut imaginer. » Enfin cette interrogation a duré deux heures, où M. Fouquet a très-bien dit, mais avec chaleur et colère, parce que la lecture de ce projet l'avait extraordinairement touché.

Quand il a été parti, M. le chancelier a dit: « Voici la dernière fois que nous l'interrogerons. » M. Poncet s'est approché, et lui a dit: « Monsieur, vous ne lui avez point parlé des preuves qu'il y a qu'il a commencé à exécuter le projet. » M. le chancelier a répondu: « Monsieur, elles ne sont pas assez fortes, il y aurait répondu trop facilement. » Là-dessus Sainte-Hélène et Pussort ont dit: « Tout le monde n'est pas de ce sentiment. » Voilà de quoi rêver et faire des réflexions.

Mardi 9ᵉ décembre 1664

Cependant je veux rajuster la dernière journée de l'interrogatoire sur le crime d'Etat. Je vous l'avais mandé comme on me l'avait dit; mais la même personne s'en est mieux souvenue, et me l'a redit ainsi. Tout le monde en a été instruit par plusieurs juges. Après que M. Fouquet eut dit que le seul effet qu'on pouvait tirer du projet, c'était de lui avoir donné la confusion de l'entendre, M. le chancelier lui dit: « Vous ne pouvez pas dire que ce ne soit là un crime d'Etat.» Il répondit: « Je confesse, Monsieur, que c'est une folie et une extravagance, mais non pas un crime d'Etat. Je supplie ces Messieurs, dit-il se tournant vers les juges, de trouver bon que j'explique ce que c'est qu'un crime d'Etat: ce n'est pas qu'ils ne soient plus habiles que moi, mais j'ai eu plus de loisir qu'eux pour l'examiner. Un crime d'Etat, c'est quand on est dans une charge principale, qu'on a le secret du prince, et que tout d'un coup on se met à la tête du conseil de ses ennemis; qu'on engage toute sa famille dans les mêmes intérêts; qu'on fait ouvrir les portes des villes dont on est gouverneur à l'armée des ennemis, et qu'on les ferme à son véritable maître; qu'on porte dans le parti tous les secrets de l'Etat: voilà, Messieurs, ce qui s'appelle un crime d'Etat. » M. le chancelier ne savait où se mettre, et tous les juges avaient fort envie de rire. Voilà au vrai comme la chose se passa. Vous m'avouerez qu'il n'y a rien de plus spirituel, de plus délicat, et même de plus plaisant.

MOLIÈRE

Second Placet

Présenté au roi, dans son camp devant la ville de Lille en Flandres, par les sieurs de la Thorillière et la Grange, comédiens de Sa Majesté et compagnons du sieur Molière, sur la défense qui fut faite, le 6 août 1667, de représenter le Tartuffe jusques à nouvel ordre de Sa Majesté.

Sire,

C'est une chose bien téméraire à moi que de venir importuner un grand monarque au milieu de ses glorieuses conquêtes; mais, dans l'état où je me vois, où trouver, Sire, une protection qu'au lieu où je la viens chercher? Et qui puis-je solliciter, contre l'autorité de la puissance [1] qui m'accable, que la source de la puissance et de l'autorité, que le juste dispensateur des ordres absolus, que le souverain juge et le maître de toutes choses?

Ma comédie, Sire, n'a pu jouir ici des bontés de Votre Majesté. En vain je l'ai produite sous le titre de l'*Imposteur,* et déguisé le personnage sous l'ajustement d'un homme du monde; j'ai eu beau lui donner un petit chapeau, de grands cheveux, un grand collet, une épée, et des dentelles sur tout l'habit, mettre en plusieurs endroits des adoucissements, et retrancher avec soin tout ce que j'ai jugé capable de fournir l'ombre d'un prétexte aux célèbres originaux du portrait que je voulais faire: tout cela n'a de rien servi. La cabale [2] s'est réveillée

1. The President of the Paris Parlement, M. de Lamoignon, had the softened second version of the play closed in Paris.

2. *cabale:* underhanded maneuvers on the part of habitual political intriguers; here the reference is to the secret religious society, *la confrérie du Saint-Sacrement.*

From *Œuvres de Molière,* edited by E. Despois and P. Mesnard (Paris: Hachette, 1878), Vol. 4, pp. 391–94.

Jean-Baptiste Poquelin (1622–73), who wrote under the stage name Molière, a son of the solid Parisian middle class, took up the profession of wandering actor and director and became the outstanding comic playwright of the age. He entertained both at court and in the city, and the king accorded him his special protection. The anti-clerical overtones of *Tartuffe,* an attack on religious hypocrisy, created a reaction in high places which forced the king to ban the play from 1664–69.

Portrait de Molière.

aux simples conjectures qu'ils ont pu avoir de la chose. Ils ont trouvé
moyen de surprendre des esprits qui, dans toute autre matière, font
une haute profession de ne se point laisser surprendre. Ma comédie n'a
pas plutôt paru, qu'elle s'est vue foudroyée par le coup d'un pouvoir
qui doit imposer du respect; et tout ce que j'ai pu faire en cette rencontre, pour me sauver moi-même de l'éclat de cette tempête, c'est de
dire que Votre Majesté avait eu la bonté de m'en permettre la
représentation, et que je n'avais pas cru qu'il fût besoin de demander
la permission à d'autres, puisqu'il n'y avait qu'Elle seule qui me l'eût
défendue.

Je ne doute point, Sire, que les gens que je peins dans ma

comédie ne remuent bien des ressorts auprès de Votre Majesté, et ne jettent dans leur parti, comme ils ont déjà fait, de véritables gens de bien, qui sont d'autant plus prompts à se laisser tromper, qu'ils jugent d'autrui par eux-mêmes. Ils ont l'art de donner de belles couleurs à toutes leurs intentions; quelque mine qu'ils fassent, ce n'est point du tout l'intérêt de Dieu qui les peut émouvoir, ils l'ont assez montré dans les comédies qu'ils ont souffert qu'on ait jouées tant de fois en public sans en dire le moindre mot. Celles-là n'attaquaient que la piété et la religion, dont ils se soucient fort peu; mais celle-ci les attaque et les joue eux-mêmes, et c'est ce qu'ils ne peuvent souffrir. Ils ne sauraient me pardonner de dévoiler leurs impostures aux yeux de tout le monde. Et sans doute on ne manquera pas de dire à Votre Majesté que chacun s'est scandalisé de ma comédie. Mais la vérité pure, Sire, c'est que tout Paris ne s'est scandalisé que de la défense qu'on en a faite, que les plus scrupuleux en ont trouvé la représentation profitable, et qu'on s'est étonné que des personnes d'une probité si connue aient eu une si grande déférence pour des gens qui devraient être l'horreur de tout le monde et sont si opposés à la véritable piété dont elles font profession.

J'attends avec respect l'arrêt que Votre Majesté daignera prononcer sur cette matière; mais il est très-assuré, Sire, qu'il ne faut plus que je songe à faire de comédie si les Tartuffes [3] ont l'avantage, qu'ils prendront droit par-là de me persécuter plus que jamais, et voudront trouver à redire aux choses les plus innocentes qui pourront sortir de ma plume.

Daignent vos bontés, Sire, me donner une protection contre leur rage envenimée; et puissé-je, au retour d'une campagne si glorieuse, délasser Votre Majesté des fatigues de ses conquêtes, lui donner d'innocents plaisirs après de si nobles travaux, et faire rire le monarque qui fait trembler toute l'Europe!

3. *les tartuffes:* Molière himself turns the name of his principal character into a byword for hypocrisy, which it has remained in French.

MOLIÈRE

Remercîment au Roi

Votre paresse enfin me scandalise,
   Ma Muse; obéissez-moi:
  Il faut ce matin, sans remise,
   Aller au lever du Roi.
     Vous savez bien pourquoi: 5
   Et ce vous est une honte
  De n'avoir pas été plus prompte
A le remercier de ces fameux bienfaits;
   Mais il vaut mieux tard que jamais.
     Faites donc votre compte   10
D'aller au Louvre accomplir mes souhaits.

  Gardez-vous bien d'être en Muse bâtie:
  Un air de Muse est choquant dans ces lieux;
On y veut des objets à réjouir les yeux;
   Vous en devez être avertie;   15
  Et vous ferez votre cour beaucoup mieux,
  Lorsqu'en marquis vous serez travestie.
Vous savez ce qu'il faut pour paraître marquis;
  N'oubliez rien de l'air ni des habits;
Arborez un chapeau chargé de trente plumes   20
    Sur une perruque de prix;
   Que le rabat soit des plus grands volumes,
    Et le pourpoint des plus petits;
    Mais surtout je vous recommande
Le manteau, d'un ruban sur le dos retroussé: 25
    La galanterie en est grande;
  Et parmi les marquis de la plus haute bande
    C'est pour être placé.
    Avec vos brillantes hardes
    Et votre ajustement,   30

From *Œuvres complètes de Molière*, edited by L. Moland (Paris: Garnier Frères, n.d.) Vol. I, pp. 474–76.

Faites tout le trajet de la salle des gardes;
   Et vous peignant galamment,
Portez de tous côtés vos regards brusquement;
   Et, ceux que vous pourrez connaître,
     Ne manquez pas, d'un haut ton,   35
   De les saluer par leur nom,
   De quelque rang qu'ils puissent être.
Cette familiarité
Donne à quiconque en use un air de qualité.

     Grattez du peigne à la porte   40
     De la chambre du Roi;
    Ou si, comme je prévoi,
    La presse s'y trouve forte,
  Montrez de loin votre chapeau,
    Ou montez sur quelque chose   45
  Pour faire voir votre museau,
  Et criez sans aucune pause,
  D'un ton rien moins que naturel:
« Monsieur l'huissier, pour le marquis un tel. »
Jetez-vous dans la foule, et tranchez du notable;   50
Coudoyez un chacun, point du tout de quartier;
   Pressez, poussez, faites le diable
    Pour vous mettre le premier;
     Et quand même l'huissier,
   A vos désirs inexorable,   55
Vous trouverait en face un marquis repoussable,
   Ne démordez point pour cela,
    Tenez toujours ferme là:
A déboucher la porte il irait trop du vôtre; [1]
   Faites qu'aucun n'y puisse pénétrer,   60
Et qu'on soit obligé de vous laisser entrer,
    Pour faire entrer quelque autre.

Quand vous serez entré, ne vous relâchez pas:
Pour assiéger la chaise, il faut d'autres combats;
   Tâchez d'en être des plus proches,   65
  En y gagnant le terrain pas à pas;

---

1. *aller trop du sien:* be too much of a concession

Et si des assiégeants le prévenant amas
   En bouche toutes les approches,
   Prenez le parti doucement
   D'attendre le Prince au passage: 70
   Il connaîtra votre visage
   Malgré votre déguisement;
   Et lors, sans tarder davantage,
   Faites-lui votre compliment.
   Vous pourriez aisément l'étendre,   75
Et parler des transports qu'en vous font éclater
Les surprenants bienfaits que, sans le mériter,
Sa libérale main sur vous daigne répandre,
Et des nouveaux efforts où s'en va vous porter
L'excès de cet honneur où vous n'osiez prétendre,   80
   Lui dire comme vos désirs
Sont, après ses bontés qui n'ont point de pareilles,
D'employer à sa gloire, ainsi qu'à ses plaisirs,
   Tout votre art et toutes vos veilles,
   Et là-dessus lui promettre merveilles: 85
   Sur ce chapitre on n'est jamais à sec;
   Les Muses sont de grandes prometteuses!
   Et comme vos sœurs les causeuses,
Vous ne manquerez pas, sans doute, par le bec.
   Mais les grands princes n'aiment guères   90
   Que les compliments qui sont courts;
Et le nôtre surtout a bien d'autres affaires
   Que d'écouter tous vos discours.
La louange et l'encens n'est pas ce qui le touche;
   Dès que vous ouvrirez la bouche   95
   Pour lui parler de grâce et de bienfait,
Il comprendra d'abord ce que vous voudrez dire;
   Et se mettant doucement à sourire
D'un air qui sur les cœurs fait un charmant effet,
   Il passera comme un trait,   100
   Et cela vous doit suffire:
   Voilà votre compliment fait.

BLAISE PASCAL

Neuvième Lettre

écrite d'un provincial
par un de ses amis

De Paris, ce 3 juillet 1656

Monsieur,

Je ne vous ferai pas plus de compliment que le bon Père m'en fit
la dernière fois que je le vis. Aussitôt qu'il m'aperçut, il vint à moi, et
me dit, en regardant dans un livre qu'il tenait à la main: *Qui vous
ouvrirait le paradis, ne vous obligerait-il pas parfaitement? Ne don-
neriez-vous pas les millions d'or pour en avoir une clef, et entrer dedans quand bon vous semblerait? Il ne faut point entrer en de si
grands frais: en voici une, voire cent, à meilleur compte.* Je ne savais si
le bon Père lisait, ou s'il parlait de lui-même. Mais il m'ôta de peine
en disant: Ce sont les premières paroles d'un beau livre du Père Barry,
de notre Société;[1] car je ne dis jamais rien de moi-même. Quel livre,
lui dis-je, mon Père? En voici le titre, dit-il: *Le Paradis ouvert à Phila-
gie par cent dévotions à la mère de Dieu, aisées à pratiquer.* Et quoi,
mon Père, chacune de ces dévotions aisées suffit pour ouvrir le Ciel?
Oui, dit-il; voyez-le encore dans la suite des paroles que vous avez
ouïes: *Tout autant de dévotions à la Mère de Dieu, que vous trouverez
en ce livre, sont autant de clefs du ciel qui vous ouvriront le Paradis
tout entier, pourvu que vous les pratiquiez:* et c'est pourquoi il dit
dans la conclusion, *qu'il est content si on en pratique une seule.*

Apprenez-m'en donc quelqu'une des plus faciles, mon Père. Elles
le sont toutes, répondit-il; par exemple, *saluer la sainte Vierge au rencontre de ses images; dire le petit chapelet des dix plaisirs de la
Vierge; prononcer souvent le nom de Marie; donner commission aux
Anges de lui faire la réverence de notre part; souhaiter de lui bâtir*

1. The Society of Jesus.

From *Œuvres de Blaise Pascal,* edited by Léon Brunschvicg (Paris: Hachette, 1914),
Vol. 5, pp. 191–94.
Blaise Pascal (1623–62), a geometer, physicist and philosopher, was also one of
the greatest writers of the seventeenth century. He was close to the Jansenist circle
at Port-Royal and after 1654 retired with the community to a life of ascetic mysticism. His *Lettres provinciales* (1656–57) bitterly criticized the casuistry of the Jesu-
its, who sought to suppress Port-Royal.

plus d'Eglises que n'ont fait tous les Monarques ensemble; lui donner
tous les matins le bonjour; et sur le tard, le bonsoir; dire tous les jours
*l'*Ave Maria *en l'honneur du cœur de Marie.* Et il dit que cette
dévotion-là assure, de plus, d'obtenir le cœur de la Vierge. Mais mon
Père, lui dis-je, c'est pourvu qu'on lui donne aussi le sien? Cela n'est
pas nécessaire, dit-il, quand on est trop attaché au monde. Ecoutez-le:
Cœur pour cœur ce serait bien ce qu'il faut: mais le vôtre est un peu
trop attaché et tient un peu trop aux créatures. Ce qui fait que je
n'ose vous inviter à offrir aujourd'hui ce petit esclave que vous appelez
votre cœur. Et ainsi il se contente de l'*Ave Maria,* qu'il avait demandé.
Ce sont les dévotions des pages 33, 59, 143, 156, 172, 258 et 420 de la
première édition. Cela est tout à fait commode, lui dis-je; et je crois
qu'il n'y aura personne de damné après cela. Hélas! dit le Père, je vois
bien que vous ne savez pas jusqu'où va la dureté du cœur de certaines
gens! Il y en a qui ne s'attacheraient jamais à dire tous les jours ces
deux paroles, *bonjour, bonsoir,* parce que cela ne se peut faire sans quelque application de mémoire. Et ainsi il a fallu que le Père Barry leur
ait fourni des pratiques encore plus faciles, *comme d'avoir jour et nuit*
un chapelet au bras en forme de bracelet, ou *de porter sur soi un ro-*
saire, ou bien une image de la Vierge. Ce sont là les dévotions des
pages 14, 326, et 447. *Et puis dites que je ne vous fournis pas des*
dévotions faciles pour acquérir les bonnes grâces de Marie! comme dit
le père Barry, p. 106. Voilà, mon Père lui dis-je, l'extrême facilité.
Aussi, dit-il, c'est tout ce qu'on a pu faire. Et je crois que cela suffira.
Car il faudrait être bien misérable pour ne vouloir pas prendre un moment en toute sa vie pour mettre un chapelet à son bras, ou un rosaire
dans sa poche, et assurer par là son salut avec tant de certitude, que
ceux qui en font l'épreuve n'y ont jamais été trompés, de quelque
manière qu'ils aient vécu, quoique nous conseillions de ne laisser pas
de bien vivre. Je ne vous en rapporterai que l'exemple de la page 34,
d'une femme qui, pratiquant tous les jours la dévotion de saluer les
images de la Vierge, vécut toute sa vie en péché mortel, et mourut
enfin en cet état; et qui ne laissa pas d'être sauvée par le mérite de
cette dévotion. Et comment cela? m'écriai-je. C'est, dit-il, que Notre-
Seigneur la fit ressusciter exprès. Tant il est sûr qu'on ne peut périr
quand on pratique quelqu'une de ces dévotions.

JACQUES-BÉNIGNE BOSSUET

Politique tirée de l'écriture sainte

DU GOUVERNEMENT ARBITRAIRE

(*Livre VIII, art. II*)

PREMIÈRE PROPOSITION. *Il y a parmi les hommes une espèce de gouvernement, que l'on appelle arbitraire, mais qui ne se trouve point parmi nous, dans les Etats parfaitement policés.* — Quatre conditions accompagnent ces sortes de gouvernement.

Premièrement, les peuples sujets sont nés esclaves: c'est-à-dire vraiment serfs; et parmi eux il n'y a point de personnes libres.

Secondement, on n'y possède rien en propriété: tout le fonds appartient au prince; et il n'y a point de droit de succession, pas même de fils à père.

Troisièmement, le prince a droit de disposer à son gré non seulement des biens, mais encore de la vie de ses sujets, comme on ferait des esclaves.

Et enfin, en quatrième lieu, il n'y a de loi que sa volonté.

Voilà ce qu'on appelle puissance arbitraire. Je ne veux pas examiner si elle est licite ou illicite. Il y a des peuples et de grands empires qui s'en contentent, et nous n'avons point à les inquiéter sur la forme de leur gouvernement. Il nous suffit de dire que celle-ci est barbare et odieuse. Ces quatre conditions sont bien éloignées de nos mœurs; et ainsi le gouvernement arbitraire n'y a point de lieu.

C'est autre chose que le gouvernement soit absolu, autre chose qu'il soit arbitraire. Il est absolu par rapport à la contrainte; n'y ayant

From *Extraits des œuvres diverses,* edited by G. Lanson (Paris: Librairie Delagrave, 1899), pp. 240–44.

Jacques-Bénigne Bossuet (1627–1704), bishop of Meaux and tutor to the Dauphin, was an outstanding theologian of moderately conservative views, and the prime orator of the age. His works range from Christian apologetics, intra-Church polemics, and a universal history based on the Bible to the celebrated funeral orations on which his literary reputation largely rests. His *Politique tirée de l'écriture sainte* was intended as a book of instruction for the Dauphin. Bossuet revised it several times, and it was finally published posthumously in 1709.

aucune puissance capable de forcer le souverain, qui en ce sens est indépendant de toute autorité humaine. Mais il ne s'ensuit pas de là que le gouvernement soit arbitraire: parce qu'outre que tout est soumis au jugement de Dieu, ce qui convient aussi au gouvernement qu'on vient de nommer arbitraire, c'est qu'il y a des lois dans les empires contre lesquelles tout ce qui se fait est nul de droit; et il y a toujours ouverture à revenir contre, ou dans d'autres occasions, ou dans d'autres temps: de sorte que chacun demeure légitime possesseur de ses biens; personne ne pouvant croire qu'il puisse jamais rien posséder en sûreté au préjudice des lois, dont la vigilance et l'action contre les injustices et les violences est immortelle, ainsi que nous l'avons expliqué ailleurs plus amplement. Et c'est là ce qui s'appelle le gouvernement légitime, opposé, par sa nature, au gouvernement arbitraire.

Nous ne toucherons ici que les deux premières conditions de cette puissance qu'on appelle arbitraire, que nous venons d'exposer. Car, pour les deux dernières, elles paraissent si contraires à l'humanité et à la société, qu'elles sont trop visiblement opposées au gouvernement légitime.

DIVERSES MAXIMES

1. *On doit s'attacher à la forme du gouvernement qu'on trouve établie dans son pays.* — « Que toute âme soit soumise aux puissances supérieures: car il n'y a point de puissance qui ne soit de Dieu; et toutes celles qui sont, c'est Dieu qui les a établies: ainsi, qui résiste à la puissance, résiste à l'ordre de Dieu (*Rom.*, XIII, 1, 2.). »

Il n'y a aucune forme de gouvernement, ni aucun établissement humain qui n'ait ses inconvénients: de sorte qu'il faut demeurer dans l'état auquel un long temps a accoutumé le peuple. C'est pourquoi Dieu prend en sa protection tous les gouvernements légitimes, en quelque forme qu'ils soient établis: qui entreprend de les renverser, n'est pas seulement ennemi public, mais encore ennemi de Dieu.

2. *Les rois doivent respecter leur propre puissance et ne l'employer qu'au bien public.* — Leur puissance venant d'en haut, ainsi qu'il a été dit, ils ne doivent pas croire qu'ils en soient les maîtres pour en user à leur gré; mais ils doivent s'en servir avec crainte et retenue, comme d'une chose qui leur vient de Dieu, et dont Dieu leur demandera compte. « Ecoutez, ô rois, et comprenez: apprenez, juges de la terre: prêtez l'oreille, ô vous qui tenez les peuples sous votre empire, et vous plaisez à voir la multitude qui vous environne. C'est Dieu qui vous a donné la puissance: votre force vient du Très-Haut, qui interro-

gera vos œuvres, et pénétrera le fond de vos pensées; parce que, étant les ministres de son royaume, vous n'avez pas bien jugé, et n'avez pas marché selon ses volontés. Il vous paraîtra bientôt d'une manière terrible: car à ceux qui commandent est réservé le châtiment le plus dur. On aura pitié des petits et des faibles; mais les puissants seront puissamment tourmentés. Car Dieu ne redoute la puissance de personne, parce qu'il a fait les grands et les petits, et qu'il a soin également des uns et des autres. Et les plus forts seront tourmentés plus fortement. Je vous le dis, ô rois, afin que vous soyez sages, et que vous ne tombiez pas (*Sap.*, VI, 2, 3, etc.). » [1]

Les rois doivent donc trembler en se servant de la puissance que Dieu leur donne, et songer combien horrible est le sacrilège d'employer au mal une puissance qui vient de Dieu.

Nous avons vu les rois assis dans le trône du Seigneur, ayant en main l'épée que lui-même leur a mise en main. Quelle profanation et quelle audace aux rois injustes, de s'asseoir dans le trône de Dieu, pour donner des arrêts contre ses lois, et d'employer l'épée qu'il leur met en main, à faire des violences, et à égorger ses enfants!

Qu'ils respectent donc leur puissance; parce que ce n'est pas leur puissance, mais la puissance de Dieu, dont il faut user saintement et religieusement. Saint Grégoire de Nazianze parle ainsi aux empereurs: « Respectez votre pourpre: reconnaissez le grand mystère de Dieu dans vos personnes: il gouverne par lui-même les choses célestes; il partage celles de la terre avec vous. Soyez donc des dieux à vos sujets. » C'est-à-dire, gouvernez-les comme Dieu gouverne, d'une manière noble, désintéressée, bienfaisante; en un mot, divine.

3. Dieu, qui a formé tous les hommes d'une même terre pour le corps, et a mis également dans leurs âmes son image et sa ressemblance, n'a pas établi entre eux tant de distinctions, pour faire d'un côté des orgueilleux, et de l'autre des esclaves et des misérables. Il n'a fait des grands que pour protéger les petits; il n'a donné sa puissance aux rois que pour procurer le bien public et pour être le support du peuple.

4. C'est un droit royal de pourvoir aux besoins du peuple. Qui l'entreprend au préjudice du prince, entreprend sur la royauté; c'est pour cela qu'elle est établie; et l'obligation d'avoir soin du peuple est le fondement de tous les droits que les souverains ont sur leurs sujets.

C'est pourquoi, dans les grands besoins, le peuple a droit d'avoir

---

1. *Sapientia Solomonis,* the book of Wisdom (which is canonical in the Roman Catholic Church).

recours à son prince. "Dans une extrême famine, toute l'Egypte vient crier autour du roi, lui demandant du pain (*Gen.*, XLI, 55). » Les peuples affamés demandent du pain à leur roi, comme à leur pasteur ou plutôt comme à leur père. Et la prévoyance de Joseph l'avait mis en état d'y pourvoir (*Ibid.*, 47.).

5. Ne soyez point orgueilleux; rendez-vous accessible et familier; ne vous croyez pas, comme on dit, d'un autre métal que vos sujets; mettez-vous à leur place et soyez-leur tel que vous voudriez qu'ils vous fussent s'ils étaient à la vôtre.

« Ayez soin d'eux; et reposez-vous après avoir pourvu à tout. » Le repos alors vous est permis; le prince est un personnage public, qui doit croire que quelque chose lui manque à lui-même, quand quelque chose manque au peuple et à l'Etat.

Edit de Fontainebleau

*Edit du Roi portant la révocation
de celui de Nantes*

LOUIS par la grâce de Dieu Roi de France et de Navarre, à tous présents et avenir, Salut. Le Roi Henri le Grand notre aïeul de glorieuse mémoire, voulant empêcher que la paix qu'il avait procurée à ses sujets après les grandes pertes qu'ils avaient souffertes par la durée des guerres civiles et étrangères, ne fût troublée à l'occasion de la R.P.R.[1] comme il était arrivé sous les règnes des Rois ses prédécesseurs, aurait par son Edit donné à Nantes au mois d'avril 1598, réglé la conduite qui serait à tenir à l'égard de ceux de ladite Religion, les lieux dans lesquels ils en pourraient faire l'exercice, établi des juges extraordinaires pour leur administrer la justice, et enfin pourvu même par des articles particuliers à tout ce qu'il aurait jugé nécessaire pour maintenir la tranquillité dans son Royaume, et pour diminuer l'aversion qui était entre ceux de l'une et l'autre Religion afin d'être plus en état de travailler, comme il avait résolu de faire, pour réunir à l'Eglise ceux qui s'en étaient si facilement éloignés.

Dieu ayant enfin permis que nos peuples jouissant d'un parfait repos, et que nous-mêmes n'étant pas occupés de soins de les protéger contre nos ennemis, ayons pu profiter de cette trêve que nous avons facilitée à l'effet de donner notre entière application à rechercher les moyens de parvenir au succès du dessein des Rois nosdits aïeul et père.

Nous voyons présentement avec la juste reconnaissance que nous devons à Dieu, que nos soins ont eu la fin que nous nous sommes proposée, puisque la meilleure et la plus grande partie de nos sujets de ladite R.P.R. ont embrassé la Catholique: et d'autant qu'au moyen de ce l'exécution de l'Edit de Nantes, et de tout ce qui a été ordonné en faveur de ladite R.P.R. demeure inutile, nous avons jugé que nous ne

1. *R.P.R.*: Religion Prétendue Réformée (see note, p. 57).

From *Edits, declarations et arrests concernans la réligion p. réformée, 1662–1751* (Paris: Librairie Fischbacher et Cie., 1885), pp. 239–41.

pouvions rien faire de mieux pour effacer entièrement la mémoire des troubles, de la confusion et des maux que le progrès de cette fausse Religion a causés dans notre Royaume et qui ont donné lieu audit Edit et à tant d'autres Edits et Déclarations qui l'ont précédé, ou ont été faits en conséquence, que de révoquer entièrement ledit Edit de Nantes et les articles particuliers qui ont été accordés ensuite d'icelui, et tout ce qui a été fait depuis en faveur de ladite Religion.

II

Défendons à nosdits sujets de la R.P.R. de plus s'assembler pour faire l'exercice de ladite Religion en aucun lieu ou maison particulière, sous quelque prétexte que se puisse être.

IV

Enjoignons à tous Ministres de ladite R.P.R. qui ne voudront pas se convertir et embrasser la Religion Catholique, Apostolique et Romaine, de sortir de notre Royaume et terres de notre obéissance, quinze jours après la publication de notre présent Edit, sans y pouvoir séjourner au-delà, ni pendant ledit temps de quinzaine faire aucun prêche, exhortation, ni autre fonction, à peine des galères.

VII

Défendons les écoles particulières pour l'instruction des enfants de ladite R.P.R.

VIII

A l'égard des enfans qui naîtront de ceux de ladite R.P.R. voulons qu'ils soient dorénavant baptisés par les curés des Paroisses. Enjoignons aux pères et mères de les envoyer aux Eglises à cet effet-là, à peine de cinq cent livres d'amende, et de plus grande, s'il y échet: et seront ensuite les enfants élevés en la Religion Catholique, Apostolique et Romaine.

X

Faisons très expresses et itératives défenses à tous nos sujets de ladite R.P.R. de sortir: eux, leurs femmes et enfants de notredit Royaume, Pays et Terres de notre obéissance, ni d'y transporter leurs biens et effets, sous peine pour les hommes des galères, et de confiscation de corps et de biens pour les femmes.

XI

Voulons et entendons que les Déclarations rendues contre les relaps soient exécutées selon leur forme et teneur.

Donné à Fontainebleau au mois d'octobre 1685. Et de notre règne le quarante-troisième.

LOUIS

FÉNELON

Lettre à Louis XIV

La personne, Sire, qui prend la liberté de vous écrire cette lettre, n'a aucun intérêt en ce monde. Elle ne l'écrit ni par chagrin, ni par ambition, ni par envie de se mêler des grandes affaires. Elle vous aime sans être connue de vous; elle regarde Dieu en votre personne. Avec toute votre puissance, vous ne pouvez lui donner aucun bien qu'elle désire, et il n'y a aucun mal qu'elle ne souffrît de bon cœur pour vous faire connaître les vérités nécessaires à votre salut. Si elle vous parle fortement, n'en soyez pas étonné; c'est que la vérité est libre et forte. Vous n'êtes guère accoutumé à l'entendre. Les gens accoutumés à être flattés prennent aisément pour chagrin, pour âpreté et pour excès, ce qui n'est que la vérité toute pure. C'est la trahir, que de ne vous la montrer pas dans toute son étendue. Dieu est témoin que la personne qui vous parle, le fait avec un cœur plein de zèle, de respect, de fidélité, et d'attendrissement sur tout ce qui regarde votre véritable intérêt.

Vous êtes né, Sire, avec un cœur droit et équitable; mais ceux qui vous ont élevé, ne vous ont donné pour science de gouverner, que la défiance, la jalousie, l'éloignement de la vertu, la crainte de tout mérite éclatant, le goût des hommes souples et rampants, la hauteur, et l'attention à votre seul intérêt.

Depuis environ trente ans, vos principaux ministres ont ébranlé et renversé toutes les anciennes maximes de l'Etat, pour faire monter jusqu'au comble votre autorité, qui était devenue la leur, parce qu'elle était dans leurs mains. On n'a plus parlé de l'Etat ni des règles; on n'a parlé que du roi et de son bon plaisir. On a poussé vos revenus et vos dépenses à l'infini. On vous a élevé jusqu'au ciel, pour avoir effacé, disait-on, la grandeur de tous vos prédécesseurs ensemble, c'est-à-dire,

From *Œuvres de Fénelon* (Paris: Firmin-Didot, 1857), Vol. III, pp. 425–29.

François de Salignac de la Mothe-Fénelon (1651–1715) was bishop of Cambrai and Bossuet's famed antagonist in a controversy in which he took the side of an almost sensual mysticism. He was an admirable stylist and a stubborn champion of a variety of causes ranging from the education of women to the proper concern of the French Academy.

pour avoir appauvri la France entière, afin d'introduire à la cour un luxe monstrueux et incurable. Ils ont voulu vous élever sur les ruines de toutes les conditions de l'Etat: comme si vous pouviez être grand en ruinant tous vos sujets, sur qui votre grandeur est fondée. Il est vrai que vous avez été jaloux de l'autorité, peut-être même trop dans les choses extérieures; mais pour le fond, chaque ministre a été le maître dans l'étendue de son administration. Vous avez cru gouverner, parce que vous avez réglé les limites entre ceux qui gouvernaient. Ils ont bien montré au public leur puissance, et on ne l'a que trop sentie. Ils ont été durs, hautains, injustes, violents, de mauvaise foi. Ils n'ont connu d'autre règle, ni pour l'administration du dedans l'Etat, ni pour les négociations étrangères, que de menacer, que d'écraser, que d'anéantir tout ce qui leur résistait. Ils ne vous ont parlé, que pour écarter de vous tout mérite qui pouvait leur faire ombrage. Ils vous ont accoutumé à recevoir sans cesse des louanges outrées qui vont jusqu'à l'idolâtrie, et que vous auriez dû, pour votre honneur, rejeter avec indignation. On a rendu votre nom odieux, et toute la nation française insupportable à tous nos voisins. On n'a conservé aucun ancien allié, parce qu'on n'a voulu que des esclaves. On a causé depuis plus de vingt ans des guerres sanglantes. Par exemple, Sire, on fit entreprendre à Votre Majesté, en 1672, la guerre de Hollande pour votre gloire, et pour punir les Hollandais, qui avaient fait quelque raillerie, dans le chagrin où on les avait mis en troublant les règles du commerce établies par le cardinal de Richelieu. Je cite en particulier cette guerre, parce qu'elle a été la source de toutes les autres. Elle n'a eu pour fondement qu'un motif de vengeance, ce qui ne peut jamais rendre une guerre juste; d'où il s'ensuit que toutes les frontières que vous avez étendues par cette guerre sont injustement acquises dans l'origine. Il est vrai, Sire, que les traités de paix subséquents semblent couvrir et réparer cette injustice, puisqu'ils vous ont donné les places conquises: mais une guerre injuste n'en est pas moins injuste, pour être heureuse. Les traités de paix signés par les vaincus ne sont point signés librement. On signe le couteau sous la gorge: on signe malgré soi pour éviter de plus grandes pertes: on signe, comme on donne sa bourse, quand il la faut donner ou mourir. Il faut donc, Sire, remonter jusqu'à cette origine de la guerre de Hollande, pour examiner devant Dieu toutes vos conquêtes.

Elle est encore la vraie source de tous les maux que la France souffre. Depuis cette guerre, vous avez toujours voulu donner la paix en maître, et imposer les conditions, au lieu de les régler avec équité et modération. Voilà ce qui fait que la paix n'a pu durer. Vos ennemis, honteusement accablés, n'ont songé qu'à se relever, et qu'à se réunir contre vous. Faut-il s'en étonner? vous n'avez pas même demeuré dans les termes de cette paix que vous aviez donnée avec tant de hauteur. En pleine paix, vous avez fait la guerre et des conquêtes prodigieuses. Vous avez établi une chambre des réunions,[1] pour être tout ensemble juge et partie: c'est ajouter l'insulte et la dérision à l'usurpation et à la violence. Vous avez cherché, dans le traité de Westphalie, des termes équivoques pour surprendre Strasbourg. Jamais aucun de vos ministres n'avait osé, depuis tant d'années, alléguer ces termes dans aucune négociation, pour montrer que vous eussiez la moindre prétention sur cette ville. Une telle conduite a réuni et animé toute l'Europe contre vous. Ceux mêmes qui n'ont pas osé se déclarer ouvertement, souhaitent du moins avec impatience votre affaiblissement et votre humiliation, comme la seule ressource pour la liberté et pour le repos de toutes les nations chrétiennes.

Cependant vos peuples, que vous devriez aimer comme vos enfants, et qui ont été jusqu'ici si passionnés pour vous, meurent de faim. La culture des terres est presque abandonnée; les villes et la campagne se dépeuplent; tous les métiers languissent, et ne nourrissent plus les ouvriers. Tout commerce est anéanti. Par conséquent vous avez détruit la moitié des forces réelles du dedans de votre Etat, pour faire et pour défendre de vaines conquêtes au-dehors. Au lieu de tirer de l'argent de ce pauvre peuple, il faudrait lui faire l'aumône et le nourrir. La France entière n'est plus qu'un grand hôpital désolé et sans provision. Les magistrats sont avilis et épuisés. La noblesse, dont tout le bien est en décret, ne vit que de lettres d'Etat.[2] Vous êtes importuné de la foule des gens qui demandent et qui murmurent.

Le peuple même (il faut tout dire), qui vous a tant aimé, qui a eu tant de confiance en vous, commence à perdre l'amitié, la confiance, et même le respect. Vos victoires et vos conquêtes ne le réjouissent plus; il est plein d'aigreur et de désespoir. La sédition s'allume peu à peu de toutes parts. Ils croient que vous n'aimez que votre autorité et votre gloire. Les émotions populaires, qui étaient inconnues depuis si longtemps, deviennent fréquentes. Paris même, si près de vous, n'en est pas exempt. Les magistrats sont contraints de tolérer l'insolence des mutins, et de faire couler sous main quelque monnaie pour les apaiser;

1. *chambre des réunions:* special court created in 1680 to authenticate French territorial claims resulting from the treaty of Nijmegen (1679).

2. *lettres d'Etat:* drafts on the treasury.

ainsi on paye ceux qu'il faudrait punir. Vous êtes réduit à la honteuse et déplorable extrémité, ou de laisser la sédition impunie, et de l'accroître par cette impunité, ou de faire massacrer avec inhumanité des peuples que vous mettez au désespoir, en leur arrachant, par vos impôts pour cette guerre, le pain qu'ils tâchent de gagner à la sueur de leurs visages.

Vous n'aimez point Dieu; vous ne le craignez même que d'une crainte d'esclave; c'est l'enfer, et non pas Dieu que vous craignez. Votre religion ne consiste qu'en superstitions, en petites pratiques superficielles. Vous êtes comme les Juifs dont Dieu dit: *Pendant qu'ils m'honorent des lèvres, leur cœur est loin de moi.* Vous êtes scrupuleux sur des bagatelles, et endurci sur des maux terribles. Vous n'aimez que votre gloire et votre commodité. Vous rapportez tout à vous comme si vous étiez le Dieu de la terre, et que tout le reste n'eût été créé que pour vous être sacrifié. C'est, au contraire, vous que Dieu n'a mis au monde que pour votre peuple. Mais, hélas; vous ne comprenez point ces vérités: comment les goûteriez-vous? Vous ne connaissez point Dieu, vous ne l'aimez point, vous ne le priez point du cœur, et vous ne faites rien pour le connaître.

Il faut vous humilier sous la puissante main de Dieu, si vous ne voulez qu'il vous humilie; il faut demander la paix, et expier par cette honte toute la gloire dont vous avez fait votre idole.

IV · L'ANCIEN REGIME

 Louis XIV avait établi sa domination sur la France en mettant le pays — et principalement la noblesse — sous la tutelle d'une puissante bureaucratie royale. Mais le système qu'il avait mis en place, œuvre personnelle d'un monarque hors de pair, ne survécut pas à son auteur. Louis XV, son arrière-petit-fils, n'était encore qu'un enfant lorsqu'il lui succéda en 1715. Le Régent Philippe d'Orléans, son oncle, sympathisait avec la noblesse démoralisée. Lorsque le Roi prit enfin la direction des affaires, en 1743, l'aristocratie avait reconquis, avec ses privilèges, l'exercice à peu près exclusif des principales fonctions de l'Etat. Pour peu qu'il eût été enclin à disputer aux nobles leur position dominante, Louis n'avait guère la force de caractère que réclamait pareille entreprise. La chasse, les femmes, les mille intrigues dont s'agrémente, dans une cour, la course aux places qui en est toute l'occupation suffirent à lui cacher le vide de son existence.

La noblesse connut alors un âge d'or, ou plutôt d'argent — l'élégance et la finesse primant pour lors le génie créateur et la sagesse. Ce monde brillant et factice des ordres privilégiés éveilla l'indignation des *philosophes,* dont les attaques contre l'Eglise, la monarchie absolue, la société de castes révolutionnèrent la pensée de l'Europe. Peu d'époques ont suscité une critique aussi tonifiante. Sous la Régence déjà, Montesquieu avait soumis à la naïveté étudiée de ses Persans l'ineptie du système de John Law: la création d'une société d'exploitation, la compagnie du Mississippi, qui devait renflouer les finances de l'Etat mais ne réussit qu'à allumer une désastreuse fièvre spéculative. Peu de contradictions ou d'injustices devaient échapper à la malice pétillante de Voltaire. Ces écrivains firent tant et si bien qu'il est difficile de nos jours de ne pas voir le 18e siècle par les yeux de ses critiques,

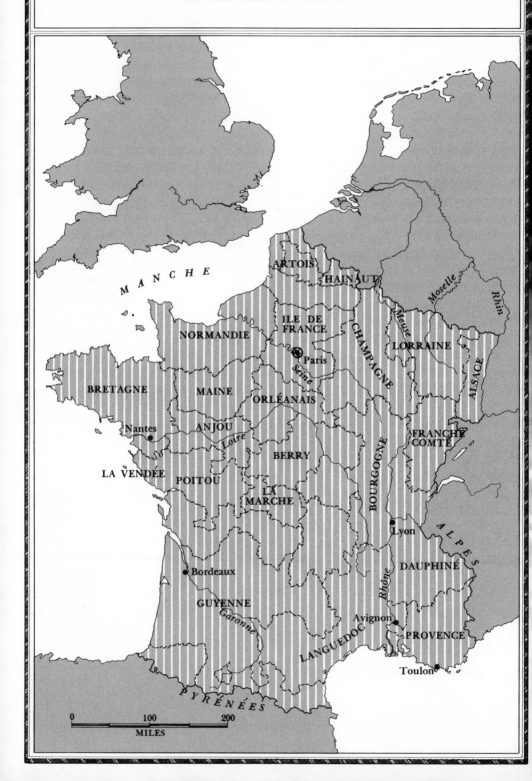

LA FRANCE AVANT 1789

ou de restituer à ses problèmes l'aspect qu'ils devaient revêtir pour les contemporains.

Ce n'est, à vrai dire, ni l'absurdité des usages ni le bien ou mal-fondé du droit divin qui préoccupait les esprits à Versailles, mais le mal incurable dont souffraient les finances de l'Etat. Ce n'est pas à censurer les livres ou à bâillonner les critiques que songeaient avant tout les ministres: c'était à régler les échéances d'une dette nationale grandissante. L'expérience tentée par John Law, d'une compagnie du Mississippi, aboutit à un désastre qui manqua de ruiner le crédit de l'Etat. Heureusement pour la France, les années relativement paisibles du ministère du cardinal de Fleury (1723–43) ramenèrent la stabilité, et avec elle une certaine prospérité.

Les guerres qui, vers le milieu du siècle, mirent fin à ce répit, et principalement la guerre de Sept Ans (1756–63) contre l'Angleterre et la Prusse, déclenchèrent un renouveau de la crise financière. La noblesse voyait dans l'exemption de l'impôt le plus précieux de ses privilèges: en conséquence l'impôt foncier, la *taille,* frappait uniquement les paysans et les petits propriétaires. Dans tous les projets de réforme fiscale, et ils ne manquèrent point dans ces dernières décades de l'ancien régime, on reconnaissait la nécessité de faire prendre à la noblesse sa part des charges fiscales de la nation. C'est ce que les nobles ne voulurent jamais accorder: les parlements, où siégeait la noblesse de robe, refusèrent d'enregistrer les édits de réforme. La noblesse avait en l'Eglise une puissante alliée, exempte elle aussi de l'impôt et n'accordant au Trésor qu'une modeste donation annuelle sur les revenus énormes de ses terres. La Couronne se trouva réduite à l'impuissance par cette coalition de ses adversaires: tenue au respect des privilèges inattaquables de l'Eglise et des parlements, elle dut recourir aux expédients classiques: l'augmentation des taxes sur les denrées, comme la *gabelle;* et la vente des offices.

Que la France, pratiquement la nation la plus riche d'Europe, se trouvât de la sorte en posture humiliée et appauvrie, était une situation qui ne manquait pas de sel. Ces spécialistes de l'ironie qu'étaient les philosophes ne pouvaient manquer d'en tirer tout le parti possible: la patrie des lumières se trouvait, en matière d'économie politique, tout bonnement la moins éclairée des nations de l'Europe! Aussi ni la censure ni la désapprobation émanant de haut lieu ne purent empêcher les idées révolutionnaires, émises par ces apôtres de la Raison, de régner sur les salons. Le relâchement de la censure dans les années 40 permit une circulation plus libre de leurs écrits parmi l'aristocratie et dans les milieux bourgeois. Vers le milieu du siè-cle toute une série d'ouvrages vit le jour, qui tendaient à favoriser une interprétation matérialiste et sécularisée de la condition hu-maine. Montesquieu, dans *L'Esprit des lois* (1748), rattachait les institutions humaines aux conditions matérielles et morales des divers peuples de la terre. Dans *L'Homme-machine* (1748), le médecin La Mettrie proclamait que la loi du plaisir réglait la mécanique du corps humain. Buffon, en 1749, publiait le pre-mier volume de sa grande *Histoire naturelle,* et en 1751 parais-sait le premier volume de l'*Encyclopédie* de Diderot et de D'Alembert. C'était la machine de guerre du parti philosophique destinée à fournir à l'âge des lumières l'ensemble des connais-sances propres à dissiper ces trois grands maux à base d'ignorance: la superstition, l'intolérance, la tyrannie.

La barbarie flagrante de deux actes de persécution reli-giéuse, l'exécution du protestant Calas à Toulouse après une procédure inique et bâclée, suivie de celle du jeune chevalier de La Barre, inculpé de sacrilège pour avoir manqué de respect au passage d'une procession religieuse, souleva l'opinion contre l'Eglise. Dans l'un et l'autre cas c'était en fait le parlement de la province qui avait mené l'affaire et passé sentence; l'Eglise n'avait joué qu'un rôle effacé et même, dans le cas de La Barre, l'évêque d'Amiens était intervenu à la décharge de l'accusé. Les philosophes ne l'en tenaient pas moins responsable: le christia-nisme n'avait-il pas répandu dans la société la semence première de l'intolérance? Ces deux affaires contribuèrent puissamment à gagner la sympathie du public à la cause des philosophes, dis-créditant l'Eglise — et le régime tout entier avec elle. Criblées de sarcasmes par la plume éloquente de Voltaire indigné, les forces conservatrices durent se replier sur des positions défensives.

Mû en partie par cette critique incessante, mais surtout poussé par la situation critique des finances de l'Etat, Louis XV finit par tenter une réforme du gouvernement. Aucune réforme n'étant possible tant que subsistait intacte la puissance des parle-ments (et surtout celle du Parlement de Paris), le chancelier Maupéou conduisit ce dernier à la rupture ouverte avec l'autorité royale. Le Roi, pour sa part, réagit, en 1771, par la dissolution du Parlement, exilant ses membres par *lettre de cachet* dans les villages les plus reculés des plus lointaines provinces. Maupéou se mit en devoir de réformer les structures archaïques de l'appareil judiciaire. L'aristocratie, qui était soutenue dans ses privilèges par la résistance des parlements à la Couronne, jeta les hauts cris. Nombre de critiques du régime s'alarmèrent de la « violence » faite aux parlementaires. Observateur plus perspicace des réalités de la vie politique, Voltaire jeta son influence considérable du côté du chancelier réformateur.

Le temps devait manquer à Maupéou pour mettre à exécution ses réformes et stabiliser les structures nouvelles. La petite vérole emporta Louis XV en 1774. Son successeur et petit-fils Louis XVI, qui n'avait alors que 20 ans, renvoya Maupéou et rappela les parlements, imaginant à tort qu'ils représentaient l'aile avancée de l'opinion.

Toutes les tendances se trouvèrent mises à l'unisson par la guerre qui, en 1778, venait d'être déclarée à l'Angleterre. La sympathie des critiques du régime allait aux colonies américaines en rébellion contre la métropole, tandis que l'opinion conservatrice voyait ici l'occasion de venger la défaite humiliante infligée à la France au cours de la guerre de Sept Ans. L'issue du conflit devait réjouir les uns et les autres: les Américains avaient conquis leur indépendance, ce qui justifiait la foi que les partisans de Rousseau mettaient dans les vertus républicaines; et d'autre part le traité de Paris, qui mit fin à la guerre en 1783, valut à la France un renouveau de gloire diplomatique et militaire. Mais la guerre est toujours une opération perdante, et celle-ci ne fit pas exception à la règle: les charges financières étaient à elles seules un désastre.

L'impuissance de l'Etat à lever le privilège des classes dominantes et à réformer la fiscalité amena la France jusqu'au bord de la ruine. A coups d'emprunts le banquier Necker avait réussi, comme contrôleur général des finances, à lever les sommes nécessaires pour la poursuite de la guerre, mais cela sans lever d'impôt supplémentaire. La dette nationale, en conséquence, atteignit un chiffre effarant, l'intérêt à lui seul dévorant les deux tiers des revenus anticipés pour l'année. La résistance des parlements à toute législation visant à augmenter les ressources de l'Etat continua à rendre vains les édits royaux promulgués dans ce sens. Une fois de plus c'était l'impasse; mais à la différence que, cette fois-ci, privée des ressources nécessaires pour régler la paie de ses soldats et les appointements de ses administrateurs, la Couronne se trouvait hors d'état d'assurer l'ordre et de gouverner la France.

Pensant tourner l'obstacle, le Roi convoqua en 1787 une assemblée de notables, sorte de super-parlement dont il attendait la ratification de ses réformes. Mais les notables, s'alignant sur les parlements, ne firent que les appuyer dans leurs prétentions, joignant leur voix à la leur pour réclamer la convocation des états généraux. Dans l'impossibilité de régler par de nouveaux emprunts les dépenses courantes, menacé de surcroît par des soulèvements populaires dans les provinces, au mois d'août 1788 le Roi dut s'incliner devant les exigences des ordres privilégiés. Un mois plus tard le Parlement de Paris enregistrait triomphalement, en séance solennelle, l'édit convoquant les états généraux, qui devaient se réunir l'année suivante. C'était la première fois depuis 1614: ce devait être aussi la dernière.

Le triomphe de la noblesse et du clergé fut de courte durée. Les écrits de leur propagande en faveur des parlements puisaient leur argumentation chez les philosophes, dont ils reprenaient les termes: liberté, constitution, droits de l'homme, représentants de la nation. Ils durent assez rapidement se rendre à l'évidence que la France de 1789 n'était plus celle de 1614, qu'aux yeux d'une bourgeoisie riche, active et puissante ces formules ne signifiaient aucunement la défense des privilèges établis, refuge d'une classe oisive et nantie, sorte de nation au sein de la Nation. Le ravissant château de cartes que s'était créé l'aristocratie était près de s'écrouler.

Mémoires (1715)

Ce que j'estimai le plus important à faire, et le plus pressé à exécuter, fut l'entier renversement du système de gouvernement intérieur dont le cardinal Mazarin a empoisonné le Roi et le royaume. Un étranger de la lie du peuple, qui ne tient à rien et qui n'a d'autre dieu que sa grandeur et sa puissance, ne songe à l'Etat qu'il gouverne que par rapport à soi. Il en méprise les lois, le génie, les avantages; il en ignore les règles et les formes; il ne pense qu'à tout subjuguer, à tout confondre, à faire que tout soit peuple, et, comme cela ne se peut exécuter que sous le nom du Roi, tous ses soins, toute son application se tourna à l'anéantissement des dignités et de la naissance par toutes sortes de voies, à dépouiller les personnes de qualité de toute sorte d'autorité, et pour cela de les éloigner, par état, des affaires; d'y faire entrer des gens aussi vils d'extraction que lui; d'accroître leurs places en pouvoir, en distinctions, en crédit, en richesses; de persuader au Roi que tout seigneur était naturellement ennemi de son autorité, et de préférer, pour manier ses affaires en tout genre, de gens de rien, qu'au moindre mécontentement on réduisait au néant, en leur ôtant leur emploi avec la même facilité qu'on les en avait tirés en le leur donnant; au lieu que des seigneurs déjà grands par leur naissance, leurs alliances, souvent par leurs établissements, acquéraient une puissance redoutable par le ministère et les emplois qui y avaient rapport, et devenaient dangereux à cesser de s'en servir, par les mêmes raisons. De là l'élévation de la plume et de la robe, et l'anéantissement de la noblesse par les degrés qu'on pourra voir ailleurs, jusqu'au prodige qu'on voit et qu'on sent aujourd'hui, et que ces gens de plume et de

From *Mémoires de Saint-Simon*, edited by A. de Boislisle *et al.* (Paris: Librairie Hachette, 1929), Vol. XXVII, pp. 3–9. Reprinted by permission of Librairie Hachette.

Louis de Rouvroy, duc de Saint-Simon (1675–1755), habitué of the court of Louis XIV and of his successor, wrote voluminous memoirs. Often inaccurate and misleading, exaggerating wildly Saint-Simon's own importance, the *Mémoires* remain an always beguiling portrait of the times, painted by a conservative opponent of royal absolutism.

robe ont bien su soutenir, et chaque jour aggraver leur joug, en sorte que les choses sont arrivées au point que le plus grand seigneur ne peut être bon à personne, et qu'en mille façons différentes il dépend du plus vil roturier.

Mon dessein fut donc de commencer à mettre la noblesse dans le ministère avec la dignité et l'autorité qui lui convenait, aux dépens de la robe et de la plume, et de conduire sagement les choses par degrés et selon les occurrences, pour que peu à peu cette roture perdît toutes les administrations qui ne sont pas de pure judicature, et que seigneurs et toute noblesse fût peu à peu substituée à tous leurs emplois, et toujours supérieurement à ceux que leur nature ferait exercer par d'autres mains, pour soumettre tout à la noblesse en toute espèce d'administration, mais avec les précautions nécessaires contre les abus. Son abattement, sa pauvreté, ses mésalliances, son peu d'union, plus d'un siècle d'anéantissement, de cabales, de partis, d'intelligences au dehors, d'associations au dedans, rendaient ce changement sans danger, et les moyens ne manquaient pas d'empêcher sûrement qu'il n'en vînt dans la suite. L'embarras fut l'ignorance, la légèreté, l'inapplication de cette noblesse accoutumée à n'être bonne à rien qu'à se faire tuer, à n'arriver à la guerre que par ancienneté, et à croupir du reste dans la plus mortelle inutilité, qui l'avait livrée à l'oisiveté et au dégoût de toute instruction hors de guerre, par l'incapacité d'état de s'en pouvoir servir à rien. Il était impossible de faire le premier pas vers ce but sans renverser le monstre qui avait dévoré la noblesse, c'est-à-dire le contrôleur général et les secrétaires d'Etat, souvent désunis, mais toujours parfaitement réunis contre elle.

MONTESQUIEU

Lettres Persanes

LETTRE CXXXVIII: RICA À IBBEN À SMYRNE

Les ministres se succèdent et se détruisent ici comme les saisons; depuis trois ans, j'ai vu changer quatre fois de système sur les finances. On lève aujourd'hui les tributs en Turquie et en Perse, comme les levaient les fondateurs de ces empires; il s'en faut bien qu'il en soit ici de même. Il est vrai que nous n'y mettons pas tant d'esprit que les Occidentaux. Nous croyons qu'il n'y a pas plus de différence entre l'administration des revenus du prince et celle des biens d'un particulier, qu'il y en a entre compter cent mille tomans, ou en compter cent; mais il y a ici bien plus de finesse et de mystère. Il faut que de grands génies travaillent nuit et jour; qu'ils enfantent sans cesse, et avec douleur, de nouveaux projets; qu'ils écoutent les avis d'une infinité de gens qui travaillent pour eux sans en être priés; qu'ils se retirent et vivent dans le fond d'un cabinet impénétrable aux grands, et sacré aux petits; qu'ils aient toujours la tête remplie de secrets importants, de desseins miraculeux, de systèmes nouveaux; et qu'absorbés dans les méditations, ils soient privés de l'usage de la parole, et quelquefois même de celui de la politesse.

Dès que le feu roi eut fermé les yeux, on pensa à établir une nouvelle administration. On sentait qu'on était mal; mais on ne savait comment faire pour être mieux. On ne s'était pas bien trouvé de l'autorité sans bornes des ministres précédents; on la voulut partager. On créa, pour cet effet, six ou sept conseils, et ce ministère est peut-être celui de tous qui a gouverné la France avec plus de sens; la durée en fut courte, aussi bien que celle du bien qu'elle produisit.

From *Œuvres complètes* (Paris: Garnier Frères, 1875), Vol. I, pp. 428–30.

Charles de Secondat, baron de Montesquieu (1689–1755), lawyer and *parlementaire,* frequented the literary salons of Paris, where his exotic satires, the anonymously published *Lettres Persanes* (1721), were enormously popular. He won his greatest fame by his historical and juridical works, especially the monumental *Esprit des lois* (1748), through which he exerted a great influence on a later generation of republican politicians, particularly in the United States.

La rue Quincampoix, en 1718.

La France, à la mort du feu roi, était un corps accablé de mille maux: N*** ¹ prit le fer à la main, retrancha les chairs inutiles, et appliqua quelques remèdes topiques. Mais il restait toujours un vice intérieur à guérir. Un étranger est venu,² qui a entrepris cette cure. Après bien des remèdes violents, il a cru lui avoir rendu son embonpoint; et il l'a seulement rendue bouffie.

Tous ceux qui étaient riches il y a six mois, sont à présent dans la pauvreté, et ceux qui n'avaient pas de pain regorgent de richesses. Jamais ces deux extrémités ne se sont touchées de si près. L'étranger a tourné l'Etat comme un fripier tourne un habit; il fait paraître dessus ce qui était dessous, et ce qui était dessus, il le met à l'envers. Quelles fortunes inespérées, incroyables même à ceux qui les ont faites! Dieu ne tire pas plus rapidement les hommes du néant. Que de valets servis par leurs camarades, et peut-être demain par leurs maîtres!

1. The reference is to the duc de Noailles (1678–1766), Marshal of France and a supporter of the Regent duc d'Orléans.
2. The "foreigner" is John Law (1671–1729), a Scottish financial adventurer whose grandiose Mississippi Company attempted to fund the national debt through a speculative investment system. Some enormous fortunes were made, others were lost, before the bubble burst in 1720.

Tout ceci produit souvent des choses bizarres. Les laquais qui avaient fait fortune sous le règne passé vantent aujourd'hui leur nais-sance: ils rendent, à ceux qui viennent de quitter leur livrée dans une certaine rue,[3] tout le mépris qu'on avait pour eux il y a six mois; ils crient de toute leur force: La noblesse est ruinée; quel désordre dans l'Etat! quelle confusion dans les rangs! on ne voit que des inconnus faire fortune! Je te promets que ceux-ci prendront bien leur revanche sur ceux qui viendront après eux, et que, dans trente ans, ces gens de qualité feront bien du bruit!

De Paris, le 1 de la lune de zilcadé, 1720

3. The rue Quincampoix, location of the Paris bourse and center of financial speculation.

Voltaire à 30 ans.
(Portrait de La Tour)

VOLTAIRE

Impôt

On a fait tant d'ouvrages philosophiques sur la nature de l'impôt, qu'il faut bien en dire ici un petit mot. Il est vrai que rien n'est moins philosophique que cette matière; mais elle peut rentrer dans la philosophie morale, en représentant à un surintendant des finances, ou à un tefterdar turc, qu'il n'est pas selon la morale universelle de prendre l'argent de son prochain, et que tous les receveurs, douaniers, commis des aides et gabelles, sont maudits dans l'Evangile.

Tout maudits qu'ils sont, il faut pourtant convenir qu'il est impossible qu'une société subsiste sans que chaque membre paie quelque chose pour les frais de cette société; et puisque tout le monde doit payer, il est nécessaire qu'il y ait un receveur. On ne voit pas pourquoi ce receveur est maudit, et regardé comme un idolâtre. Il n'y a certainement nulle idolâtrie à recevoir l'argent des convives pour payer leur souper.

Dans les républiques, et dans les états qui, avec le nom de *royaume,* sont des républiques en effet, chaque particulier est taxé suivant ses forces et suivant les besoins de la société.

Dans les royaumes despotiques, ou, pour parler plus poliment, dans les états monarchiques, il n'en est pas tout-à-fait de même. On taxe la nation sans la consulter. Un agriculteur qui a douze cents livres de revenu est tout étonné qu'on lui en demande quatre cents. Il en est même plusieurs qui sont obligés de payer plus de la moitié de ce qu'ils recueillent.

A quoi est employé tout cet argent? l'usage le plus honnête qu'on puisse en faire est de le donner à d'autres citoyens.

Le cultivateur demande pourquoi on lui ôte la moitié de son bien

From *Œuvres complètes: Dictionnaire philosophique* (Paris: E. A. Lequien, 1822), Vol. V, pp. 320–23.

François-Marie Arouet (1694–1778) wrote under the pen name Voltaire. His enormously rich writings grace virtually every branch of literature: they include poetry, drama, short stories, philosophical essays, polemical journalism, history, and a vast correspondence. To an age enchanted by secular and rationalist philosophy, Voltaire was *the* Philosopher; so dominant was his personality that the French enlightenment is often called the "Age of Voltaire."

pour payer des soldats, tandis que la centième partie suffirait: on lui répond qu'outre les soldats il faut payer les arts et le luxe, que rien n'est perdu, que chez les Perses on assignait à la reine des villes et des villages pour payer sa ceinture, ses pantoufles, et ses épingles.

Il réplique qu'il ne sait point l'histoire de Perse, et qu'il est très fâché qu'on lui prenne la moitié de son bien pour une ceinture, des épingles, et des souliers; qu'il les fournirait à bien meilleur marché, et que c'est une véritable écorcherie.

On lui fait entendre raison en le mettant dans un cachot, et en faisant vendre ses meubles. S'il résiste aux exacteurs que le nouveau Testament a damnés, on le fait pendre, et cela rend tous ses voisins infiniment accommodants.

Si tout cet argent n'était employé par le souverain qu'à faire venir des épiceries de l'Inde, du café de Moka, des chevaux anglais et arabes, des soies du Levant, des colifichets de la Chine, il est clair qu'en peu d'années il ne resterait pas un sou dans le royaume. Il faut donc que l'impôt serve à entretenir les manufactures, et que ce qui a été versé dans les coffres du prince, retourne aux cultivateurs. Ils souffrent, ils se plaignent; les autres parties de l'état souffrent et se plaignent aussi: mais au bout de l'année il se trouve que tout le monde a travaillé et a vécu bien ou mal.

Si par hasard l'homme agreste va dans la capitale, il voit avec des yeux étonnés une belle dame vêtue d'une robe de soie brochée d'or, traînée dans un carrosse magnifique par deux chevaux de prix, suivie de quatre laquais habillés d'un drap à vingt francs l'aune; il s'adresse à un des laquais de cette belle dame, et lui dit: Monseigneur, où cette dame prend-elle tant d'argent pour faire une si grande dépense? Mon ami, lui dit le laquais, le roi lui fait une pension de quarante mille livres. Hélas! dit le rustre, c'est mon village qui paie cette pension. Oui, répond le laquais; mais la soie que tu as recueillie, et que tu as vendue, a servi à l'étoffe dont elle est habillée; mon drap est en partie de la laine de tes moutons; mon boulanger a fait mon pain de ton blé; tu as vendu au marché les poulardes que nous mangeons: ainsi la pension de madame est revenue à toi et à tes camarades.

Le paysan ne convient pas tout-à-fait des axiomes de ce laquais philosophe: cependant une preuve qu'il y a quelque chose de vrai dans sa réponse, c'est que le village subsiste, et qu'on y fait des enfants, qui tout en se plaignant feront aussi des enfants qui se plaindront encore.

Si on était obligé d'avoir [lu] tous les édits des impôts, et tous les livres faits contre eux, ce serait l'impôt le plus rude de tous.

VOLTAIRE

Traité sur la tolérance

à l'occasion de la mort de Jean Calas

I

Le meurtre de Calas, commis dans Toulouse avec le glaive de la justice, le 9 mars 1762, est un des plus singuliers évènements qui méritent l'attention de notre âge et de la postérité.

Jean Calas, âgé de soixante et huit ans, exerçait la profession de négociant à Toulouse depuis plus de quarante années, et était reconnu de tous ceux qui ont vécu avec lui pour un bon père. Il était protestant, ainsi que sa femme et tous ses enfants, excepté un qui avait abjuré l'hérésie, et à qui le père faisait une petite pension. Il paraissait si éloigné de cet absurde fanatisme qui rompt tous les liens de la société, qu'il approuva la conversion de son fils, Louis Calas, et qu'il avait depuis trente ans chez lui une servante zélée catholique, laquelle avait élevé tous ses enfants.

Un des fils de Jean Calas, nommé Marc-Antoine, était un homme de lettres: il passait pour un esprit inquiet, sombre, et violent. Ce jeune homme, ne pouvant réussir ni à entrer dans le négoce, auquel il n'était pas propre, ni à être reçu avocat, parce qu'il fallait des certificats de catholicité qu'il ne put obtenir, résolut de finir sa vie, et fit pressentir ce dessein à un de ses amis; il se confirma dans sa résolution par la lecture de tout ce qu'on a jamais écrit sur le suicide.

Enfin, un jour ayant perdu son argent au jeu, il choisit ce jour-là même pour exécuter son dessein. Un ami de sa famille et le sien, nommé Lavaisse, jeune homme de dix-neuf ans, connu par la candeur et la douceur de ses mœurs, était arrivé de Bordeaux; il soupa par hasard chez les Calas. Le père, la mère, Marc-Antoine leur fils aîné, Pierre leur second fils, mangèrent ensemble. Après le souper on se retira dans un petit salon; Marc-Antoine disparut: enfin, lorsque le jeune Lavaisse

From *Œuvres complètes: Politique et législation* (Paris: E. A. Lequien, 1822), Vol. II, pp. 51–64, 84–85.

voulut partir, Pierre Calas et lui, étant descendus, trouvèrent en bas auprès du magasin Marc-Antoine en chemise, pendu à une porte, et son habit plié sur le comptoir. Lavaisse et Pierre Calas hors d'eux-mêmes coururent chercher des chirurgiens et la justice.

Pendant qu'ils s'acquittaient de ce devoir, pendant que le père et la mère étaient dans les sanglots et dans les larmes, le peuple de Toulouse s'attroupe autour de la maison. Ce peuple est superstitieux et emporté; il regarde comme des monstres ses frères qui ne sont pas de la même religion que lui.

Quelque fanatique de la populace s'écria que Jean Calas avait pendu son propre fils Marc-Antoine. Ce cri répété fut unanime en un moment; d'autres ajoutèrent que le mort devait le lendemain faire abjuration, que sa famille et le jeune Lavaisse l'avaient étranglé, par haine contre la religion catholique: le moment d'après on n'en douta plus; toute la ville fut persuadée que c'est un point de religion chez les protestants qu'un père et une mère doivent assassiner leur fils dès qu'il veut se convertir.

Le sieur David, capitoul de Toulouse, excité par ces rumeurs, et voulant se faire valoir par une prompte exécution, fit une procédure contre les règles et les ordonnances. La famille Calas, la servante catholique, Lavaisse, furent mis aux fers.

Treize juges s'assemblèrent tous les jours pour terminer le procès. On n'avait, on ne pouvait avoir aucune preuve contre la famille; mais la religion trompée tenait lieu de preuve. Les juges qui étaient décidés pour le supplice de Jean Calas persuadèrent aux autres que ce vieillard faible ne pourrait résister aux tourments, et qu'il avouerait sous les coups des bourreaux son crime et celui de ses complices. Ils furent confondus, quand ce vieillard, en mourant sur la roue, prit Dieu à témoin de son innocence et le conjura de pardonner à ses juges.

Ou les juges de Toulouse, entraînés par le fanatisme de la populace, ont fait rouer un père de famille innocent, ce qui est sans exemple; ou ce père de famille et sa femme ont étranglé leur fils aîné, aidés dans ce parricide par un autre fils et par un ami, ce qui n'est pas dans la nature. Dans l'un ou dans l'autre cas, l'abus de la religion la plus sainte a produit un grand crime.

VI

Le droit humain ne peut être fondé en aucun cas que sur ce droit de nature; et le grand principe, le principe universel de l'un et de l'autre, est, dans toute la terre, « Ne fais pas ce que tu ne voudrais pas qu'on te fît. » Or on ne voit pas comment, suivant ce principe, un homme pourrait dire à un autre: « Crois ce que je crois, et ce que tu ne peux croire, ou tu périras. »

Le droit de l'intolérance est donc absurde et barbare; c'est le droit des tigres; et il est bien plus horrible, car les tigres ne déchirent que pour manger, et nous nous sommes exterminés pour des paragraphes.

VOLTAIRE

Lettre à M. le comte d'Argental[1]

à la mort du Chevalier de la Barre [2]

Aux eaux de Rolle, 16 juillet 1766

Je me jette à votre nez, à vos pieds, à vos ailes, mes divins anges.
Je vous demande en grâce de m'apprendre s'il n'y a rien de nouveau.

L'atrocité de cette aventure me saisit d'horreur et de colère. Je me
repens bien de m'être ruiné à bâtir et à faire du bien dans la lisière
d'un pays où l'on commet de sang froid, et en allant dîner, des barba-
ries qui feraient frémir des sauvages ivres. Et c'est là ce peuple si doux,
si léger, et si gai! Arlequins anthropophages! je ne veux plus entendre
parler de vous. Courez du bûcher au bal, et de la Grève [3] à l'opéra-co-
mique, rouez Calas, pendez Sirven,[4] brûlez cinq pauvres jeunes gens
qu'il fallait, comme disent mes anges, mettre six mois à Saint-Lazare; [5]
je ne veux pas respirer le même air que vous.

Mes anges, je vous conjure, encore une fois, de me dire tout ce
que vous savez. L'inquisition est fade en comparaison de vos jansénistes
de grand'chambre et de tournelle.[6] Il n'y a que le diable qui soit capa-

1. Le comte d'Argental was from their schooldays a cherished, lifelong friend of
Voltaire, but not otherwise noteworthy.

2. The Chevalier de la Barre at age nineteen was accused of blasphemy in a
trial engineered by enemies of his family, condemned to death, and barbarously executed on July 1, 1766.

3. la Grève: Place de la Grève in Paris, now known as Place de l'Hôtel-de-Ville,
where public executions took place during the ancien régime.

4. Sirven, a Protestant lawyer of Castres, and his wife were accused by zealots
of having drowned their daughter to prevent her converting to Catholicism. With
the Calas affair fresh in mind, the Sirvens fled to Switzerland and took refuge with
Voltaire while the French zealots confiscated their property and executed them in
effigy.

5. Saint-Lazare: a former convent used at this time as a prison for young delin-
quents.

6. In the eighteenth century Jansenism had turned into a political movement
within the *parlements*. *La tournelle* was a court dealing with criminal cases, *la
grand'chambre* another jurisdiction.

From *Œuvres complètes: Correspondance* (Paris: E. A. Lequien, 1820), Vol. X, pp.
19–20.

ble de brûler les hommes en dépit de la loi. Quoi! le caprice de cinq vieux fous suffira pour infliger des supplices qui auraient fait trembler Busiris! [7] Je m'arrête, car j'en dirais bien davantage. C'est trop parler de démons, je ne veux qu'aimer mes anges.

7. In Greek mythology, an Egyptian tyrant slain by Hercules.

De la monarchie

Tout au contraire des autres administrations, où un être collectif représente un individu, dans celle-ci un individu représente un être collectif; en sorte que l'unité morale qui constitue le prince est en même temps une unité physique, dans laquelle toutes les facultés que la loi réunit dans l'autre avec tant d'effort se trouvent naturellement réunies.

Ainsi la volonté du peuple, et la volonté du prince, et la force publique de l'Etat, et la force particulière du gouvernement, tout répond au même mobile, tous les ressorts de la machine sont dans la même main, tout marche au même but; il n'y a point de mouvements opposés qui s'entre-détruisent, et l'on ne peut imaginer aucune sorte de constitution dans laquelle un moindre effort produise une action plus considérable.

Mais s'il n'y a point de gouvernement qui ait plus de vigueur, il n'y en a point où la volonté particulière ait plus d'empire, et domine plus aisément les autres: tout marche au même but, il est vrai; mais ce but n'est point celui de la félicité publique, et la force même de l'administration tourne sans cesse au préjudice de l'Etat.

Les rois veulent être absolus, et de loin on leur crie que le meilleur moyen de l'être est de se faire aimer de leurs peuples. Cette maxime est très-belle et même très-vraie à certains égards. Malheureusement on s'en moquera toujours dans les cours. La puissance, qui vient de l'amour des peuples, est sans doute la plus grande; mais elle est précaire et conditionnelle, jamais les princes ne s'en contenteront. Les meilleurs rois veulent pouvoir être méchants, s'il leur plaît, sans cesser

From *Du contrat social*, in *Œuvres complètes de J.-J. Rousseau, Citoyen de Genève* (Paris: Bélin, 1793), Vol. II, pp. 113–23.

Jean-Jacques Rousseau (1712–78) is the most singular character in a remarkable epoch. A citizen of the Genevan republic and a Protestant, he was an eccentric, intensely personal genius, the most profound critic of the institutions of the old regime. Lacking the optimism of his fellow *philosophes*, he emphasized in both his polemical works and his novel the innate virtue of natural man and the corruption of that goodness by evil institutions. His political writings became scripture for a generation of revolutionaries in Europe and the Americas.

d'être les maîtres: un sermonneur politique aura beau leur dire que la force du peuple étant la leur, leur plus grand intérêt est que le peuple soit florissant, nombreux, redoutable; ils savent très-bien que cela n'est pas vrai. Leur intérêt personnel est premièrement que le peuple soit faible, misérable, et qu'il ne puisse jamais leur résister. J'avoue que, supposant les sujets toujours parfaitement soumis, l'intérêt du prince serait alors que le peuple fût puissant, afin que cette puissance étant la sienne le rendît redoutable à ses voisins; mais comme cet intérêt n'est que secondaire et subordonné, et que les deux suppositions sont incompatibles, il est naturel que les princes donnent toujours la préférence à la maxime qui leur est le plus immédiatement utile. C'est ce que Samuel représentait fortement aux Hébreux: c'est ce que Machiavel a fait voir avec évidence.

Un défaut essentiel et inévitable, qui mettra toujours le gouvernement monarchique au-dessous du républicain, est que dans celui-ci la voix publique n'élève presque jamais aux premières places que des hommes éclairés et capables, qui les remplissent avec honneur; au lieu que ceux qui parviennent dans les monarchies ne sont le plus souvent que de petits brouillons, de petits fripons, de petits intrigants, à qui les petits talents, qui font dans les cours parvenir aux grandes places, ne servent qu'à montrer au public leur ineptie aussitôt qu'ils y sont parvenus. Le peuple se trompe bien moins sur ce choix que le prince, et un homme d'un vrai mérite est presque aussi rare dans le ministère qu'un sot à la tête d'un gouvernement républicain. Aussi, quand par quelque heureux hasard un de ces hommes nés pour gouverner prend le timon des affaires dans une monarchie presque abîmée par ces tas de jolis régisseurs, on est tout surpris des ressources qu'il trouve, et cela fait époque dans un pays.

Le plus sensible inconvénient du gouvernement d'un seul, est le défaut de cette succession continuelle qui forme dans les deux autres une liaison non interrompue. Un roi mort, il en faut un autre; les élections laissent des intervalles dangereux, elles sont orageuses, et à moins que les citoyens ne soient d'un désintéressement, d'une intégrité que ce gouvernement ne comporte guère, la brigue et la corruption s'en mêlent. Il est difficile que celui à qui l'Etat s'est vendu ne le vende pas à son tour, et ne se dédommage pas sur les faibles de l'argent que les puissants lui ont extorqué. Tôt ou tard, tout devient vénal sous une pareille administration, et la paix dont on jouit alors sous les rois est pire que le désordre des interrègnes.

Qu'a-t-on fait pour prévenir ces maux? On a rendu les couronnes héréditaires dans certaines familles, et l'on a établi un ordre de succession qui prévient toute dispute à la mort des rois: c'est-à-dire que, substituant l'inconvénient des régences à celui des élections, on a préféré une apparente tranquillité à une administration sage, et qu'on a mieux aimé risquer d'avoir pour chefs des enfants, des monstres, des imbéciles, que d'avoir à disputer sur le choix des bons rois. On n'a pas considéré qu'en s'exposant ainsi aux risques de l'alternative, on met presque toutes les chances contre soi.

Tout concourt à priver de justice et de raison un homme élevé pour commander aux autres. On prend beaucoup de peine, à ce qu'on dit, pour enseigner aux jeunes princes l'art de régner; il ne paraît pas que cette éducation leur profite. On ferait mieux de commencer par leur enseigner l'art d'obéir. Les plus grands rois qu'ait célébrés l'histoire n'ont point été élevés pour régner; c'est une science qu'on ne possède jamais moins qu'après l'avoir trop apprise, et qu'on acquiert mieux en obéissant qu'en commandant.

Mais si, selon Platon, le roi, par nature, est un personnage si rare, combien de fois la nature et la fortune concourront-elles à le couronner; et si l'éducation royale corrompt nécessairement ceux qui la reçoivent, que doit-on espérer d'une suite d'hommes élevés pour régner? C'est donc bien vouloir s'abuser que de confondre le gouvernement royal avec celui d'un bon roi. Pour voir ce qu'est ce gouvernement en lui-même, il faut le considérer sous des princes bornés ou méchants; car ils arriveront tels au trône, ou le trône les rendra tels.

Ces difficultés n'ont pas échappé à nos auteurs, mais ils n'en sont point embarrassés. Le remède est, disent-ils, d'obéir sans murmure. DIEU donne les mauvais rois dans sa colère, et il les faut supporter comme des châtiments du ciel. Ce discours est édifiant, sans doute; mais je ne sais s'il ne conviendrait pas mieux en chaire que dans un livre de politique. Que dire d'un médecin qui promet des miracles, et dont tout l'art est d'exhorter son malade à la patience? On sait bien qu'il faut souffrir un mauvais gouvernement quand on l'a: la question serait d'en trouver un bon.

JEAN-JACQUES ROUSSEAU

Visite chez un paysan

Un jour entre autres, m'étant à dessein détourné pour voir de près un lieu qui me parut admirable, je m'y plus si fort et j'y fis tant de tours que je me perdis enfin tout à fait. Après plusieurs heures de course inutile, las et mourant de soif et de faim, j'entrai chez un paysan dont la maison n'avait pas belle apparence, mais c'était la seule que je visse aux environs. Je croyais que c'était comme à Genève ou en Suisse, où tous les habitants à leur aise sont en état d'exercer l'hospitalité. Je priai celui-ci de me donner à dîner en payant. Il m'offrit du lait écrémé et de gros pain d'orge, en me disant que c'était tout ce qu'il avait. Je buvais ce lait avec délices, et je mangeais ce pain, paille et tout; mais cela n'était pas fort restaurant pour un homme épuisé de fatigue. Ce paysan, qui m'examinait, jugea de la vérité de mon histoire par celle de mon appétit. Tout de suite, après avoir dit qu'il voyait bien que j'étais un bon jeune honnête homme qui n'était pas là pour le vendre, il ouvrit une petite trappe à côté de sa cuisine, descendit, et revint un moment après avec un bon pain bis de pur froment, un jambon très-appétissant quoique entamé, et une bouteille de vin dont l'aspect me réjouit le cœur plus que tout le reste: on joignit à cela une omelette assez épaisse, et je fis un dîner tel qu'autre qu'un piéton n'en connut jamais. Quand ce vint à payer, voilà son inquiétude et ses craintes qui le reprennent; il ne voulait point de mon argent, il le repoussait avec un trouble extraordinaire; et ce qu'il y avait de plaisant était que je ne pouvais imaginer de quoi il avait peur. Enfin, il prononça en frémissant ces mots terribles de commis et de rats-de-cave. Il me fit entendre qu'il cachait son vin à cause des aides, qu'il cachait son pain à cause de la taille, et qu'il serait un homme perdu si l'on pouvait se douter qu'il ne mourût pas de faim. Tout ce qu'il me dit à ce sujet, et dont je n'avais pas la moindre idée, me fit une impression qui ne s'effacera jamais. Ce fut là le germe de cette haine inextinguible qui se développa depuis dans mon cœur

From *Les Confessions* (Paris: Garnier Frères, 1877), pp. 143–44.

contre les vexations qu'éprouve le malheureux peuple et contre ses oppresseurs. Cet homme, quoique aisé, n'osait manger le pain qu'il avait gagné à la sueur de son front, et ne pouvait éviter sa ruine qu'en montrant la même misère qui régnait autour de lui. Je sortis de sa maison aussi indigné qu'attendri, et déplorant le sort de ces belles contrées à qui la nature n'a prodigué ses dons que pour en faire la proie des barbares publicains.

DENIS DIDEROT

Lettre à Sophie Voland

A la Chevrette,[1] ce lundi 15 septembre 1760

C'était hier la fête de la Chevrette. Je crains la cohue. J'avais résolu d'aller à Paris passer la journée; mais Grim et Mme d'Epinai m'arrêtèrent. Lorsque je vois les yeux de mes amis se couvrir et leurs visages s'allonger, il n'y a répugnance qui tienne et l'on fait de moi ce qu'on veut.

Dès le samedi soir les marchands forains s'étaient établis dans l'avenue, sous de grandes toiles tendues d'arbre en arbre. Le matin, les habitants des environs s'y étaient rassemblés; on entendait les violons; l'après-midi on jouait, on buvait, on chantait, on dansait, c'était une foule mêlée de jeunes paysannes proprement atournées, et de grandes dames de la ville avec du rouge et des mouches, la canne de roseau à la main, le chapeau de paille sur la tête et l'écuyer sous le bras.

Nous étions alors dans le triste et magnifique salon, et nous y formions, diversement occupés, un tableau très-agréable.

Vers la fenêtre qui donne sur les jardins, Grim se faisait peindre et Mme d'Epinai était appuyée sur le dos de la chaise de la personne qui le peignait.

Un dessinateur, assis plus bas, sur un placet, faisait son profil au

1. *La Chevrette* was the estate of Baron d'Holbach (1723–89), and this letter from Diderot to his mistress, Sophie Voland, describes a casual country fair and evening entertainments among some of the most exalted members of the Encyclopedists' social set. Mme d'Epinay (1726–83) was a writer and patroness of Grimm, Diderot and Rousseau; Mme d'Houdetot (1730–1813), a *salonnière* and intimate of Rousseau; the Baron Grimm (1723–1807), an associate and friend of Diderot; and Saint-Lambert (1716–1803), a poet, academician, and colleague of Diderot.

From *Lettres à Sophie Voland*, edited by André Babelon (Paris: Librairie Gallimard, 1930) Vol. I, pp. 173–75. Reprinted by permission of Editions Gallimard.

Denis Diderot (1713–84) was one of the most penetrating and prolific of the philosophical polemicists. From 1745 to 1772 he was directing editor of the *Encyclopédie*, producing at the same time a wide variety of philosophical writings and essays on all the arts, which have come to be recognized as among the most impressive achievements of the age.

Le métier de carreleur.
(Planche de l'Encyclopédie de D'Alembert et Diderot)

crayon. Il est charmant, ce profil; il n'y a point de femme qui ne fût tentée de voir s'il ressemble.

M. de Saint-Lambert lisait dans un coin la dernière brochure que je vous ai envoyée.

Je jouais aux échecs avec Mme d'Houdetot.

La vieille et bonne Mme d'Esclavelles, mère de Mme d'Epinai, avait autour d'elle tous ses enfants, et causait avec eux et avec leurs gouverneurs.

Deux sœurs de la personne qui peignait mon ami brodaient, l'une à la main, l'autre au tambour.

Et une troisième essayait au clavecin une pièce de Scarlatti.

L'heure du dîner vint. Nous dînâmes splendidement, gaîment et longtemps. Des glaces; ah! mes amies, quelles glaces! c'est là qu'il fallait être pour en prendre de bonnes, vous qui les aimez.

Après dîner, on fit un peu de musique. La personne dont je vous ai déjà parlé, qui touche si légèrement et si savamment du clavecin, nous étonna tous, eux par la rareté de son talent, moi par le charme de sa jeunesse, de sa douceur, de sa modestie, de ses grâces et de son innocence. Les applaudissements qui s'élevaient autour d'elle lui faisaient monter au visage une rougeur, et lui causaient un embarras charmant. On la fit chanter; et elle chanta une chanson qui disait à peu près:

Je cède au penchant qui m'entraîne.
Je ne puis conserver mon cœur.

Mais je veux mourir, si elle entendait rien à cela. Je la regardais, et je pensais au fond de mon cœur que c'était un ange, et qu'il faudrait être plus méchant que Satan pour en approcher avec une pensée déshonnête. Je disais à M. de Villeneuve: « Qui est-ce qui oserait changer quelque chose à cet ouvrage-là? Il est si bien. » Mais nous n'avons pas, M. de Villeneuve et moi, les mêmes principes. S'il rencontrait des innocentes, lui, il aimerait assez à les instruire; il dit que c'est un autre genre de beauté.

LOUIS XVI

Lettre du Roi

pour la convocation des Etats-Généraux

De par le roi,

Notre amé et féal, nous avons besoin du concours de nos fidèles sujets pour nous aider à surmonter toutes les difficultés où nous nous trouvons relativement à l'état de nos finances, et pour établir, suivant nos vœux, un ordre constant et invariable dans toutes les parties du gouvernement qui intéressent le bonheur de nos sujets et la prospérité de notre royaume. Ces grands motifs nous ont déterminé à convoquer l'assemblée des Etats de toutes les provinces de notre obéissance, tant pour nous conseiller et nous assister dans toutes les choses qui seront mises sous ses yeux, que pour nous faire connaître les souhaits et les doléances de nos peuples; de manière que, par une mutuelle confiance et par un amour réciproque entre le souverain et ses sujets, il soit apporté le plus promptement possible un remède efficace aux maux de l'Etat, et que les abus de tout genre soient réformés, et prévenus par de bons et solides moyens qui assurent la félicité publique, et qui nous rendent à nous particulièrement le calme et la tranquillité dont nous sommes privés depuis si longtemps.

A ces causes, nous vous avertissons et signifions que notre volonté est de commencer à tenir les Etats libres et généraux de notre royaume, au lundi 27 avril prochain, en notre ville de Versailles, où nous entendons et désirons que se trouvent aucuns des plus notables personnages de chaque province, bailliage et sénéchaussée. Et pour cet effet, vous mandons et très-expressément enjoignons qu'incontinent la présente reçue, vous ayez à convoquer et assembler en notre ville de Paris, dans le plus bref temps que faire se pourra, pour conférer et pour communiquer ensemble, tant des remontrances, plaintes et doléances, que des moyens et avis qu'ils auront à proposer en l'assemblée générale de nosdits Etats; et ce fait, élire, choisir et nom-

From *Histoire parlementaire de la Révolution française,* edited by P. J. B. Buchez and P. C. Roux (Paris: 1834–38), Vol. I, pp. 297–99.

mer des députés de chaque ordre, tous personnages dignes de cette grande marque de confiance, par leur intégrité et par le bon esprit dont ils seront animés; et seront, lesdits députés, munis d'instructions et pouvoirs généraux, et suffisants pour proposer, remontrer, aviser et consentir tout ce qui peut concerner les besoins de l'Etat, la réforme des abus, l'établissement d'un ordre fixe et durable dans toutes les parties de l'administration, la prospérité générale de notre royaume, et le bien de tous et de chacun de nos sujets; les assurant que de notre part ils trouveront toute bonne volonté et affection pour maintenir et faire exécuter tout ce qui aura été concerté entre nous et lesdits Etats; soit relativement aux impôts qu'ils auront consentis, soit pour l'établissement d'une règle constante dans toutes les parties de l'administration et de l'ordre public; leur promettant de demander et d'écouter favorablement leurs avis sur tout ce qui peut intéresser le bien de nos peuples, et de pourvoir sur les doléances et propositions qu'ils auront faites, de telle manière que notre royaume et tous nos sujets en particulier ressentent pour toujours les effets salutaires qu'ils doivent se promettre d'une telle et si noble assemblée.

Donné à Versailles le 28 mars 1789

LOUIS

V · LA REVOLUTION

 Le 5 mai 1789, l'assemblée des états généraux se réunissait à Versailles en séance solennelle. A l'exception possible d'une infime minorité, personne ne souhaitait ni même ne prévoyait une révolution. Le tiers état, cependant, était unanime à réclamer une constitution garantissant l'égalité avec les deux autres ordres: la noblesse et le clergé. Le Roi ayant résolu que les états voteraient par assemblée (ce qui devait mettre le tiers en minorité), l'assemblée du tiers état, affirmant qu'elle représentait 96 pourcent de la population, fut amenée à se déclarer, le 17 juin, "Assemblée des représentants de la nation." Trois jours plus tard, dans un nouveau défi à la puissance royale, les députés du tiers état jurèrent de ne pas se séparer avant que la France eût reçu une constitution: c'est le fameux serment du Jeu de Paume.

Le 11 juillet, conseillé par le parti de la réaction à la cour, le Roi, après avoir concentré des troupes sûres dans les environs de Paris, renvoya le ministre des finances, Necker, qui jouissait d'une grande popularité. La nouvelle répandit le trouble à Paris: le 14 juillet la forteresse royale de la Bastille était prise d'assaut. Les bourgeois de la capitale s'armèrent: ils devaient se constituer en garde nationale, qui fit serment de défendre l'Assemblée. Paris créa à la hâte un gouvernement provisoire, et le 17 le Roi dut se rendre à l'évidence: la capitale était gagnée à la révolution.

Dans le courant de l'été les troubles se propagèrent de Paris jusqu'au fond des provinces. Des émeutes paysannes éclatèrent de façon spontanée sur toute l'étendue de la France, dirigées contre les nobles dans leurs châteaux et contre les officiers du royaume. Vers le début du mois d'août la monarchie avait perdu le contrôle des affaires, la puissance seigneuriale était abattue, et bon nombre de nobles avaient émigré en Angleterre et en Allemagne.

La nuit du 4 août l'Assemblée vit les représentants de la noblesse se lever un à un pour renoncer à leurs privilèges, aux applaudissements des députés présents. L'ancien régime avait vécu. Tout en assurant le gouvernement de la France au jour le jour, l'Assemblée allait s'évertuer à doter le pays d'une constitution nouvelle.

Un des premiers et des plus beaux résultats de ces délibérations fut, le 17 août 1789, la proclamation des Droits de l'homme et du citoyen. S'inspirant des doctrines de l'âge des lumières, cette déclaration confirma l'abolition des privilèges féodaux et posa la liberté et l'égalité de tous devant la loi.

Le 5 octobre une émeute parisienne, provoquée par la disette de blé, s'organisa en marche sur Versailles, où siégeait encore l'Assemblée. Une fois de plus, la famille royale céda aux injonctions de la foule révolutionnaire et rentra à Paris à sa suite. L'Assemblée en fit autant, mais une fois sur place elle eut peine à résister à la pression révolutionnaire exercée par le peuple de la capitale. Dans les cinq années qui suivirent, ce fut Paris qui allait dominer la Révolution.

L'Assemblée s'attaqua sans tarder à la solution de la crise politique et financière. En novembre les biens de l'Eglise, près d'un cinquième de toutes les terres de la France, se voyaient convertis en *biens nationaux,* destinés à couvrir la valeur d'un emprunt qui lança sur le marché une monnaie-papier: les *assignats.* Le 14 juillet 1790, jour anniversaire de la prise de la Bastille, le Roi agréa solennellement la constitution, ou du moins telles parties qui en avaient été mises au point. Les vieilles provinces disparurent pour faire place à 83 départements. Les parlements et intendances étaient dissous, ainsi que la noblesse héréditaire et tous les ordres religieux, à l'exception de ceux qui maintenaient les hôpitaux et les écoles. Un même élan emportait la France vers la souveraineté du peuple et la laïcisation de l'Etat.

Le succès même de la Révolution fit ressortir les divergences de vues qui marquaient les hommes qui l'avaient lancée. Les clubs politiques et les sociétés de débats firent leur apparition, et les factions naquirent au sein de l'Assemblée. Le plus célèbre et le plus puissant de ces clubs, la *Société des amis de la constitution,* prit l'appellation de Club des *jacobins* du fait qu'il tenait ses séances dans l'ancienne maison de cet ordre, rue Saint-Jacques. Les jacobins tiraient leur clientèle de la bourgeoisie des grandes villes, de tendance radicale âprement anti-monarchique. Les *feuill-lants,* qui devaient rompre avec les jacobins en 1791, étaient des monarchistes modérés auxquels suffisait le succès initial de la Révolution, et qui cherchaient à freiner une évolution plus radi-cale. Les *cordeliers* traduisaient le mécontentement de la classe ouvrière parisienne: ils comptaient en Danton un des grands ora-teurs de la Révolution. Les *girondins,* eux, n'étaient pas tant un club ou un parti qu'un rassemblement de députés de la province, républicains pour la plupart. Membres, dans les débuts tout au moins, du Club des jacobins, ce qui les unissait c'était surtout leur souci commun d'enrayer l'hégémonie de la capitale, — où se concentraient tous les pouvoirs, — et de sauvegarder le respect de la propriété privée, que menaçait le ressentiment populaire. Quant à la faction royaliste, elle était surtout puissante en dehors de l'Assemblée, elle débordait même les frontières du pays, — la noblesse émigrée sollicitant par toute l'Europe l'aide des souve-rains étrangers, pour effectuer la restauration de leurs biens et de leurs privilèges.

Tandis que l'Assemblée travaillait fiévreusement à mettre au point la constitution, en juin 1791 le Roi et sa famille tentèrent de quitter Paris pour rejoindre l'émigration en Rhénanie. Re-connu et ramené à Paris de force, le souverain, entièrement dis-crédité, dut accepter la constitution le 14 septembre 1791. La France était toujours une monarchie, mais le Roi ne pouvait que freiner la législation, il ne pouvait l'arrêter. Elu au suffrage res-treint, par les seuls contribuables, le pouvoir législatif était désormais le pouvoir suprême.

En 1792, vers la fin de l'hiver, l'Autriche et la Prusse parais-saient prêtes à intervenir dans les affaires de la France, pour tirer le Roi d'entre les mains des révolutionnaires. Pour des raisons op-posées et diverses, plus d'une faction au sein de l'Assemblée législative souhaitait le conflit armé: aussi dès le 20 avril 1792 l'Assemblée déclara-t-elle la guerre à l'Autriche. Du coup, la Prusse se joignit à l'Autriche pour envahir la France. La guerre tourna mal pour la France, ce qui une fois de plus provoqua l'agitation dans la population parisienne. L'émeute envahit la rue, renversa le gouvernement des feuillants, proclama la Com-mune insurrectionnelle de Paris. Les Tuileries, résidence de la famille royale, ayant été prises d'assaut, le Roi se réfugia auprès de l'Assemblée, qui le suspendit de ses fonctions et le fit enfermer dans le Temple. Mis hors d'état d'exercer une activité constitutionnelle par l'emprisonnement de l'exécutif, l'Assemblée législative était, de toute façon, tombée sous la coupe de la Commune de Paris et des clubs radicaux. Plongée dans le désordre, la capitale connut un surcroît d'agitation par suite des massacres du mois de septembre, qui, dans les prisons, firent plus d'un millier de victimes parmi ceux qui avaient été détenus sur simple suspicion d'activité contre-révolutionnaire. C'est le moment que choisit l'Assemblée pour lancer de nouvelles élections, qui devaient rassembler une Convention nationale chargée de préparer une constitution nouvelle.

Le 20 septembre 1792, l'armée française enrayait à Valmy l'avance prussienne sur la capitale. Le jour suivant la Convention nationale se réunit à Paris, proclamant, avec l'avènement de la République, la dissolution de la monarchie et de tous les titres de noblesse, supplantés par l'appellation unique: citoyen, citoyenne. L'effort de guerre accapara d'emblée toute l'attention de la Convention. En novembre les troupes de la nation avaient repoussé l'envahisseur au-delà du Rhin et occupé la Rhénanie et la Belgique. Le 19, la Convention offrait l'assistance de la nation à tout peuple désireux de s'affranchir du joug de la monarchie.

Dès décembre, le Roi, qui n'avait plus droit qu'à l'appellation de citoyen Capet, était mis en accusation par la Convention, au chef de trahison. Son procès s'acheva le 15 janvier 1793: à la grande majorité des voix la Convention le déclara coupable. Mais le lendemain ce ne fut qu'à une voix que la peine de mort fut votée. Sa tête tomba sous le couperet de la guillotine le 21 janvier. Sur le coup, l'Angleterre, la Hollande et l'Espagne grossissaient les rangs de la coalition contre la France.

L'exécution du Roi eut un égal retentissement dans les affaires internes de la France. Entre la bourgeoisie radicale, représentée à la Convention, et la paysannerie conservatrice de l'Ouest, elle mit un abîme. La conscription à laquelle la Convention eut recours, pour lever ses troupes, amena un soulèvement des paysans de la Vendée, en mars 1793. Débordée, ayant à faire face à la fois aux adversaires de l'intérieur et à l'ennemi au-delà des frontières, la Convention s'employa, par la Terreur, à intimider ses adversaires—par la liquidation des conspirations réelles et imaginaires qui menaçaient la Révolution.

La Convention mit le pouvoir exécutif entre les mains d'un

comité recruté parmi ses membres, le *Comité de salut public.*
D'avril 1793 à juillet 1794 la France fut gouvernée par un ensemble de commissions et de tribunaux extraordinaires dominés par
les jacobins. Toute opposition était suspecte: en octobre 1793 les
girondins marquants passaient à l'échafaud; en mars ce fut le tour
des *enragés,* la faction radicale anti-bourgeoise de Paris, menée
par Hébert. En avril, Danton et ses partisans étaient guillotinés.

Maximilien Robespierre (1758–94), qui avait joué un rôle de
premier plan au sein du Club des jacobins et dans les rangs de la
Convention nationale, vint à dominer les délibérations du Comité de salut public. Intègre, travailleur, épris d'idéal et partisan
convaincu de la démocratie populaire, il discernait en tout adversaire un traître complotant la perte de la Révolution. Fort de sa
propre vertu, il jugeait sans aménité les faiblesses des autres. Ses
adversaires — et parmi eux, nombre d'anciens alliés — finirent
par faire front contre lui, émus par la terreur croissante; et
Robespierre lui-même, avec ses proches collaborateurs, fut condamné à mort par la Convention le 9 thermidor (selon le ca-
lendrier révolutionnaire), soit le 27 juillet 1794. L'exécution de
celui qui était devenu le symbole du régime de la Terreur mit
fin inopinément à la domination des jacobins. Avec elle disparut
la possibilité d'une république démocratique en France.

La Convention devait siéger un an encore, mais la
Révolution était bel et bien achevée. Cinq années avaient profondément bouleversé le pays. Partout la bourgeoisie, les propriétaires, avaient remplacé la noblesse à la direction des affaires. La
valeur d'un homme désormais était affaire de propriété plutôt
que de naissance. Le système administratif et judiciaire avait été
remanié de fond en comble.

Mais la Révolution avait ouvert des fissures difficiles à combler. Unie contre l'envahisseur, la France était désormais profondément désunie sur les questions touchant l'Eglise, la monarchie, le rôle de la classe possédante. Les difficultés où s'enfonçait l'ancien régime avaient été tranchées au cours de ces
années turbulentes par l'abolition de ce même régime. Elles
cédèrent la place à d'autres, plus épineuses même, puisque c'est à
ce bouleversement que remontent à peu près tous les grands
débats qui ont déchiré la France depuis 1789.

Les époques révolutionnaires ne favorisent guère l'éclosion
des chefs-d'œuvre. Perte du mécénat, dissipation de l'énergie

créatrice au profit de l'action politique, ascétisme qui en veut au Beau de n'être qu'un luxe ennemi du Bien: tout concourt au déclin des arts. Le style d'hier n'est pas seulement démodé, il est suspect. Celui de demain est encore à naître. Le peintre David, d'un pinceau mâle, à la romaine, bouscule hardiment les fadeurs d'une époque révolue: c'est le retour à l'antique sur le mode de Plutarque. De son côté André Chénier, le seul grand poète de l'époque, retrouve lui aussi l'accent de l'antiquité classique, à peu près répudiée depuis le siècle de Louis le Grand. Mais l'art engendré par la Révolution devait attendre le plein essor du romantisme, dans les années 20, pour donner sa pleine mesure.

Ouverture des états généraux le 5 mai 1789

Je n'oublierai jamais le moment où l'on vit passer les douze cents députés de la France, se rendant en procession à l'église pour entendre la messe, la veille de l'ouverture des états généraux. C'était un spectacle bien imposant et bien nouveau pour des Français; tout ce qu'il y avait d'habitants dans la ville de Versailles, ou de curieux arrivés de Paris, se rassemblait pour le contempler. Cette nouvelle sorte d'autorité dans l'état, dont on ne connaissait encore ni la nature, ni la force, étonnait la plupart de ceux qui n'avaient pas réfléchi sur les droits des nations.

Le haut clergé avait perdu une partie de sa considération, parce que beaucoup de prélats ne s'étaient pas montrés assez réguliers dans leur conduite, et qu'un plus grand nombre encore n'étaient occupés que des affaires politiques. Le peuple est sévère pour les prêtres comme pour les femmes: il veut dans les uns et dans les autres du dévouement à leurs devoirs. La gloire militaire, qui constitue la considération de la noblesse, comme la piété celle du clergé, ne pouvait plus apparaître que dans le passé. Une longue paix n'avait donné à aucun des nobles qui en auraient été les plus avides, l'occasion de recommencer leurs aïeux, et c'étaient d'illustres obscurs que tous les grands seigneurs de France. La noblesse du second ordre n'avait pas eu plus d'occasions de se distinguer, puisque la nature du gouvernement ne permettait aux gentilshommes que la carrière des armes. Les anoblis, qu'on voyait marcher en grand nombre dans les rangs des nobles, portaient d'assez mauvaise grâce le panache et l'épée; et l'on se demandait pourquoi ils se plaçaient dans le premier ordre de l'état, seulement parce qu'ils avaient obtenu de ne pas payer leur part des impôts

From *Considérations sur les principaux événemens de la révolution françoise* (Paris: Delaunay-Bossange et Masson, 1818), Vol. I, pp. 184–87.

Madame de Staël (1766–1817), essayist, novelist, and intellectual gadfly of her generation, was the daughter of Louis XVI's finance minister, the Genevan Jacques Necker. She grew up in the very midst of the social and political turmoil that preceded the revolution.

publics; car, en effet, c'était à cet injuste privilège que se bornaient leurs droits politiques.

La noblesse se trouvant déchue de sa splendeur par l'esprit de courtisan, par l'alliage des anoblis, et par une longue paix; le clergé ne possédant plus l'ascendant des lumières qu'il avait eu dans les temps barbares, l'importance des députés du tiers état en était augmentée. Leurs habits et leurs manteaux noirs, leurs regards assurés, leur nombre imposant, attiraient l'attention sur eux: des hommes de lettres, des négociants, un grand nombre d'avocats composaient ce troisième ordre. Quelques nobles s'étaient fait nommer députés du tiers, et parmi ces nobles on remarquait surtout le comte de Mirabeau: [1] l'opinion qu'on avait de son esprit était singulièrement augmentée par la peur que faisait son immoralité; et cependant c'est cette immoralité même qui a diminué l'influence que ses étonnantes facultés devaient lui valoir. Il était difficile de ne pas le regarder longtemps, quand on l'avait une fois aperçu: son immense chevelure le distinguait entre tous; on eut dit que sa force en dépendait comme celle de Samson; son visage empruntait de l'expression de sa laideur même, et toute sa personne donnait l'idée d'une puissance irrégulière, mais enfin d'une puissance telle qu'on se la représenterait dans un tribun du peuple.

Aucun nom propre, excepté le sien, n'était encore célèbre dans les six cents députés du tiers; mais il y avait beaucoup d'hommes honorables, et beaucoup d'hommes à craindre. L'esprit de faction commençait à planer sur la France, et l'on ne pouvait l'abattre que par la sagesse ou par le pouvoir. Or, si l'opinion avait déjà miné le pouvoir, que pouvait-on faire sans sagesse?

1. Honoré-Gabriel Riqueti, Marquis de Mirabeau (1749–91), was the rebellious son of a great economist, elected to the Third Estate in 1789. He was the greatest orator of the National Assembly, as corrupt and venal as he was brilliant and able. His sudden death in 1791 saved him from having to face charges of conspiring with the monarchy.

Cahier[1]

du tiers-état de la ville de Paris

OBSERVATIONS PRÉLIMINAIRES

Nous prescrivons à nos représentants de se refuser invinciblement à tout ce qui pourrait offenser la dignité de citoyens libres, qui viennent exercer les droits souverains de la nation.

L'opinion publique paraît avoir reconnu la nécessité de la délibération par tête,[2] pour corriger les inconvénients de la distinction des ordres, pour faire prédominer l'esprit public, pour rendre plus facile l'adoption des bonnes lois.

Il leur est enjoint expressément de ne consentir à aucun subside, à aucun emprunt, que la déclaration des droits de la nation ne soit passée en loi, et que les bases premières de la constitution ne soient convenues et assurées.

Ce premier devoir rempli, ils procéderont à la vérification de la dette publique et à sa consolidation.

Ils demanderont que tout objet d'un intérêt majeur soit mis deux fois en délibération, à des intervalles proportionnés à l'importance des questions, et ne puisse être décidé que par la pluralité absolue des voix, c'est-à-dire par plus de la moitié des suffrages.

1. Each electoral assembly in France was invited to prepare a *Cahier de doléances,* a list of grievances and suggestions for its representatives. The *Cahier* of the Third Estate of Paris was not completed until after the other deputies had already gathered at Versailles. In it are condensed most of the important demands which were voiced elsewhere in France; alongside these demands the Parisians included statements of principle to guide their own deputies. These representatives arrived at the Estates General in June 1789, and their revolutionary *Cahier* provided a focus around which the radicals could organize effectively.

2. Voting by head, i.e. one delegate one vote, was one of the first demands of the Third Estate. Traditionally the three estates had deliberated separately and each estate cast one vote, leaving the Third Estate outnumbered by the two upper orders.

From *Histoire parlementaire de la Révolution française,* edited by P. J. B. Buchez and P. C. Roux (Paris: Paulin, 1834–38), Vol. I, pp. 335–51.

DÉCLARATION DES DROITS

Dans toute société politique, tous les hommes sont égaux en droits.

Tout pouvoir émane de la nation, et ne peut être exercé que pour son bonheur.

La nation peut seule concéder le subside; elle a le droit d'en déterminer la quotité, d'en limiter la durée, d'en faire la répartition, d'en assigner l'emploi, d'en demander le compte, d'en exiger la publication.

Les lois n'existent que pour garantir à chaque citoyen la propriété de ses biens et la sûreté de sa personne.

Toute propriété est inviolable. Nul citoyen ne peut être arrêté ni puni que par un jugement légal.

Tout citoyen a le droit d'être admis à tous les emplois, professions et dignités.

La liberté naturelle, civile, religieuse de chaque homme; la sûreté personnelle, son indépendance absolue de toute autre autorité que celle de la loi, excluent toute recherche sur ses opinions, ses discours, ses écrits, ses actions, autant qu'ils ne troublent pas l'ordre public, et ne blessent pas les droits d'autrui.

En conséquence de la déclaration des droits de la nation, nos représentants demanderont expressément l'abolition de la servitude personnelle, sans aucune indemnité; de la servitude réelle,[3] en indemnisant les propriétaires; de la milice forcée; de toutes commissions extraordinaires, de la violation de la foi publique dans les lettres confiées à la poste; et de tous les privilèges exclusifs, si ce n'est pour les inventeurs, à qui ils ne seront accordés que pour un temps déterminé.

Par une suite de ces principes, la liberté de la presse doit être accordée, sous la condition que les auteurs signeront leurs manuscrits; que l'imprimeur en répondra, et que l'un et l'autre seront responsables des suites de la publication.

La déclaration de ces droits naturels, civils et politiques, telle qu'elle sera arrêtée dans les Etats-Généraux, deviendra la charte nationale et la base du gouvernement français.

3. The distinction made here is between personal servitude (serfdom) to a local *seigneur* and service rendered in return for use of the land or other property.

CONSTITUTION

Dans la monarchie française, la puissance législative appartient à la nation, conjointement avec le roi; au roi seul appartient la puissance exécutrice.

Nul impôt ne peut être établi que par la nation.

Les Etats-Généraux seront périodiques de trois ans en trois ans, sans préjudice des tenues extraordinaires.

Ils ne se sépareront jamais sans avoir indiqué le jour, le lieu de leur prochaine tenue, et l'époque de leurs assemblées élémentaires qui doivent procéder à de nouvelles élections.

En attendant l'union si désirable des citoyens de toutes les classes en une représentation et délibération commune et générale, les citoyens du tiers-état auront au moins la moitié des représentants.

Tout le royaume sera divisé en assemblées provinciales, formées de membres de la province, librement élus dans toutes les classes, et d'après la proportion qui sera réglée.

Le pouvoir judiciaire doit être exercé en France, au nom du roi, par des tribunaux composés de membres absolument indépendants de tout acte du pouvoir exécutif.

Les nobles pourront, sans dérogeance, faire le commerce, et embrasser toutes les professions utiles.

Il n'y aura plus aucun anoblissement, soit par charge, soit autrement.

Il sera établi par les Etats-Généraux, une récompense honorable et civique, purement personnelle, et non héréditaire, laquelle, sur leur présentation, sera déférée sans distinction, par le roi, aux citoyens de toutes les classes qui l'auront méritée par l'éminence de leurs vertus patriotiques, et par l'importance de leurs services.

RELIGION

La religion, nécessaire à l'homme, l'instruit dans son enfance, réprime ses passions dans tous les âges de la vie, le soutient dans l'adversité, le console dans la vieillesse. Elle doit être considérée dans ses rapports avec le gouvernement qui l'a reçue, et avec la personne qui la professe.

Ses ministres, comme membres de l'Etat, sont sujets aux lois; comme possesseurs de biens, sont tenus de partager toutes les charges publiques; comme attachés spécialement au culte divin, doivent l'exemple et la leçon de toutes les vertus.

La religion est reçue librement dans l'Etat, sans porter aucune atteinte à sa constitution. Elle s'établit par la persuasion, jamais par la contrainte.

La religion chrétienne ordonne la tolérance civile. Tout citoyen doit jouir de la liberté particulière de sa conscience; l'ordre public ne souffre qu'une religion dominante.

La religion catholique est la religion dominante en France; elle n'y a été reçue que suivant la pureté de ses maximes primitives: c'est le fondement des libertés de l'église gallicane.[4]

LÉGISLATION

L'objet des lois est d'assurer la liberté et la propriété. Leur perfection est d'être humaines et justes, claires et générales, d'être assorties aux mœurs et au caractère national, de protéger également les citoyens de toutes les classes et de tous les ordres, et de frapper, sans distinction de personnes, sur quiconque viole l'ordre public ou les droits des individus.

Un assemblage informe des lois romaines et de coutumes barbares, de réglements et d'ordonnances sans rapport avec nos mœurs, comme sans unité de principes, conçu dans des temps d'ignorance et de trouble, pour des circonstances et un ordre de choses qui n'existent plus, ne peut former une législation digne d'une grande nation, éclairée de toutes les lumières que le génie, la raison et l'expérience ont répandues sur tous les objets.

4. The Declaration of Gallican Liberties, set forth in 1682 by a council of French bishops led by Bossuet, affirmed the independence of the French church from Rome in certain important administrative functions.

Séance du Jeu de Paume

20 juin 1789

Lettre du marquis de Brezé [1] à M. Bailly, [2] président de l'Assemblée:

Versailles, ce 20 juin 1789

C'est par un ordre positif du roi que j'ai eu l'honneur de vous écrire ce matin, Monsieur, et de vous mander que sa majesté voulant tenir lundi une séance royale qui demande des préparatifs à faire dans les trois salles d'assemblée des ordres, son intention était qu'on n'y laisse entrer personne, que les séances fussent suspendues jusqu'après celle que tiendra sa majesté.

Je suis avec respect, Monsieur, votre très-humble et très-obéissant serviteur,

Le marquis de Brezé.

M. Bailly: Je n'ai pas besoin de faire sentir la situation affligeante où se trouve l'assemblée; je propose de mettre en délibération le parti qu'il faut prendre dans un moment aussi orageux.

M. Mounier: [3] Il est étrange que la salle des Etats-Généraux soit

1. The Marquis de Brezé, descendant of an ancient and noble family, was *grand-maître des cérémonies* for the royal court.

2. Jean-Sylvain Bailly (1736–93), a distinguished astronomer and member of three academies, rose to political prominence in Paris as patron of a group of young reformers. He was chosen president of the National Assembly partly for his distinction and respectability, partly because he was known for his passion for observing procedural rules.

3. Jean-Joseph Mounier (1758–1806) played a significant role in the revolutionary movement in the Dauphiné in 1788 which led to a revival of the estates of the province, the Third Estate dominating the other two.

From *Procès-Verbal, Assemblée nationale*, No. 3.

occupée par des hommes armés; que l'on n'offre aucun autre local à l'assemblée nationale; que son président ne soit averti que par des lettres du marquis de Brezé, et les représentants nationaux que par des placards; qu'enfin ils soient obligés de se réunir au Jeu de Paume, rue du Vieux-Versailles, pour ne pas interrompre leurs travaux; que blessés dans leurs droits et dans leur dignité, avertis de toute la vivacité de l'intrigue et de l'acharnement avec lequel on cherche à pousser le roi à des mesures désastreuses, les représentants de la nation doivent se lier au salut public et aux intérêts de la patrie par un serment solennel.

Cette proposition est approuvée par un applaudissement unanime.

L'assemblée arrête aussitôt ce qui suit:

L'assemblée nationale, considérant qu'appelée à fixer la constitution du royaume, opérer la régénération de l'ordre public, et maintenir les vrais principes de la monarchie, rien ne peut empêcher qu'elle ne continue ses délibérations dans quelque lieu qu'elle soit forcée de s'établir, et qu'enfin partout où ses membres sont réunis, là est l'assemblée nationale;

Arrête que tous les membres de cette assemblée prêteront, à l'instant, serment solennel de ne jamais se séparer, et de se rassembler partout où les circonstances l'exigeront, jusqu'à ce que la constitution du royaume soit établie et affermie sur des fondements solides; et que ledit serment étant prêté, tous les membres, et chacun d'eux en particulier, confirmeront par leur signature, cette résolution inébranlable.

M. Bailly: Je demande pour les secrétaires et pour moi de prêter le serment les premiers; ce qu'ils font à l'instant dans la formule suivante:

« Nous jurons de ne jamais nous séparer de l'assemblée nationale, et de nous réunir partout où les circonstances l'exigeront, jusqu'à ce que la constitution du royaume soit établie et affermie sur des fondements solides. »

Tous les membres prêtent le même serment entre les mains du président.

JEAN-PAUL MARAT

C'en est fait de nous

Citoyens, les ennemis sont à nos portes, les ministres leur ont fait ouvrir nos barrières sous prétexte de leur accorder libre passage sur notre territoire; peut-être dans ce moment s'avancent-ils à grands pas contre nous, le Roi va se rendre à Compiègne où l'on prépare les appartements pour le recevoir, de Compiègne à Toul ou à Metz: la route peut se faire incognito; qui l'empêchera d'aller joindre l'armée autrichienne et les troupes de ligne qui lui sont restées fidèles?

Citoyens de tout âge et de tout rang, les mesures prises par l'assemblée nationale ne sauraient vous empêcher de périr: c'en est fait de vous pour toujours, si vous ne courez aux armes, si vous ne retrouvez cette valeur héroïque, qui le 14 juillet et le 5 octobre [1] sauvèrent deux fois la France. Volez à St.-Cloud,[2] s'il en est encore temps, ramenez le Roi et le Dauphin dans vos murs, tenez-les sous bonne garde, et qu'ils vous répondent des événements; renfermez l'Autrichienne [3] et son beau-frère,[4] qu'ils ne puissent plus conspirer; saisissez-vous de tous les ministres et de leurs commis; mettez-les aux fers, assurez-vous du chef de la municipalité et des lieutenants de mairie; gardez à vue le général; arrêtez l'état-major, enlevez le parc d'artillerie de la rue Verte, emparez-vous de tous les magasins et moulins à poudre; que les canons

1. On the 5th and 6th of October, 1789, a Parisian mob went on foot to Versailles and brought the King and his family, virtual captives, back to Paris.

2. St.-Cloud: a royal residence near Paris. Louis XVI had intended to take his family there while he recovered from an illness. He was not allowed to leave Paris.

3. *L'Autrichienne:* Marie-Antoinette, daughter of the Empress Maria Theresa of Austria.

4. Marie-Antoinette's brother-in-law is presumably one of the King's brothers, probably the rabidly counter-revolutionary Count of Artois, later King Charles X.

From *Select Documents Illustrative of the History of the French Revolution,* edited by L. G. Wickham Legg, 2 vols. (Oxford: Clarendon Press, 1905), Vol. I, pp. 250–51.

Jean-Paul Marat (1743–93), a radical republican pamphleteer, became one of the most eloquent supporters of the Jacobins. His assassination by Charlotte Corday in July 1793 provided the occasion for mass executions of suspected counter-revolutionaries. This pamphlet, *C'en est fait de nous,* published in July 1790, capitalized on rumors that the king was fleeing the country and on the fear of war with the Austrians.

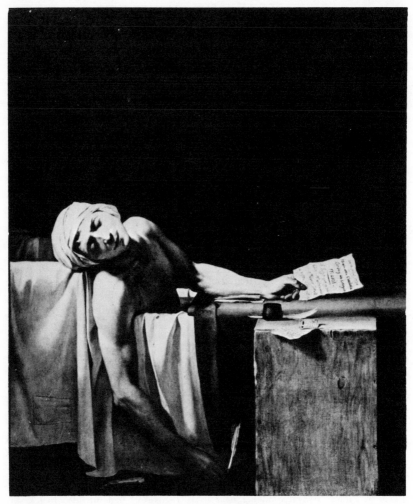

La mort de Marat.
(D'après le tableau de David)

soient répartis entre tous les districts, que tous les districts se
rétablissent et restent à jamais permanents, qu'ils fassent révoquer les
funestes décrets. Courez, courez, s'il en est encore temps, ou bientôt de
nombreuses légions ennemies fondront sur vous; bientôt vous verrez
les ordres privilégiés se relever, le despotisme, l'affreux despotisme re-
paraîtra plus formidable que jamais.

Cinq à six cents têtes abattues vous auraient assuré repos, liberté et bonheur; une fausse humanité a retenu vos bras, et suspendu vos coups: elle va coûter la vie à des millions de vos frères; que vos ennemis triomphent un instant, et le sang coulera à grands flots; il vous égorgeront sans pitié, ils éventreront vos femmes, et pour éteindre à jamais parmi vous l'amour de la liberté, leurs mains sanguinaires chercheront le cœur dans les entrailles de vos enfants.

MARAT, L'ami du Peuple

LOUIS XVI

Déclaration du Roi

adressée à tous les Français,
à sa sortie de Paris [1]

Tant que le Roi a pu espérer de voir renaître l'ordre et le bonheur du royaume par les moyens employés par l'Assemblée nationale, et par sa résidence auprès de cette Assemblée dans la capitale du royaume, aucun sacrifice ne lui a coûté; il n'aurait pas même argué de la nullité dont le défaut absolu de liberté entache toutes les démarches qu'il a faites depuis le mois d'octobre 1789, si cet espoir eût été rempli; mais aujourd'hui que la seule récompense de tant de sacrifices est de voir la destruction de la royauté, de voir tous les pouvoirs méconnus, les propriétés violées, la sûreté des personnes mise partout en danger, les crimes rester impunis, et une anarchie complète s'établir au-dessus des lois, sans que l'apparence d'autorité que lui donne la nouvelle constitution soit suffisante pour réparer un seul des maux qui affligent le royaume; le Roi, après avoir solennellement protesté contre tous les actes émanés de lui pendant sa captivité, croit devoir mettre sous les yeux des Français et de tout l'univers le tableau de sa conduite, et celui du gouvernement qui s'est établi dans le royaume.

Lorsque les Etats-généraux, s'étant donné le nom d'Assemblée nationale, commencèrent à s'occuper de la constitution du royaume, qu'on se rappelle les mémoires que les factieux ont eu l'adresse de faire venir de plusieurs provinces; et les mouvements de Paris pour faire

---

1. By means of an elaborate conspiracy, Louis XVI and his family escaped from the Tuileries palace on June 21, 1791 and fled toward the border where they hoped to join the *émigrés*. The king was recognized at Varennes before reaching safety and was brought back to Paris a few days later. The whole episode was very embarrassing to the Assembly, since it had nearly completed work on the constitution. In return for the king's acceptance of the constitution, the Assembly officially declared its opinion that the king had been kidnapped. Appearances were thus preserved, but the king never again enjoyed the confidence of the public.

From *Select Documents Illustrative of the History of the French Revolution*, edited by L. G. Wickham Legg, 2 vols. (Oxford: Clarendon Press, 1905), Vol. II, pp. 43–58.

manquer les députés à une des principales clauses portées dans tous leurs cahiers qui portaient que « la confection des lois serait faite de concert avec le Roi. » Au mépris de cette clause, l'Assemblée a mis le Roi tout-à-fait hors de la constitution, en lui refusant le droit d'accorder ou de refuser sa sanction aux articles qu'elle regarde comme constitutionnels, en se réservant le droit de ranger dans cette classe ceux qu'elle juge à propos, et en restreignant sur ceux réputés purement législatifs la prérogative royale à un droit de suspension jusqu'à la troisième législature,[2] droit purement illusoire, comme tant d'exemples ne le prouvent que trop.

Que reste-t-il au Roi autre chose que le vain simulacre de la Royauté? On lui a donné 25 millions pour les dépenses de sa liste civile; mais la splendeur de la maison qu'il doit entretenir pour faire honneur à la dignité de la couronne de France, et les charges qu'on a rejetées dessus, même depuis l'époque où ces fonds ont été réglés, doivent en absorber la totalité.

Une remarque qui coûte à faire au Roi, est l'attention qu'on a eue de séparer dans les arrangements sur la finance et toutes les autres parties les services rendus au Roi personnellement, ou à l'Etat, comme si ces objets n'étaient pas vraiment inséparables, et que les services rendus à la personne du Roi ne l'étaient pas aussi à l'Etat.

La disposition des forces militaires est, par les décrets, dans la main du Roi. Il a été déclaré chef suprême de l'armée et de la marine; mais tout le travail de formation de ces deux armes a été fait par les comités de l'Assemblée, sans la participation du Roi; tout, jusqu'au moindre règlement de discipline, a été fait par eux, et s'il reste au Roi le tiers ou quart des nominations suivant les occasions, ce droit devient à peu près illusoire par les obstacles et les contrariétés sans nombre que chacun se permet contre les choix du Roi. Les clubs et les corps administratifs se mêlent des détails intérieurs des troupes, qui doivent être absolument étrangers même à ces derniers, qui n'ont que le droit de requérir la force publique, lorsqu'ils pensent qu'il y a lieu à l'employer; ils se sont servis de ce droit, quelquefois même pour contrarier les dispositions du gouvernement sur la distribution des troupes; de manière qu'il est arrivé plusieurs fois qu'elles ne se trouvaient pas où elles devaient être. Funestes dispositions que celles qui ont encouragé les soldats et les marins à fréquenter les clubs! Le Roi a

2. The National Assembly had provided that the king could exercise a "suspensive" veto over legislation, but if three successive legislatures were to pass a measure, it would become law without the king's consent.

toujours pensé que la loi doit être égale pour tous; les officiers qui sont dans leur tort doivent être punis; mais ils doivent l'être, comme les subalternes, suivant les dispositions établies par les lois et règlements; toutes les portes doivent être ouvertes pour que le mérite se montre, et puisse avancer; tout le bien-être qu'on peut donner aux soldats est juste et nécessaire; mais il ne peut y avoir d'armée sans officiers et sans discipline, et il n'y en aura jamais tant que les soldats se croiront en droit de juger la conduite de leurs chefs.

L'Assemblée, par le moyen de ses comités, excède à tout moment les bornes qu'elle s'est prescrites: elle s'occupe d'affaires qui tiennent uniquement à l'administration intérieure du royaume, et à celle de la justice, et cumule ainsi tous les pouvoirs; elle exerce même par son comité des recherches un véritable despotisme plus barbare et plus insupportable qu'aucun de ceux dont l'histoire ait jamais fait mention. Il s'est établi dans presque toutes les villes, et même dans plusieurs bourgs et villages du royaume, des associations connues sous le nom des Amis de la Constitution: contre la teneur des décrets, elles n'en souffrent aucune autre qui ne soit pas affiliée avec elles; ce qui forme une immense corporation plus dangereuse qu'aucune de celles qui existaient auparavant. Sans y être autorisées, mais même au mépris de tous les décrets, elles délibèrent sur toutes les parties du gouvernement, correspondent entr'elles sur tous les objets, font et reçoivent des dénonciations, affichent des arrêtés et ont pris une telle prépondérance, que tous les corps administratifs et judiciaires, sans en excepter l'Assemblée nationale elle-même, obéissent presque tous à leurs ordres.

Le Roi ne pense pas qu'il soit possible de gouverner un royaume d'une si grande étendue et d'une si grande importance que la France par les moyens établis par l'Assemblée nationale, tels qu'ils existent à présent.

D'après tous ces motifs et l'impossibilité où le Roi se trouve d'opérer le bien et d'empêcher le mal qui se commet, est-il étonnant que le Roi ait cherché à recouvrer sa liberté et à se mettre en sûreté avec sa famille?

Français, et vous surtout Parisiens, vous habitants d'une ville que les ancêtres de Sa Majesté se plaisaient à appeler la bonne ville de Paris, méfiez-vous des suggestions et des mensonges de vos faux amis; revenez à votre Roi; il sera toujours votre père, votre meilleur ami: quel plaisir n'aura-t-il pas à oublier toutes ces injures personnelles, et de se revoir au milieu de vous, lorsqu'une constitution, qu'il aura acceptée librement, fera que notre sainte religion sera respectée, que le gouvernement sera établi sur un pied stable, et que par son action les biens et l'état de chacun ne seront plus troublés, que les lois ne seront plus enfreintes impunément, et qu'enfin la liberté sera posée sur des bases fermes et inébranlables.

LOUIS

A Paris, le 20 juin 1791

Le Roi défend à ses ministres de signer aucun ordre en son nom, jusqu'à ce qu'ils aient reçu des ordres ultérieurs; il enjoint au garde-du-sceau de l'Etat de le lui renvoyer d'abord qu'il en sera requis de sa part.

LOUIS

A Paris, le 20 juin 1791

La Carmagnole[1]

1792

Que demande un Républicain?
La liberté du genre humain,
  Le pic dans les cachots,
  La torch' dans les châteaux

  Et la paix aux chaumières,
  Vive le son, vive le son,
  Et la paix aux chaumières,
  Vive le son du canon.

  Dansons la Carmagnole,
  Vive le son, vive le son,
  Dansons la Carmagnole,
  Vive le son du canon.

Le patriote a pour amis
Tous les bonnes gens du pays;
  Mais ils le soutiendront
  Tous au son du canon!

  Dansons la Carmagnole. . .

L'aristocrate a pour amis
Les royalistes de Paris;

---

1. *La Carmagnole* stands alongside *Ça ira* and *La Marseillaise* as one of the most popular songs of revolutionary France, a catchy tune to which verses commenting on current events could be easily adapted. As it was sung, the first two lines of the verse were each repeated and the refrain sung twice after each verse. It was danced to in the streets of Paris and around the guillotine, especially by the women.

From *Revolutionary and Patriotic Songs of France,* published by the Cultural Services of the French Embassy.

Ils vous le soutiendront
Tout comm' de vrais poltrons.

Dansons la Carmagnole. . .

Amis, restons toujours unis,
Ne craignons pas nos ennemis;
S'ils vienn' nous attaquer
Nous les ferons sauter.

Dansons la Carmagnole. . .

1793

Ah s'ils avaient le sens commun,
Tous les peuples n'en feraient qu'un.
Loin de s'entr'égorger,
Ils viendraient tous manger

A la même gamelle,
Vive le son, vive le son,
A la même gamelle,
Vive le son du canon.

Dansons la Carmagnole. . .

1794

Après le 9 thermidor

Fouquier-Tinville [2] avait promis
De guillotiner tout Paris.
Mais il en a menti,
Car il est raccourci.

Vive la guillotine!
Pour ces bourreaux, pour ces bourreaux,
Vive la guillotine,
Pour ces bourreaux, vils fléaux.

Dansons la Carmagnole. . .

2. Antoine Fouquier-Tinville, the *accusateur public* of the Revolutionary Tribunal, was identified in public opinion with the cold, brutal efficiency of revolutionary justice in Paris. He was himself tried after Thermidor and condemned to the guillotine in 1795 for his role in the Terror.

La Marseillaise[1]

Allons enfants de la Patrie!
Le jour de gloire est arrivé.
Contre nous de la tyrannie
L'étendard sanglant est levé. (*bis*)
Entendez-vous dans les campagnes
Mugir ces féroces soldats?
Ils viennent jusque dans vos bras
Egorger vos fils, vos compagnes!
    Aux armes, citoyens, formez vos bataillons,
    Marchons, marchons,
    Qu'un sang impur abreuve nos sillons! (*bis*)

Que veut cette horde d'esclaves,
De traîtres, de Rois conjurés?
Pour qui ces ignobles entraves,
Ces fers dès longtemps préparés? (*bis*)
Français, pour nous, ah! quel outrage!
Quels transports il doit exciter!
C'est nous qu'on ose méditer
De rendre à l'antique esclavage!
    Aux armes, citoyens! . . .

Tremblez, tyrans! et vous, perfides,
L'opprobre de tous les partis;

1. The national anthem of republican France was first heard in Paris on July 30, 1792, when a contingent of the National Guard from Marseilles and Toulon marched into the city singing the *Chant de guerre de l'armée du Rhin*. The words were composed by Rouget de Lisle in Strasbourg and set to a tune adapted from Dalayrac's opera *Sargines*. First sung in Strasbourg in April, by May it had been performed in Marseilles where it was quickly adopted as a marching song by the National Guard. The Parisians dubbed it the *Hymne des Marseillais*.

From *Revolutionary and Patriotic Songs of France*, published by the Cultural Services of the French Embassy.

Tremblez! vos projets parricides
Vont enfin recevoir leur prix! (*bis*)
Tout est soldat pour vous combattre.
S'ils tombent, nos jeunes héros,
La terre en produit de nouveaux,
Contre vous tout prêts à se battre!
   Aux armes, citoyens! . . .

Amour sacré de la Patrie,
Conduis, soutiens nos bras vengeurs:
Liberté, liberté chérie,
Combats avec tes défenseurs! (*bis*)
Sous nos drapeaux que la Victoire
Accoure à tes mâles accents!
Que tes ennemis expirants
Voient ton triomphe et notre gloire!
   Aux armes, citoyens! . . .

Exécution du Roi

le 21 janvier 1793

A sept heures, nous étions au Temple.[1] A huit Louis en sortit. . . . Mais il faut donner ici quelques détails, que je tiens d'un oculaire.

Louis, après avoir entendu la lecture du décret qui le condamnait à perdre la vie, avait soupé, s'était couché, avait dormi avec ronflement. Cependant, ayant été seul un moment, après la fatale lecture, on l'avait entendu se promener en s'écriant: « Les bourreaux! les bourreaux! » Il avait demandé pour confesseur un prêtre insermenté,[2] qui demeurait rue du Bac, ce qui lui fut accordé. Il s'enferma seul avec lui. Il avait fait son testament, à l'aide de ce prêtre, le 26 décembre au soir. Il vit sa famille et ne lui dit pas adieu. Le matin, il fut éveillé, sur l'ordre qu'en donnèrent les deux municipaux envoyés par la Commune. Il se leva. Les deux commissaires de la Commune s'étant présentés, Louis pria Jacques Roux,[3] l'un d'eux, prêtre, de se charger d'un paquet à remettre au corps municipal. Jacques Roux répondit: « Je ne le puis: je suis envoyé ici pour vous conduire au supplice. » Louis reprit: « C'est juste »; et il chargea quelque autre du paquet, qui fut porté à sa destination.

Il partit à huit heures, dans le carrosse, seul avec son confesseur. L'avant-veille, on avait renvoyé ses conseils. Il passa par les Boulevards, entre deux haies de gardes nationales, qui faisaient retirer le

---

1. The Temple, former headquarters of the Knights Templar in Paris, became the prison of the royal family after the uprising of August 10, 1792.

2. A non-juring priest; that is, one who had refused to take the oath to the constitution.

3. Jacques Roux, a former priest, became one of the more radical leaders of the Commune and the Cordeliers club.

From *Les nuits de Paris* (Paris: Hachette, 1960), pp. 259–60. Reprinted by permission of Librairie Hachette, publishers of this annotated edition.

Restif de la Bretonne (1734–1806), novelist and eccentric, is best known for the penetration of his observations about his contemporaries.

monde des croisées. Il allait doucement. Il arriva dans la place des Tuileries, ci-devant Louis-XV, à neuf heures un quart. Il descendit de voiture. On lui lia les mains au pied de l'échafaud; les mains libres nuiraient à l'exécution par la guillotine. Il monta. Les instruments militaires bruissaient. Il s'avança pour parler au bord de l'échafaud, qui regarde le nord. Les instruments s'arrêtèrent une seconde; mais l'ordre du commandant général les fit reprendre. Louis parla: le mot « pardonne » fut le seul qu'on entendit. Les exécuteurs, avertis, le ramenèrent au poteau, et en un clin d'œil il cessa de vivre. . . .

. . . .

Je m'en revins étonné: tout le monde l'était; oui, la stupeur fut universelle. « Ce n'était qu'un homme! » disaient les raisonneurs demi-philosophes. D'accord: mais cet homme avait une relation directe avec tous les individus de la France. Chacun voyait en lui une connaissance intime; un homme dont le nom retentissait sans cesse à ses oreilles; au nom de qui s'était fait pendant longtemps tout le bien et tout le mal. Ce n'était qu'un homme, mais c'était le point de ralliement de vingt-quatre millions d'hommes. Voilà pourquoi la stupeur était universelle. Mais Louis, justement condamné par la nation, n'était plus qu'un criminel. On pouvait lui donner enfin le nom odieux de tyran, et il avait fait assez de mal pour le mériter. Je suis bon citoyen, doux, humain, point fédéraliste,[4] encore moins anarchiste; persuadé de l'insuffisance des lois humaines, je sens qu'une société ne saurait exister sans elles. Je sens plus: c'est qu'il ne faut y toucher qu'avec la plus grande réserve; la secousse que donne leur changement produisant toujours le mal réel, et si sensible, d'ôter aux hommes leurs habitudes.

4. Federalists, so called because they opposed a strongly centralized state, were opponents of the Jacobin clubs. By 1793 the term *fédéraliste* was a general epithet applied to all suspected counter-revolutionaries.

MAXIMILIEN DE ROBESPIERRE

Rapport sur les principes du gouvernement révolutionnaire

CONVENTION NATIONALE

La séance du 5 nivôse de l'an II

(25 décembre 1793 vieux style)

ROBESPIERRE, au nom du comité de salut public:

La théorie du gouvernement révolutionnaire est aussi neuve que la révolution qui l'a amenée. Il ne faut pas la chercher dans les livres des écrivains politiques qui n'ont point prévu cette révolution, ni dans les lois des tyrans qui, contents d'abuser de leur puissance, s'occupent peu d'en rechercher la légitimité. Aussi ce mot n'est-il pour l'aristocratie qu'un sujet de terreur ou un sujet de calomnie, pour les tyrans qu'un scandale, pour bien des gens qu'une énigme; il faut l'expliquer à tous, pour rallier au moins les bons citoyens aux principes de l'intérêt public.

La fonction du gouvernement est de diriger les forces morales et physiques de la nation vers le but de son institution.

Le but du gouvernement constitutionnel est de conserver la république; celui du gouvernement révolutionnaire est de la fonder.

La révolution est la guerre de la liberté contre ses ennemis; la constitution est le régime de la liberté victorieuse et paisible.

Le gouvernement révolutionnaire a besoin d'une activité extraordinaire, précisément parce qu'il est en guerre. Il est soumis à des règles moins uniformes et moins rigoureuses, parce que les circonstances où il se trouve sont orageuses et mobiles, et surtout parce qu'il est forcé à déployer sans cesse des ressources nouvelles et rapides pour des dangers nouveaux et pressants.

Le gouvernement constitutionnel s'occupe principalement de la liberté civile, et le gouvernement révolutionnaire de la liberté pu-

From *Réimpression de l'Ancien Moniteur* (Paris: Henri Plon, 1861), Vol. XIX, pp. 51–52.

blique. Sous le régime constitutionnel, il suffit presque de protéger les individus contre l'abus de la puissance publique. Sous le régime révolutionnaire la puissance publique elle-même est obligée de se défendre contre toutes les factions qui l'attaquent.

Le gouvernement révolutionnaire doit aux bons citoyens toute la protection nationale; il ne doit aux ennemis du peuple que la mort.

Ces notions suffisent pour expliquer l'origine et la nature des lois que nous appelons révolutionnaires. Ceux qui les nomment arbitraires ou tyranniques sont des sophistes stupides ou pervers qui cherchent à confondre les contraires; ils veulent soumettre au même régime la paix et la guerre, la santé et la maladie; ou plutôt ils ne veulent que la résurrection de la tyrannie et la mort de la patrie. S'ils invoquent l'exécution littérale des adages constitutionnels, ce n'est que pour les violer impunément; ce sont de lâches assassins qui, pour égorger sans péril la république au berceau, s'efforcent de la garrotter avec des maximes vagues, dont ils savent bien se dégager eux-mêmes.

Si le gouvernement révolutionnaire doit être plus actif dans sa marche et plus libre dans ses mouvements que le gouvernement ordinaire, en est-il moins juste et moins légitime? Non; il est appuyé sur la plus sainte de toutes les lois, le salut du peuple; sur le plus irréfragable de tous les titres, la nécessité.

Il faut que l'autorité de la Convention nationale soit respectée de toute l'Europe; c'est pour la dégrader, c'est pour l'annuler que les tyrans épuisent toutes les ressources de leur politique et prodiguent leurs trésors. Il faut que la Convention prenne la ferme résolution de préférer son propre gouvernement à celui du cabinet de Londres et des cours de l'Europe; car si elle ne gouverne pas, les tyrans régneront.

Quels avantages n'auront-ils pas dans cette guerre de ruse et de corruption qu'ils font à la république? Tous les vices combattent pour eux: la république n'a pour elle que les vertus.

Les vertus sont simples, modestes, pauvres, souvent ignorantes, quelquefois grossières; elles sont l'apanage du malheureux et le patrimoine du peuple. Les vices sont entourés de tous les trésors, ornés de tous les charmes de la volupté et de toutes les amorces de la perfidie; ils sont escortés de tous les talents dangereux escortés par le crime.

Avec quel art profond les tyrans tournent contre nous, je ne dis pas nos faiblesses, mais jusqu'à notre patriotisme! Avec quelle rapidité pourraient se développer les germes de division, qu'ils jettent au milieu de nous, si nous ne nous hâtions de les étouffer!

ANDRÉ CHÉNIER

La Jeune Captive[1]

Saint-Lazare [2]

« L'épi naissant mûrit de la faux respecté;
Sans crainte du pressoir, le pampre tout l'été
    Boit les doux présents de l'aurore;
Et moi, comme lui belle, et jeune comme lui,
Quoi que l'heure présente ait de trouble et d'ennui,
    Je ne veux point mourir encore.

« Qu'un stoïque aux yeux secs vole embrasser la mort,
Moi je pleure et j'espère; au noir souffle du nord
    Je plie et relève ma tête.
S'il est des jours amers, il en est de si doux!
Hélas! quel miel jamais n'a laissé de dégoûts?
    Quelle mer n'a point de tempête?

« L'illusion féconde habite dans mon sein.
D'une prison sur moi les murs pèsent en vain,
    J'ai les ailes de l'espérance:
Echappée aux réseaux de l'oiseleur cruel,
Plus vive, plus heureuse, aux campagnes du ciel
    Philomèle chante et s'élance.

« Est-ce à moi de mourir? Tranquille je m'endors,
Et tranquille je veille, et ma veille aux remords
    Ni mon sommeil ne sont en proie.

1. The young captive is presumably Aimée de Coigny, the young divorced wife of the duc de Fleury. She was to survive the Terror.
2. Saint-Lazare, a former monastery in Paris, was used as a prison for victims of the Terror.

From *Œuvres poétiques d'André Chénier* (Paris: Garnier, 1889), Vol. II, pp. 282–84.
    André Chénier (1762–94) wrote many graceful elegies and idylls whose lyrical substance transcended the fashionable neo-classic style in which they were written. He threw himself enthusiastically into the revolutionary movement, but later criticized the excesses of the Terror. He was imprisoned and, ultimately, guillotined.

Ma bienvenue au jour me rit dans tous les yeux;
Sur des fronts abattus, mon aspect dans ces lieux
    Ranime presque de la joie.

« Mon beau voyage encore est si loin de sa fin!
Je pars, et des ormeaux qui bordent le chemin
    J'ai passé les premiers à peine.
Au banquet de la vie à peine commencé,
Un instant seulement mes lèvres ont pressé
    La coupe en mes mains encor pleine.

« Je ne suis qu'au printemps, je veux voir la moisson,
Et comme le soleil, de saison en saison,
    Je veux achever mon année.
Brillante sur ma tige et l'honneur du jardin,
Je n'ai vu luire encore que les feux du matin;
    Je veux achever ma journée.

« O mort! tu peux attendre; éloigne, éloigne-toi;
Va consoler les cœurs que la honte, l'effroi,
    Le pâle désespoir dévore.
Pour moi Palès [3] encore a des asiles verts,
Les amours des baisers, les Muses des concerts;
    Je ne veux point mourir encore. »

Ainsi, triste et captif, ma lyre toutefois
S'éveillait, écoutant ces plaintes, cette voix,
    Ces vœux d'une jeune captive;
Et secouant le faix de mes jours languissants,
Aux douces lois des vers je pliais les accents
    De sa bouche aimable et naïve.

Ces chants, de ma prison témoins harmonieux,
Feront à quelque amant des loisirs studieux:
    Chercher quelle fut cette belle.
La grâce décorait son front et ses discours,
Et, comme elle, craindront de voir finir leurs jours
    Ceux qui les passeront près d'elle.

3. Goddess of shepherds.

Loi du 22 Prairial

Séance du 10 juin 1794.
Suite d'un rapport de Couthon [1]
au nom du Comité de salut public

La Convention nationale, après avoir entendu le rapport du Comité de salut public, décrète:

Art. Ier. Il y aura au tribunal révolutionnaire un président et quatre vice-présidents, un accusateur public, quatre substituts de l'accusateur public, et douze juges.

4. Le tribunal révolutionnaire est institué pour punir les ennemis du peuple.

5. Les ennemis du peuple sont ceux qui cherchent à anéantir la liberté publique, soit par la force, soit par la ruse.

6. Sont réputés ennemis du peuple ceux qui auront provoqué le rétablissement de la royauté, ou cherché à avilir ou à dissoudre la Convention nationale et le gouvernement révolutionnaire et républicain dont elle est le centre.

Ceux qui auront trahi la République dans le commandement des places et des armées, ou dans toute autre fonction militaire, entretenu des intelligences avec les ennemis de la République, travaillé à faire manquer les approvisionnements ou le service des armées.

Ceux qui auront cherché à empêcher les approvisionements de Paris ou à causer la disette dans la République.

Ceux qui auront secondé les projets des ennemis de la France soit en favorisant la retraite et l'impunité des conspirateurs et de l'aristocratie, soit en persécutant et calomniant le patriotisme, soit en corrompant les mandataires du peuple, soit en abusant des principes

---

1. **Georges Couthon (1756–94)** was a humanitarian and lawyer, one of Robespierre's closest associates on the Committee of Public Safety and one of the few to remain loyal to the Jacobin dream of a revolutionary republic of virtue. He was executed along with Robespierre on July 28, 1794.

From *Procès-Verbal (Convention nationale)*, Vol. XXIX, p. 169.

de la révolution, des lois ou des mesures du gouvernement, par des applications fausses et perfides;

Ceux qui auront trompé le peuple ou les représentants du peuple, pour les induire à des démarches contraires aux intérêts de la liberté;

Ceux qui auront répandu de fausses nouvelles pour diviser ou pour troubler le peuple;

Ceux qui auront cherché à égarer l'opinion et à empêcher l'instruction du peuple, à dépraver les mœurs et à corrompre la conscience publique, et altérer l'énergie et la pureté des principes révolutionnaires et républicains, ou en arrêter les progrès, soit par des écrits contre-révolutionnaires ou insidieux, soit par toute autre machination;

Ceux qui, étant chargés de fonctions publiques, en abusent pour servir les ennemis de la révolution, pour vexer les patriotes, pour opprimer le peuple;

Enfin, tous ceux qui sont désignés dans les lois précédentes relatives à la punition des conspirateurs et contre-révolutionnaires, et qui, par quelques moyens que ce soit et de quelques dehors qu'ils se couvrent, auront attenté à la liberté, à l'unité, à la sûreté de la République, ou travaillé à en empêcher l'affermissement.

7. La peine portée contre tous les délits dont la connaissance appartient au tribunal révolutionnaire, est la mort.

8. La preuve nécessaire pour condamner les ennemis du peuple, est toute espèce de documents, soit matérielle, soit morale, soit verbale, soit écrite, qui peut naturellement obtenir l'assentiment de tout esprit juste et raisonnable. La règle des jugements, est la conscience des jurés éclairés par l'amour de la patrie; leur but, le triomphe de la République et la ruine de ses ennemis; la procédure, les moyens simples que le bon sens indique pour parvenir à la connaissance de la vérité dans les formes que la loi détermine.

Elle se borne aux points suivants:

9. Tout citoyen a le droit de saisir et de traduire devant les magistrats les conspirateurs et les contrerévolutionnaires. Il est tenu de les dénoncer dès qu'il les connaît.

12. L'accusé sera interrogé à l'audience et en public; la formalité de l'interrogatoire secret qui précède, est supprimée comme superflue; elle ne pourra avoir lieu que dans les circonstances particulières où elle serait jugée utile à la connaissance de la vérité.

16. La loi donne pour défenseurs aux patriotes calomniés, des jurés patriotes; elle n'en accorde point aux conspirateurs.

VI · NAPOLEON

D'année en année la guerre prêtait à l'armée révolutionnaire une importance accrue. La paix avec la Prusse fut conclue à Bâle en 1795: restaient l'Autriche et l'Angleterre. Les hommes de thermidor étaient pris entre deux feux: ayant rompu avec la Terreur, ils n'en faisaient pas moins — pour avoir voté la mort du Roi — figure de régicides. La restauration de la monarchie et le retour offensif du radicalisme jacobin les menaçaient donc également. La République de 1795 fut dotée par leurs soins d'une constitution assez complexe: un Directoire de cinq membres devait gouverner le pays, avec l'aide de deux Chambres. Le maintien d'une majorité d'anciens conventionnels devait assurer la présence continue au pouvoir des fondateurs du régime.

Le Directoire sut préserver bon nombre des réformes positives instaurées par la Révolution, dans le domaine notamment de l'administration et de l'enseignement. Il n'était cependant ni assez fort, ni assez stable, ni assez populaire pour garder le pouvoir. L'armée dut intervenir, et par des coups d'état répétés tenir en échec et la Droite et la Gauche. Le rôle politique de l'armée s'en trouva accru considérablement. Vers 1799 la nécessité d'une dictature ne fit plus de doute: elle seule pouvait encore ramener la stabilité à l'intérieur et tenir en échec la coalition qui menaçait la France. Telle est la crise qui fit surgir Bonaparte.

Cadet d'une famille corse relativement obscure, Napoléon Bonaparte avait fait carrière grâce à la Révolution: la défection de la noblesse avait laissé des vides que l'avancement rapide des officiers de valeur fidèles au régime servit à combler. Ses dons en matière de stratégie et de tactique lui valurent quelque renom, et Bonaparte, au bon moment, s'inscrivit au Club des jacobins —

Le Général Bonaparte au pont d'Arcole, 1796.
(Tableau de Gros)

pour tourner casaque en thermidor. Général politique, il joua
d'influence en 1797 pour décrocher le commandement de l'armée
d'Italie: les Autrichiens culbutés en une campagne mémorable,
c'était la gloire. Mis en défiance, le Directoire, en 1798, l'expédia
en Egypte. Cette campagne, qui en poussant sur l'Egypte et sur
l'Inde devait amener la reddition de l'Angleterre, échoua lamen-

Napoléon Ier, Empereur des Français.
(Détail d'un tableau de David)

tablement. Napoléon n'en tira pas moins un avantage politique. Au mépris de ses instructions, et désertant son poste, il fit clandestinement sa rentrée à Paris en 1799, au plus fort d'une crise politique.

Epaulé par son frère Lucien et par ce révolutionnaire de la première heure, l'abbé Siéyès, Napoléon, qui perdit son sang-froid au moment critique, n'en réussit pas moins à renverser le Directoire. Ce fut le coup d'état du 18 brumaire. Fort du soutien de l'armée, il établit le Consulat, en se réservant le poste de Premier Consul (il y en avait trois). La France, en principe, était restée république: en fait c'était la dictature. Le Premier Consul détenait tous les pouvoirs: le commandement des armées, les affaires étrangères, la nomination aux principaux ministères. Un plébiscite suivit, qui en l'absence de toute alternative ratifia le régime, permettant à Napoléon de consolider sa mainmise sur le pouvoir. En 1800 une seconde campagne d'Italie, plus brillante encore que la première, mit l'Autriche hors de combat. En 1801 Napoléon conclut la paix avec l'Autriche, et l'année suivante avec l'Angleterre.

En 1801, à l'apogée de la gloire, Napoléon était élu Premier Consul à vie par un plébiscite qui, une fois encore, n'offrait aucun choix. Jouissant d'une immense popularité, auréolé des prestiges de la victoire, il entreprit la réorganisation de la France et de l'Europe. Le Concordat de 1801 apporta la paix avec l'Eglise, remettant à l'Etat la nomination des évêques et ratifiant la saisie des biens de l'Eglise. Ce compromis fut sans doute la mesure la plus populaire du règne, et elle valut à Napoléon le soutien de la classe paysanne, hostile à la Révolution depuis 1791.

Les réformes des années 1801–4 marquèrent la consolidation de la révolution bourgeoise. Le système préfectoral installa une administration hiérarchique stable, dévouée au pouvoir central. Le Code Napoléon, base juridique de la plupart des codes civils de l'Europe moderne, rendait hommage au caractère inattaquable de la propriété privée, à l'égalité des citoyens devant la loi, à la liberté de profession, à l'abolition des privilèges. Partout le régime napoléonien soulignait la liberté personnelle, aux dépens des droits civiques proclamés par la doctrine révolutionnaire. La censure de la presse était rigoureuse; les nouvelles officielles furent bientôt seules à pouvoir circuler librement en France.

Arrachant la couronne des mains du pape, le 2 décembre 1804 Napoléon se sacrait lui-même Empereur des Français, dans la cathédrale de Notre-Dame. La France régnait sur l'Europe. Ses adversaires — principalement l'Autriche et l'Angleterre — étaient impuissants à s'opposer à la création de régimes satellites en Italie et aux Pays-Bas, comme aussi au démembrement du Saint-Em-

pire germanique. Créé par la force des armes, le gouvernement de Napoléon reposait sur la force des armes. Or, selon
l'expression de Talleyrand: *on peut tout avec les bayonettes . . .
sauf s'asseoir dessus!* La prospérité — comme la stabilité — du nouveau régime reposait entièrement sur une politique de conquête
visant à la suppression des monarchies établies dans le reste de
l'Europe.

En 1804 la guerre reprit contre l'Angleterre, et l'année
d'après l'Autriche se remit de la partie. Derrière le rempart de ses
vaisseaux l'Angleterre restait invulnérable. En octobre 1805, à
Trafalgar, sa marine mit en pièces les flottes réunies de la France
et de l'Espagne. Ce même mois l'Autriche succombait à Ulm devant l'avance napoléonienne, et le 2 décembre 1805 les armées
russes et autrichiennes étaient écrasées à Austerlitz. Les victoires
d'Iéna (sur l'armée prussienne, jadis redoutable) et de Friedland
(sur les troupes du tsar) scellèrent le sort de l'Europe, soumise
désormais au système napoléonien. Entre 1807 et 1809 l'Empire
touche à l'apogée de sa toute-puissance; bientôt sonnera l'heure
de son déclin.

L'Angleterre restait maîtresse des mers; la Prusse, l'Autriche,
la Russie étaient des alliées qui ne promettaient guère; l'Espagne
était le théâtre d'une guerre d'usure, à base de soulèvement populaire, qui finit par tarir à la source un des grands marchés
d'approvisionnement en chevaux de cavalerie. En 1809 l'Autriche
devait tenter encore un effort pour renverser l'Empereur, mais il
échoua comme les autres. Renonçant à Joséphine de Beauharnais, Napoléon épousa Marie-Louise, la fille de l'empereur
d'Autriche, dans l'espoir d'affermir son trône par le recours à ce
remède éprouvé: l'alliance dynastique.

A mesure que son ambition le lançait à la conquête de
l'Europe, Napoléon eut à se rabattre sur la collaboration des
moins doués de ses proches. Parmi ses anciens collaborateurs,
quelques-uns des plus habiles — Fouché, le chef de sa police
d'Etat, Talleyrand, dont le génie diplomatique était inégalé — se re-
tirèrent. Les guerres incessantes avaient ruiné le commerce de
l'Europe, épuisé la France en hommes et en matériel. En 1811 la
crise était générale, semant partout la démoralisation. Pour redresser la situation, Napoléon se lança dans une aventure sans
issue: l'invasion de la Russie. L'incendie de Moscou par les
Russes transforma ce projet en désastre. A l'humiliation de la re-

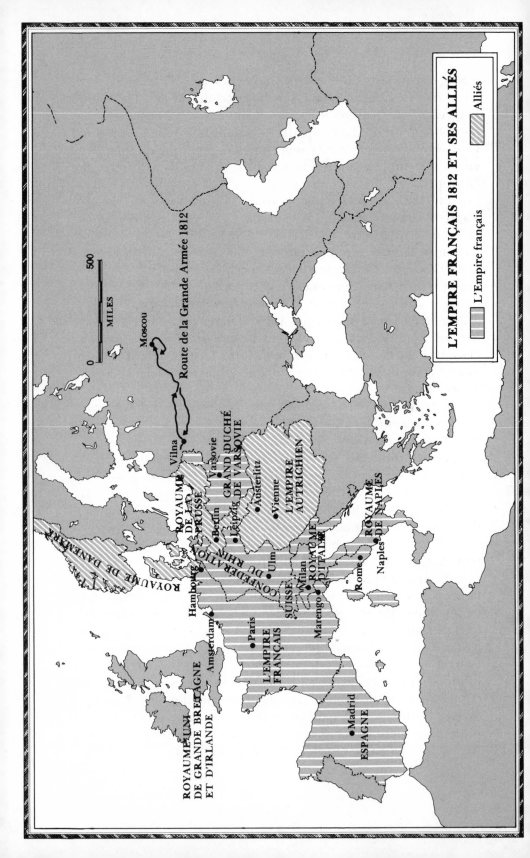

L'EMPIRE FRANÇAIS 1812 ET SES ALLIÉS

L'Empire français

Alliés

ROYAUME UNI DE GRANDE BRETAGNE ET D'IRLANDE

Amsterdam

Paris

L'EMPIRE FRANÇAIS

Madrid

ESPAGNE

Hambourg

CONFÉDÉRATION DU RHIN

Berlin

ROYAUME DE LA PRUSSE

Varsovie

GRAND DUCHÉ DE VARSOVIE

Leipzig

Ulm

SUISSE

Marengo

Milan

ROYAUME D'ITALIE

Rome

Austerlitz

Vienne

L'EMPIRE AUTRICHIEN

Naples

ROYAUME DE NAPLES

ROYAUME DE DANEMARK

Vilna

Moscou

Route de la Grande Armée 1812

0   500

MILES

traite, qui décima la Grande Armée, vint s'ajouter la défection de la Prusse. En 1813 la Grande Coalition était sur pied: Russes, Prussiens et Autrichiens, soutenus par l'or de l'Angleterre, réussirent enfin à conjuguer leurs forces de manière efficace et remportèrent la victoire alliée de Leipzig, à la bataille des Nations, le 14 octobre.

Napoléon couvrit sa retraite par une campagne brillante, mais au printemps les Alliés entraient à Paris et il dut abdiquer. Exilé à l'île d'Elbe, il put tout juste garder son titre d'Empereur. Louis XVIII succédait à son frère Louis XVI sur le trône de France, tandis qu'à Vienne les grandes puissances, réunies en congrès, allaient régler le sort d'une Europe dont la carte avait été brouillée par vingt années de guerre.

Le 1er mars 1815 Napoléon débarquait en France, aux acclamations de ses partisans, restés nombreux dans un pays sevré de ses illusions par le retour de la monarchie. Dans un dernier élan il tenta d'arracher, sur les puissances de l'Europe, la victoire qui devait assurer son règne. Vaincu, le 18 juin, par les troupes anglaises et prussiennes massées à Waterloo, il dut s'incliner devant l'inévitable. L'Empire napoléonien sombra définitivement, léguant au pays épuisé, avec quelques réformes durables, une légende tenace, un rêve de gloire qui n'a cessé de le hanter.

Napoléon n'avait pas manqué d'embellir Paris, dont il avait fait la capitale d'un grand empire, mais cet éclat d'emprunt devait beaucoup au butin de guerre. A l'exemple des révolutionnaires, les dictateurs supportent mal les écrivains ou les artistes. C'est donc aux écrivains de l'opposition que l'Empire devra le plus clair de sa renommée dans ce domaine: à Chateaubriand, à Benjamin Constant, à l'âme enfin de cette opposition idéologique (et de la pensée moderne en pleine effervescence) — Madame de Staël. L'Empire créa son style propre, sorte de compromis entre l'austérité républicaine et les faux brillants d'une monarchie plébéienne, éblouie par son avènement au faîte des grandeurs. Mais c'est à l'Allemagne, humiliée par la conquête et l'occupation de son territoire, que la France devait laisser la gloire de créer la forme d'élection de la conscience révolutionnaire au XIXe siècle: l'art romantique.

Bonaparte[1]

Ce fut dans l'intervalle entre le retour de Bonaparte et son départ pour l'Egypte, c'est-à-dire, vers la fin de 1797, que je le vis plusieurs fois à Paris; et jamais la difficulté de respirer que j'éprouvais en sa présence ne put se dissiper.

Sa figure, alors maigre et pâle, était assez agréable; depuis, il est engraissé, ce qui lui va très-mal: car on a besoin de croire un tel homme tourmenté par son caractère, pour tolérer un peu que ce caractère fasse tellement souffrir les autres. Comme sa stature est petite, et cependant sa taille fort longue, il était beaucoup mieux à cheval qu'à pied; en tout, c'est la guerre, et seulement la guerre qui lui sied. Sa manière d'être dans la société est gênée sans timidité; il a quelque chose de dédaigneux quand il se contient, et de vulgaire quand il se met à l'aise; le dédain lui va mieux, aussi ne s'en fait-il pas faute.

Par une vocation naturelle pour l'état de prince, il adressait déjà des questions insignifiantes à tous ceux qu'on lui présentait. Etes-vous marié? demandait-il à l'un des convives. Combien avez-vous d'enfants? disait-il à l'autre. Depuis quand êtes-vous arrivé? Quand partez-vous? et autres interrogations de ce genre qui établissent la supériorité de celui qui les fait sur celui qui veut bien se laisser questionner ainsi. Il se plaisait déjà dans l'art d'embarrasser, en disant des choses désagréables: art dont il s'est fait depuis un système, comme de toutes les manières de subjuguer les autres en les avilissant. Il avait pourtant, à cette époque, le désir de plaire, puisqu'il renfermait dans son esprit le projet de renverser le directoire, et de se mettre à sa place; mais, malgré ce désir, on eût dit qu'à l'inverse du prophète, il maudissait involontairement, quoiqu'il eût l'intention de bénir.

Je l'ai vu un jour s'approcher d'une Française très-connue par sa

1. Madame de Staël's account was written retrospectively, after twenty years of humiliating vacillation between petitioning and fighting the emperor, who had disapproved of and banned from Paris both her works and her person.

From *Considérations sur les principaux événemens de la Révolution françoise* (Paris, 1818), Vol. II, pp. 200–202.

beauté, son esprit et la vivacité de ses opinions; il se plaça tout droit devant elle comme le plus roide des généraux allemands, et lui dit: "Madame, je n'aime pas que les femmes se mêlent de politique." "Vous avez raison, général," lui répondit-elle: "mais dans un pays où on leur coupe la tête, il est naturel qu'elles aient envie de savoir pourquoi." Bonaparte alors ne répliqua rien. C'est un homme que la résistance véritable apaise; ceux qui ont souffert son despotisme doivent en être autant accusés que lui-même.

Proclamation pour le Concordat

27 germinal an X (17 avril 1802)

Français,

Du sein d'une révolution inspirée par l'amour de la patrie éclatèrent tout à coup au milieu de vous des discussions religieuses qui devinrent le fléau de vos familles, l'aliment des factions et l'espoir de vos ennemis. Une politique insensée tenta de les étouffer sous les débris des autels, sous les ruines de la religion même. A sa voix cessèrent les pieuses solennités où les citoyens s'appelaient du doux nom de frères et se reconnaissaient tous égaux sous la main de Dieu qui les avait créés; le mourant, seul avec sa douleur, n'entendit plus cette voix consolante qui appelle les chrétiens à une vie meilleure, et *Dieu même semblait exilé de la nature.*

Mais la conscience publique, mais le sentiment de l'indépendance des opinions se soulevèrent, et bientôt égarés par les ennemis du dehors, leur explosion porta le ravage dans nos départements. Des Français oublièrent qu'ils étaient Français et devinrent les instruments d'une haine étrangère. D'un autre côté, les passions déchaînées, la morale sans appui, le malheur sans espérance dans l'avenir, tout se réunissait pour porter le désordre dans la société.

Pour arrêter ce désordre, il fallait rasseoir le religion sur sa base; et on ne pouvait le faire que par des mesures avouées par la religion même. C'était au souverain pontife que l'exemple des siècles et la raison commandaient de recourir pour rapprocher les opinions et réconcilier les cœurs. Le chef de l'Eglise a pesé, dans sa sagesse et dans l'intérêt de l'Eglise, les propositions que l'intérêt de l'Etat avait dictées; sa voix s'est fait entendre aux pasteurs; ce qu'il approuve, le gouvernement l'a consenti et les législateurs en ont fait une loi de la République.

Ainsi disparaissent tous les éléments de discorde; ainsi s'évanouissent tous les scrupules qui pouvaient alarmer les consciences

From *Napoléon, textes choisis et commentés,* edited by E. Guillon (Paris: Librairie Plon, 1912), pp. 162–63.

et tous les obstacles que la malveillance pouvait opposer au retour de la paix intérieure. Ministres d'une religion de paix, que l'oubli le plus profond couvre vos dissensions, vos malheurs et vos fautes! Que cette religion qui vous unit, vous attache tous par les mêmes nœuds, par des nœuds indissolubles, aux intérêts de la patrie! Déployez pour elle tout ce que votre ministère donne de force et d'ascendant sur les esprits; que vos leçons et vos exemples forment les jeunes citoyens à l'amour de nos institutions, au respect et à l'attachement pour les autorités tutélaires créées pour les protéger; qu'ils apprennent de vous que le Dieu de la paix est aussi le Dieu des armées, et qu'il combat avec ceux qui défendent l'indépendance et la liberté de la France.

Citoyens qui professez les religions protestantes, la loi a également étendu sur vous sa sollicitude. Que cette morale commune à tous les chrétiens, cette morale si sainte, si pure, si fraternelle, les unisse tous dans le même amour pour la patrie, dans le même respect pour ses lois, dans la même affection pour tous les membres de la grande famille! Que jamais des combats de doctrine n'altèrent ces sentiments que la religion inspire et commande! Français, soyons tous unis pour le bonheur de la patrie et pour le bonheur de l'humanité! Que cette religion qui a civilisé l'Europe soit encore le lien qui en rapproche les habitants, et que les vertus qu'elle exige soient toujours associées aux lumières qui nous éclairent!

Décret du 17 mai 1809

Pour couper court à ces discussions [1] si contraires au bien de la religion, si contraires au bien de l'Empire, Sa Majesté n'a qu'un moyen, c'est de révoquer la donation de Charlemagne et de réduire les papes à ce qu'ils doivent être, en mettant le pouvoir spirituel à l'abri des passions auxquelles l'autorité temporelle est sujette. Jésus-Christ, né du sang de David, ne voulut pas être roi. Pendant des siècles, les fondateurs de notre religion n'ont point été rois. Il n'est aucun docteur, aucun historien de bonne foi, qui ne convienne que la puissance temporelle des papes a été funeste à la religion.

Si des discussions ont si longtemps agité l'intérieur de la France, la cause en était, non dans le pouvoir spirituel, mais dans le pouvoir temporel de Rome. Si de grandes nations se sont séparées de l'Eglise, la cause en était encore dans l'abus du pouvoir de Rome. De cette confusion de l'un et de l'autre pouvoir, de cet appui qu'ils se prêtaient réciproquement pour favoriser leurs usurpations mutuelles, naquit la nécessité où se trouvèrent nos ancêtres d'établir les libertés de l'Eglise gallicane, et naît aujourd'hui celle de séparer ces deux pouvoirs.

L'intérêt de la religion et celui des peuples de France, d'Italie et d'Allemagne, ordonnent également à Sa Majesté de mettre un terme à cette ridicule puissance temporelle, faible reste des exagérations des Grégoire, etc., qui prétendaient régner sur les rois, donner des couronnes et avoir la direction des affaires de la terre comme de celles du ciel. Que, dans l'absence des conciles, les papes aient la direction des choses de l'Eglise, en tant qu'elles ne toucheront pas aux libertés de l'Eglise gallicane, à la bonne heure! Mais ils ne doivent se mêler ni des armées, ni de la politique des Etats. S'ils sont les successeurs de Jésus-Christ, ils ne peuvent exercer d'autre empire que celui qu'ils tiennent de lui, et son empire n'était pas de ce monde.

1. The "discussions" refer to Napoleon's efforts to pressure the Pope, who was by now his prisoner, into giving up the temporal power of Rome voluntarily.

From *Napoléon, textes choisis et commentés,* edited by E. Guillon (Paris: Librairie Plon, 1912), pp. 203–4.

Si Sa Majesté ne fait pas ce que, seule, elle pourrait faire, elle laissera à l'Europe des semences de discussions et de discordes. La postérité, en la louant d'avoir rétabli le culte et relevé les autels, la blâmera d'avoir laissé l'Empire, c'est-à-dire la plus grande partie de la chrétienté, exposé à l'influence de ce mélange bizarre, contraire à la religion et à la tranquillité de l'Empire. Cet obstacle ne peut être surmonté qu'en séparant l'autorité temporelle de l'autorité spirituelle, et en déclarant que les Etats du pape font partie de l'Empire français.

NAPOLEON

Napoléon

La guerre d'Espagne marque à la fois l'époque de la décadence de la puissance de Napoléon et l'époque de la décadence de son génie. La prospérité avait graduellement changé et vicié son caractère. Il avait le tort de trop s'étonner de ses succès, et de ne pas assez mépriser les rois, ses confrères. Il buvait à longs traits le poison de la flatterie. Il crut que rien ne lui était personnellement impossible; il ne put plus supporter la contradiction et bientôt la moindre observation lui parut une insolence et, de plus, une bêtise. Par suite de ses mauvais choix, il était accoutumé à ne voir réussir que les choses qu'il faisait lui-même. Bientôt ses ministres ne durent plus paraître faire autre chose que rédiger servilement ses idées. Les hommes d'un vrai talent s'éloignèrent ou feignirent de ne plus penser, et en secret, se moquaient de lui. Il est impossible que, dans ce siècle, les vrais talents ne se trouvent pas réunis à des idées un peu libérales: Napoléon lui-même en est un exemple, et ce crime passe pour le plus grand de tous.

    .   .   .   .   .

Le grand malheur de Napoléon est d'avoir eu sur le trône trois des faiblesses de Louis XIV.

Il aima jusqu'à l'enfantillage la pompe de la cour; il prit des sots pour ministres et, s'il ne croyait pas les former, il crut du moins que quelle que fût l'ineptie des rapports qu'ils lui faisaient, il saurait démêler le vrai jour de l'affaire. Enfin Louis XIV craignit les talents; Napoléon ne les aimait pas. Il partait de ce principe qu'il n'y aurait jamais en France de faction forte que les Jacobins.

On le voit renvoyer Lucien et Carnot, hommes supérieurs qui avaient précisément les parties qui lui manquaient. On le voit aimer

From *Vie de Napoléon* (Paris: Librairie ancienne Honoré Champion, 1929), Vol. I, pp. 167–68, 183–84, 205–10.

Stendhal was the pen name of Henri Beyle (1783–1842), one of the greatest novelists of the Romantic era. As a young man he felt repelled by the dictatorship, but like so many others he could never altogether resist the spell of the Napoleonic myth. The *Vie de Napoléon*, one of his first works, was begun around 1817 but remained unpublished in full until the twentieth century.

ou souffrir [des] gens parfaitement honnêtes et fort estimables sur tous les vivants, mais qu'un public malin s'est toujours obstiné à trouver un peu ineptes.

Quand l'air empesté de la cour eut tout à fait corrompu Napoléon et exalté son amour propre jusqu'à un état maladif, il renvoya Talleyrand et Fouché et les remplaça par les plus bornés de ses flatteurs (Savary et Bassano).

L'empereur en arriva au point de pouvoir démêler l'affaire la plus compliquée en vingt minutes. On le voyait faire des efforts d'attention incroyables, et impossibles à tout autre homme, pour tâcher de comprendre un rapport prolixe et sans ordre, en un mot fait par un sot qui lui-même ne savait pas l'affaire.

.   .   .   .   .

DE LA COUR

En 1785, il y avait *société,* c'est-à-dire que des êtres indifférents les uns aux autres, réunis dans un salon, parvenaient à se procurer si ce n'est des jouissances fort vives, au moins des plaisirs fort délicats et sans cesse renaissants. Le *plaisir de la société* devint même si nécessaire qu'il parvint à étouffer les grandes jouissances qui tiennent à la nature intime de l'homme et à l'existence des grandes passions et des hautes vertus. Tout ce qui est fort et sublime ne se trouva plus dans les cœurs français. L'amour seul fit quelques rares exceptions; mais, comme on ne rencontre les grandes émotions qu'à des intervalles fort éloignés, et que les plaisirs de salon sont de tous les instants, la société française avait un attrait que lui ont procuré le despotisme de la langue et des manières.

La Révolution commença par l'enthousiasme des belles âmes de toutes les classes. Le côté droit de l'Assemblée Constituante présenta une résistance inopportune; il fallut de l'énergie pour la vaincre: c'était appeler sur le champ de bataille tous les jeunes gens de la classe moyenne qui n'avaient pas été étiolés par la politesse excessive. Tous les rois de l'Europe se liguèrent contre le Jacobinisme. Alors nous eûmes l'élan sublime de 1792. Il fallut un surcroît d'énergie et des hommes d'une classe encore moins élevée où de très jeunes gens se trouvèrent à la tête de toutes les affaires. Nos plus grands généraux sortirent du rang des soldats pour commander, comme en se jouant, des armées de 100.000 hommes. A ce moment, le plus grand des annales de la France, la politesse fut proscrite par des lois. Tout ce qui avait de la politesse devint justement suspect à un peuple enveloppé de traîtres et de trahisons, et l'on voit qu'il n'avait pas tant de torts de penser à la contre-révolution.

Mais ce n'est pas avec une loi, et par un mouvement d'enthousiasme, qu'un peuple ou un individu peut renoncer à une ancienne habitude. A la chute de la Terreur, on vit les Français revenir avec fureur aux plaisirs de société. Ce fut dans les salons de Barras que Bonaparte entrevit pour la première fois les plaisirs délicats et enchanteurs que peut donner une société perfectionnée. Mais, comme cet esclave qui se présentait au marché d'Athènes chargé de pièces d'or et sans monnaie de cuivre, son esprit était d'une nature trop élevée, son imagination trop enflammée et trop rapide pour qu'il pût jamais avoir des succès dans un salon. D'ailleurs il y arrivait à 26 ans, avec un caractère formé et inflexible.

A son retour d'Egypte dans les premiers moments, la cour des Tuileries fut une soirée de *bivouac*. Il y avait la franchise, le naturel, le manque d'esprit. Mme Bonaparte seule faisait apparaître les grâces, comme à la dérobée. La société de sa fille Hortense et sa propre influence adoucirent peu à peu le caractère de fer du premier Consul. Il admira la politesse et les formes de M. de Talleyrand. Celui-ci dut à ses manières une liberté étonnante.

Bonaparte vit deux choses: que s'il voulait être roi, il fallait une cour pour séduire ce faible peuple français sur lequel ce mot cour est tout-puissant. Il se vit dans la main des militaires. Une conspiration des gardes prétoriennes pouvait le jeter du trône à la mort. Un entourage de préfets du palais, de chambellans, d'écuyers, de ministres, de dames du palais imposait aux généraux de la garde, qui, eux aussi, étaient français et avaient un respect inné pour le mot cour.

Mais le despote était soupçonneux; son ministre Fouché avait des espions jusque parmi les maréchales. L'empereur avait cinq polices différentes qui se contrôlaient l'une l'autre. Un mot qui s'écartait de l'adoration, je ne dirai pas pour le despote, mais pour le despotisme, perdait à jamais.

Il avait excité au plus haut degré l'ambition de chacun. Pour un roi qui avait été lieutenant d'artillerie, et avec des maréchaux qui avaient commencé par être ménétriers de campagne ou maîtres d'armes, il n'était pas d'auditeur qui ne voulût devenir ministre, pas de sous-lieutenant qui n'aspirât à l'épée de connétable. Enfin l'empereur voulut marier sa cour en deux ans. Rien ne rend plus esclave, et, cela fait, il voulut des mœurs. La police intervint d'une façon grossière dans le malheur d'une pauvre dame de la cour. Enfin cette cour se composait de généraux ou de jeunes gens qui n'avaient jamais vu la politesse, dont le règne tomba en 1789.

Il n'en fallait pas tant pour empêcher la renaissance de l'esprit de société. Il n'y eut plus de société. Chacun se renferma dans son ménage; ce fut une époque de vertu conjugale.

Napoléon en Russie

Le récit de M. de Ségur [1] va suppléer à ce qui manque au bulletin de Bonaparte: « L'empereur parcourut, » dit-il, « le champ de bataille. Jamais aucun ne fut d'un si horrible aspect. Tout y concourait: un ciel obscur, une pluie froide, un vent violent, des habitations en cendres, une plaine bouleversée, couverte de ruines et de débris; à l'horizon, la triste et sombre verdure des arbres du Nord; partout des soldats errants parmi des cadavres et cherchant des subsistances jusque dans les sacs de leurs compagnons morts; d'horribles blessures, car les balles russes sont plus grosses que les nôtres; des bivouacs silencieux; plus de chants, point de récits: une morne taciturnité.

« On voyait autour des aigles le reste des officiers et sous-officiers, et quelques soldats, à peine ce qu'il en fallait pour garder le drapeau. Leurs vêtements étaient déchirés par l'acharnement du combat, noircis de poudre, souillés de sang; et pourtant, au milieu de ces lambeaux, de cette misère, de ce désastre, un air fier, et même, à l'aspect de l'empereur, quelques cris de triomphe, mais rares et excités: car, dans cette armée, capable à la fois d'analyse et d'enthousiasme, chacun jugeait de la position de tous. . . .

« L'empereur ne put évaluer sa victoire que par les morts. La terre était tellement jonchée de Français étendus sur les redoutes, qu'elles paraissaient leur appartenir plus qu'à ceux qui restaient debout. Il semblait y avoir là plus de vainqueurs tués que de vainqueurs vivants.

1. Philippe-Paul, Count of Ségur (1780–1873), general, diplomat, historian, and politician, had served as a member of Napoleon's staff during the Russian campaign. In 1824 he published a two-volume *Histoire de Napoléon et la grande armée pendant l'année 1812* which was a great success, running to many editions in a few years and winning him election to the Academy in 1830.

From *Mémoires d'outre-tombe* (Paris: Garnier Frères, 1910), Vol. III, pp. 290–93.

Francois-René, vicomte de Chateaubriand (1768–1848), was one of the major figures in the development of French romantic literature. After only brief acquaintance he turned against Napoleon, and with Madame de Staël created an anti-legend about Napoleon the beast.

« Dans cette foule de cadavres, sur lesquels il fallait marcher pour suivre Napoléon, le pied d'un cheval rencontra un blessé et lui arracha un dernier signe de vie ou de douleur. L'empereur, jusque-là muet comme sa victoire, et que l'aspect de tant de victimes oppressait, éclata; il se soulagea par des cris d'indignation, et par une multitude de soins qu'il fit prodiguer à ce malheureux. Puis il dispersa les officiers qui le suivaient pour qu'ils secourussent ceux qu'on entendait crier de toutes parts.

« On en trouvait surtout dans le fond des ravines où la plupart des nôtres avaient été précipités, et où plusieurs s'étaient traînés pour être plus à l'abri de l'ennemi et de l'ouragan. Les uns prononçaient en gémissant le nom de leur patrie ou de leur mère: c'étaient les plus jeunes. Les plus anciens attendaient la mort d'un air ou impassible ou sardonique, sans daigner implorer ni se plaindre: d'autres demandaient qu'on les tuât sur-le-champ: mais on passait vite à côté de ces malheureux, qu'on n'avait ni l'inutile pitié de secourir, ni la pitié cruelle d'achever. »

Tel est le récit de M. de Ségur. Anathème aux victoires non remportées pour la défense de la patrie et qui ne servent qu'à la vanité d'un conquérant!

La garde, composée de vingt-cinq mille hommes d'élite, ne fut point engagée à la Moskowa: Bonaparte la refusa sous divers prétextes. Contre sa coutume, il se tint à l'écart du feu et ne pouvait suivre de ses propres yeux les manœuvres. Il s'asseyait ou se promenait près d'une redoute emportée la veille: lorsqu'on venait lui apprendre la mort de quelques-uns de ses généraux, il faisait un geste de résignation. On regardait avec étonnement cette impassibilité; Ney s'écriait: « Que fait-il derrière l'armée? Là, il n'est à portée que des revers, et non des succès. Puisqu'il ne fait plus la guerre par lui-même, qu'il n'est plus général, qu'il veut faire partout l'empereur, qu'il retourne aux Tuileries et nous laisse être généraux pour lui. » Murat avouait que dans cette grande journée il n'avait plus reconnu le génie de Napoléon.

Des admirateurs sans réserve ont attribué l'engourdissement de Napoléon à la complication des souffrances, dont, assurent-ils, il était alors accablé; ils affirment qu'à tous moments il était obligé de descendre de cheval, et que souvent il restait immobile, le front appuyé contre des canons. Cela peut être: un malaise passager pouvait contribuer dans ce moment à la prostration de son énergie; mais si l'on remarque qu'il retrouva cette énergie dans la campagne de Saxe et dans sa fameuse campagne de France, il faudra chercher une autre cause de son inaction à Borodino. Comment! vous avouez dans votre bulletin qu'*il était facile de manœuvrer et d'obliger l'ennemi à évacuer sa belle position, mais que cela aurait remis la partie;* et vous, qui avez assez d'*activité d'esprit* pour condamner à la mort tant de milliers de nos soldats, vous n'avez pas assez de *force de corps* pour ordonner à votre garde d'aller au moins à leur secours? Il n'y a d'autre explication à ceci que la nature même de l'homme: l'adversité arrivait; sa première atteinte le glaça. La grandeur de Napoléon n'était pas de cette qualité qui appartient à l'infortune; la prospérité seule lui laissait ses facultés entières: il n'était point fait pour le malheur.

NAPOLÉON

Mémorial de Sainte-Hélène[1]

Quelle fatalité, que l'on ne s'en soit pas tenu à mon retour de l'île d'Elbe! que chacun n'ait pas vu que j'étais le plus propre à l'équilibre et au repos européens! Mais les rois et les peuples m'ont craint; ils ont eu tort. Je revenais un homme nouveau; ils n'ont pu le croire; ils n'ont pu imaginer qu'un homme eût l'âme assez forte pour changer son caractère ou se plier à des circonstances obligées. J'avais pourtant fait mes preuves et donné quelques gages de ce genre. Qui ne sait que je ne suis pas un homme à demi-mesures? J'aurais été franchement le monarque de la constitution et de la paix, comme j'avais été celui de la dictature et des grandes entreprises.

Quelles pouvaient être les craintes des rois? Redoutaient-ils toujours mes conquêtes, ma monarchie universelle? Mais ma puissance et mes forces n'étaient plus les mêmes, et puis je n'avais vaincu et conquis que dans ma propre défense; c'est une vérité que le temps développera chaque jour davantage. L'Europe ne cessa jamais de faire la guerre à la France, à ses principes, à moi; et il nous fallait abattre, sous peine d'être abattu. La coalition exista toujours, publique ou secrète, avouée ou démentie; elle fut toujours en permanence; c'était aux alliés seuls à nous donner la paix: les Français s'effrayaient de conquérir de nouveau. Moi-même, me croit-on insensible aux charmes du repos et de la sécurité, quand la gloire et l'honneur ne le veulent pas autrement! Avec nos deux Chambres, on m'eût refusé désormais de passer le Rhin; et pourquoi l'eussé-je voulu? Pour ma monarchie universelle? Mais je n'ai jamais fait preuve entière de démence; or ce qui la caractérise surtout, c'est la disproportion entre les vues et les moyens. Si j'ai été sur le

1. After his second abdication, Napoléon surrendered himself to the British, who sent him with a very small suite to the barren and distant island of Saint Helena in the south Atlantic. Here he spent over five frustrating years arguing with his British jailers and dictating to the faithful Las Cases his own version of his remarkable career. The *Mémorial de Sainte-Hélène* laid the groundwork for the Napoleonic legend and remains a substantial force in French political thinking.

From Comte de Las Cases, *Mémorial de Sainte-Hélène* (Paris: Ernest Bourdin, 1842), Vol. I, pp. 384–88, 435–36, 534–35.

point d'accomplir cette monarchie universelle, c'est sans calcul, et parce qu'on m'y a amené pas à pas. Les derniers efforts pour y parvenir semblaient coûter à peine; était-il si déraisonnable de les tenter? Les souverains n'avaient donc rien à craindre de mes armes.

Redoutaient-ils que je les inondasse de principes anarchiques? Mais ils connaissent par expérience mes doctrines sur ce point. Ils m'ont vu tous occuper leur territoire; combien n'ai-je pas été poussé à révolutionner leur pays, municipaliser leurs villes, soulever leurs sujets! Bien qu'on m'ait salué, en leur nom, de *moderne Attila,* de *Robespierre à cheval,* tous le savent dans le fond de leur cœur!!! qu'ils y descendent! Si je l'avais été, je régnerais encore peut-être; mais eux, bien sûrement et depuis longtemps, ils ne régneraient plus. Dans la grande cause dont ju me voyais le chef et l'arbitre, deux systèmes se présentaient à suivre: de faire entendre raison aux rois par les peuples, ou de conduire à bon port les peuples par les rois; mais on sait s'il est facile d'arrêter les peuples quand une fois ils sont lancés: il était plus naturel de compter un peu sur la sagesse et l'intelligence des rois; j'ai dû leur supposer toujours assez d'esprit pour de si clairs intérêts; je me suis trompé: ils n'ont tenu compte de rien; et, dans leur aveugle passion, ils ont déchaîné contre moi ce que j'avais retenu contre eux. Ils verront!

Enfin les souverains se trouvaient-ils offusqués de voir un simple soldat parvenir à une couronne? Redoutaient-ils l'exemple? Mais les solennités, mais les circonstances qui ont accompagné mon élévation, mon empressement à m'associer à leurs mœurs, à m'identifier à leur existence, à m'allier à leur sang et à leur politique, fermaient assez la porte aux nouveaux concurrents. Bien plus, si l'on eût dû avoir le spectacle d'une légitimité interrompue, je maintiens qu'il leur était bien plus avantageux que ce fût par moi, sorti des rangs, que par un prince membre de leur famille; car des milliers de siècles s'écouleront avant que les circonstances accumulées sur ma tête aillent en puiser un autre dans la foule pour reproduire le même spectacle; tandis qu'il n'est pas de souverain qui n'ait à quelques pas de lui, dans son palais, des cousins, des neveux, des frères, quelques parents propres à imiter facilement celui qui une fois les aurait remplacés.

D'une autre part, de quoi pouvaient s'effrayer les peuples? Que je vinsse les ravager, leur imposer des chaînes? Mais je revenais le Messie de la paix et de leurs droits; cette doctrine nouvelle faisait ma force; la violer, c'était me perdre. Cependant les Français mêmes m'ont redouté; ils ont eu l'insanité de discuter quand il n'y avait qu'à combattre, de se diviser quand il fallait à tout prix se réunir. Et ne valait-il pas mieux encore courir les dangers de m'avoir pour maître que de s'exposer à subir le joug de l'étranger? N'était-il pas plus aisé de se défaire d'un despote, d'un tyran, que de secouer les chaînes de toutes les nations réunies? Et puis d'où leur venait cette défiance sur ma personne? parce qu'ils m'avaient déjà vu concentrer en moi tous les efforts et les diriger d'une main vigoureuse. Mais n'apprennent-ils pas aujourd'hui à leurs dépens combien c'était nécessaire? Eh bien! le péril fut toujours le même, la lutte terrible et la crise imminente. Dans cet état de choses, la dictature n'était-elle pas nécessaire, indispensable? Le salut de la patrie me commandait même de la déclarer ouvertement au retour de Leipsick. J'eusse dû le faire encore au retour de l'île d'Elbe. Je manquai de caractère, ou plutôt de confiance dans les Français, parce que plusieurs n'en avaient plus en moi, et c'était me faire grande injure. Si les esprits étroits et vulgaires ne voyaient dans tous mes efforts que le soin de ma puissance, les esprits larges n'auraient-ils pas dû démontrer que, dans les circonstances où nous nous trouvions, ma puissance et la patrie ne faisaient qu'un? Fallait-il donc de si grands malheurs sans remèdes, pour pouvoir me faire comprendre? L'histoire me rendra plus de justice; elle me signalera, au contraire, comme l'homme des abnégations et du désintéressement.

Qui sur la terre eut plus de trésors à sa disposition? J'ai eu plusieurs centaines de millions dans mes caves; plusieurs autres centaines composaient mon domaine de l'extraordinaire: tout cela était mon bien. Que sont-ils devenus? ils se sont fondus dans les besoins de la patrie. Qu'on me considère ici, je demeure nu sur mon roc! Ma fortune était toute dans celle de la France! Dans la situation extraordinaire où le sort m'avait élevé, mes trésors étaient les siens; je m'étais identifié sans réserve avec ses destinées. Quel autre calcul eût pu m'atteindre si haut? M'a-t-on jamais vu m'occuper de moi? Je ne me suis jamais connu d'autres jouissances, d'autres richesses que celles du public; c'est au point que quand Joséphine, qui avait le goût des arts, venait à bout, à la faveur de mon nom, de s'emparer de quelques chefs-d'œuvre, bien qu'ils fussent dans mon palais, sous mes yeux, dans mon ménage, je m'en trouvais comme blessé, je me croyais volé: *ils n'étaient pas au Muséum.*

Ah! sans doute, le peuple français a beaucoup fait pour moi! plus qu'on ne fit jamais pour un homme! Mais aussi qui fit jamais autant pour lui? . . . qui jamais s'identifia de la sorte avec lui? . . .

Mais autour de nous, je reviens à celle-là surtout, à l'Angleterre.

Quelles pouvaient être ses craintes? On se le demande en vain. Avec
notre constitution nouvelle, nos deux Chambres, n'avions-nous pas
désormais embrassé sa religion? N'était-ce donc pas là un moyen sûr
de nous entendre, de faire désormais cause commune? Grâce à leurs
parlements respectifs, chacun fût devenu la garantie de l'autre; et saura-
t-on jamais jusqu'à quel point pouvait se porter l'union des deux peuples et celle de leurs intérêts, les combinaisons nouvelles qu'il était possible de mettre en œuvre? Si j'eusse battu l'armée anglaise et gagné ma
dernière bataille, j'eusse causé un grand et heureux étonnement; le
lendemain je proposais la paix, et pour le coup c'eût été moi qui aurais prodigué les avantages à pleines mains. Au lieu de cela, peut-être
les Anglais seront-ils réduits à pleurer un jour d'avoir vaincu à Waterloo!!!

Je le répète, les peuples et les rois ont eu tort; j'avais retrempé les
trônes; j'avais retrempé la noblesse inoffensive, et les trônes et la noblesse peuvent se trouver de nouveau en péril. J'avais consacré, fixé les
limites raisonnables des droits des peuples; et les réclamations vagues,
absolues et immodérées peuvent renaître.

Mon retour et mon maintien sur le trône, mon adoption franche
cette fois de la part des souverains, jugeaient définitivement la cause
des rois et des peuples; tous les deux l'avaient gagnée. Aujourd'hui on
la remet en question: tous deux peuvent la perdre. On pouvait avoir
tout fini, on peut avoir tout à reprendre; on a pu se garantir un calme
long et assuré, commencer à en jouir; et au lieu de cela, il peut suffire
d'une étincelle pour ramener une conflagration universelle! . . .
Pauvre et triste humanité! . . .

.   .   .   .   .   .

Ah! quel malheur que je n'aie pu gagner l'Amérique! De l'autre
hémisphère même, j'eusse protégé la France contre les réacteurs! la
crainte de mon apparition eût tenu en bride leur violence et leur
déraison; il eût suffi de mon nom pour enchaîner les excès et frapper
d'épouvante!

La contre-révolution, même en la laissant aller, doit inévitablement se noyer d'elle-même dans la révolution. Il suffit à
présent de l'atmosphère des jeunes idées pour étouffer les vieux
féodalistes; car rien ne saurait désormais détruire ou effacer les grands
principes de notre révolution; ces grandes et belles vérités doivent demeurer à jamais, tant nous les avons entrelacées de lustre, de monuments, de prodiges; nous en avons noyé les premières souillures dans
les flots de gloire; elles sont désormais immortelles! Sorties de la tri-

bune française, cimentées du sang des batailles, décorées des lauriers de la victoire, saluées des acclamations des peuples, sanctionnées par les traités, les alliances des souverains, devenues familières aux oreilles comme à la bouche des rois, elles ne sauraient plus rétrograder!!!

Elles vivent dans la Grande-Bretagne, elles éclairent l'Amérique, elles sont nationalisées en France: voilà le trépied d'où jaillira la lumière du monde!

Elles le régiront; elles seront la foi, la religion, la morale de tous les peuples: et cette ère mémorable se rattachera, quoi qu'on ait voulu dire, à ma personne; parce qu'après tout j'ai fait briller le flambeau, consacré les principes, et qu'aujourd'hui la persécution achève de m'en rendre le Messie. Amis et ennemis, tous m'en diront le premier soldat, le grand représentant. Aussi, même quand je ne serai plus, je demeurerai encore pour les peuples l'étoile polaire de leurs droits; mon nom sera le cri de guerre de leurs efforts, la devise de leurs espérances.

.   .   .   .   .   .

J'ai refermé le gouffre anarchique et débrouillé le chaos. J'ai dessouillé la révolution, ennobli les peuples et raffermi les rois. J'ai excité toutes les émulations, récompensé tous les mérites, et reculé les limites de la gloire! Tout cela est bien quelque chose! Et puis sur quoi pourrait-on m'attaquer, qu'un historien ne puisse me défendre? Mon despotisme? mais il démontrera que la dictature était de toute nécessité. Dira-t-on que j'ai gêné la liberté? mais il prouvera que la licence, l'anarchie, les grands désordres, étaient encore au seuil de la porte. M'accusera-t-on d'avoir trop aimé la guerre? mais il montrera que j'ai toujours été attaqué; d'avoir voulu la monarchie universelle? mais il fera voir qu'elle ne fut que l'œuvre fortuite des circonstances, que ce furent nos ennemis eux-mêmes qui m'y conduisirent pas à pas. Enfin, sera-ce mon ambition? Ah, sans doute, il m'en trouvera, et beaucoup, mais de la plus grande et de la plus haute qui fût peut-être jamais! celle d'établir, de consacrer enfin l'empire de la raison et le plein exercice, l'entière jouissance de toutes les facultés humaines! Et ici l'historien peut-être se trouvera réduit à devoir regretter qu'une telle ambition n'ait pas été accomplie, satisfaite! Mon cher, en bien peu de mots, voilà pourtant toute mon histoire.

VII · LA RESTAURATION ET

LA MONARCHIE DE JUILLET

 Un mot célèbre rappelle que les deux frères de Louis XVI, ramenés en France « dans les fourgons des Alliés » n'avaient *rien appris ni rien oublié*. Il n'en reste pas moins vrai qu'une série d'événements proprement irréversibles séparaient de l'ancien régime la société que Louis XVIII (1814–24) et Charles X (1824–30) furent appelés à gouverner. Certes ils devaient compter avec la faction des *ultras,* bien décidée à remuer ciel et terre pour rentrer dans ses privilèges, en effaçant par là le scandale de l'émigration. Louis XVIII était trop fin politique, trop enclin à la modération pour entrer dans leurs vues ou réaliser leur programme. L'Eglise avait repris de l'influence, mais sans rentrer dans ses biens. Le système administratif et judiciaire mis en place par Napoléon s'était avéré trop efficace et utile pour qu'on songeât à s'en passer. La bureaucratie créée entre 1789 et 1814 devait constituer désormais une force immuable. Cadre de fonctionnaires dévoués à leur tâche, les changements de régime les effleuraient à peine, et sans eux il était impossible de gouverner la France. Quant à la bourgeoisie, sa situation économique privilégiée étant sanctionnée par les lois et défendue par les tribunaux, de quoi pouvait-elle se plaindre?

Si les institutions n'avaient pratiquement pas bougé, le climat psychologique était, lui, méconnaissable. Une conception grandiose et tourmentée de l'existence, issue de la Révolution, avait battu en brèche la philosophie des lumières, fille du xviiie siècle. Au culte de la raison avait succédé celui de l'énergie; aux valeurs claires de la science les valeurs sombres du moi, plongeant ses racines dans la nuit de l'âme; à la foi au progrès un idéal de révolte. Le romantisme enveloppait ultras et libéraux, étant le climat de l'époque plutôt qu'une idéologie précise. Il devait se propager à travers toute l'Europe dans un puissant mouvement artistique et littéraire. La France y eut sa part, aussitôt atténuée la violence de la crise politique déclenchée par la Révolution. Madame de Staël fit l'éloge passionné de la poésie du nord, dont elle opposa l'esprit méditatif et chevaleresque, à base de christianisme, à la froide pensée calculatrice des philosophes, issue du rationalisme païen. Chateaubriand, qui servit le régime en qualité d'ambassadeur et de ministre des affaires étrangères, chanta le génie du christianisme, source de poésie, enrichi par elle en retour. Géricault et Delacroix firent régner la couleur dans leurs toiles, inspirées de scènes d'exaltation telles que la visite de Bonaparte aux pestiférés de Jaffa, ou l'épisode des rescapés sur le radeau de la *Méduse*. Balzac et Stendhal lancèrent le roman sur la voie de l'exploration psychologique, soutenue par la peinture exacte des milieux. Enfin la poésie lyrique connut un renouveau d'une ampleur étonnante: Lamartine, Musset, Vigny, Hugo, Nerval devaient créer une œuvre qui dépassait en importance, en nouveauté, en intérêt, en beauté tout ce qui s'était vu jusque-là en France.

L'alliance du trône et de l'autel était l'aboutissement logique du christianisme sentimental des romantiques comme aussi des tendances conservatrices des partisans de la monarchie. Jusqu'en 1830 elle devait dominer la vie politique en France. L'assassinat du duc de Berry, neveu de Louis XVIII, devait, dès 1820, donner à la politique du gouvernement une orientation conservatrice, — et même répressive, — de plus en plus marquée. La censure de la presse peu à peu se fit plus lourde, le suffrage plus restreint, et la police eut droit à procéder à des arrestations sommaires. On institua le contrôle ecclésiastique des écoles.

In 1824 Charles X accédait au trône. Le pays semblait à l'abri d'un retour offensif du bonapartisme et les républicains paraissaient sans danger. Têtu et borné, le nouveau monarque n'en voulut voir la raison que dans l'autorité de l'Eglise. Une législation nouvelle doubla les subsides qui lui étaient accordés. L'Etat renonça à son droit de regard sur les séminaires nouvellement créés, et il devait favoriser le retour des ordres supprimés. L'influence croissante du clergé sur les affaires de l'Etat favorisa un renouveau d'opposition, parmi la bourgeoisie surtout, dont l'anticléricalisme latent ne demandait qu'un pareil prétexte pour se manifester. Méfiance gallicane ou jalousie politique, les royalistes eux-mêmes ne voyaient pas uniformément d'un bon œil l'accroissement de la puissance cléricale. L'incompatibilité, finalement, entre la mise à l'écart de la bourgeoisie moyenne, sur le plan politique, et l'essor spectaculaire de sa puissance économique, menaçait l'équilibre du régime. L'intensification d'une opposition groupant ultras et libéraux, et qui se faisait de plus en plus bruyante, amena Charles X à renvoyer le ministère en place, constitué par des conservateurs modérés, confiant au prince Jules de Polignac la formation d'un gouvernement réactionnaire. Ce nom seul suffisait à évoquer les pires abus du régime.

En mars 1830 le nouveau gouvernement voulut, au mépris de l'autorité constitutionnelle des Chambres, régner à coup de décrets. Les Chambres en appelèrent aux droits civiques conférés par la Charte de 1814. Elles furent dissoutes. Aux élections de juillet l'opposition remporta une majorité imposante. Charles X n'en voulut point démordre. Le 26 juillet le Roi promulgait une série d'Ordonnances qui visaient à mettre un frein à la liberté de la presse, à dissoudre les Chambres nouvellement élues avant même leur première séance, à priver du droit de suffrage presque tous les libéraux. A Paris, trois journées de barricades — *les trois glorieuses* de la révolution de Juillet — saluèrent ce coup d'état larvé de la faction ultra. Le 2 août, la partie était jouée: Charles X abdiquait, tandis qu'une coalition de libéraux modérés et de monarchistes constitutionnels portaient sur le trône Louis-Philippe d'Orléans, fils du révolutionnaire notoire Philippe-Egalité, de la branche cadette des Bourbon.

La monarchie de Juillet chercha à se concilier le centre par une politique dite du *juste milieu:* ni jacobine ni ultra, elle se voulut constitutionnelle, modérée, bourgeoise. L'Eglise perdit ses droits, la censure ses pouvoirs, la base électorale s'élargit, le tricolore, emblème de la nation, remplaça l'étendard blanc des Bourbon. Une modification de la Charte de 1814 fit entrer la majeure partie de la classe possédante dans les rangs des électeurs. La puissance politique, la direction de l'Etat se monopolisèrent au profit de la grande bourgeoisie et de ses alliées, les professions libérales et le fonctionnariat. Acculée à la misère par l'essor de la révolution industrielle, la classe ouvrière s'aperçut avec effroi que le gouvernement, entièrement acquis aux intérêts de la classe possédante, se désintéressait de son sort.

Comme cette autre puissance industrielle, l'Angleterre, la France se scinda en deux nations: celle des riches et celle des pauvres. Le *pays légal,* englobant ceux dont la fortune donnait accès à la vie politique, comptait à peine 200,000 habitants. Trente-cinq millions de Français, qui sous la constitution jouissaient bien d'une certaine liberté personnelle, se voyaient refuser tous droits civiques. Sous un régime de liberté de parole relatif l'opposition radicale fit appel, pour nourrir sa propagande, aux revendications des masses, tenues à l'écart de la vie politique. Les légitimistes tonnaient contre un régime orléaniste, les républicains contre la monarchie et le pays légal, les bonapartistes contre la politique sans gloire d'un gouvernement aux ordres d'une nation de propriétaires. Parmi l'agitation grandissante et les émeutes ouvrières, le régime n'avait pour toute préoccupation que de survivre.

Louis-Philippe et ses ministres étaient en quête de la solution moyenne qui leur permettrait de rassembler autour du centre les forces qui, dans un passé immédiat et sanglant, avaient déchiré la France. Pressés de puiser une idéologie de réconciliation dans les leçons de l'histoire, nombre d'hommes politiques se tournèrent vers l'étude des événements qui avaient bouleversé la face de l'Europe. François Guizot, ministre des affaires étrangères et principal appui du Roi de 1840 à 1848, son adversaire libéral Adolphe Thiers, chef de l'opposition parlementaire, le républicain Alphonse de Lamartine, poète, homme d'état, révolutionnaire, rédigèrent, chacun à l'appui de ses thèses politiques, une vaste *Histoire de la Révolution française* en plusieurs tomes.

La monarchie de Juillet finit par succomber à ces mêmes forces qui l'avaient portée au pouvoir. De 1830 à 1848 la France avait rejoint l'Angleterre dans les rangs des nations industrielles. Cette révolution économique, d'une portée incalculable, avait créé un régime de laisser-faire qui donnait aux entreprises carte blanche dans le domaine de l'expansion des investissements, et incidemment de l'exploitation de la main d'œuvre. L'atelier recula devant l'usine et les ouvriers refluèrent en masse des campagnes vers les villes, où la misère prit des proportions effrayantes. La création des chemins de fer précipita, par la réduction du prix du transport, le rythme de cette transformation. En 1846 le cycle de l'expansion industrielle se trouva bloqué net: le prix des vivres avait augmenté de façon désastreuse pour les travailleurs, par suite d'une récolte manquée, et les industriels, se trouvant à court de capital, durent abandonner des travaux trop vastes pour une économie surchauffée. On renvoya les ouvriers à mesure que la production baissait, et dès 1847 on pouvait compter près d'un million de chômeurs dans les grandes villes industrielles de la France, dont une bonne partie à Paris même.

Les forces économiques nouvelles mises en mouvement par la monarchie de Juillet avaient transformé la France, la dotant d'une technologie encore à ses débuts, et donc imparfaitement comprise. Le monde né de l'industrialisation attendait du gouvernement des mesures énergiques pour assurer le contrôle des forces économiques et sociales que l'industrialisation avait déchaînées. L'opinion publique s'en émut, et l'opposition fit des progrès rapides. Le Roi fermait les yeux, se berçant de cette formule: « Pas de réforme! je n'en veux point. » Louis-Philippe et Guizot faisaient confiance au jeu bénéfique des lois de l'économie pour les tirer de cette mauvaise passe. L'opposition eut recours à une agitation accrue. Tout devait finir, une fois de plus, par une révolution.

De la poésie classique et de la poésie romantique[1]

Le nom de *romantique* a été introduit nouvellement en Allemagne, pour désigner la poésie dont les chants des troubadours ont été
l'origine, celle qui est née de la chevalerie et du christianisme. Si l'on
n'admet pas que le paganisme et le christianisme, le Nord et le Midi,
l'antiquité et le moyen âge, la chevalerie et les institutions grecques et
romaines, se sont partagé l'empire de la littérature, l'on ne parviendra
jamais à juger sous un point de vue philosophique le goût antique et
le goût moderne.

On prend quelquefois le mot *classique* comme synonyme de
perfection. Je m'en sers ici dans une autre acception, en considérant la
poésie classique comme celle des anciens, et la poésie romantique
comme celle qui tient de quelque manière aux traditions chevale-
resques. Cette division se rapporte également aux deux ères du monde:
celle qui a précédé l'établissement du christianisme, et celle qui l'a
suivi.

La nation française, la plus cultivée des nations latines, penche
vers la poésie classique, imitée des Grecs et des Romains. La nation anglaise, la plus illustre des nations germaniques, aime la poésie romantique et chevaleresque, et se glorifie des chefs-d'œuvre qu'elle possède
en ce genre. Je n'examinerai point ici lequel de ces deux genres de
poésie mérite la préférence: il suffit de montrer que la diversité des
goûts, à cet égard, dérive non-seulement de causes accidentelles, mais
aussi des sources primitives de l'imagination et de la pensée.

Il y a dans les poëmes épiques, et dans les tragédies des anciens,
un genre de simplicité qui tient à ce que les hommes étaient identifiés

1. *De l'Allemagne*, the Romanticist manifesto, was written around 1810.
Fouché, refusing permission for its publication at that time, wrote: "*Votre dernier
ouvrage n'est point français. . . .*" The book was finally published in London in
1813.

From *De l'Allemagne* (Paris: Charpentier, 1862), pp. 166–69.

à cette époque avec la nature, et croyaient dépendre du destin, comme elle dépend de la nécessité. L'homme, réfléchissant peu, portait toujours l'action de son âme au dehors; la conscience elle-même était figurée par des objets extérieurs, et les flambeaux des Furies secouaient les remords sur la tête des coupables. L'événement était tout dans l'antiquité; le caractère tient plus de place dans les temps modernes; et cette réflexion inquiète, qui nous dévore souvent comme le vautour de Prométhée, n'eût semblé que de la folie, au milieu des rapports clairs et prononcés qui existaient dans l'état civil et social des anciens.

Les anciens avaient, pour ainsi dire, une âme corporelle, dont tous les mouvements étaient forts, directs et conséquents: il n'en est pas de même du cœur humain développé par le christianisme: les modernes ont puisé dans le repentir chrétien l'habitude de se replier continuellement sur eux-mêmes.

Mais, pour manifester cette existence tout intérieur, il faut qu'une grande variété dans les faits présente sous toutes les formes les nuances infinies de ce qui se passe dans l'âme. Si de nos jours les beaux-arts étaient astreints à la simplicité des anciens, nous n'atteindrions pas à la force primitive qui les distingue, et nous perdrions les émotions intimes et multipliées dont notre âme est susceptible. La simplicité de l'art, chez les modernes, tournerait facilement à la froideur et à l'abstraction, tandis que celle des anciens était pleine de vie. L'honneur et l'amour, la bravoure et la pitié sont les sentiments qui signalent le christianisme chevaleresque; et ces dispositions de l'âme ne peuvent se faire voir que par les dangers, les exploits, les amours, les malheurs, l'intérêt romantique enfin, qui varie sans cesse les tableaux. Les sources des effets de l'art sont donc différentes, à beaucoup d'égards, dans la poésie classique et dans la poésie romantique: dans l'une, c'est le sort qui règne; dans l'autre, c'est la Providence; le sort ne compte pour rien les sentiments des hommes, la Providence ne juge les actions que d'après les sentiments. Comment la poésie ne créerait-elle pas un monde d'une tout autre nature, quand il faut peindre l'œuvre d'un destin aveugle et sourd, toujours en lutte avec les mortels, ou cet ordre intelligent auquel préside un Etre suprême, que notre cœur interroge, et qui répond à notre cœur!

La poésie païenne doit être simple et saillante comme les objets extérieurs; la poésie chrétienne a besoin des mille couleurs de l'arc-en-ciel pour ne pas se perdre dans les nuages. La poésie des anciens est plus pure comme art, celle des modernes fait verser plus de larmes; mais la question pour nous n'est pas entre la poésie classique et la poésie romantique, mais entre l'imitation de l'une et l'inspiration de l'autre. La littérature des anciens est chez les modernes une littérature transplantée: la littérature romantique ou chevaleresque est chez nous indigène, et c'est notre religion et nos institutions qui l'ont fait éclore. Les écrivains imitateurs des anciens se sont soumis aux règles du goût les plus sévères; car, ne pouvant consulter ni leur propre nature, ni leurs propres souvenirs, il a fallu qu'ils se conformassent aux lois d'après lesquelles les chefs-d'œuvre des anciens peuvent être adaptés à notre goût, bien que toutes les circonstances politiques et religieuses qui ont donné le jour à ces chefs-d'œuvre soient changées. Mais ces poésies d'après l'antique, quelque parfaites qu'elles soient, sont rarement populaires, parce qu'elles ne tiennent, dans le temps actuel, à rien de national.

La littérature romantique est la seule qui soit susceptible encore d'être perfectionnée, parce qu'ayant ses racines dans notre propre sol, elle est la seule qui puisse croître et se vivifier de nouveau: elle exprime notre religion; elle rappelle notre histoire; son origine est ancienne, mais non antique.

Pétition aux deux Chambres (1816)

Messieurs,

Je suis Tourangeau, j'habite Luynes, sur la rive droite de la Loire, lieu autrefois considérable, que la révocation de l'édit de Nantes a réduit à mille habitants, et que l'on va réduire à rien par des nouvelles persécutions, si votre prudence n'y met ordre.

L'autorité, messieurs, voilà le grand mot en France. Ailleurs, on dit la loi, ici l'autorité. Oh! que le père Canaye [1] serait content de nous, s'il pouvait revivre un moment! il trouverait partout écrit: *Point de raison; l'autorité.* Il est vrai que cette autorité n'est pas celle des Conciles, ni des Pères de l'Eglise, moins encore des jurisconsultes; mais c'est celle des gendarmes, qui en vaut bien une autre.

Justice, équité, providence! vains mots dont on nous abuse! Quelque part que je tourne les yeux, je ne vois que le crime triomphant, et l'innocence opprimée. Je sais tel qui, à force de trahisons, de parjures et de sottises tout ensemble, n'a pu consommer sa ruine; une famille qui laboure le champ de ses pères est plongée dans les cachots et disparaît pour toujours. Détournons nos regards de ces tristes exemples, qui feraient renoncer au bien et douter même de la vertu.

Tous ces pauvres gens, arrêtés comme je viens de vous raconter, furent conduits à Tours, et, là, mis en prison. Au bout de quelques jours, on leur apprit qu'ils étaient bonapartistes; mais on ne voulut pas les condamner sur cela, ni même leur faire leur procès. On les renvoya ailleurs, avec grande raison; car il est bon de vous dire, messieurs,

---

1. **Père Canaye:** a reference to the *Conversation du père Canaye et du maréchal d'Hocquincourt* in the works of Saint-Evremond (1613–1703), whose light irony at the church's expense anticipated the tone and the concerns of the eighteenth-century *philosophes.*

From *Œuvres complètes de P.-L. Courier* (Paris: Gallimard, 1940), pp. 3–10.

Paul-Louis Courier de Méré (1772–1825), was a classical scholar and brilliant pamphleteer, translator, and letter writer. His trenchant satires and pamphlets against the restoration government led ultimately to his imprisonment. He was murdered by one of his servants in 1825.

qu'entre ceux qui les accusaient et ceux qui devaient les juger comme bonapartistes, ils se trouvaient les seuls peut-être qui n'eussent point juré fidélité à Bonaparte, point recherché sa faveur, ni protesté de leur dévouement à sa personne sacrée. Le magistrat qui les poursuit avec tant de rigueur aujourd'hui, sous prétexte de bonapartisme, traitait de même leurs enfants il y a peu d'années, mais pour un tout autre motif, pour avoir refusé de servir Bonaparte. Il faisait, par les mêmes suppôts, saisir le conscrit réfractaire, et conduire aux galères l'enfant qui préférait son père à Bonaparte. Que dis-je! au défaut de l'enfant, il saisissait le père même, faisait vendre le champ, les bœufs et la charrue du malheureux dont le fils avait manqué deux fois à l'appel de Bonaparte. Voilà les gens qui nous accusent de bonapartisme. Pour moi, je n'accuse ni ne dénonce, car je ne veux nul emploi, et n'ai de haine pour qui que ce soit; mais je soutiens qu'en aucun cas on ne peut avoir de raison d'arrêter à Luynes dix personnes, ou à Paris cent mille; car c'est la même chose. Il n'y saurait avoir à Luynes dix voleurs reconnus parmi les habitants, dix assassins domiciliés; cela est si clair, qu'il me semble aussitôt prouvé que dit. Ce sont donc dix ennemis du roi, qu'on prive de leur liberté, dix hommes dangereux à l'Etat. Oui, messieurs, à cent lieues de Paris, dans un bourg écarté, ignoré, qui n'est pas même lieu de passage, où l'on n'arrive que par des chemins impraticables, il y a là dix conspirateurs, dix ennemis de l'Etat et du roi, dix hommes dont il faut s'assurer, avec précaution toutefois. Le secret est l'âme de toute opération militaire. A minuit on monte à cheval; on part; on arrive sans bruit aux portes de Luynes; point de sentinelles à égorger, point de postes à surprendre; on entre, et au moyen de mesures si bien prises, on parvient à saisir une femme, un barbier, un sabotier, quatre ou cinq laboureurs ou vignerons, et la monarchie est sauvée.

Toutefois vous voyez que Luynes n'est point, messieurs, comme vous l'auriez pu croire, un centre de rébellion, un de ces repaires qu'on livre à la vengeance publique, mais le lieu le plus tranquille de la plus soumise province qui soit dans tout le royaume. Il était tel du moins, avant qu'on y eût allumé, par de criantes iniquités, des ressentiments et des haines qui ne s'éteindront de longtemps. Car, je dois vous le dire, messieurs, ce pays n'est plus ce qu'il était; s'il fut calme pendant des siècles, il ne l'est plus maintenant. La terreur à présent y règne et ne cessera que pour faire place à la vengeance. Le feu mis à la maison du maire, il y a quelques mois, vous prouve à quel degré la rage était alors montée; elle est augmentée depuis, et cela chez des gens qui, jusqu'à ce moment, n'avaient montré que douceur, patience, soumission à tout régime supportable. L'injustice les a révoltés. Réduits au désespoir par ces magistrats mêmes, leurs naturels appuis, opprimés au nom des lois qui doivent les protéger, ils ne connaissent plus de frein, parce que ceux qui les gouvernent n'ont point connu de mesure. Si le devoir des législateurs est de prévenir les crimes, hâtez-vous, messieurs, de mettre un terme à ces dissensions. Il faut que votre sagesse et la bonté du roi rendent à ce malheureux pays le calme qu'il a perdu.

STENDHAL

Le Rouge et le noir

Après le discours de l'évêque et la réponse du roi, Sa Majesté se plaça sous le dais; ensuite elle s'agenouilla fort dévotement sur un coussin près de l'autel. Le chœur était environné de stalles, et les stalles élevées de deux marches sur le pavé. C'était sur la dernière de ces marches que Julien était assis aux pieds de M. Chélan, à peu près comme un caudataire près de son cardinal, à la chapelle Sixtine, à Rome. Il y eut un *Te Deum*,[1] des flots d'encens, des décharges infinies de mousqueterie et d'artillerie; les paysans étaient ivres' de bonheur et de piété. Une telle journée défait l'ouvrage de cent numéros des journaux jacobins.

Julien était à six pas du roi, qui réellement priait avec abandon. En cas de visite d'un prince souverain, l'étiquette veut que les chanoines n'accompagnent pas l'évêque. Mais en se mettant en marche pour la chapelle ardente, Mgr d'Agde appela l'abbé Chélan; Julien osa le suivre.

Après avoir monté un long escalier, on parvint à une porte extrêmement petite, mais dont le chambranle gothique était doré avec magnificence. Cet ouvrage avait l'air fait de la veille.

Devant la porte étaient réunies à genoux vingt-quatre jeunes filles, appartenant aux familles les plus distinguées de Verrières. Avant d'ouvrir la porte, l'évêque se mit à genoux au milieu de ces jeunes filles toutes jolies. Pendant qu'il priait à haute voix, elles semblaient ne pouvoir assez admirer ses belles dentelles, sa bonne grâce, sa figure si jeune et si douce. Ce spectacle fit perdre à notre héros ce qui lui res-

---

1. *Te Deum:* the hymn *Te Deum laudamus,* "We praise thee, O Lord," was often sung ceremonially on occasions of thanksgiving, often for victory.

From *Le Rouge et le noir* (Paris: Garnier Frères, n.d.), pp. 107–10.
Stendhal (see note, p. 180) played a minor role in the administration of Napoleon's empire, and under the Orléanist regime became French consul in the small papal port town of Civita-Vecchia. He immortalized his love of Italy, his libertarian longings, his Bonapartist nostalgia, and his contempt for the Restoration and the July monarchy in two major novels, *Le Rouge et le noir* (1830) and *La Chartreuse de Parme* (1839). In this passage, the hero, Julien Sorel, observes, fascinated, the visit of a king to the town of Verrières.

tait de raison. En cet instant, il se fût battu pour l'inquisition, et de bonne foi. La porte s'ouvrit tout à coup. La petite chapelle parut comme embrasée de lumière. On apercevait sur l'autel plus de mille cierges divisés en huit rangs séparés entre eux par des bouquets de fleurs. L'odeur suave de l'encens le plus pur sortait en tourbillon de la porte du sanctuaire. La chapelle dorée à neuf était fort petite, mais très élevée. Julien remarqua qu'il y avait sur l'autel des cierges qui avaient plus de quinze pieds de haut. Les jeunes filles ne purent retenir un cri d'admiration. On n'avait admis dans le petit vestibule de la chapelle que les vingt-quatre jeunes filles, les deux curés et Julien.

Bientôt le roi arriva, suivi du seul M. de La Mole et de son grand chambellan. Les gardes eux-mêmes restèrent en dehors, à genoux, et présentant les armes.

Sa Majesté se précipita plutôt qu'elle ne se jeta sur le prie-Dieu. Ce fut alors seulement que Julien, collé contre la porte dorée, aperçut, par-dessus le bras nu d'une jeune fille, la charmante statue de saint Clément. Il était caché sous l'autel, en costume de jeune soldat romain. Il avait au cou une large blessure d'où le sang semblait couler. L'artiste s'était surpassé; ses yeux mourants, mais pleins de grâce, étaient à demi fermés. Une moustache naissante ornait cette bouche charmante, qui à demi fermée avait encore l'air de prier. A cette vue, la jeune fille voisine de Julien pleura à chaudes larmes; une de ses larmes tomba sur la main de Julien.

Après un instant de prières dans le plus profond silence, troublé seulement par le son lointain des cloches de tous les villages à dix lieues à la ronde, l'évêque d'Agde demanda au roi la permission de parler. Il finit un petit discours fort touchant par des paroles simples, mais dont l'effet n'en était que mieux assuré.

— N'oubliez jamais, jeunes chrétiennes, que vous avez vu l'un des plus grands rois de la terre à genoux devant les serviteurs de ce Dieu tout-puissant et terrible. Ces serviteurs faibles, persécutés, assassinés sur la terre, comme vous le voyez par la blessure encore sanglante de saint Clément, ils triomphent au ciel. N'est-ce pas, jeunes chrétiennes, vous vous souviendrez à jamais de ce jour, vous détesterez l'impie? A jamais vous serez fidèles à ce Dieu si grand, si terrible, mais si bon?

A ces mots, l'évêque se leva avec autorité.

— Vous me le promettez? dit-il, en avançant le bras d'un air inspiré.

— Nous le promettons, dirent les jeunes filles, en fondant en larmes.

Je reçois votre promesse, au nom du Dieu terrible! ajouta l'évêque d'une voix tonnante. Et la cérémonie fut terminée.

Le roi lui-même pleurait. Ce ne fut que longtemps après que Julien eut assez de sang-froid pour demander où étaient les os du saint envoyés de Rome à Philippe le Bon, duc de Bourgogne. On lui apprit qu'ils étaient cachés dans la charmante figure de cire.

Sa majesté daigna permettre aux demoiselles qui l'avaient accompagnée dans la chapelle de porter un ruban rouge sur lequel étaient brodés ces mots: HAINE A L'IMPIE, ADORATION PERPETUELLE.

M. de La Mole fit distribuer aux paysans dix mille bouteilles de vin. Le soir, à Verrières, les libéraux trouvèrent une raison pour illuminer cent fois mieux que les royalistes.

COMTE DE SAINT-SIMON

Du système industriel

La crise dans laquelle le corps politique se trouve engagé depuis trente ans, a pour cause fondamentale le changement total de système social, qui tend à s'opérer aujourd'hui, chez les nations les plus civilisées, en résultat final de toutes les modifications que l'ancien ordre politique a successivement éprouvées jusqu'à ce jour. En termes plus précis, cette crise consiste essentiellement dans le passage du système féodal et théologique au système industriel et scientifique. Elle durera, inévitablement, jusqu'à ce que la formation du nouveau système soit en pleine activité.

Ces vérités fondamentales ont été jusqu'à présent, et sont encore également ignorées des gouvernés et des gouvernants; ou plutôt elles n'ont été et ne sont senties, par les uns et par les autres, que d'une manière vague et incomplète, absolument insuffisante. Le dix-neuvième siècle est encore dominé par le caractère critique du dix-huitième; il ne s'est point encore investi du caractère organisateur qui doit lui être propre. Telle est la véritable cause première de l'effrayante prolongation de la crise, et des orages terribles dont elle a été accompagnée jusqu'ici. Mais cette crise cessera de toute nécessité, ou du moins elle se changera en un simple mouvement moral, aussitôt que nous nous serons élevés au rôle éminent que la marche de la civilisation nous assigne, aussitôt que les forces temporelles et spirituelles qui doivent entrer en activité seront sorties de leur inertie.

From *Du système industriel* (Paris: chez Antoine-Augustin Renouard, 1821), pp. i–ii, 75–79.

Claude-Henri de Rouvroy, Comte de Saint-Simon (1760–1825), was one of the first European thinkers to understand the social importance of technological changes in the early nineteenth century. His humanitarian concerns combined with his religion of social progress led him to develop a program for giving political power to the technocracy. This form of socialism was very influential in the first half of the century and emerged officially as part of the social and political program of Napoleon III.

AU ROI,

*Et à messieurs les agriculteurs, négociants, manufacturiers
et autres industriels qui sont membres de la chambre des députés,*

Sur les mesures à prendre pour terminer la Révolution

Sire et messieurs,

Il n'existe qu'un seul moyen de terminer la révolution: ce moyen consiste à établir l'administration des affaires publiques la plus favorable à la culture, au commerce et à la fabrication.

Or, le moyen le plus certain pour rendre l'administration des affaires publiques la plus favorable possible à la culture, au commerce et à la fabrication, consiste évidemment à placer la direction des affaires générales dans les mains des cultivateurs, des négociants et des manufacturiers les plus capables.

Les mesures qui investiront les industriels des plus grands pouvoirs politiques, seront donc les plus propres à terminer la révolution.

Les mesures que je vais soumettre à Votre Majesté ainsi qu'à vous, Messieurs, me paraissent les plus certaines pour investir les industriels de la direction générale de l'administration publique: je les crois, pour cette raison, les meilleures à employer pour terminer la révolution.

Mesures à prendre pour terminer la révolution

Il sera arrêté par les autorités compétentes ce qui suit:

Article Ier. Le ministère des finances ne pourra être occupé que par un citoyen qui aura été industriel de profession pendant dix années consécutives.

Art. II. Il sera établi un conseil d'industriels (qui portera le titre de chambre de l'industrie): ce conseil sera attaché au ministère des finances, et il sera composé de vingt-cinq personnes.

Le ministre des finances sera membre de cette chambre, et il en sera président.

Cette chambre sera composée d'abord des quatre cultivateurs dont les cultures sont les plus importantes; des deux négociants faisant le plus d'affaires; des deux fabricants employant le plus d'ouvriers; et des quatre banquiers jouissant du plus grand crédit.

Cette première moitié de la chambre procédera à la nomination de douze autres membres, pris parmi les industriels, dans la proportion suivante; savoir: six cultivateurs, deux négociants, deux manufacturiers et deux banquiers.

Art. III. La chambre de l'industrie s'assemblera une fois par an, d'après l'invitation du ministre des finances.

Le ministre des finances soumettra à cette chambre le projet de budget qu'il aura conçu.

Cette chambre discutera le budget qui sera soumis, par le ministre, à son examen, et elle arrêtera ce projet, après y avoir fait des changements, si elle le juge convenable.

Tous les ministres auront le droit d'assister aux séances de cette chambre, et ils pourront prendre part aux discussions; mais ils n'auront pas voix délibérative.

Art. IV. Le premier article du budget des dépenses aura pour objet d'assurer l'existence des prolétaires, en procurant du travail aux valides, et des secours aux invalides.

Art. V. Le ministère de l'intérieur ne pourra être occupé que par un citoyen qui ait été industriel de profession pendant six années consécutives.

Art. VI. Il sera établi un conseil attaché au ministère de l'intérieur; le ministre sera membre et président de ce conseil.

Ce conseil sera composé de vingt-cinq membres; savoir: 1°. de sept agriculteurs, trois négociants et trois fabricants; 2°. de deux physiciens, trois chimistes et trois physiologistes, tous membres de l'Academie des Sciences, et de trois ingénieurs des ponts et chaussées.

Les membres de ce conseil, le ministre seul excepté, seront nommés par la chambre de l'industrie.

Art. VII. Le conseil attaché au ministère de l'intérieur se réunira deux fois par an, d'après l'invitation du ministre.

Ce conseil s'assemblera une première fois pour discuter et arrêter le projet de budget du ministère de l'intérieur.

Il s'assemblera une seconde fois pour arrêter l'emploi des sommes qui auront été accordées au ministère de l'intérieur par le budget général.

Art. VIII. Le ministère de la marine ne pourra être occupé que par un citoyen qui ait été domicilié dans un port de mer pendant vingt ans, et à la tête d'une maison de commerce faisant des armements au moins depuis dix années.

Art. IX. Il sera établi un conseil maritime.

Ce conseil sera composé de treize membres; savoir: un député de Dunkerque, deux du Havre, un de Saint-Malo, deux de Nantes, un de La Rochelle, deux de Bordeaux, un de Baïonne, deux de Marseille, et le ministre, qui sera président de ce conseil.

Les armateurs de chacune des places désignées ci-dessus, nommeront les députés chargés de soutenir leurs intérêts.

Le conseil maritime s'assemblera deux fois par an, d'après l'invitation du ministre de la marine.

A sa première réunion, il arrêtera le projet du budget de la marine; à la seconde, il arrêtera l'emploi des sommes qui auront été accordées au département de la marine par le budget général.

FRANÇOIS-RENÉ DE CHATEAUBRIAND

Mémoires d'outre-tombe[1]

Louis XVII et Louis XVIII n'ont point été sacrés; le sacre de Charles X vient immédiatement après celui de Louis XVI. Charles X assista au couronnement de son frère; il représentait le duc de Normandie, Guillaume le Conquérant. Sous quels heureux auspices Louis XVI ne montait-il pas au trône? Comme il était populaire en succédant à Louis XV! Et pourtant, qu'est-il devenu? Le sacre actuel sera la représentation d'un sacre, non un sacre: nous verrons le maréchal Moncey, acteur au sacre de Napoléon; ce maréchal qui jadis célébra dans son armée la mort du tyran Louis XVI, nous le verrons brandir l'épée royale à Reims, en qualité de comte de Flandre ou de duc d'Aquitaine. A qui cette parade pourrait-elle faire illusion? Je n'aurais voulu aujourd'hui aucune pompe: le roi à cheval, l'église nue, ornée seulement de ses vieilles voûtes et de ses vieux tombeaux; les deux Chambres présentes, le serment de fidélité à la Charte prononcé à haute voix sur l'Evangile. C'était ici le renouvellement de la monarchie; on la pouvait recommencer avec la liberté et la religion: malheureusement on aimait peu la liberté; encore si l'on avait eu du moins le goût de la gloire!

> Ah! que diront là-bas, sous les tombes poudreuses,
> De tant de vaillants rois les ombres généreuses?
> Que diront Pharamond, Clodion et Clovis,
> Nos Pépins, nos Martels, nos Charles, nos Louis
> Qui, de leur propre sang, à tous périls de guerre
> Ont acquis à leurs fils une si belle terre?

Enfin le sacre nouveau, où le pape est venu oindre un homme aussi grand que le chef de la seconde race, n'a-t-il pas, en changeant les

1. As the title indicates, these *Mémoires* were published posthumously. They are a lively, highly personal (some would say rearranged) account of this Catholic aristocrat's lifetime, spanning seventy years of his career as author, diplomat, lover, and observer.

From *Mémoires d'outre-tombe* (Paris: Garnier frères, 1910), Vol. IV, pp. 307–9.

têtes, détruit l'effet de l'antique cérémonie de notre histoire? Le peuple a été amené à penser qu'un rite pieux ne dédiait personne au trône, ou rendait indifférent le choix du front auquel s'appliquait l'huile sainte. Les figurants à Notre-Dame de Paris, jouant pareillement dans la cathédrale de Reims, ne seront plus que les personnages obligés d'une scène devenue vulgaire: l'avantage demeurera à Napoléon qui envoie ses comparses à Charles X. La figure de l'Empereur domine tout désormais. Elle apparaît au fond des événements et des idées: les feuillets des bas temps où nous sommes arrivés se recroquevillent aux regards de ses aigles.

Reims, samedi, veille du sacre.

J'ai vu entrer le roi; j'ai vu passer les carrosses dorés du monarque qui naguère n'avait pas une monture; j'ai vu rouler ces voitures pleines de courtisans qui n'ont pas su défendre leur maître. Cette tourbe est allée à l'église chanter le *Te Deum,* et moi je suis allé voir une ruine romaine et me promener seul dans un bois d'ormeaux appelé *le bois d'Amour.* J'entendais de loin la jubilation des cloches, je regardais les tours de la cathédrale, témoins séculaires de cette cérémonie toujours la même et pourtant si diverse par l'histoire, les temps, les idées, les mœurs, les usages et les coutumes. La monarchie a péri, et la cathédrale a, pendant quelques années, été changée en écurie. Charles X, qui la revoit aujourd'hui, se souvient-il qu'il a vu Louis XVI recevoir l'onction aux mêmes lieux où il va la recevoir à son tour? Croira-t-il qu'un sacre mette à l'abri du malheur? Il n'y a plus de main assez vertueuse pour guérir les écrouelles, plus de sainte ampoule[2] assez salutaire pour rendre les rois inviolables.

2. Just before the coronation of Charles X the sacred phial, presumably used in the coronation of the ancient kings of France, was "miraculously" discovered and was made the object of much official veneration.

JOSEPH DE MAISTRE

Du pape

Charlemagne, dans son testament, légua à ses fils la tutelle de l'Eglise romaine. Ce legs, répudié par les empereurs allemands, avait passé comme une espèce de fidéi-commis à la couronne de France. L'Eglise catholique pouvait être représentée par une ellipse. Dans l'un des foyers on voyait saint Pierre, et dans l'autre Charlemagne: l'Eglise gallicane avec sa puissance, sa doctrine, sa dignité, sa langue, son prosélytisme, semblait quelquefois rapprocher les deux centres, et les confondre dans la plus magnifique unité.

Mais, ô faiblesse humaine! ô déplorable aveuglement! des préjugés détestables, que j'aurai occasion de développer dans cet ouvrage, avaient totalement perverti cet ordre admirable, cette relation sublime entre les deux puissances. A force de sophismes et de criminelles manœuvres, on était parvenu à cacher au roi *très-chrétien* l'une de ses plus brillantes prérogatives, celle de présider (humainement) le système religieux, et d'être le protecteur héréditaire de l'unité catholique. Constantin s'honora jadis du titre d'*évêque extérieur*. Celui de *souverain pontife extérieur* ne flattait pas l'ambition d'un successeur de Charlemagne; et cet emploi, offert par la Providence, était vacant! Ah! si les rois de France avaient voulu donner main-forte à la vérité, ils auraient opéré des miracles! Mais que peut le roi, *lorsque les lumières de son peuple sont éteintes?* Il faut même le dire à la gloire immortelle de l'auguste maison, l'esprit royal qui l'anime a souvent et très-heureusement été plus savant que les académies, et plus juste que les tribunaux.

Renversée à la fin par un orage surnaturel, nous avons vu cette maison si précieuse pour l'Europe, se relever par un miracle qui en promet d'autres, et qui doit pénétrer tous les Français d'un religieux

From *Du pape* (Geneva: Droz, 1966), pp. 22–24. Reprinted by permission of Librairie Droz, S.A.

Joseph de Maistre (1753–1821) was the theoretician of the *Ultra* party: in *Du pape* (1819) and *Soirées de Saint-Petersbourg* (1821), he presented a clear and eloquent defense of papal supremacy and royal absolutism.

courage; mais le comble du malheur pour eux, serait de croire que la révolution est terminée, et que la colonne est replacée, parce qu'elle est relevée. Il faut croire, au contraire, que l'esprit révolutionnaire est sans comparaison plus fort et plus dangereux qu'il ne l'était il y a peu d'années. Le puissant usurpateur ne s'en servait que pour lui. Il savait le comprimer dans sa main de fer, et le réduire à n'être qu'une espèce de monopole au profit de sa couronne. Mais depuis que *la justice et la paix se sont embrassées,* le génie mauvais a cessé d'avoir peur; et au lieu de s'agiter dans un foyer unique, il a produit de nouveau une ébullition générale sur une immense surface.

Je demande la permission de le répéter: la révolution française ne ressemble à rien de ce qu'on a vu dans les temps passés. Elle est *satanique* dans son essence. Jamais elle ne sera totalement éteinte que par le principe contraire, et jamais les Français ne reprendront leur place jusqu'à ce qu'ils aient reconnu cette vérité. Le sacerdoce doit être l'objet principal de la pensée souveraine. Si j'avais sous les yeux le tableau des ordinations, je pourrais prédire de grands événements. La noblesse française trouve à cette époque l'occasion de faire à l'Etat un sacrifice digne d'elle. Qu'elle offre encore ses fils à l'autel comme dans les temps passés! Aujourd'hui, on ne dira pas qu'elle n'ambitionne que les trésors du sanctuaire. L'Eglise jadis l'enrichit et l'illustra; qu'elle lui rende aujourd'hui tout ce qu'elle peut lui donner; l'éclat de ses grands noms, qui maintiendra l'ancienne opinion, et déterminera une foule d'hommes à suivre les étendards portés par de si dignes mains: *le temps fera le reste.* En soutenant ainsi le sacerdoce, la noblesse française s'acquittera d'une dette immense qu'elle a contractée envers la France, et peut-être même envers l'Europe. La plus grande marque de respect et de profonde estime qu'on puisse lui donner, c'est de lui rappeler que la révolution française, qu'elle eût sans doute rachetée de tout son sang, fut cependant en grande partie son ouvrage. Tant qu'une aristocratie pure, c'est-à-dire professant jusqu'à l'exaltation les dogmes nationaux, environne le trône, il est inébranlable, quand même la faiblesse ou l'erreur viendrait à s'y asseoir; mais si le *baronnage* apostasie, il n'y a plus de salut pour le trône, quand même il porterait saint Louis ou Charlemagne; ce qui est plus vrai en France qu'ailleurs. Par sa monstrueuse alliance avec le mauvais principe, pendant le dernier siècle, la noblesse française a tout perdu; c'est à elle qu'il appartient de tout réparer. Sa destinée est sûre, pourvu qu'elle n'en doute pas, pourvu qu'elle soit bien persuadée de l'alliance naturelle, essentielle, nécessaire, *française* du sacerdoce et de la noblesse.

Les Ordonnances de juillet 1830

M. de Peyronnet,[1] convaincu de plus en plus de l'impossibilité de rallier une majorité à la couronne dans la Chambre, se prononça pour un recours inévitable à l'article 14, et lut à ses collègues un plan conforme à cette résolution. Ce plan, renouvelé de l'assemblée des notables, créait à la place des Chambres *un grand conseil de France,* nommé par les ministres et présidé par l'héritier du trône. Ce grand conseil résoudrait les questions élevées entre le roi et son peuple. Le prince de Polignac soutint ce plan, chimérique comme tous les systèmes à contre-temps, avec une chaleur qui semblait révéler en lui la première conception de cette idée.

D'autres plans, proposés presque à chaque réunion [du conseil] furent éliminés aussitôt après avoir été discutés; un seul prévalut, non parce qu'il était meilleur, mais parce qu'il en fallait un: « Dissoudre la Chambre nouvelle avant sa réunion, et faire appel à une autre Chambre en modifiant souverainement la loi électorale; suspendre en même temps la liberté de la presse et prendre, au nom de l'article 14 de la Charte, la dictature momentanée sur la Charte elle-même. »

Le roi y accéda sans hésiter et appuya son approbation de quelques paroles convaincues, tristes et irritées: « Ce n'est pas le ministère, » s'écria-t-il, « sachez-le bien, c'est la royauté qu'on attaque; c'est ici la cause du trône contre la révolution. Il faut que l'un ou l'autre succombe. J'ai le triste avantage de l'expérience et des années sur vous; je me souviens de ce qui se passa en 1789. La première re-

---

1. Comte Charles Ignace de Peyronnet (1778–1854) was a conservative minister of Charles X, condemned after July 1830 to life imprisonment for his part in the July Ordinances. He was pardoned in 1836.

From *Histoire de la Restauration* (Paris: V. Lecon-Furne et cie., 1852), Vol. VIII, pp. 185–203.

Alphonse de Lamartine (1790–1869), a lyric poet and republican politician, became a leading spokesman of the progressive, liberal opposition to the Restoration and later the July monarchy; he played a leading role in the provisional government of 1848. Like many others he used the writing of history as a vehicle for expressing his political ideas.

La Barricade.
(Delacroix)

traite que fit mon malheureux frère devant eux fut le signal de sa
perte! Eux aussi, ils lui faisaient des protestations d'amour et de
fidélité, eux aussi ils lui demandèrent seulement le renvoi de ses ministres. Il céda, tout fut perdu!»

   M. de Peyronnet présenta trois projets d'ordonnance conformes
aux décisions de la veille: l'un suspendant toute liberté de la presse,
l'autre prononçant la dissolution de la Chambre des députés, le troisième modifiant dictatorialement la loi d'élection et rappelant les premières dispositions électorales contenues dans la Charte et modifiées
par les lois organiques successives, code actuel des élections, en sorte
que le pouvoir arbitraire se masquait ici sous un retour à la Constitution.

   M. de Chantelauze,[2] organe plus confidentiel et plus personnel de

   2. Jean-Claude de Chantelauze (1787–1859), lawyer and administrator under
Napoleon, became a member of the press commission in 1828 and Keeper of the
Seals on May 19, 1830. After the revolution he was imprisoned until 1838.

la pensée du roi et du duc d'Angoulême,[3] était devenu par analogie d'idées le publiciste du coup d'Etat; en énonçant les volontés du roi, il énonçait les siennes. Sa conscience exaltée donnait l'accent d'une foi à ses opinions. Il lut le 24 juillet le préambule élaboré de la dictature.

« Sire, » disait M. de Chantelauze, « vos ministres seraient peu dignes de la confiance dont Votre Majesté les honore, s'ils tardaient plus longtemps à placer sous vos yeux un aperçu de notre situation intérieure, et à signaler à votre haute sagesse les dangers de la presse périodique.

« A toutes les époques, la presse périodique a été, et il est dans sa nature de n'être qu'un instrument de désordre et de sédition.

« La presse a jeté le désordre dans les intelligences les plus droites, ébranlé les convictions les plus fermes, et produit au milieu de la société une confusion de principes qui se prête aux tentatives les plus funestes. C'est par l'anarchie dans les doctrines qu'elle prélude à l'anarchie dans l'Etat. . .

« Le droit, comme le devoir, d'en assurer le maintien, est l'attribut inséparable de la souveraineté. Nul gouvernement sur la terre ne resterait debout, s'il n'avait le droit de pourvoir à sa sûreté. Ce pouvoir est préexistant aux lois, parce qu'il est dans la nature des choses. »

Ce préambule, comme on le voit, était le rapport éloquemment et véridiquement tracé du grand procès pendant devant les siècles entre l'autorité et la liberté. Le roi, l'Eglise, la cour; M. de Chantelauze et ses collègues, comme M. de Maistre, M. de Bonald [4] et leur école, esprits à la fois absolus et faibles, renonçant à le résoudre par le génie des gouvernements de discussion, la majorité, le tranchaient comme un nœud gordien des temps modernes, par le sceptre d'abord, puis par l'épée. C'était la proclamation des deux autorités, l'Eglise et la royauté, se déclarant en révolte franche et ouverte contre le temps.

Après la lecture de ce préambule des ordonnances, on donna une nuit encore à l'obstination ou au remords du roi et des ministres qui allaient attacher leurs noms, leur vie et leur mémoire à cette irrévocable déclaration de guerre à la liberté.

M. Mangin, préfet de police de la capitale, œil et main du parti de la cour sur les mouvements du jour, rassura en souriant le [s] minis-

3. Louis-Antoine de Bourbon, duc d'Angoulême, the loyal but undistinguished son of Charles X and heir-apparent to the throne.
4. Vicomte Louis de Bonald (1754–1840) was, like de Maistre, an eloquent defender of Catholic and monarchical principles.

tre [s]: « Je me doute des motifs qui éveillent vos sollicitudes; mais tout ce que je peux vous dire, c'est que quelque chose que vous fassiez Paris ne remuera pas; ainsi, marchez hardiment. Je réponds sur ma tête de l'immobilité de Paris! »

On décida, pour éviter tout retour possible sur une résolution sans appel et tout ébruitement des mesures destinées à surprendre autant qu'à frapper, que le *Moniteur* du lendemain contiendrait les ordonnances. Le prince de Polignac, qui dirigeait le ministère de la guerre en l'absence du maréchal Bourmont, interrogé sur les dispositions militaires prises pour comprimer une émotion populaire à redouter, répondit à tout. « Il n'y a, » affirma-t-il au roi, « aucun mouvement populaire à redouter, mais à tout événement Paris est armé de forces suffisantes pour écraser toute rébellion et garantir la tranquillité publique. »

Soit fatalisme d'esprit, soit affectation de sécurité pour donner à des mesures si énormes l'apparence d'un acte presque usité de gouvernement, aucune précaution de discrétion ou de force ne devança la publication des ordonnances. On les envoya pour l'impression au *Moniteur* comme on y aurait envoyé l'ordre du jour d'une revue ou d'une cérémonie. Le directeur de ce recueil des actes publics, M. Sauvo, homme qu'une longue expérience de l'opinion publique dans des fonctions qu'il exerçait depuis l'Assemblée constituante en traversant toutes les péripéties des révolutions avait exercé au pressentiment des chose politiques, pâlit en lisant ce qu'on lui adressait. Malgré la nature toute passive et toute machinale de ses fonctions, il trembla de prêter ses caractères et ses presses à un acte qui lui parut au premier coup d'œil ou le crime, ou la démence du gouvernement, et dans les deux cas sa perte. Il se refusa à livrer ces pièces à l'impression avant de s'être assuré par lui-même de leur authenticité; et il courut à la chancellerie pour conjurer, en invoquant la réflexion des ministres, la ruine qu'il prévoyait pour son pays. On lui ordonna d'obéir. Ses présages furent sinistres, la réalité les dépassa.

VICTOR HUGO

Les Chants du crépuscule

I

Dicté après juillet 1830

Frères! et vous aussi, vous avez vos journées!
Vos victoires, de chêne et de fleurs couronnées,
Vos civiques lauriers, vos morts ensevelis,
Vos triomphes, si beaux à l'aube de la vie,
Vos jeunes étendards, troués à faire envie
    A de vieux drapeaux d'Austerlitz!

Soyez fiers! vous avez fait autant que vos pères.
Les droits d'un peuple entier, conquis par tant de guerres,
Vous les avez tirés tout vivants du linceul.
Juillet vous a donné, pour sauver vos familles,
Trois de ces beaux soleils qui brûlent les bastilles:
    Vos pères n'en ont eu qu'un seul!

   .   .   .   .   .

II

    Quand notre ville épouvantée,
    Surprise un matin et sans voix,
    S'éveilla toute garrottée
    Sous un réseau d'iniques lois,
    Chacun de vous dit en son âme:

From *Œuvres complètes de Victor Hugo* (Paris: Ollendorf, 1909), *Poésies*, Vol. II, pp. 185–92.

Victor Hugo (1802–85) strove to be both poet and prophet, largely succeeding at both during his monumental career. An established literary figure before 1830, he turned to politics during the July monarchy and was elected to the Senate in 1845 and to the Chamber of Deputies in 1848 and 1849. He lived in exile during the Second Empire, returning triumphantly to France in 1870. *Les chants du crépuscule* groups lyrical and topical pieces from the first half of the third decade of the century.

Victor Hugo, chef de l'école romantique.

« C'est une trahison infâme!
Les peuples ont leur lendemain.
Pour rendre leur route douteuse
Suffit-il qu'une main honteuse
Change l'écriteau du chemin?

« La parole éclate et foudroie
Tous les obstacles imprudents;
Vérité, tu sais comme on broie
Tous les bâillons entre ses dents;
Un roi peut te fermer son Louvre;
Ta flamme importune, on la couvre,
On la fait éteindre aux valets;
Mais elle brûle qui la touche!
Mais on ne ferme pas ta bouche
Comme la porte d'un palais!

« Quoi! ce que le temps nous amène,
Quoi! ce que nos pères ont fait,
Ce travail de la race humaine,
Ils nous prendraient tout en effet!
Quoi! les lois! la Charte! chimère!
Comme un édifice éphémère
Nous verrions, en un jour d'été,
Crouler sous leurs mains acharnées
Ton œuvre de quarante années,
Laborieuse liberté! »

. . . . .

IV

Trois jours, trois nuits, dans la fournaise
Tout ce peuple en feu bouillonna,
Crevant l'écharpe béarnaise [1]
Du fer de lance d'Iéna.
En vain dix légions nouvelles
Vinrent s'abattre à grand bruit d'ailes
Dans le formidable foyer;
Chevaux, fantassins et cohortes
Fondaient comme des branches mortes
Qui se tordent dans le brasier!

Comment donc as-tu fait pour calmer ta colère,
Souveraine cité qui vainquis en trois jours?
Comment donc as-tu fait, ô fleuve populaire,
Pour rentrer dans ton lit et reprendre ton cours?
O terre qui tremblais! ô tempête! ô tourmente!
Vengeance de la foule au sourire effrayant!
Comment donc as-tu fait pour être intelligente
   Et pour choisir en foudroyant?

C'est qu'il est plus d'un cœur stoïque
Parmi vous, fils de la cité;
C'est qu'une jeunesse héroïque
Combattait à votre côté.
Désormais, dans toute fortune,

1. *l'écharpe béarnaise:* the white standard of the house of Bourbon. Henry IV
came from the province of Béarn.

Vous avez une âme commune
Qui dans tous vos exploits a lui.
Honneur au grand jour qui s'écoule!
Hier vous n'étiez qu'une foule:
Vous êtes un peuple aujourd'hui!

.　　.　　　.　　.　　.

V

Oh! laissez-moi pleurer sur cette race morte
Que rapporta l'exil et que l'exil remporte,
Vent fatal qui trois fois déjà les enleva!
Reconduisons au moins ces vieux rois de nos pères.
Rends, drapeau de Fleurus,[2] les honneurs militaires
　　A l'oriflamme qui s'en va!

Je ne leur dirai point de mot qui les déchire.
Qu'ils ne se plaignent pas des adieux de la lyre!
Pas d'outrage au vieillard qui s'exile à pas lents!
C'est une piété d'épargner les ruines.
Je n'enfoncerai pas la couronne d'épines
Que la main du malheur met sur des cheveux blancs!

D'ailleurs, infortunés! ma voix achève à peine
L'hymne de leurs douleurs dont s'allonge la chaîne.
L'exil et les tombeaux dans mes chants sont bénis;
Et, tandis que d'un règne on saluera l'aurore,
Ma poésie en deuil ira longtemps encore
　　De Sainte-Hélène à Saint-Denis![3]

Mais que la leçon reste, éternelle et fatale,
A ces nains, étrangers sur la terre natale,
Qui font régner les rois pour leurs ambitions,
Et, pétrifiant tout sous leur groupe immobile,
Tourmentent, accroupis, de leur souffle débile
La cendre rouge encor des révolutions!

---

2. Fleurus was the scene of one of the great victories of the revolutionary armies.

3. Saint-Denis: the abbey near Paris where the kings of France were buried.

VI

Oh! l'avenir est magnifique!
Jeunes Français, jeunes amis,
Un siècle pur et pacifique
S'ouvre à vos pas mieux affermis.
Chaque jour aura sa conquête.
Depuis la base jusqu'au faîte,
Nous verrons avec majesté,
Comme une mer sur ses rivages,
Monter d'étages en étages
L'irrésistible liberté!

Vos pères, hauts de cent coudées,
Ont été forts et généreux.
Les nations intimidées
Se faisaient adopter par eux.
Ils ont fait une telle guerre
Que tous les peuples de la terre
De la France prenaient le nom,
Quittaient leur passé qui s'écroule,
Et venaient s'abriter en foule
A l'ombre de Napoléon!

Vous n'avez pas l'âme embrasée
D'une moins haute ambition!
Faites libre toute pensée
Et reine toute nation;
Montrez la liberté dans l'ombre
A ceux qui sont dans la nuit sombre!
Allez, éclairez le chemin,
Guidez notre marche unanime,
Et faites, vers le but sublime,
Doubler le pas au genre humain!

Que l'esprit dans sa fantaisie
Suive, d'un vol plus détaché,
Ou les arts, ou la poésie,
Ou la science au front penché!
Qu'ouvert à quiconque l'implore

Le trône ait un écho sonore
Qui, pour rendre le roi meilleur,
Grossisse et répète sans cesse
Tous les conseils de la sagesse,
Toutes les plaintes du malheur!

Revenez prier sur les tombes,
Prêtres! que craignez-vous encor?
Qu'allez-vous faire aux catacombes
Tout reluisants de pourpre et d'or?
Venez! — mais plus de mitre ardente,
Plus de vaine pompe imprudente,
Plus de trône dans le saint lieu!
Rien que l'aumône et la prière!
La croix de bois, l'autel de pierre
Suffit aux hommes comme à Dieu!

.   .   .   .   .

JEAN-PIERRE DE BÉRANGER

La Restauration de la chanson[1]

Janvier 1831

Air: *J'arrive à pied de province.*

Oui, chanson, Muse ma fille,
    J'ai déclaré net
Qu'avec Charle et sa famille
    On te détrônait.
Mais chaque loi qu'on nous donne
    Te rappelle ici.
Chanson, reprends ta couronne.
    — Messieurs, grand merci!

Je croyais qu'on allait faire
    Du grand et du neuf;
Même étendre un peu la sphère
    De Quatre-vingt-neuf.
Mais point! on rebadigeonne
    Un trône noirci.
Chanson, reprends ta couronne.
    — Messieurs, grand merci!

Basse-cour des ministères,
    Qu'en France on honnit,

1. *Chanson* in this piece connotes the spirit of satire; "là-haut quelqu'un" refers to the King, viewing the national guard with some trepidation; "si l'on ne touche à personne" is the principle that men who live in glass houses . . .

From *Chansons de Béranger* (Paris: Garnier frères, 1875), Vol. II, pp. 284–87.

Jean-Pierre de Béranger (1780–1857) was the greatest *chansonnier* (composer of satiric songs) of his time; he exercised his talent at the *Caveau de Paris*, a chansonniers' club in existence since 1729. His enormously popular songs irreverently attacked the legitimists, propagated the Napoleonic legend, and treated the clergy with skepticism.

Nos chapons héréditaires
   Sauveront leur nid.[2]
Les petits que Dieu leur donne
   Y pondront aussi.
Chanson, reprends ta couronne.
   — Messieurs, grand merci!

Gloire à la garde civique,
   Piédestal des lois!
Qui maintient la paix publique
   Peut venger nos droits.
Là-haut quelqu'un, je soupçonne,
   En a du souci.
Chanson, reprends ta couronne.
   — Messieurs, grand merci!

Nos ministres, qu'on peut mettre
   Tous au même point,
Voudraient que le baromètre
   Ne variât point.
Pour peu que là-bas il tonne,
   On se signe ici.
Chanson, reprends ta couronne.
   — Messieurs, grand merci!

Pour être en état de grâce,
   Que de grands peureux
Ont soin de laisser en place
   Les hommes véreux!
Si l'on ne touche à personne,
   C'est afin que si . . .
Chanson, reprends ta couronne.
   — Messieurs, grand merci!

Te voilà donc restaurée,
   Chanson, mes amours.
Tricolore et sans livrée,
   Montre-toi toujours.

2. The question of maintaining a hereditary peerage was debated widely in France after July 1830.

Ne crains plus qu'on t'emprisonne,
Du moins à Poissy.[3]
Chanson, reprends ta couronne.
— Messieurs, grand merci!

Mais pourtant laisse en jachère
Mon sol fatigué.
Mes jeunes rivaux, ma chère,
Ont un ciel si gai!
Chez eux la rose foisonne,
Chez moi souci.
Chanson, reprends ta couronne.
— Messieurs, grand merci!

3. Poissy: a village on the Seine between Paris and Versailles, the seat of a château used to lodge political prisoners.

VIII · LA DEUXIEME
REPUBLIQUE
ET LE SECOND EMPIRE

 On a dit de la révolution de février 1848 que c'était un accident inévitable. *Inévitable,* vu l'impuissance du système mis en place en 1830 à maîtriser les forces qui l'avaient fait naître; *accident,* dans la mesure où, de ceux qui la firent, aucun ne croyait à l'effondrement instantané du régime. Le mot d'ordre universel des opposants était *la Réforme,* qui embrassait aussi bien le catholicisme libéral prôné par le journal de l'abbé Lamennais, *l'Avenir,* que les principes républicains du *National,* ou le réformisme social du journal *la Réforme.* A une époque où l'analphabétisme était en recul, où la mécanisation de la presse faisait de grands pas, le journal était devenu tout naturellement l'emblème d'un programme politique. Aussi n'y a-t-il pas lieu de s'étonner que ce fut dans les officines des journaux de l'opposition que se réglèrent les événements marquants de la révolution de février.

L'appel à la réforme, qui allait croissant dans les dernières années du régime, trouva à se manifester dans une suite de banquets où l'opposition pouvait exposer publiquement ses idées. La campagne de banquets connut un succès qui dépassait toutes les prévisions. Ses organisateurs annoncèrent qu'un dernier banquet aurait lieu à Paris le 23 février, qui serait suivi d'un défilé en l'honneur des chefs de l'opposition. La police interdit cette manifestation, mais un cortège se forma dans la rue, en guise de protestation, ce qui amena une rencontre sanglante avec la troupe chargée de défendre le ministère des affaires étrangères, que dirigeait Guizot. Mal entraînée, la troupe s'énerva: elle ouvrit le feu sur la foule. La manifestation, du coup, tourna à la rébellion. Dans les quartiers ouvriers en émeute on pillait les armuriers et les mairies pour se procurer des armes. Au matin du 24, la révolte avait gagné la ville entière. Les chefs républicains siégeaient dans les bureaux du *National:* ils y constituèrent un gouvernement provisoire que, l'après-midi, ils allèrent présenter aux Chambres. Une délégation de *la Réforme* vint grossir le gouvernement provisoire, qui s'était installé à l'Hôtel de Ville. A la fin de la journée la monarchie était liquidée, aux applaudissements de tous — des légitimistes comme des autres!

Bien qu'éphémère, l'unité créée en France par la révolution de février reposait sur un objectif précis: dénouer la crise économique par des réformes d'ordre politique. Mais une fois l'ennemi commun abattu, les factions se prirent à la gorge, oublieuses de leur solidarité d'un jour. La bourgeoisie républicaine de Paris était remplie de méfiance à l'égard de la masse ouvrière qui avait fait la révolution, et qui se laissait peu à peu gagner aux idées socialistes. Le gouvernement provisoire autorisa Louis Blanc à créer les *Ateliers nationaux,* qui devaient remédier au chômage dans la capitale. Mais il en confia la gestion à un ministre dénué de toute sympathie pour les principes socialistes, qui en dénatura le caractère: les ouvriers spécialisés se virent uniformément affectés à des travaux de terrassement et de voirie. Bientôt le gouvernement retira son appui, et en fin de printemps les ateliers étaient supprimés. Le soulèvement ouvrier ainsi provoqué fut réprimé avec la dernière violence par la garde nationale, qui était la milice bourgeoise de Paris, sous le commandement du général Cavaignac. Ces journées de juin devaient creuser un abîme entre la classe ouvrière et la France bourgeoise. Le gouvernement devait régner désormais avec l'appui d'une minorité de la population.

Aux élections présidentielles directes de 1848, Louis-Napoléon Bonaparte emporta une très large majorité des voix. La paysannerie de France saluait en cet inconnu le porteur d'un grand nom, qui rappelait un passé héroïque, sans commune mesure avec les combinaisons peu glorieuses de la politique sous un régime constitutionnel. Ni le héros de février, Lamartine, ni Cavaignac, porté aux nues par la bourgeoisie de la capitale, ne purent faire impression sur le peuple des campagnes. Le bonapartisme, doctrine vague de justice sociale au sein de l'ordre politique, avait de quoi rassurer les riches et encourager les pauvres. La République n'était parvenue à satisfaire ni les uns ni les autres.

Enfant de huit ans à la chute de l'Empire créé par son oncle, Louis-Napoléon n'en avait pas moins le culte de la légende familiale. Elle était d'ailleurs plutôt réalité que légende à ses yeux. Il s'en faisait une idée assez curieuse, pourtant, comme en témoigne son livre *Des idées napoléoniennes* (1839), qui rappelle bien plutôt l'utopisme scientifique de Saint-Simon que le régime de fer du Premier Empire. Le futur empereur avait peu vécu en France, et séjourné surtout dans ses prisons par suite d'un putsch avorté en 1840. A son retour en 1848 il évita tout contact compromettant avec les partis issus de la révolution, ce qui lui valut le soutien de tous, exception faite des légitimistes et des républicains radicaux.

Dès son accession à la présidence de la République Louis-Napoléon était bien résolu par une voie ou une autre, à restaurer l'Empire. Ses préférences allaient à une révision constitutionnelle pure et simple, sans effusion de sang. En dépit de sa popularité auprès des masses, il ne put jamais parvenir à bout de l'opposition des députés conservateurs. Seul un coup d'état pouvait régler l'affaire: il s'y détermina. Le 2 décembre 1851, jour anniversaire du sacre de Napoléon Ier et de la victoire d'Austerlitz, l'Assemblée était dissoute, quelques chefs de parti arrêtés, et le Prince-Président, assumant tous les pouvoirs, instaura la dictature et le règne par décret. Un an plus tard jour pour jour, après un plébiscite digne du premier Bonaparte, Louis-Napoléon se fit proclamer Empereur héréditaire, sous le nom de Napoléon III.

Napoléon III n'avait ni les idées ni le caractère de son grand prédécesseur. Le Second Empire n'était une dictature militaire qu'en apparence: de fait l'Empereur présidait un Conseil et une cour où se retrouvaient toutes les nuances de tous les partis, les républicains seuls exceptés. Le régime poursuivait un programme politique de caractère mixte, où l'appui de l'Eglise et de l'Armée voisinait avec l'encouragement prodigué au commerce et à l'industrie. De vastes travaux publics, l'expansion des chemins

Bal à la cour de Napoléon III.

de fer, en multipliant les emplois, assoupirent les revendications ouvrières. L'armée servait au loin, en Indochine, au Mexique, en Afrique du Nord, en Crimée, où elle pouvait moissonner la gloire, sans alarme pour les puissances voisines.

Vers 1860 il semblait bien que l'Empire avait réussi de façon surprenante le pari d'une paix sociale fondée sur une politique conservatrice à base de progrès matériel. L'opposition était matée, le public gagné à ce florissant régime. Mais la prospérité matérielle avait pour prix, justement, une opposition grandissante de la part de cette même bourgeoisie moyenne et de ce même prolétariat ouvrier, que le régime avait sauvés du désastre en 1848. Comme la monarchie de Juillet, le Second Empire succombait au mal qui l'avait fait naître. Napoléon III, qui voyait venir les choses, amnistia en 1859 ses adversaires républicains, et dès 1860 le Corps législatif prit une importance accrue. *L'Empire libéral* (paradoxe dont seuls les vrais bonapartistes savouraient pleinement l'ironie) était lancé. Comme avant lui la république et la monarchie il se brisa les dents sur ce grand dilemme: comment concilier le courant libertaire du XIXe siècle avec l'autorité nécessaire à la conduite de l'Etat?

Peu férue de naissance, la société du Second Empire était relativement ouverte à ceux qui s'étaient fait un nom ou avaient amassé une fortune. Fils de ses œuvres, l'Empereur lui-même chercha à s'entourer d'hommes de fortune et de talent. Transformé par les grands boulevards percés par le baron Haussmann, Paris, après l'éclipse de Waterloo, était redevenu l'arbitre du goût et le centre de l'élégance. Les découvertes de Pasteur sur le traitement de la rage étaient encore à venir, mais ses travaux sur la fermentation et les milieux de culture avaient déjà transformé la thérapeutique, par la notion d'asepsie, et, par celle de microbe, refondu la biologie. De son côté l'invention de Daguerre, dans les années 30, avait créé une technique, la photographie, destinée à un avenir prodigieux; comme, d'un autre point de l'horizon scientifique, le docteur Charcot, le maître de Freud, devait poser les bases de la pathologie nerveuse dans ses leçons célèbres à la Salpêtrière. Dans le domaine des arts, la France de Gounod et de Saint-Saëns, qui méconnaissait encore le génie de Manet et de Courbet, et pour qui la candidature de Baudelaire à l'Académie ne pouvait être qu'une plaisanterie, s'immortalisait par la peinture amère qu'en faisait le roman dit *réaliste,* sous la plume de Gustave Flaubert et des frères Goncourt. Offenbach faisait danser la cour, Théophile Gautier et Leconte de Lisle détournaient la poésie des affaires de son temps, et de l'île de Jersey le grand exilé — Victor Hugo — lançait ses foudres au ·nom d'une liberté oubliée.

Le culte de la nation, inauguré par la Révolution française, avait fait fortune au xixe siècle. La croyance aux bienfaits du nationalisme, porteur d'union, de concorde, de progrès, était à peu près générale. Napoléon III, qui en avait sa part, découvrit à ses dépens que c'était une doctrine coûteuse. L'aide qu'il apporta à l'unification de l'Italie valut à la France un conflit sanglant avec l'Autriche. Une paix sans gloire, signée à la hâte, retira la France de ce guêpier: l'Italie allait devoir se créer toute seule désormais. Cette coûteuse campagne d'Italie, suivie d'un désastre au Mexique qui se solda, en 1867, par l'exécution de l'Empereur Maximilien, entama gravement le prestige du régime. Aussi l'Empereur devait-il s'efforcer de mettre obstacle à l'unification de l'Allemagne au bénéfice de la Prusse. Surclassé par son adversaire, le prince Bismarck, Napoléon se vit acculé à déclarer la guerre à la Prusse en juillet 1870. Ce fut un désastre. Mal équipée, mal entraînée, mal commandée, la résistance française fit long feu. Le 2 septembre 1870, l'Empereur capitulait à Sedan, lui-même prisonnier ainsi que le meilleur de ses troupes. A la nouvelle de cette humiliation les députés républicains du Corps législatif proclamèrent la déchéance de l'Empire, créant à sa place un gouvernement provisoire de la Défense nationale. A la faveur de cette confusion les Prussiens avancèrent sur Paris, investissant la capitale, tandis qu'au palais de Versailles Bismarck proclamait la création de l'Empire Germanique. Après plusieurs mois d'une résistance héroïque qui l'accula à la famine, Paris capitula le 28 janvier 1871. Les négociations de paix, entamées le mois suivant, furent conclues à des conditions humiliantes le 10 mai de cette même année.

GUSTAVE FLAUBERT

Le Peuple aux Tuileries (1848)

La veille au soir, en effet, le spectacle du chariot contenant cinq cadavres recueillis parmi ceux du boulevard des Capucines avait changé les dispositions du peuple; et, pendant qu'aux Tuileries les aides de camp se succédaient, et que M. Molé en train de faire un cabinet nouveau ne revenait pas, et que M. Thiers tâchait d'en composer un autre, et que le roi chicanait, hésitait, puis donnait à Bugeaud le commandement général pour l'empêcher de s'en servir, l'insurrection, comme dirigée par un seul bras, s'organisait formidablement. Des hommes d'une éloquence frénétique haranguaient la foule au coin des rues; d'autres dans les églises sonnaient le tocsin à pleine volée; on coulait du plomb, on roulait des cartouches; les arbres des boulevards, les vespasiennes, les bancs, les grilles, les becs de gaz, tout fut arraché, renversé; Paris, le matin, était couvert de barricades. D'ailleurs, la résistance ne dura pas; partout la garde nationale s'interposait; — si bien qu'à huit heures, le peuple, de gré ou de force, possédait cinq casernes, presque toutes les mairies, les points stratégiques les plus sûrs. D'elle-même, sans secousses, la monarchie se fondait dans une dissolution rapide; et on attaquait maintenant le poste du Château-d'Eau, pour délivrer cinquante prisonniers qui n'y étaient pas.

Frédéric s'arrêta forcément à l'entrée de la place. Des groupes en armes l'emplissaient. Des compagnies de la ligne occupaient les rues Saint-Thomas et Fromanteau. Une barricade énorme bouchait la rue de Valois. La fumée qui se balançait à sa crête s'entr'ouvrit, des hommes couraient dessus en faisant de grands gestes, ils disparurent; puis la fusillade recommença. Le poste y répondait, sans qu'on vît personne à l'intérieur; car ses fenêtres, défendues par des volets de chêne,

From *L'Education sentimentale* (Paris: Michel Lévy frères, 1870), Vol. II, pp. 76–84.

Gustave Flaubert (1812–80) deliberately turned the novel into a poetic exploitation of the banal. In *L'Education sentimentale* he wove together the hero's disillusionment with love and life (made pathetic by his own insignificance) and the larger disillusionment with politics following the revolution of 1848, which pervades this account of a "glorious" historic occasion.

étaient percées de meurtrières; et le monument avec ses deux étages, ses deux ailes, sa fontaine au premier et sa petite porte au milieu, commençait à se moucheter de taches blanches sous le heurt des balles. Son perron de trois marches restait vide.

A côté de Frédéric, un homme en bonnet grec et portant une giberne par-dessus sa veste de tricot se disputait avec une femme coiffée d'un madras. Elle lui disait:

— Mais reviens donc! reviens donc!

— Laisse-moi tranquille! répondait le mari.

« Tu peux bien surveiller la loge toute seule. Citoyen, je vous le demande, est-ce juste? J'ai fait mon devoir partout, en 1830, en 32, en 34, en 39! Aujourd'hui on se bat! Il faut que je me batte! — Va-t'en! »

Et la portière finit par céder à ses remontrances et à celles d'un garde national près d'eux, quadragénaire dont la figure bonasse était ornée d'un collier de barbe blonde. Il chargeait son arme et tirait, tout en conversant avec Frédéric, aussi tranquille au milieu de l'émeute qu'un horticulteur dans son jardin. Cependant, un jeune garçon en serpillière le cajolait pour obtenir des capsules, afin d'utiliser son fusil, une belle carabine de chasse que lui avait donnée « un monsieur ».

— Empoigne dans mon dos, dit le bourgeois, et efface-toi! tu vas te faire tuer!

Les tambours battaient la charge. Des cris aigus, des hourras de triomphe s'élevaient. Un remous continuel faisait osciller la multitude. Frédéric, pris entre deux masses profondes, ne bougeait pas, fasciné d'ailleurs et s'amusant extrêmement. Les blessés qui tombaient, les morts étendus n'avaient pas l'air de vrais blessés, de vrais morts. Il lui semblait assister à un spectacle.

Au milieu de la houle, par-dessus les têtes, on aperçut un vieillard en habit noir sur un cheval blanc, à selle de velours. D'une main, il tenait un rameau vert, de l'autre un papier, et les secouait avec obstination. Enfin désespérant de se faire entendre, il se retira.

La troupe de ligne avait disparu et les municipaux restaient seuls à défendre le poste. Un flot d'intrépides se rua sur le perron; ils s'abattirent, d'autres survinrent; et la porte, ébranlée sous les coups de barre de fer, retentissait; les municipaux ne cédaient pas. Mais une calèche bourrée de foin, et qui brûlait comme une torche géante, fut traînée contre les murs. On apporta vite des fagots, de la paille, un baril d'esprit-de-vin. Le feu monta le long des pierres; l'édifice se mit à fumer partout comme une solfatare; et de larges flammes, au sommet, entre les balustrades de la terrasse, s'échappaient avec un bruit stri-

dent. Le premier étage du Palais-Royal s'était peuplé de gardes nationaux. De toutes les fenêtres de la place, on tirait; les balles sifflaient;
l'eau de la fontaine crevée se mêlait avec le sang, faisait des flaques par
terre; on glissait dans la boue sur des débris, des vêtements, des shakos,
des armes; Frédéric sentit sous son pied quelque chose de mou, c'était
la main d'un sergent en capote grise, couché la face dans le ruisseau.
Mais des bandes nouvelles de peuple arrivaient toujours, poussant les
combattants sur le poste. La fusillade devenait plus pressée. Les marchands de vins étaient ouverts; on allait de temps à autre y fumer une
pipe, boire une chope, puis on retournait se battre. Un chien perdu
hurlait. Cela faisait rire.

Frédéric fut ébranlé par le choc d'un homme qui, une balle dans
les reins, tomba sur son épaule, en râlant. A ce coup, dirigé peut-être
contre lui, il se sentit furieux; et il se jetait en avant quand un garde
national l'arrêta.

— C'est inutile! le roi vient de partir. Ah! si vous ne me croyez
pas, allez-y voir!

Une pareille assertion calma Frédéric.

La place du Carrousel avait un aspect tranquille. L'hôtel de
Nantes s'y dressait toujours solitairement; et les maisons par derrière,
le dôme du Louvre en face, la longue galerie de bois à droite et le
vague terrain qui ondulait jusqu'aux baraques des étalagistes, étaient
comme noyés dans la couleur grise de l'air, où de lointains murmures
semblaient se confondre avec la brume, — tandis qu'à l'autre bout de
la place, un jour cru, tombant par un écartement des nuages sur la
façade des Tuileries, découpait en blancheur toutes ses fenêtres. Il y
avait près de l'Arc de triomphe un cheval mort, étendu. Derrière les
grilles, des troupes de cinq à six personnes causaient. Les portes du
château étaient ouvertes; les domestiques sur le seuil laissaient entrer.

En bas, dans une petite salle, des bols de café au lait étaient servis.
Quelques-uns des curieux s'attablèrent en plaisantant; les autres restaient debout, et, parmi ceux-là, un cocher de fiacre. Il saisit à deux
mains un bocal plein de sucre en poudre, jeta un regard inquiet de
droite et de gauche, puis se mit à manger voracement, son nez plongeant dans le goulot.

Au bas du grand escalier, un homme écrivait son nom sur un re-
gistre. Frédéric le reconnut par derrière.

— Tiens, Hussonnet!

— Mais oui, répondit le bohème. Je m'introduis à la cour. Voilà
une bonne farce, hein?

— Si nous montions?

Et ils arrivèrent dans la salle des Maréchaux.

Les portraits de ces illustres, sauf celui de Bugeaud [1] percé au ventre, étaient tous intacts. Ils se trouvaient appuyés sur leur sabre, un affût de canon derrière eux, et dans des attitudes formidables jurant avec la circonstance. Une grosse pendule marquait une heure vingt minutes.

Mais tout à coup *la Marseillaise* retentit. Hussonnet et Frédéric se penchèrent sur la rampe. C'était le peuple.

Il se précipita dans l'escalier, en secouant à flots vertigineux des têtes nues, des casques, des bonnets rouges, des baïonnettes et des épaules, si impétueusement, que des gens disparaissaient dans cette masse grouillante qui montait toujours, comme un fleuve refoulé par une marée d'équinoxe, avec un long mugissement, sous une impulsion irrésistible. Puis, en haut, elle se répandit, et le chant tomba.

On n'entendait plus que le piétinement de tous les souliers, avec le clapotement des voix. La foule inoffensive se contentait de regarder.

Mais, de temps à autre, un coude trop à l'étroit enfonçait une vitre, ou bien un vase, une statuette déroulait d'une console, par terre. Les boiseries pressées craquaient. Tous les visages étaient rouges, la sueur en coulait à larges gouttes; Hussonnet fit cette remarque:

— Les héros ne fleurent pas bon!

— Ah! vous êtes agaçant, reprit Frédéric.

Et, poussés malgré eux, ils entrèrent dans un appartement où s'étendait, au plafond, un dais de velours rouge. Sur le trône, en dessous, était assis un prolétaire à barbe noire, la chemise entr'ouverte, l'air hilare et stupide comme un magot. D'autres gravissaient l'estrade pour s'asseoir à sa place.

— Quel mythe! dit Hussonnet. Voilà le peuple souverain!

Le fauteuil fut enlevé à bout de bras, et traversa toute la salle en se balançant.

— Saprelotte! comme il chaloupe! Le vaisseau de l'Etat est ballotté sur une mer orageuse! Cancane-t-il! cancane-t-il!

On l'avait approché d'une fenêtre, et au milieu des sifflets, on le lança.

— Pauvre vieux! dit Hussonnet en le voyant tomber dans le jardin, où il fut repris vivement pour être promené ensuite jusqu'à la Bastille, et brûlé.

1. Thomas Robert Bugeaud de la Piconnerie (1784–1849), Marshal of France, was Governor-General of Algeria from 1840 to 1847.

Alors, une joie frénétique éclata, comme si à la place du trône un avenir de bonheur illimité avait paru; et le peuple, moins par vengeance que pour affirmer sa possession, brisa, lacéra les glaces et les rideaux, les lustres, les flambeaux, les tables, les chaises, les tabourets, tous les meubles, jusqu'à des albums de dessins, jusqu'à des corbeilles de tapisserie. Puisqu'on était victorieux, ne fallait-il pas s'amuser! La canaille s'affubla ironiquement de dentelles et de cachemires. Des crépines d'or s'enroulèrent aux manches des blouses, des chapeaux à plumes d'autruche ornaient la tête des forgerons. Des rubans de la Légion d'honneur firent des ceintures aux prostituées. Chacun satisfaisait son caprice; les uns dansaient, d'autres buvaient. Dans la chambre de la reine, une femme lustrait ses bandeaux avec de la pommade; derrière un paravent, deux amateurs jouaient aux cartes; Hussonnet montra à Frédéric un individu qui fumait son brûle-gueule accoudé sur un balcon; et le délire redoublait, au tintamarre continu des porcelaines brisées et des morceaux de cristal qui sonnaient, en rebondissant, comme des lames d'harmonica.

Puis la fureur s'assombrit. Une curiosité obscène fit fouiller tous les cabinets, tous les recoins, ouvrir tous les tiroirs. Des galériens enfoncèrent leurs bras dans la couche des princesses, et se roulaient dessus par consolation de ne pouvoir les violer. D'autres, à figures plus sinistres, erraient silencieusement, cherchant à voler quelque chose; mais la multitude était trop nombreuse. Par les baies des portes, on n'apercevait dans l'enfilade des appartements que la sombre masse du peuple entre les dorures, sous un nuage de poussière. Toutes les poitrines haletaient; la chaleur de plus en plus devenait suffocante; et les deux amis, craignant d'être étouffés, sortirent.

Dans l'antichambre, debout sur un tas de vêtements, se tenait une fille publique, en statue de la Liberté, — immobile, les yeux grands ouverts, effrayante.

Ils avaient fait trois pas dehors, quand un peloton de gardes municipaux en capotes s'avança vers eux, et qui, retirant leurs bonnets de police, et découvrant à la fois leurs crânes un peu chauves, saluèrent le peuple très-bas. A ce témoignage de respect, les vainqueurs déguenillés se rengorgèrent.

L'Hôtel de Ville de Paris
au siècle dernier.

Les Clubs au vinaigre et au camphre

Entre l'empirisme et l'atelier national, c'est-à-dire entre le désordre dans les idées et le désordre dans les actes, le gouvernement avait deux graves embarras; il en rencontra un plus grave encore dans les clubs révolutionnaires, qui chaque soir le traitaient de haut et parlaient d'aller lui couper les oreilles.

Dès les premiers jours, la position se dessina. D'un côté, les ambitions parvenues, de l'autre, les ambitions à parvenir: à celles-là l'Hôtel de ville; à celles-ci les grands clubs. On traita dès lors de puissance à puissance; on se mesura de l'œil. L'Hôtel de ville ne voyait pas sans ombrage ces foyers d'action pleins de menaces contre lui; les clubs ne songeaient pas sans s'indigner à cet assemblage incohérent d'individus et d'opinions, que le hasard et la bonhomie du peuple avaient investis de l'empire. Ici, c'était une secrète appréhension; là un frémissement visible. Le beau rôle appartenait plutôt à ces gouvernements libres qu'au gouvernement institué. Ils n'encouraient pas la responsabilité et partageaient le pouvoir. Aucune mesure grave qui ne fût jugée par eux et passée à un crible sévère. L'Hôtel de ville ne s'appartenait pas; il vivait sous la tutelle. Son désir secret était de rendre à Paris un aspect tranquille qui rassurât le crédit. L'intérêt des clubs était de maintenir l'agitation et d'arriver par la détresse au nivellement. Les clubs eurent raison. L'Hôtel de ville voyait dans le retour des troupes de ligne deux heureux effets: une garantie d'ordre et une réparation. Les clubs craignaient que l'armée n'eût le goût d'une revanche; ils exigèrent que Paris demeurât sans garnison. Ce fut encore l'Hôtel de ville qui s'inclina: à peine poussa-t-il la révolte jusqu'à un défilé de théâtre.

C'était au nom du peuple que s'exerçait cette pression funeste.

From *Jérôme Paturot à la recherche de la meilleure des républiques* (1848) (Paris: Calmann, 1889), pp. 98–101.

Louis Reybaud (1799–1879) wrote two very popular volumes, the one cited here and, earlier, *Jérôme Paturot à la recherche d'une position sociale* (1843), both wryly recounting the problems of a bourgeois who vainly seeks the truth in realms political, philosophical, social and industrial; disappointed, he becomes a bonnet-maker.

Chaque club avait un peuple à ses ordres. Etait-ce le même? ou comptait-on autant de peuples que de clubs? Si c'était le même, il se donnait de furieux démentis, car les clubs ne s'accordaient guère que sur un point, celui de perpétuelles contradictions. Si c'étaient divers peuples, restait à savoir où était le bon, où était le vrai. Quel qu'il fût, le peuple, au dire des clubs, avait chaque soir quelque chose à demander à l'Hôtel de ville. C'était ceci, c'était cela: marché fixe, sans rien rabattre. Pour peu qu'il tardât à l'obtenir, il fallait se porter sur le siège du gouvernement et l'enlever d'assaut. Point de délais surtout, point de mauvaises défaites. Le peuple ne s'en payerait plus, le peuple était las. Ce grand et noble peuple avait fait assez de révolutions stériles; il était résolu à veiller sur celle-ci, afin que rien n'en troublât la fécondité. Ainsi parlaient les clubs.

Toujours est-il que ce peuple, si universellement invoqué, n'avait pas les allures d'un maître accommodant. Que d'exigences! quel despotisme! Comme il parlait aux souverains qu'il s'était donnés! Comme il les rappelait aux conditions de leur origine! Vis-à-vis de commis, le ton n'eût été ni plus tranchant ni plus hautain. Vite, une armée à la frontière! c'est le désir du peuple. Un impôt forcé sur les riches, le peuple l'entend ainsi. Pourquoi des élections à court délai? le peuple n'en veut pas. Retardez-les, dit un club; rapprochez-les, dit un autre, tous deux au nom du peuple. Lequel croire? Puis venaient des opinions impératives sur les décrets rendus ou à rendre. Le peuple approuve, le peuple blâme, suivant les versions; il accepte l'ensemble, mais il proteste sur les détails. Jamais on n'en a fini avec ce peuple; il est vétilleux comme un huissier, fendant comme un matamore, soupçonneux comme un Othello, et raisonneur comme un valet de comédie. Sans compter que sa grande joie est de mettre son chapeau perpétuellement de travers, d'aiguiser sa moustache en pointe et de briser quelques vitres en manière de passe-temps. Tel était le peuple au nom duquel les clubs dictaient leurs arrêts. Un mot explique tout; ils le faisaient à leur image.

Me voici encore sur les clubs; c'était la grande curiosité. Le lendemain de la révolution, il s'en créa un; au bout d'une semaine, on en comptait cent cinquante. Tout propriétaire qui avait une pièce vide fondait un club; il se ménageait ainsi une influence et s'assurait un loyer. Beaucoup de ces établissements naquirent de ce calcul; ils ne s'élevèrent à la politique qu'après avoir passé par la spéculation. Le club avait la vogue, et à Paris c'est beaucoup. On allait y chercher la comédie ou le mélodrame, suivant le quartier. On avait le club sombre et le club rieur, le club pittoresque et le club fastidieux. En somme, c'était fort médiocre; pas un talent, pas une idée; des énormités sans fin, de vrais débits de pauvretés. Tous les lieux communs qui, depuis un demi-siècle, ont élu domicile dans les livres, s'étalaient de nouveau à ces tribunes, sans y être relevés ni par le geste ni par l'expression. Ces génies enfouis, ces grands hommes ignorés, qui n'attendaient, pour se produire, qu'un théâtre digne d'eux venaient échouer un à un et le plus misérablement du monde. Là où l'on espérait rencontrer du bon sens et de la simplicité, on ne trouvait que le sophisme et l'emphase. Point de naturel, ni d'élans vrais; mais un mélange de trivialités et de boursouflures peu digne d'un peuple athénien.

Dans la rue, 27 février 1850

Tout à l'heure je revenais de l'Assemblée en omnibus. Il était six heures et demie. Le soir tombait. Les boutiques s'éclairaient. Comme je descendais d'omnibus faubourg Poissonnière, au coin de la rue Bellefond, un gros de cuirassiers, le sabre au poing, a passé près de nous, venant par la place Lafayette. — Tiens! a dit le conducteur, ce doit être le président.

En effet, après les cuirassiers est venue une berline à deux chevaux entourée d'autres cuirassiers, avec des officiers aux portières, et serrée de si près par cette cavalerie que c'était sinistre. Cela ressemblait autant à quelqu'un qui va à Vincennes qu'à quelqu'un qui va à l'Elysée.[1] Cependant il y avait derrière la berline deux laquais portant la livrée de l'empereur, vert et or. On ne distinguait personne dans la voiture, à cause de la nuit. Les lanternes de la berline n'étaient pas encore allumées. Derrière l'escorte venait une seconde voiture pareille à la première, avec la même livrée, et vide, un *en-cas;* puis deux de ces petits coupés bas qu'on appelle escargots; puis un cabriolet de place. Bizarre cortège qui commençait par le carrosse de l'empereur et qui finissait par un fiacre.

Le peuple regardait à peine. Des gens en blouse criaient: *Vive la République!* Un enfant criait: *Vive l'Empereur!* Une vieille femme lui dit: — Attends donc qu'il ait fait quelque chose!

---

1. The Château of Vincennes served as a prison; l'Elysée is the residence of the chief of state.

From *Œuvres complètes: Choses vues* (Paris: Imprimerie Nationale, 1913), Vol. II, p. 63.

Victor Hugo (see note, p. 219) left France after the *coup d'état* of December 1851 and lived in exile, largely self-imposed, until after Sedan.

Journal: Année 1851

Décembre

Au grand jour du Jugement dernier, quand toutes les âmes seront amenées à la barre par de grands anges qui dormiront, pendant les débats, comme des gendarmes, le menton sur leurs deux gants blancs croisés sur le pommeau de leur sabre; quand Dieu le père avec sa grande barbe blanche, ainsi que les membres de l'Institut [1] le peignent dans les coupoles des églises, quand Dieu le père, après m'avoir interrogé sur ce que j'ai fait, m'interrogera sur ce que j'ai vu, c'est-à-dire sur tout ce à quoi j'ai pu prêter la complicité de mes yeux, il me demandera sans doute: « Créature que j'ai faite humaine et bonne, aurais-tu vu par hasard le Combat du taureau à la Barrière du Combat, cinq gros dogues affamés déchirant à coups de crocs quelque pauvre vieux âne maigre et désarmé? — Hélas! non, Seigneur, dirai-je, j'ai vu pis: j'ai vu un coup d'Etat. »

«Eh! bien! la révolution est faite! » C'était l'homme de compagnie de notre cousin de Villedeuil, M. de Blamont, — le cousin Blamont, un ci-devant garde du corps, devenu un conservateur *poivre et sel,* asthmatique et rageur, — qui disait cela en entrant dans nos chambres. Il était huit heures. Par un geste qui lui était habituel, croisant sa redingote sur le ventre, comme on sangle un ceinturon, il prenait congé de nous et allait porter la triomphante nouvelle du quartier Notre-Dame-de-Lorette au Faubourg Saint-Germain, en tous les logis de sa connaissance encore mal éveillés.

---

1. l'Institut: a learned society grouping the five academies, of which the academy of fine arts made the fourth.

From *Journal, mémoires de la vie littéraire* (Monaco: l'Imprimerie nationale, 1956), Vol. I, pp. 41–43. Reprinted by permission of Librairie Ernest Flammarion.
The brothers Jules (1830–70) and Edmond (1822–86) de Goncourt, whose fame survives in their documentary novels, in their studies of eighteenth-century art, and in the academy founded to perpetuate their realistic literary bias, kept an equally renowned journal of their day-by-day experiences. Earlier editions omitted many of their piquant political observations.

Ce fut un sursaut. Vite à bas! Pantalons, souliers, et le reste, et dans la rue! Les affiches au coin de la rue annonçaient l'ordre et la marche. Au milieu de notre rue Saint-Georges, des troupes emplissaient l'hôtel du *National*.

Pour aller chez notre oncle,[2] nous passâmes sur le quai de la Cour des Comptes et de la Légion d'honneur. Un régiment campait le long, en ripaille, fusils en faisceaux, bidons de vin sur les bancs du quai et charcuteries variées, festoyant publiquement et prétoriennement, gris de la nuit et du matin, le cœur en goguette. Un faisceau, mal fait par ces braves trop arrosés, croula sur le pavé comme nous passions. Heureusement, les fusils n'avaient pas bu: ils n'étaient pas de la fête et ne partirent pas.

Ce vin et ces viandes, cette Cocagne salée fouettant à giboyer ces bandes de héros, c'était un beau tableau et qui m'est resté longtemps dans la tête. Avec cela, un beau soleil, le soleil d'Austerlitz, commandé et exact, en son uniforme d'or. Et longtemps je ne pus passer contre des tonneaux rangés sur des trottoirs, près de la cave d'un marchand de vin, sans me demander si la société allait encore être sauvée. Mais les tonneaux descendaient lentement le long d'une corde dans la cave et je voyais bien alors que la Société ne serait plus sauvée de sitôt . . .

La vieille portière de notre oncle, rue de Verneuil, avait une vieille larme de conserve dans son œil de chouette: « Monsieur, je lui avais bien dit de ne pas y aller! . . . Ils l'ont arrêté à la Mairie du dixième arrondissement. Il a voulu y aller; le lui avais bien dit. . .» Nous allâmes à la caserne du quai d'Orsay. On disait que tous ceux de la Mairie étaient là. La porte était fermée. Des sergents de ville cachaient le sabre du factionnaire. Les sergents nous dirent: « Ils n'y sont plus! — Où sont-ils? — On ne sait pas. » Et le factionnaire fit: « Au large! »

Je suis sûr que les coups d'Etat se passeraient encore mieux s'il y avait des places, des loges, des stalles, pour les bien voir et n'en rien perdre. Mais ce coup d'Etat-ci faillit manquer; il osa blesser Paris dans un de ses grands goûts: il mécontenta les badauds. Il fut joué en sourdine, sans tambours; joué vite, en lever de rideau. A peine si l'on eut le temps de s'asseoir. Nous fûmes, on peut le dire, nous autres curieux, comptés pour rien. Même, aux moments les plus intéressants, les comparses tirèrent aux fenêtres, je veux dire sur la salle; et le pis est qu'ils avaient failli tout gâter. Même moi, qui trouvais la pièce mauvaise et

2. The Goncourt brothers' uncle, Pierre-Antoine-Victor Huot de Goncourt, was a deputy in the National Assembly.

qui pourtant regardais patiemment, en critique bien appris, les coups
de pied des sergents de ville en pleine poitrine d'hommes, les charges
de cuirassiers terribles, les pistolets au poing, contre des cris de *Vive la
République!* les pauvres petites barricades en petites planches souvent
dressées sur le boulevard par une seule main, les représentants arrêtés
à coups de poing; moi, dis-je, qui regardais tout cela, anxieux, le cœur
en colère, mâchant un peu de rage avec beaucoup de honte, mais muet
comme une carpe, je faillis siffler lorsqu'au bout de la rue Notre-
Dame-de-Lorette, une femme, à côté de moi, qui passait, reçut une
balle dans sa robe, des chasseurs de Vincennes qui giboyaient aux passants, de la rue Laffitte.

Des idées napoléoniennes

> "Ce ne sont pas seulement les
> cendres, mais les idées de
> l'Empereur qu'il faut ramener."
> Londres, 1840

Depuis vingt-cinq ans la France s'épuise en vains efforts pour établir un état de choses durable. Les causes de troubles renaissent sans cesse, et la société ne fait que passer tour à tour d'une agitation fébrile à une apathie léthargique.

Cette instabilité des esprits est commune à toutes les époques de transition, lorsque ceux qui gouvernent abandonnent au hasard des événements le passage d'un ancien système à un nouveau, au lieu de lui imprimer une direction ferme et régulière.

Le grand mouvement de 1789 a eu deux caractères distincts, l'un social, et l'autre politique. La révolution sociale a triomphé malgré nos revers, tandis que la révolution politique a échoué malgré les victoires du peuple. Là est toute la cause du malaise qui nous tourmente.

Lorsqu'au commencement du dix-neuvième siècle apparut la grande figure de Napoléon, la société tout entière prit un nouvel aspect. Les flots populaires s'apaisèrent, les ruines disparurent, et l'on vit avec étonnement l'ordre et la prospérité sortir du même cratère qui les avait momentanément engloutis.

C'est que le grand homme accomplissait pour la France et pour l'Europe le plus grand des problèmes. Il opérait hardiment, mais sans désordre ni excès, la transition entre les anciens et les nouveaux intérêts; il jetait en France les larges fondations qui devaient assurer le triomphe de la révolution sociale et de la révolution politique. Mais à peine l'Empire fut-il tombé que tous les ferments de discorde reparu-

From *Des idées napoléoniennes* (Paris: Henri Plon, 1860), pp. 1–11, 115–18.

Prince Napoléon-Louis Bonaparte published these reflections during his exile in England in 1839 and 1840, partly in reaction to the July monarchy's attempt to capitalize on the Napoleonic legend by ceremoniously returning the emperor's remains to France and burying them in the Hôtel des Invalides.

rent; du passé, on vit renaître les prétentions surannées, et avec elles les exagérations révolutionnaires qu'elles avaient produites. Le régime établi en 1800, guidé par un génie supérieur, avait fondé partout des institutions progressives sur des principes d'ordre et d'autorité; mais l'ancien régime se présenta en 1814 et en 1815 sous le masque d'idées libérales. Ce cadavre s'enveloppa de lambeaux aux couleurs nouvelles, et l'on prit le linceul d'un mort pour les langes d'un enfant plein d'avenir.

Ce déguisement produisit dans les esprits une perturbation funeste; toutes les réputations, tous les drapeaux furent confondus; on salua du nom de libérateur des peuples l'oppresseur étranger; on appela brigands les débris glorieux des armées de la République et de l'Empire; on qualifia du nom de libéraux les admirateurs du système oligarchique de l'Angleterre, tandis que l'on voulut flétrir du nom de partisans de l'absolutisme ceux qui regrettaient le pouvoir tutélaire et démocratique du héros plébéien, qui assurait l'indépendance des peuples et qui était le vrai représentant de notre révolution.

Un jour, nous espérâmes que cet état de déception et d'incertitude avait eu un terme, et que la révolution de 1830 fixerait à jamais les destinées de la France. Vain espoir! La révolution n'a fait que semer parmi nous plus d'éléments de trouble et de discorde, et il n'existe aujourd'hui que des théories confuses, que des intérêts mesquins, que des passions sordides.

Corruption d'un côté, mensonge de l'autre, et haine partout; voilà notre état! Et au milieu de ce chaos d'intelligence et de misère, il semblerait qu'il n'y a plus d'idée assez grande pour qu'elle rallie une majorité, qu'il n'y a plus un homme assez populaire pour qu'il soit la personnification d'un grand intérêt.

La société française n'obéit pas à une impulsion régulière, mais elle cherche une trace à suivre; elle ne marche pas, elle erre à l'aventure.

Les grands hommes ont cela de commun avec la Divinité, qu'ils ne meurent jamais tout entiers. Leur esprit leur survit, et l'idée napoléonienne a jailli du tombeau de Sainte-Hélène, de même que la morale de l'Evangile s'est élevée triomphante malgré le supplice du Calvaire.

L'idée napoléonienne consiste à reconstituer la société française bouleversée par cinquante ans de révolution, à concilier l'ordre et la liberté, les droits du peuple et les principes d'autorité.

Elle remplace le système héréditaire des vieilles aristocraties par un système hiérarchique qui, tout en assurant l'égalité, récompense le mérite et garantit l'ordre.

Elle trouve un élément de force et de stabilité dans la démocratie, parce qu'elle la discipline.

Elle trouve un élément de force dans la liberté, parce qu'elle en prépare sagement le règne en établissant des bases larges avant de bâtir l'édifice.

Elle ne suit ni la marche incertaine d'un parti, ni les passions de la foule; elle commande par la raison, elle conduit parce qu'elle marche la première.

Elle ne procède pas par exclusion, mais par réconciliation; elle réunit la nation au lieu de la diviser. Elle donne à chacun l'emploi qui lui est dû, la place qu'il mérite selon sa capacité et ses œuvres, sans demander compte à personne ni de son opinion ni de ses antécédents politiques.

L'idée napoléonienne se fractionne en autant de branches que le génie humain a de phases différentes; elle va vivifier l'agriculture, elle invente de nouveaux produits, elle emprunte aux pays étrangers les innovations qui peuvent lui servir. Elle aplanit les montagnes, traverse les fleuves, facilite les communications, et oblige les peuples à se donner la main.

L'idée napoléonienne, ayant la conscience de sa force, repousse loin d'elle la corruption, la flatterie et le mensonge, ces vils auxiliaires de la faiblesse.

L'idée napoléonienne est donc par sa nature une idée de paix plutôt qu'une idée de guerre, une idée d'ordre et de reconstitution plutôt qu'une idée de bouleversement. Elle professe sans fiel et sans haine la morale politique que le grand homme conçut le premier. Elle développe ces grands principes de justice, d'autorité, de liberté, qu'on oublie trop souvent dans les temps de trouble.

.   .   .   .   .

Et si, dans le séjour céleste où repose maintenant en paix sa grande âme, Napoléon pouvait encore se soucier des agitations et des jugements qui se heurtent ici-bas, son ombre irritée n'aurait-elle pas le droit de répondre à ses accusateurs: « Tout ce que j'ai fait pour la prospérité intérieure de la France, je n'ai eu pour l'accomplir que l'intervalle des batailles. Mais vous, qui me blâmez, qu'avez-vous fait pendant vingt-quatre ans d'une paix profonde?

« Avez-vous apaisé les discordes, réuni les partis autour de l'autel de la patrie? Avez-vous acquis aux différents pouvoirs de l'Etat la prépondérance morale que la loi leur concède, et qui est un gage de stabilité?

« Avez-vous conservé à l'institution de la légion d'honneur la pureté et le prestige de sa première organisation?

« Avez-vous, comme moi, récompensé tous les mérites, réprimé la corruption, et introduit dans l'administration cette morale sévère et pure qui rend l'autorité respectable?

« Avez-vous, comme moi, fait jaillir du sol cent nouvelles industries?

« Avez-vous achevé, pendant une longue paix, la moitié des travaux que j'avais commencés pendant de cruelles guerres?

« Avez-vous ouvert de nouveaux débouchés au commerce?

« Avez-vous amélioré le sort des classes pauvres?

« Avez-vous employé tous les revenus de la France dans le seul but de sa prospérité?

« Avez-vous contenu le clergé dans ses attributions religieuses, loin du pouvoir politique?

« Avez-vous conservé à l'armée cette considération et cette popularité qu'elle avait acquises à si juste titre? La noble mission du soldat, n'avez-vous pas cherché à l'avilir?

« Avez-vous rendu à nos débris de Waterloo le peu de pain qui leur revenait, comme prix du sang qu'ils ont versé pour la France?

« Le drapeau tricolore, le nom de Français, ont-ils conservé ce prestige et cette influence qui les faisaient respecter de tout l'univers?

« Avez-vous assuré à la France des alliés sur lesquels elle puisse compter au jour du danger?

« Avez-vous diminué les charges du peuple? Vos impôts ne sont-ils pas, au contraire, plus élevés que mes impôts de guerre?

« Enfin, avez-vous affaibli cette centralisation administrative que je n'avais établie que pour organiser l'intérieur, et pour résister à l'étranger?

« Non; vous avez gardé de mon règne tout ce qui n'était que transitoire, qu'obligations momentanées, et vous avez rejeté tous les avantages qui en palliaient les défauts.

« Les bienfaits de la paix, vous n'avez pu les obtenir; et tous les inconvénients de la guerre, vous les avez conservés, sans ses immenses compensations, l'honneur et la gloire de la patrie! »

Victor Hugo:
les années d'exil.

VICTOR HUGO

Les Châtiments[1]

XIII: L'EXPIATION

I

Il neigeait. On était vaincu par sa conquête.
Pour la première fois l'aigle baissait la tête.
Sombres jours! l'empereur revenait lentement,
Laissant derrière lui brûler Moscou fumant.
Il neigeait. L'âpre hiver fondait en avalanche.
Après la plaine blanche une autre plaine blanche.
On ne connaissait plus les chefs ni le drapeau.
Hier la grande armée, et maintenant troupeau.
On ne distinguait plus les ailes ni le centre.
Il neigeait. Les blessés s'abritaient dans le ventre
Des chevaux morts; au seuil des bivouacs désolés
On voyait des clairons à leur poste gelés,
Restés debout, en selle et muets, blancs de givre,
Collant leur bouche en pierre aux trompettes de cuivre.
Boulets, mitraille, obus, mêlés aux flocons blancs,
Pleuvaient; les grenadiers, surpris d'être tremblants,
Marchaient pensifs, la glace à leur moustache grise.
Il neigeait, il neigeait toujours! La froide bise
Sifflait; sur le verglas, dans des lieux inconnus,
On n'avait pas de pain et l'on allait pieds nus.
Ce n'étaient plus des cœurs vivants, des gens de guerre:
C'était un rêve errant dans la brume, un mystère,
Une procession d'ombres sous le ciel noir.

---

1. *Les Châtiments,* written in November 1853, are Hugo's poetic revenge against Napoleon III. From his exile on the island of Jersey, Hugo conducted a continual literary attack on the Second Empire, often using, as here, the Napoleonic legend against the man he called "Napoleon the Little."

From *Œuvres complètes: Poésies* (Paris: Imprimerie Nationale, 1910), Vol. IV, pp. 157–91.

La solitude vaste, épouvantable à voir,
Partout apparaissait, muette vengeresse.
Le ciel faisait sans bruit avec la neige épaisse
Pour cette immense armée un immense linceul.
Et chacun se sentant mourir, on était seul.
— Sortira-t-on jamais de ce funeste empire?
Deux ennemis! le czar, le nord. Le nord est pire.
On jetait les canons pour brûler les affûts.
Qui se couchait, mourait. Groupe morne et confus,
Ils fuyaient; le désert dévorait le cortège.
On pouvait, à des plis qui soulevaient la neige,
Voir que des régiments s'étaient endormis là.
O chutes d'Annibal! lendemains d'Attila!
Fuyards, blessés, mourants, caissons, brancards, civières,
On s'écrasait aux ponts pour passer les rivières,
On s'endormait dix mille, on se réveillait cent.
Ney,[2] que suivait naguère une armée, à présent
S'évadait, disputant sa montre à trois cosaques.
Toutes les nuits, qui vive! alerte, assauts! attaques!
Ces fantômes prenaient leur fusil, et sur eux
Ils voyaient se ruer, effrayants, ténébreux,
Avec des cris pareils aux voix des vautours chauves,
D'horribles escadrons, tourbillons d'hommes fauves.
Toute une armée ainsi dans la nuit se perdait.
L'empereur était là, debout, qui regardait.
Il était comme un arbre en proie à la cognée.
Sur ce géant, grandeur jusqu'alors épargnée,
Le malheur, bûcheron sinistre, était monté;
Et lui, chêne vivant, par la hache insulté,
Tressaillant sous le spectre aux lugubres revanches,
Il regardait tomber autour de lui ses branches.
Chefs, soldats, tous mouraient. Chacun avait son tour.
Tandis qu'environnant sa tente avec amour,
Voyant son ombre aller et venir sur la toile,
Ceux qui restaient, croyant toujours à son étoile,
Accusaient le destin de lèse-majesté,
Lui se sentit soudain dans l'âme épouvanté.
Stupéfait du désastre et ne sachant que croire,

2. Marshal Michel Ney (1769–1815) was the most famous of Napoleon's generals.

L'empereur se tourna vers Dieu; l'homme de gloire
Trembla; Napoléon comprit qu'il expiait
Quelque chose peut-être, et, livide, inquiet,
Devant ses légions sur la neige semées:
« Est-ce le châtiment, dit-il, Dieu des armées? »
Alors il s'entendit appeler par son nom
Et quelqu'un qui parlait dans l'ombre lui dit: Non.

II

Waterloo! Waterloo! Waterloo! morne plaine!
Comme une onde qui bout dans une urne trop pleine,
Dans ton cirque de bois, de coteaux, de vallons,
La pâle mort mêlait les sombres bataillons.
D'un côté c'est l'Europe et de l'autre la France.
Choc sanglant! des héros Dieu trompait l'espérance;
Tu désertais, victoire, et le sort était las.
O Waterloo! je pleure et je m'arrête, hélas!
Car ces derniers soldats de la dernière guerre
Furent grands; ils avaient vaincu toute la terre,
Chassé vingt rois, passé les Alpes et le Rhin,
Et leur âme chantait dans les clairons d'airain!

Le soir tombait; la lutte était ardente et noire.
Il avait l'offensive et presque la victoire;
Il tenait Wellington acculé sur un bois.
Sa lunette à la main, il observait parfois
Le centre du combat, point obscur où tressaille
La mêlée, effroyable et vivante broussaille,
Et parfois l'horizon, sombre comme la mer.
Soudain, joyeux, il dit: Grouchy! — C'était Blücher.[3]
L'espoir changea de camp, le combat changea d'âme,
La mêlée en hurlant grandit comme une flamme.
La batterie anglaise écrasa nos carrés.
La plaine, où frissonnaient les drapeaux déchirés,
Ne fut plus, dans les cris des mourants qu'on égorge,
Qu'un gouffre flamboyant, rouge comme une forge;
Gouffre où les régiments comme des pans de murs
Tombaient, où se couchaient comme des épis mûrs

3. Grouchy commanded Napoleon's expected reinforcements at Waterloo; Blücher, the Prussian, brought his forces to join Wellington at the crucial moment.

Les hauts tambours-majors aux panaches énormes,
Où l'on entrevoyait des blessures difformes!
Carnage affreux! moment fatal! L'homme inquiet
Sentit que la bataille entre ses mains pliait.
Derrière un mamelon la garde était massée.
La garde, espoir suprême et suprême pensée!
« Allons! faites donner la garde! » cria-t-il.
Et, lanciers, grenadiers aux guêtres de coutil,
Dragons que Rome eût pris pour des légionnaires,
Cuirassiers, canonniers qui traînaient des tonnerres,
Portant le noir colback ou le casque poli,
Tous, ceux de Friedland et ceux de Rivoli,
Comprenant qu'ils allaient mourir dans cette fête,
Saluèrent leur dieu, debout dans la tempête.
Leur bouche, d'un seul cri, dit: vive l'empereur!
Puis, à pas lents, musique en tête, sans fureur,
Tranquille, souriant à la mitraille anglaise,
La garde impériale entra dans la fournaise.
Hélas! Napoléon, sur sa garde penché,
Regardait, et sitôt qu'ils avaient débouché
Sous les sombres canons crachant les jets de soufre,
Voyait, l'un après l'autre, en cet horrible gouffre,
Fondre ces régiments de granit et d'acier
Comme fond une cire au souffle d'un brasier.
Ils allaient, l'arme au bras, front haut, graves, stoïques.
Pas un ne recula. Dormez, morts héroïques!
Le reste de l'armée hésitait sur leurs corps
Et regardait mourir la garde. — C'est alors
Qu'élevant tout à coup sa voix désespérée,
La Déroute, géante à la face effarée
Qui, pâle, épouvantant les plus fiers bataillons,
Changeant subitement les drapeaux en haillons,
A de certains moments, spectre fait de fumées,
Se lève grandissante au milieu des armées,
La Déroute apparut au soldat qui s'émeut,
Et, se tordant les bras, cria: Sauve qui peut!

Sauve qui peut! — affront! horreur! — toutes les bouches
Criaient; à travers champs, fous, éperdus, farouches,
Comme si quelque souffle avait passé sur eux,

Parmi les lourds caissons et les fourgons poudreux,
Roulant dans les fossés, se cachant dans les seigles,
Jetant shakos, manteaux, fusils, jetant les aigles,
Sous les sabres prussiens, ces vétérans, ô deuil!
Tremblaient, hurlaient, pleuraient, couraient! — En un clin d'œil,
Comme s'envole au vent une paille enflammée,
S'évanouit ce bruit qui fut la grande armée,
Et cette plaine, hélas, où l'on rêve aujourd'hui,
Vit fuir ceux devant qui l'univers avait fui!
Quarante ans sont passés, et ce coin de la terre,
Waterloo, ce plateau funèbre et solitaire,
Ce champ sinistre où Dieu mêla tant de néants,
Tremble encor d'avoir vu la fuite des géants!

Napoléon les vit s'écouler comme un fleuve;
Hommes, chevaux, tambours, drapeaux; — et dans l'épreuve
Sentant confusément revenir son remords,
Levant les mains au ciel, il dit: « Mes soldats morts,
Moi vaincu! mon empire est brisé comme verre.
Est-ce le châtiment cette fois, Dieu sévère? »
Alors parmi les cris, les rumeurs, le canon,
Il entendit la voix qui lui répondait: Non!

III

Il croula. Dieu changea la chaîne de l'Europe.

Il est, au fond des mers que la brume enveloppe,
Un roc hideux, débris des antiques volcans.
Le Destin prit des clous, un marteau, des carcans,
Saisit, pâle et vivant, ce voleur du tonnerre,
Et, joyeux, s'en alla sur le pic centenaire
Le clouer, excitant par son rire moqueur
Le vautour Angleterre à lui ronger le cœur.

Evanouissement d'une splendeur immense!
Du soleil qui se lève à la nuit qui commence,
Toujours l'isolement, l'abandon, la prison,
Un soldat rouge au seuil, la mer à l'horizon,
Des rochers nus, des bois affreux, l'ennui, l'espace,
Des voiles s'enfuyant comme l'espoir qui passe,

Toujours le bruit des flots, toujours le bruit des vents!
Adieu, tente de pourpre aux panaches mouvants,
Adieu, le cheval blanc que César éperonne!
Plus de tambours battant aux champs, plus de couronne,
Plus de rois prosternés dans l'ombre avec terreur,
Plus de manteau traînant sur eux, plus d'empereur!
Napoléon était retombé Bonaparte.
Comme un romain blessé par la flèche du parthe,
Saignant, morne, il songeait à Moscou qui brûla.
Un caporal anglais lui disait: halte-là!
Son fils aux mains des rois! sa femme aux bras d'un autre!
Plus vil que le pourceau qui dans l'égout se vautre,
Son sénat qui l'avait adoré l'insultait.
Au bord des mers, à l'heure où la bise se tait,
Sur les escarpements croulant en noirs décombres,
Il marchait, seul, rêveur, captif des vagues sombres.
Sur les monts, sur les flots, sur les cieux, triste et fier,
L'œil encore ébloui des batailles d'hier,
Il laissait sa pensée errer à l'aventure.
Grandeur, gloire, ô néant! calme de la nature!
Les aigles qui passaient ne le connaissaient pas.
Les rois, ses guichetiers, avaient pris un compas
Et l'avaient enfermé dans un cercle inflexible.
Il expirait. La mort de plus en plus visible
Se levait dans sa nuit et croissait à ses yeux
Comme le froid matin d'un jour mystérieux.
Son âme palpitait, déjà presque échappée.
Un jour enfin il mit sur son lit son épée,
Et se coucha près d'elle, et dit: c'est aujourd'hui!
On jeta le manteau de Marengo sur lui.
Ses batailles du Nil, du Danube, du Tibre,
Se penchaient sur son front, il dit: « Me voici libre!
Je suis vainqueur! je vois mes aigles accourir! »
Et, comme il retournait sa tête pour mourir,
Il aperçut, un pied dans la maison déserte,
Hudson Lowe [4] guettant par la porte entr'ouverte.
Alors, géant broyé sous le talon des rois,
Il cria: « La mesure est comble cette fois!

4. Hudson Lowe, governor of Saint Helena, appears in the Bonapartist mythology as a mean-spirited martinet.

Seigneur! c'est maintenant fini! Dieu que j'implore,
Vous m'avez châtié! » La voix dit: Pas encore!

VII

Une nuit, — c'est toujours la nuit dans le tombeau, —
Il s'éveilla. Luisant comme un hideux flambeau,
D'étranges visions emplissaient sa paupière;
Des rires éclataient sous son plafond de pierre;
Livide, il se dressa; la vision grandit;
O terreur! une voix qu'il reconnut, lui dit:

— Réveille-toi. Moscou, Waterloo, Sainte-Hélène,
L'exil, les rois geôliers, l'Angleterre hautaine
Sur ton lit accoudée à ton dernier moment,
Sire, cela n'est rien. Voici le châtiment:
La voix alors devint âpre, amère, stridente,
Comme le noir sarcasme et l'ironie ardente;
C'était le rire amer mordant un demi-dieu.

— Sire! on t'a retiré de ton Panthéon bleu!
Sire! on t'a descendu de ta haute colonne!
Regarde. Des brigands, dont l'essaim tourbillonne,
D'affreux bohémiens, des vainqueurs de charnier
Te tiennent dans leurs mains et t'ont fait prisonnier.
A ton orteil d'airain leur patte infâme touche.
Ils t'ont pris. Tu mourus, comme un astre se couche,
Napoléon le Grand, empereur; tu renais
Bonaparte, écuyer du cirque Beauharnais.[5]
Te voilà dans leurs rangs, on t'a, l'on te harnache.
Ils t'appellent tout haut grand homme, entre eux, ganache.
Ils traînent, sur Paris qui les voit s'étaler,
Des sabres qu'au besoin ils sauraient avaler.
Aux passants attroupés devant leur habitacle,
Ils disent, entends-les: — Empire à grand spectacle!
Le pape est engagé dans la troupe; c'est bien,
Nous avons mieux; le czar en est; mais ce n'est rien,
Le czar n'est qu'un sergent, le pape n'est qu'un bonze;

---

5. Beauharnais: a nephew of Napoleon I (as the son of his brother Louis), Napoleon III was also the great man's step-grandson, since his mother, Hortense de Beauharnais, was a daughter of the Empress Josephine by her first marriage.

Nous avons avec nous le bonhomme de bronze!
Nous sommes les neveux du grand Napoléon! —
Et Fould, Magnan, Rouher, Parieu [6] caméléon,
Font rage. Ils vont montrant un sénat d'automates.
Ils ont pris de la paille au fond des casemates
Pour empailler ton aigle, ô vainqueur d'Iéna!
Il est là, mort, gisant, lui qui si haut plana,
Et du champ de bataille il tombe au champ de foire.
Sire, de ton vieux trône ils recousent la moire.
Ayant dévalisé la France au coin d'un bois,
Ils ont à leurs haillons du sang, comme tu vois,
Et dans son bénitier Sibour [7] lave leur linge.
Toi, lion, tu les suis; leur maître, c'est le singe.
Ton nom leur sert de lit, Napoléon premier.
On voit sur Austerlitz un peu de leur fumier.
Ta gloire est un gros vin dont leur honte se grise.
Cartouche [8] essaie et met ta redingote grise;
On quête des liards dans le petit chapeau;
Pour tapis sur la table ils ont mis ton drapeau;
A cette table immonde où le grec devient riche,
Avec le paysan on boit, on joue, on triche;
Tu te mêles, compère, à ce tripot hardi,
Et ta main qui tenait l'étendard de Lodi,
Cette main qui portait la foudre, ô Bonaparte,
Aide à piper les dés et fait sauter la carte.
Ils te forcent à boire avec eux, et Carlier
Pousse amicalement d'un coude familier
Votre majesté; sire, et Piétri dans son antre
Vous tutoie, et Maupas [9] vous tape sur le ventre.
Faussaires, meurtriers, escrocs, forbans, voleurs,
Ils savent qu'ils auront, comme toi, des malheurs;
Leur soif en attendant vide la coupe pleine
A ta santé; Poissy [10] trinque avec Sainte-Hélène.

---

6. Fould and Rouher were ministers, Parieu the president of the Council of State under the Second Empire. General Magnan rallied the Paris garrison to the coup d'état in December 1852.

7. Sibour: Bishop of Paris during the Second Empire.

8. Cartouche: a celebrated eighteenth-century highwayman.

9. Carlier and Maupas were prefects of police involved in the 1852 coup d'état. Piétri, an army lieutenant, played a minor part in it.

10. Poissy: prison in a village near Paris.

Regarde! bals, sabbats, fêtes matin et soir.
La foule au bruit qu'ils font se culbute pour voir;
Debout sur le tréteau qu'assiège une cohue
Qui rit, bâille, applaudit, tempête, siffle, hue,
Entouré de pasquins agitant leur grelot,
— Commencer par Homère et finir par Callot! [11]
Epopée! épopée! oh! quel dernier chapitre! —
Entre Troplong paillasse et Chaix-d'Est-Ange [12] pitre,
Devant cette baraque, abject et vil bazar
Où Mandrin [13] mal lavé se déguise en César,
Riant, l'affreux bandit, dans sa moustache épaisse,
Toi, spectre impérial, tu bats la grosse caisse! —

L'horrible vision s'éteignit. L'empereur,
Désespéré, poussa dans l'ombre un cri d'horreur,
Baissant les yeux, dressant ses mains épouvantées.
Les Victoires de marbre à la porte sculptées,
Fantômes blancs debout hors du sépulcre obscur,
Se faisaient du doigt signe, et s'appuyant au mur,
Ecoutaient le titan pleurer dans les ténèbres.
Et lui, cria: « Démon aux visions funèbres,
Toi qui me suis partout, que jamais je ne vois,
Qui donc es-tu? — Je suis ton crime! » dit la voix.
La tombe alors s'emplit d'une lumière étrange
Semblable à la clarté de Dieu quand il se venge;
Pareils aux mots que vit resplendir Balthazar,
Deux mots dans l'ombre écrits flamboyaient sur César;
Bonaparte, tremblant comme un enfant sans mère,
Leva sa face pâle et lut: — DIX-HUIT BRUMAIRE! [14]

11. Callot: An engraver of the seventeenth century whose etchings of "The Horrors of War" and of various low-life scenes are widely famed.
12. Troplong was the president of Napoleon III's Senate, and Chaix-d'Est-Ange was the state prosecutor in the trial of the Italian, Orsini, who attempted to assassinate the emperor.
13. Mandrin: a well-known highwayman of his day.
14. *Dix-huit Brumaire:* the date of Napoleon I's coup d'état in 1799, which led to the creation of the Consulate.

FRANCISQUE SARCEY

Le Siège de Paris, décembre 1870

Tout ce mois de décembre fut terriblement dur à traverser. Les privations allaient croissant, à mesure que diminuait le stock de nos approvisionnements. Ce n'est pas que l'on fût encore inquiet sur le pain. Il s'était bien, il est vrai, produit, je ne sais quel matin, une panique à Montmartre et dans les quartiers avoisinants. La population avait trouvé visage de bois chez les boulangers, et s'était répandue dans le reste de la ville, raflant en un tour de main tout ce qu'elle pouvait ramasser de pain cuit, en sorte qu'à trois heures de l'après-midi, il eût été impossible de trouver, du nord au sud et de l'est à l'ouest, une bouchée à se mettre sous la dent. Le gouvernement, un peu ému de cet accident qui ne devait pas se renouveler, avait solennellement déclaré qu'on était abondamment pourvu de blé, et que le pain, quoi qu'il arrivât, ne serait jamais rationné. C'était une imprudence, comme le prouva bien la suite des événements; car il en fallut venir à cette extrémité, et mieux eût valu prendre, dès le premier jour, cette mesure du rationnement, qui eût prolongé notre résistance d'un bon mois. On ne saura jamais l'effroyable gaspillage qui se fit de la farine. On en donnait aux chevaux, parce qu'elle était moins chère que le foin et l'avoine. On la convertissait en biscuits, que chacun entassait dans un coin d'armoire, en prévision de la famine; et quand défense fut faite de fabriquer du biscuit, il n'y eut pas de ménage qui n'achetât le double de ce qui lui était nécessaire de pain; on le coupait en tranches minces, que l'on faisait griller, pour le garder ensuite. On aurait dû réfléchir que ce seraient là des provisions perdues; car une fois le stock général épuisé, il faudrait bien se rendre, et la capitulation impliquait le ravitaillement immédiat. Mais la peur raisonne-t-elle? On avait pris très au sérieux la menace de M. de Bismark, qui avait dit à l'Europe, dans un manifeste officiel, que Paris une fois rendu, il ne se chargeait pas de le ravitailler, et qu'il faisait le gouvernement français responsable des

From *Le Siège de Paris* (Paris: Lachand, 1871), pp. 248–55.

Francisque Sarcey (1827–99) was for many years the respected theater critic of the newspaper *Le Temps*.

quatre ou cinq cent mille personnes qui mourraient de faim dans les rues. Chacun puisait donc à pleines mains dans les réserves de l'Etat, et l'on prétend que la consommation de la farine avait presque doublé. Quand on en vint à cette mesure nécessaire du rationnement, il était trop tard. On ne donna plus que trois cents grammes de pain par tête et par jour! Trois cents grammes! comme s'il eût été possible de vivre avec trois cents grammes de nourriture! et de quel pain, grand Dieu! Celui que nous avons mangé dans les derniers jours du siège était un composé, noirâtre et gluant, de choses innommées, où il entrait de tout, sans en excepter du blé. Il n'est pas un de nous qui n'en ait gardé un morceau, comme échantillon et souvenir du blocus. Quand on pense qu'il y avait bien la moitié de la population qui ne mangeait pas autre chose que cette pâte grumeleuse et lourde! Mais ce n'est que peu à peu que le pain en arriva à n'être plus qu'une agglomération de détritus cuits ensemble. Celui qu'on nous distribua en décembre et jusque dans les premiers jours de janvier était de couleur grise, mais fort appétissant, et avec cette facilité du Parisien à prendre gaiement toutes les misères, on y mordait à belles dents, en songeant au bon pain bis des'paysans. Ah! si l'on avait eu du lait pour l'y tremper, c'eût été un régal exquis!

Toutes les denrées, qui accompagnent le pain et la viande, étaient montées à des prix exorbitants, qui s'élevaient tous les jours. La livre d'huile coûtait couramment de six à sept francs; le beurre, il n'en fallait point parler; c'étaient des prix de fantaisie, 40 ou 50 francs le kilo; le gruyère ne se vendait pas; il eût coûté trop cher; il se donnait en cadeau. Je sais telle jolie femme qui, au Jour de l'An, a reçu, au lieu des bonbons accoutumés, un sac de pommes de terre, ou un morceau de fromage. Un morceau de fromage était un présent royal, les pommes de terre valaient 25 francs le boisseau; elles revenaient bien plus cher aux petits ménages qui les achetaient au litre ou bien au tas. Un chou était coté six francs; il se débitait feuille à feuille, et telle qu'on eût à peine jadis osé offrir à ses lapins, figurait noblement dans le pot au feu de cheval. L'oignon, le poireau et la carotte étaient introuvables. Il n'y avait pas de mercuriale pour ces articles, et la fantaisie seule de l'acheteur en déterminait le prix. Les graisses les plus immondes étaient mises en vente et trouvaient acheteurs à des taux insensés. Les journaux donnaient tous les jours des recettes merveilleuses pour les purifier et leur enlever toute mauvaise odeur. Il y avait encore à Paris des quantités énormes de lapins et de volailles, mais tout cela était hors de prix. J'ai vu, aux environs du Jour de l'An, la foule des badauds attroupée autour d'une dinde, comme autrefois devant les grands joailliers de la rue de la Paix. On s'étonnait qu'un morceau aussi tentant affrontât derrière le simple rempart d'une vitrine la voracité des regards alléchés. Beaucoup de ménages avaient acheté des lapins qu'ils nourrissaient d'épluchures, en attendant que la famine les forçât à en faire des pâtés en terrine. Le pâté *fait plus de profit* que la gibelotte. Au moment où j'écris ces lignes, j'ai près de moi, dans mon cabinet, deux frères lapins, tapis dans un angle de la chambre, et qui me regardent de leur œil effaré. La ménagère me les a apportés, prétendant qu'ils s'ennuyaient tout seuls dans leur niche, qu'ils y avaient froid et ne voulaient plus manger. Cette dernière considération m'a décidé; je les ai reçus, et je tâche de les distraire. Je me garderai bien de leur lire ce chapitre, où leur sentence est prononcée; ils n'auraient qu'à maigrir de chagrin. Funeste présage!

La bourgeoisie commençait à voir la fin de ses réserves. J'avais suivi avec un intérêt curieux les progrès de cet épuisement. Je faisais partie d'une petite société où l'on se réunissait pour jouer soit le whist, soit la bouillotte. Les taux des mises et la façon de pousser le jeu ne changea pas sensiblement le premier mois; dès le second, la fiche tomba de moitié, puis des trois quarts, et enfin, vers la fin des derniers jours du blocus, il fut convenu qu'on ne jouerait plus d'argent. Nous étions tous à sec, et n'avions plus à peine que de quoi attendre des jours meilleurs.

Que dire de ceux qui ne possédaient point d'avances? C'était l'immense majorité des Parisiens, il faut bien l'avouer. Non, je ne saurais trop répéter à nos frères de province avec quel indomptable courage, avec quelle touchante résignation, avec quel invincible sentiment de patriotisme toute cette population supporta les rigueurs de cette longue misère. Les femmes surtout furent admirables. Je ne plains pas trop les hommes; la plupart avaient leurs trente sous par jour, que beaucoup d'entre eux buvaient sans vergogne. Mais les femmes! les pauvre femmes! par ces abominables froids de décembre, elles faisaient la queue, toute la journée, chez le boulanger, chez le boucher, chez l'épicier, chez le marchand de bois, à la mairie. Aucune ne murmurait; jamais je n'ai entendu sortir d'une seule de ces bouches, accoutumées aux dures paroles, un mot impie contre la France, c'était elles les plus enragées pour que l'on tînt jusqu'au dernier morceau de pain. Et Dieu sait ce que cette malheureuse bouchée du pain leur coûtait! La mortalité montait de semaine en semaine, traînant une effroyable marée de victimes. De douze ou treize cents, qui est le chiffre normal des décès parisiens, elle s'était rapidement élevée à deux mille, puis à deux mille quatre cents, puis à trois mille; elle avait franchi ce degré, et avait atteint quatre mille, puis quatre mille cinq cents. La pneumonie, la fluxion de poitrine, la diarrhée, tout le noir cortège des maladies nées de ces longues stations et d'une mauvaise nourriture, s'était abattu sur ce misérable troupeau de créatures humaines. On ne voyait que corbillards, qui s'acheminaient seuls vers le cimetière. Pour les enfants, on y faisait moins de façons encore. Un croquemort prenait sous son bras le petit cercueil, et le portait, comme un paquet de n'importe quoi, jusqu'au trou commun, où il le jetait avec les autres. Les cimetières parisiens, déjà trop étroits, regorgeaient de cadavres, dont on ne savait où se débarrasser. Cette incurie du tombeau était un bien lugubre symptôme chez une population qui pousse la piété pour les morts jusqu'à la superstition.

Nous n'envisagions l'avenir qu'avec un sombre effroi.

IX · LA TROISIEME

REPUBLIQUE

Un défilé militaire sous l'Arc de Triomphe signala pour les Allemands leur occupation de Paris et l'humiliation de la France. Après leur départ un soulèvement populaire obligea le gouvernement de Thiers à évacuer la capitale, pour se réfugier à Versailles. Du mois de mars au mois de mai 1871 l'assemblée élue de la Commune insurrectionnelle de Paris gouverna la capitale, en révolte ouverte contre le gouvernement national. L'humiliation de la défaite, les privations du siège, l'indifférence de la bourgeoisie à la misère du peuple avaient créé un climat de colère, qui devait prendre pour cible tout ce qui rappelait le règne de l'argent et la puissance de l'Eglise. Bien que minoritaires au sein de la Commune, les socialistes jouèrent un rôle de premier plan dans la défense de Paris contre l'avance des Versaillais. La reconquête de Paris par les troupes du gouvernement fut l'occasion d'un massacre d'une ampleur inégalée depuis la Révolution, la terreur blanche dépassant de loin les excès de la terreur rouge. Cette *semaine sanglante* du mois de mai laissait loin derrière elle les horreurs du siège et du bombardement allemand. Cependant elle eut pour effet de jeter le discrédit, en province, sur tout ce qui touchait au socialisme ou à la république, comme autrefois le règne des jacobins avait provoqué le soulèvement contre-révolutionnaire de la Vendée.

Une fois ces remous apaisés, il se trouva qu'une solution politique était loin de compte. La Troisième République, seul régime stable issu du XIXe siècle, et qui devait prolonger son règne jusqu'en 1940, fut longue à émerger du désarroi de la défaite, des convulsions d'une révolution matée. Les élections de 1871 avaient doté l'Assemblée d'une grosse majorité monarchiste: seulement, divisés entre les orléanistes et les légitimistes, ils ne purent jamais s'entendre sur un candidat au trône vacant. Ces querelles ayant donné aux passions soulevées par la Commune le temps de se refroidir, à Paris comme en province les sentiments républicains se raffermirent. Une majorité républicaine se dessina aux élections de 1875, que devaient confirmer les résultats de l'année suivante. Au ministère monarchiste succéda une formation que pouvait agréer la Chambre nouvelle, ce qui instaurait le principe de la responsabilité parlementaire. En 1879 le président royaliste MacMahon démissionnait, et le républicain éprouvé Jules Grévy prenait sa place à l'Elysée.

Ainsi la Troisième République, à la différence des deux précédentes, ne devait pas le jour à une insurrection sanglante. Construction fragile issue de la mésentente des partis, elle était née pour prouver qu'il n'y a que le provisoire qui dure. Elle survécut aux crises les plus graves dans un pays déchiré par son passé révolutionnaire. Elle devait résister jusqu'à l'occupation de la France par une Allemagne encore une fois victorieuse, étant donné l'absence de tout autre régime capable de rallier les suffrages d'une majorité des Français.

La République connut, dans les deux premières décades de son règne, une baisse constante de toute activité économique. La prospérité de l'Empire n'était plus qu'un lointain souvenir. Les prix agricoles étaient réduits de moitié et les capitaux se détournaient vers l'étranger, — mine de débouchés hautement profitables, — à savoir les Etats-Unis, l'empire colonial, la Russie. La percée du canal de Suez par l'ingénieur français Ferdinand de Lesseps, celle du canal de Panama (qui déchaîna un retentissant scandale), la création des chemins de fer russes donnent une idée de l'ampleur de ce mouvement. L'expansion coloniale au Maroc, en Indochine, en Afrique équatoriale, qui avait pour objet de parer à la crise économique par la multiplication des marchés n'allait pas sans lourdes répercussions adverses. L'impérialisme était dans l'air: toutes les nations de l'Europe se disputaient la domination de l'Afrique et de l'Asie, ce qui avait pour résultat d'exacerber les tensions internationales, provoquant à intervalles réguliers des incidents diplomatiques qui déclenchaient la crise. Pour les nationalistes, qu'ulcérait la défaite de la France,

l'aventure coloniale était un succédané de *la revanche* dont rê-
vait leur orgueil brimé. Plus inquiétant était l'arsenal de guerre
que chaque nation était amenée à vouloir accumuler: c'était la
redoutable *course aux armements.* Avant 1905, toutefois, la crise
internationale passait à l'arrière-plan: les bouleversements de la
politique intérieure accaparaient tous les esprits.

La Chambre, depuis 1885, comptait trois grands partis, de
force à peu près égale, qui se disputaient le pouvoir. Réduit à
l'inertie, le régime parlementaire se vit l'objet d'une réprobation
croissante. L'opinion réclamait à grands cris une constitution
plus autoritaire. L'armée, incarnation — à ses propres yeux du
moins — de l'honneur national, sut trouver dans ses rangs
l'homme de la destinée: le général Boulanger. Ministre de la
guerre, il jouissait d'une immense popularité, acquise par son
dévouement au bien-être de la troupe. Son programme se ramenait à ce qui faisait l'essentiel du bonapartisme: un Etat fort se
consacrant à la justice sociale, au progrès économique. Chassé du
ministère pour activités anti-républicaines, il allait être élu député dans un nombre croissant de circonscriptions; en 1888 d'abord,
et puis encore l'année suivante. Invité à prendre la tête d'un coup
d'état cette même année, il se déroba net, préférant s'exiler à
Bruxelles.

L'armée restait toujours la citadelle de l'opposition antirépublicaine. Commandée par un corps d'officiers qui, en majeure partie, appartenaient à l'aristocratie royaliste, elle constituait une menace permanente à la stabilité du régime. L'affaire
Dreyfus sut faire éclater au grand jour ce conflit latent. Le capitaine d'artillerie Alfred Dreyfus, juif alsacien affecté à l'état-major, avait été condamné pour espionnage en 1894. En dépit du
secret dont s'entouraient les opérations de la justice militaire, certains députés républicains purent apprendre que la procédure
reposait sur un faux. Pour couvrir ce premier faux les accusateurs
de Dreyfus en prodiguèrent d'autres: la culpabilité de tous ces officiers appartenant à la noblesse du pays devait à tout prix
rester cachée! En janvier 1898 le scandale éclatait, par une lettre
ouverte intitulée *J'accuse,* que le romancier Emile Zola adressait au président de la République, imputant à l'armée la responsabilité d'un crime judiciaire. Du coup, la France tout entière
se scinda en deux camps. Les dreyfusards groupaient la France
républicaine et anticléricale: ils réclamaient un nouveau procès,

la réhabilitation de l'innocent, le châtiment des officiers coupables. Le parti anti-dreyfusard alignait la noblesse, l'Eglise et l'armée en une coalition conservatrice. Ils tonnaient contre l'atteinte à l'honneur de l'armée et de la nation dont se rendaient coupables les partisans du capitaine. Un flot de propagande antisémite allait, en plusieurs lieux, provoquer des incidents et des émeutes antijuives. L'innocence ou la culpabilité de Dreyfus était éclipsée par cette question plus grave: la République elle-même allait-elle surmonter la crise? En 1899 la Chambre parvint, par un vote des plus serrés, à imposer à l'armée un commandement au-dessus de la politique. Dreyfus fut grâcié par le président de la République (sa réhabilitation entière ne devait être prononcée qu'en 1906, par la cour de Cassation), tandis qu'un coup d'état amorcé par la droite s'effondrait dans le ridicule.

Une fois l'armée reprise en main, les républicains allaient pouvoir s'occuper de cet autre foyer d'opposition à leurs principes: l'Eglise. Les relations avec le Vatican, depuis 1801, avaient connu des hauts et des bas, le Concordat de Napoléon se pliant tant bien que mal aux multiples compromis exigés par les circonstances. En dépit de son hostilité foncière à l'égard de la République, l'Eglise était toujours un organisme officiel qui se rattachait à l'Etat. En 1905 la Chambre votait la séparation de l'Eglise et de l'Etat: toutes les confessions étaient également reconnues et honorées, l'Eglise apostolique catholique et romaine avait perdu son statut privilégié. Rome, qui d'abord avait poussé les hauts cris, finit par s'accommoder d'un acte qui n'était pas dépourvu d'avantages pour l'une et l'autre partie.

La Troisième République devait atteindre l'âge de raison dans les deux décades menant à 1914. Elle avait su se protéger sans trop de peine contre les menées de la droite. Les revendications sociales formulées par les divers socialismes de la gauche donnaient plus de fil à retordre. Les traditions socialistes puisaient leur origine dans la gauche radicale des dernières années de la Révolution. Dans les affrontements de 1848 et de 1871, le socialisme avait fourni un corps de doctrine grâce auquel la classe ouvrière pouvait envisager une société à base de justice économique et d'égalité sociale, à mettre en regard de la République bourgeoise. En 1900 deux tendances s'affrontaient au sein du mouvement socialiste: les partisans de Jules Guesde, d'une part, s'élevaient contre toute compromission avec la

République — tout leur effort devait tendre à l'action révolutionnaire. Jean Jaurès, lui, menait la lutte pour la réforme,
qui devait s'inscrire dans le cadre des institutions républicaines.
Les premiers agissaient au sein de l'ensemble syndical représenté
par la CGT (Confédération Générale du Travail): leur arme
était la grève générale, dont Georges Sorel avait fait l'éloge. De
plus en plus nombreuses et violentes, les grèves, à partir de 1906,
devaient amorcer de la part des républicains modérés un glissement accéléré vers la droite. Le parti de Jaurès, à la veille de la
guerre, détenait bien une centaine de sièges à l'Assemblée, mais
les réformes obtenues se bornaient à un commencement de régle-
mentation des heures de travail, à l'établissement, sous une forme
limitée, des assurances sociales, au recours autorisé à l'arbitrage
dans les disputes avec le patronat.

La violence de parole à laquelle se croyaient obligés les ora-
teurs socialistes eut pour effet de susciter une coalition nouvelle
des partis conservateurs. Un ensemble instable de petits partis devait regrouper la bourgeoisie républicaine et l'électorat conservateur des campagnes, et il en sortit un régime libéral en politique,
conservateur pour ce qui touchait à la question sociale. L'extrême
droite, revenue de l'action directe, se lança, elle, dans un patriotisme assourdissant à résonances mystiques, claironné dans les
colonnes de *l'Action française,* le journal de Charles Maurras.

Sur le plan politique la République avait donc à son actif un
ensemble de réalisations remarquable. Dans le domaine de la culture elle brillait d'un éclat sans précédent. Dans les domaines les
plus divers, le philosophe Henri Bergson, les inventeurs Auguste
et Louis Lumière (auxquels nous devons le cinéma), le compositeur Claude Debussy, le sculpteur Auguste Rodin, le pilote Louis
Blériot (qui fut le premier à survoler la Manche) avaient consacré la royauté artistique et intellectuelle exercée, jusque dans ses
applications pratiques, par la France de la fin du siècle. Mais c'est
dans l'œuvre de ses peintres, ceux surtout qu'elle s'obstinait à
méconnaître et que la postérité devait, avec usure, réhabiliter —
Degas, Lautrec, Gauguin, Cézanne, le Hollandais pratiquement
naturalisé Van Gogh, les impressionnistes Renoir, Monet, Sisley
et Pissarro, le pointilliste Seurat, les fauves Matisse et Vlaminck,
Marie Laurencin, le Douanier Rousseau — que la France pouvait
s'enorgueillir d'un renouveau certes comparable à celui du Quat-
trocento. Arthur Rimbaud, Paul Verlaine, Stéphane Mallarmé

étendirent à la poésie moderne le *frisson nouveau* hérité de Baudelaire. Emile Zola refit pour la société du Second Empire le tableau d'ensemble brossé par Balzac au début du siècle, dans sa *Comédie humaine,* alors qu'Anatole France imprimait au roman le détachement ironique hérité de Voltaire. Peu connu des foules, André Gide avait déjà groupé autour de lui l'équipe de la *Nouvelle Revue Française,* véritable pépinière des plus grands talents du xxᵉ siècle.

1905 avait marqué un tournant dans l'histoire de la République: ses affaires intérieures à peu près réglées, elle avait dû donner le pas à la conjoncture internationale. Une série de crises avait ébranlé l'équilibre européen instauré par Bismarck. Dans l'isolement où la tenait la défaite de 1870 la Troisième République avait cherché à se préserver des ambitions de l'Allemagne par un rapprochement avec la Russie, l'autre puissance menacée par l'expansionnisme pangermanique. Un traité d'alliance avec la Russie signé en 1894 aligna les deux puissances contre la Triple-Alliance, qui groupait l'Allemagne, l'Autriche et l'Italie. En 1904 la France et l'Angleterre, vidant la querelle de leurs empires rivaux, scellaient une Entente cordiale. L'Europe était prise dans l'engrenage: en quête d'une sécurité illusoire, les deux camps se virent entraînés, par l'intempérance de leurs partis nationalistes, à une course aux armements dont l'issue était prévisible. La guerre avait été évitée de justesse, de la crise du Maroc, en 1905, à celle des Balkans en 1912–13, par l'activité prodigieuse des chancelleries. En 1914 cette menace tant de fois exorcisée allait enfin frapper.

EDMOND DE GONCOURT

Journal: Année 1871[1]

Mercredi 17 mai

Je suis réveillé par une voisine d'Auteuil, qui vient m'apprendre qu'un obus a démoli une fenêtre de ma maison, hier. Le bombardement redouble.

Jeudi 18 mai

Je suis entraîné par la foule au spectacle du jour, à la poudrière du Champ-de-Mars. Les rues par lesquelles je passe n'ont plus de carreaux; on marche sur de la poussière de vitre et je vois une marchande de verre cassé remplir, en un instant, sa voiture, du verre qu'elle ramasse à pleine main de fer.

Le choc a été si violent qu'il y a des devantures de boutiques, des portes cochères jetées tout de travers; et je n'ai vu rien de pareil au méli-mélo produit dans les denrées coloniales d'un épicier. Les murs sont tout égratignés d'éraflures de projectiles. Les tuiles de l'hôpital du Gros-Caillou semblent avoir été mises en danse par un tremblement de terre.

Le Champ-de-Mars, le lieu du sinistre, dont la Garde nationale vous tient à distance, présente un vague et confus tas de plâtre et de débris calcinés. Dans les détritus, à la porte des baraquements, les femmes cherchent avec le bout de leurs ombrelles, des balles, qui étaient hier si nombreuses que, selon l'expression d'un passant, la terre du Champ-de-Mars ressemblait à un champ « où auraient pâturé des moutons. »

---

1. Jules de Goncourt died in 1870, and the narrator of these passages is Edmond, the surviving brother. See note, p. 245.

From *Journal* (Monaco: Imprimerie nationale, 1956), Vol. IX, pp. 238–48; Vol. X, pp. 7–16. Reprinted by permission of Librairie Ernest Flammarion.

Lundi 22 mai

Toujours par groupes, le triste défilé des gardes nationaux, graves, qui abandonnent la bataille. Un désarroi complet. Pas un officier supérieur donnant des ordres. Pas, sur toute la ligne des boulevards, un membre de la Commune ceint de son écharpe. Un artilleur ahuri promène, à lui tout seul, un gros canon de cuivre, qu'il ne sait où mener. De temps en temps, la colonne de fumée blanche d'un canon qui tire à la gauche de Montmartre.

Tout à coup, au milieu du désordre, au milieu de l'effarement, au milieu de l'hostilité de la foule, passe à cheval, la tunique déboutonnée, la chemise au vent, la figure apoplectique de colère, frappant de son poing fermé le cou de son cheval, un gros homme commun, superbe dans son débraillement héroïque.

Mardi 23 mai

Au réveil, aucune nouvelle certaine. Personne ne sait rien de positif. Alors le travail de l'imagination dans le chimérique, dans le noir. A la fin, un journal inespéré, enlevé au kiosque, qui est au bas de la maison, nous apprend que les Versaillais occupent une partie du faubourg Saint-Germain, Monceau, les Batignolles.

Nous montons au belvédère, où par le clair soleil qui illumine l'immense bataille, la fumée des canons, des mitrailleuses, des chassepots nous fait voir une série d'engagements, qui s'étendent depuis le Jardin des Plantes jusqu'à Montmartre. A l'heure qu'il est, c'est à Montmartre que semble se concentrer le gros de l'action. Au milieu du grondement lointain de l'artillerie et de la mousqueterie, des coups de fusil à la détonation très rapprochée nous font supposer que l'on se bat rue Lafayette, rue Saint-Lazare.

Quelqu'un croit apercevoir, avec une lorgnette de spectacle, le drapeau tricolore flottant sur Montmartre. A cet instant, nous sommes chassés de notre observatoire de verre par le sifflement de balles, qui passent à côté de nous, faisant dans l'air comme des miaulements de petits chats.

La fusillade se rapproche de plus en plus. Nous percevons distinctement les coups de fusil tirés rue Drouot. En ce moment apparaît une escouade d'ouvriers, qui ont reçu l'ordre de barrer le boulevard à la hauteur de la rue Vivienne et de faire une barricade sous nos fenêtres. Ils n'ont pas grand cœur à la chose. Les uns dérangent deux ou trois pavés de la chaussée, les autres donnent, comme par acquit de conscience, deux ou trois coups de pioche dans l'asphalte du trottoir. Mais presque aussitôt, devant les balles, qui enfilent le boulevard et leur passent sur la tête, ils abandonnent l'ouvrage.

Alors apparaît une troupe nombreuse de gardes nationaux, qui se replient avec leurs officiers, lentement et en bon ordre. D'autres viennent après, qui marchent d'un pas plus pressé. D'autres, enfin, se bousculent dans une débandade, au milieu de laquelle on voit un mort à la tête ensanglantée, que quatre hommes portent par les bras et les jambes, comme un paquet de linge sale, le menant de porte en porte, qui ne s'ouvrent pas.

Malgré cette retraite, ces abandons, ces fuites, la résistance est très longue à la barricade Drouot. La fusillade n'y décesse pas. Peu à peu, cependant, le feu baisse d'intensité. Ce ne sont bientôt plus que des coups isolés. Enfin, deux ou trois derniers crépitements; et presque aussitôt, nous voyons fuir la dernière bande des défenseurs de la barricade, quatre ou cinq jeunes garçons de quatorze ans, dont j'entends l'un dire: « je rentrerai un des derniers! »

La barricade est prise. Il est à peu près six heures. Les Versaillais sortent de la rue Drouot, se répandent en ligne et ouvrent un feu terrible dans la direction de la porte Saint-Denis. Dans l'encaissement des deux hautes façades de pierre enfermant le boulevard, les chassepots tonnent comme des canons. Les balles éraflent la maison et ce ne sont, aux fenêtres, que sifflements ressemblant au bruit que fait la soie qu'on déchire.

Notre boulevard est enfin au pouvoir des Versaillais. Nous nous risquons à les regarder de notre balcon, quand une balle vient frapper au-dessus de nos têtes. C'est un imbécile de locataire, qui s'est avisé d'allumer sa pipe à la fenêtre.

Mercredi 24 mai

A mon réveil, mes yeux retrouvent le cadavre du garde national tué hier. On ne l'a pas enlevé. On l'a seulement un peu recouvert avec les branches de l'arbre sous lequel il a été tué.

L'incendie de Paris fait un jour qui ressemble à un jour d'éclipse.

Les projectiles ne dépassent pas la barrière de l'Etoile. De là, on voit sur Paris un nuage de fumée, comme celui qui couronne la cheminée d'usine à gaz. Et tout autour de nous tombent du ciel, ainsi qu'une pluie noire, de petits morceaux de papier brûlé: la comptabilité et l'état civil de la France.

Jeudi 25 mai

Toute la journée, le canon et le roulement des mitrailleuses. Je passe cette journée à me promener dans les ruines d'Auteuil. C'est du saccagement et de la destruction comme pourrait en faire une trombe.

On voit d'énormes arbres brisés, dont le tronc haché semble un paquet de cotrets; des tronçons de rails, pesant cent livres, transportés sur le boulevard; des écrous d'égout, des plaques de fonte de quatre pouces d'épaisseur, réduites en fragments de la grosseur d'un morceau de sucre; des barreaux de grille tortillés et noués autour l'un de l'autre, comme une attache d'osier.

Pendant que je regarde, le feu reprend à une maison d'Auteuil, sans que personne se soucie de l'éteindre.

Paris est décidément maudit! Au bout de cette sécheresse de tout un mois, sur Paris qui brûle, un vent, qui est comme un vent d'ouragan.

Dimanche 28 mai

Je passe en voiture dans les Champs-Elysées. Au loin, des jambes, des jambes qui courent dans la direction de la grande avenue. Je me penche à la portière. Toute l'avenue est remplie d'une foule confuse, entre deux lignes de cavaliers. Me voilà descendu et avec les gens qui courent. Ce sont les prisonniers qui viennent d'être faits aux Buttes-Chaumont, qui marchent cinq par cinq, avec quelques rares femmes au milieu d'eux. « Ils sont six mille, me dit un cavalier de l'escorte. Cinq cents ont été fusillés dans le premier moment. » A la tête de cette multitude hâve marche un nonagénaire sur des jambes tremblantes.

Malgré l'horreur qu'on a pour ces hommes, le spectacle est douloureux de ce lugubre défilé, au milieu duquel on entrevoit des soldats, des déserteurs, portant leurs tuniques retournées, avec leur poches de toile grise ballantes autour d'eux, et qui semblent déjà à demi déshabillés pour la fusillade.

Je quitte le ménage et vais à la découverte du Paris brûlé. Le Palais Royal est incendié, mais ses jolis frontons des deux pavillons, sur la place, sont intacts.

On marche dans la fumée; on respire un air qui sent à la fois le brûlé et le vernis d'appartement, et de tous côtés, on entend le *pschit* des pompes. Il est encore, dans bien des endroits, des traces et des débris horribles de la bataille. Ici, c'est un cheval mort; là, près des pavés d'une barricade à moitié démolie, des képis baignent dans une mare de sang.

Par de petits sentiers, faits au milieu des barricades qui ne sont pas encore démolies, j'arrive à l'Hôtel de Ville.

La ruine est magnifique, splendide. La ruine aux tons couleur de rose, couleur cendre verte, couleur du fer rougi à blanc, la ruine brillante de l'agatisation, qu'a prise la pierre cuite par le pétrole, ressemble à la ruine d'un palais italien, coloré par le soleil de plusieurs siècles, ou mieux encore, à la ruine d'un palais magique, baigné dans un opéra de lueurs et de reflets électriques. Avec ses niches vides, ses statuettes fracassées ou tronçonnées, son restant d'horloge, ses découpures de hautes fenêtres et de cheminées, restées par je ne sais quelle puissance d'équilibre, debout dans le vide, avec sa déchiqueture effritée sur le ciel bleu, elle est une merveille de pittoresque, à garder, si le pays n'était pas condamné sans appel aux restaurations de M. Viollet-le-Duc.[2] Ironie du hasard! Dans la dégradation de tout le monument brille, sur une plaque de marbre intacte, dans la nouveauté de sa dorure, la légende menteuse: Liberté, Egalité, Fraternité.

Je regagne le Châtelet par le quai. Tout à coup, je vois la foule prendre les jambes à son cou, comme une foule chargée un jour d'émeute. Des cavaliers apparaissent, menaçants, le sabre au poing, faisant cabrer leurs chevaux, dont les ruades rejettent les promeneurs de la chaussée sur les trottoirs. Au milieu d'eux s'avance un troupe d'hommes, en tête desquels marche un individu à la barbe noire, au front bandé d'un mouchoir. J'en remarque un autre, que ses deux voisins soutiennent sous les bras, comme s'il n'avait pas la force de marcher. Ces hommes ont une pâleur particulière, avec un regard vague, qui m'est resté dans la mémoire. J'entends une femme s'écrier, en se sauvant: « Quel malheur pour moi d'être venue jusqu'ici! » A côté de moi, un placide bourgeois compte: « un, deux, trois. . . » Ils sont vingt-six.

L'escorte fait marcher ces hommes, au pas de course, jusqu'à la caserne Lobau, où la porte se referme sur tous avec une violence, avec une précipation étranges.

2. The architect Eugène Emmanuel Viollet-le-Duc was famous in the nineteenth century for his exact (but frequently characterless) restorations of medieval structures. The castle at Pierrefonds is a celebrated example of his work.

Je ne comprenais pas encore, mais j'avais en moi une anxiété indéfinissable. Mon bourgeois, qui venait de compter, dit alors à un voisin:

« Ça ne va pas être long, vous allez bientôt entendre le premier roulement.

— Quel roulement?

— Eh bien, on va les fusiller! »

Presque au même instant fait explosion, comme un bruit violent enfermé dans des portes et dans des murs, une fusillade, ayant quelque chose de la mécanique réglée d'une mitrailleuse. Il y a un premier, un second, un troisième, un quatrième, un cinquième *rrarra* homicide, — puis un grand intervalle, — et encore un sixième, et encore deux roulements précipités l'un sur l'autre.

Ce bruit semble ne devoir jamais finir. Enfin, ça se tait. Chez tous, il y a un soulagement et l'on respire, quand éclate un coup fracassant, qui remue sur ses gonds ébranlés la porte disjointe de la caserne; puis un autre, puis enfin le dernier. Ce sont les coups de grâce, donnés par un sergent de ville à ceux qui ne sont pas morts.

A ce moment, ainsi qu'une troupe d'hommes ivres, sort de la porte le peloton d'exécution, avec du sang au bout de quelques-unes de ses baïonnettes. Et pendant que deux fourgons fermés entrent dans la cour, se glisse dehors un ecclésiastique, dont on voit longtemps, le long du mur extérieur de la caserne, le dos maigre, le parapluie, les jambes molles à marcher.

Mercredi 31 mai

A toutes les fenêtres, des drapeaux tricolores; sur toutes les voitures, des drapeaux tricolores. Les soupiraux de cave de toutes les maisons fermés et maçonnés. Sur les pavés qu'on replace, l'essaim des Parisiens, reprenant en habits de voyage la possession de leur ville.

C'est bon. Il n'y a eu ni conciliation ni transaction. La solution a été brutale. Ça été de la force pure. La solution a retiré les âmes des lâches compromis. La solution a redonné confiance à l'armée, qui a appris, dans le sang des *communeux,* qu'elle était encore capable de se battre. Enfin, la saignée a été une saignée à blanc; et les saignées comme celle-ci, en tuant la partie bataillante d'une population, ajournent d'une conscription la nouvelle révolution. C'est vingt ans de repos que l'ancienne société a devant elle, si le pouvoir ose tout ce qu'il peut oser en ce moment.

VICTOR HUGO

L'Année terrible[1]

VIII
À QUI LA FAUTE?

Tu viens d'incendier la Bibliothèque?
                              — Oui
J'ai mis le feu là.
                    — Mais c'est un crime inouï!
Crime commis par toi contre toi-même, infâme!
Mais tu viens de tuer le rayon de ton âme!
C'est ton propre flambeau que tu viens de souffler!
Ce que ta rage impie et folle ose brûler,
C'est ton bien, ton trésor, ta dot, ton héritage!
Le livre, hostile au maître, est à ton avantage.
Le livre a toujours pris fait et cause pour toi.
Une bibliothèque est un acte de foi
Des générations ténébreuses encore
Qui rendent dans la nuit témoignage à l'aurore.
Quoi! dans ce vénérable amas de vérités,
Dans ces chefs-d'œuvre pleins de foudre et de clartés,
Dans ce tombeau des temps devenu répertoire,
Dans les siècles, dans l'homme antique, dans l'histoire,
Dans le passé, leçon qu'épelle l'avenir,
Dans ce qui commença pour ne jamais finir,
Dans les poëtes! quoi, dans ce gouffre des bibles,
Dans le divin monceau des Eschyles terribles,
Des Homères, des Jobs, debout sur l'horizon,
Dans Molière, Voltaire et Kant, dans la raison,

---

1. In 1872 Hugo, who had returned to France after Napoleon III's military collapse, published his poetic reflections on the events of the siege of Paris, under the title *L'Année terrible*. This led to his election to the Senate of the Third Republic as the grand old man of France's libertarian aspirations.

From *L'Année terrible (1870–1871)*, in *Œuvres complètes de Victor Hugo: Poésies* (Paris: Imprimerie Nationale, 1914), Vol. VIII, pp. 197–98.

Tu jettes, misérable, une torche enflammée!
De tout l'esprit humain tu fais de la fumée!
As-tu donc oublié que ton libérateur,
C'est le livre? Le livre est là sur la hauteur;
Il luit; parce qu'il brille et qu'il les illumine,
Il détruit l'échafaud, la guerre, la famine;
Il parle, plus d'esclave et plus de paria.
Ouvre un livre. Platon, Milton, Beccaria.
Lis ces prophètes, Dante, ou Shakespeare, ou Corneille;
L'âme immense qu'ils ont en eux, en toi s'éveille;
Ebloui, tu te sens le même homme qu'eux tous;
Tu deviens en lisant grave, pensif et doux;
Tu sens dans ton esprit tous ces grands hommes croître,
Ils t'enseignent ainsi que l'aube éclaire un cloître;
A mesure qu'il plonge en ton cœur plus avant,
Leur chaud rayon t'apaise et te fait plus vivant;
Ton âme interrogée est prête à leur répondre;
Tu te reconnais bon, puis meilleur, tu sens fondre,
Comme la neige au feu, ton orgueil, tes fureurs,
Le mal, les préjugés, les rois, les empereurs!
Car la science en l'homme arrive la première.
Puis vient la liberté. Toute cette lumière,
C'est à toi; comprends donc, et c'est toi qui l'éteins!
Les buts rêvés par toi sont par le livre atteints.
Le livre en ta pensée entre, il défait en elle
Les liens que l'erreur à la vérité mêle,
Car toute conscience est un nœud gordien.
Il est ton médecin, ton guide, ton gardien.
Ta haine, il la guérit; ta démence, il te l'ôte.
Voilà ce que tu perds, hélas, et par ta faute!
Le livre est ta richesse à toi! c'est le savoir,
Le droit, la vérité, la vertu, le devoir,
Le progrès, la raison dissipant tout délire.
Et tu détruis cela, toi!
                              — Je ne sais pas lire.

ÉMILE ZOLA

Lettre à la France (1898)

Dans les affreux jours de trouble moral que nous traversons, au moment où la conscience publique paraît s'obscurcir, c'est à toi que je m'adresse, France, à la nation, à la patrie!

Chaque matin, en lisant dans les journaux ce que tu sembles penser de cette lamentable affaire Dreyfus, ma stupeur grandit, ma raison se révolte davantage. Eh quoi? France, c'est toi qui en es là, à te faire une conviction des plus évidents mensonges, à te mettre contre quelques honnêtes gens avec la tourbe des malfaiteurs, à t'affoler sous l'imbécile prétexte que l'on insulte ton armée et que l'on complote de te vendre à l'ennemi, lorsque le désir des plus sages, des plus loyaux de tes enfants, est au contraire que tu restes, aux yeux de l'Europe attentive, la nation d'honneur, la nation d'humanité, de vérité et de justice?

Et c'est vrai, la grande masse en est là, surtout la masse des petits et des humbles, le peuple des villes, presque toute la province et toutes les campagnes, cette majorité considérable de ceux qui acceptent l'opinion des journaux ou des voisins, qui n'ont le moyen ni de se documenter, ni de réfléchir. Que s'est-il donc passé, comment ton peuple, France, ton peuple de bon cœur et de bon sens, a-t-il pu en venir à cette férocité de la peur, à ces ténèbres de l'intolérance? On lui dit qu'il y a, dans la pire des tortures, un homme peut-être innocent, on a des preuves matérielles et morales que la révision du procès s'impose, et voilà ton peuple qui refuse violemment la lumière, qui se range derrière les sectaires et les bandits, derrière les gens dont l'intérêt est de laisser en terre le cadavre, lui qui, naguère encore, aurait démoli de nouveau la Bastille, pour en tirer un prisonnier!

Quelle angoisse et quelle tristesse, France, dans l'âme de ceux qui

From *Humanité, Vérité, Justice. Lettre à la France* (Paris: Eugène Fasquelle, 1893), pp. 3–10.

Emile Zola (1840–1902), leader of the naturalist novelists, threw himself enthusiastically into the Dreyfus affair. His first great pamphlet, *J'accuse*, an open letter to the President of the Republic, touched off a stormy debate and helped force a reinvestigation of the case.

Le capitaine Dreyfus devant le conseil de guerre à Rennes.

t'aiment, qui veulent ton honneur et ta grandeur! Je me penche avec détresse sur cette mer trouble et démontée de ton peuple, je me demande où sont les causes de la tempête qui menace d'emporter le meilleur de ta gloire. Rien n'est d'une plus mortelle gravité, je vois là d'inquiétants symptômes. Et j'oserai tout dire, car je n'ai jamais eu qu'une passion dans ma vie, la vérité, et je ne fais ici que continuer mon œuvre.

Songes-tu que le danger est justement dans ces ténèbres têtues de l'opinion publique? Cent journaux répètent quotidiennement que l'opinion publique ne veut pas que Dreyfus soit innocent, que sa culpabilité est nécessaire au salut de la patrie. Et sens-tu à quel point tu serais la coupable, si l'on s'autorisait d'un tel sophisme, en haut lieu, pour étouffer la vérité? C'est la France qui l'aurait voulu, c'est toi qui aurais exigé le crime, et quelle responsabilité un jour! Aussi, ceux de tes fils qui t'aiment et t'honorent, France, n'ont-ils qu'un devoir ardent, à cette heure grave, celui d'agir puissamment sur l'opinion, d'éclairer, de la ramener, de la sauver de l'erreur où d'aveugles passions la poussent. Et il n'est pas de plus utile, de plus sainte besogne.

L'aveu terrible est la façon dont tu te comportes dans l'aventure. On a l'air bien portant, et tout d'un coup de petites taches apparais-

sent sur la peau; la mort est en vous. Tout ton empoisonnement politique et social vient de te monter à la face.

Pourquoi donc as-tu laissé crier, as-tu fini par crier toi-même,
qu'on insultait ton armée, lorsque d'ardents patriotes ne voulaient au
contraire que sa dignité et son honneur? Ton armée, mais, aujourd'hui, c'est toi tout entière; ce n'est pas tel chef, tel corps
d'officiers, telle hiérarchie galonnée, ce sont tous ces enfants, prêts à
défendre la terre française. Fais ton examen de conscience: était-ce
vraiment ton armée que tu voulais défendre quand personne ne
l'attaquait? n'était-ce pas plutôt le sabre que tu avais le brusque besoin
d'acclamer? Je vois, pour mon compte, dans la bruyante ovation faite
aux chefs qu'on disait insultés, un réveil inconscient sans doute, du
boulangisme latent, dont tu restes atteinte. Au fond, tu n'as pas encore
le sang républicain, les panaches qui passent te font battre le cœur, un
roi ne peut venir sans que tu en tombes amoureuse. C'est le général
que tu veux dans ta couche. France, si tu ne te méfies, tu vas à la dictature.

Et sais-tu encore où tu vas, France? Tu vas à l'Eglise, tu retournes
au passé, à ce passé d'intolérance et de théocratie, que les plus illustres
de tes enfants ont combattu, ont cru tuer, en donnant leur intelligence
et leur sang. Aujourd'hui, la tactique de l'antisémitisme est bien simple. Vainement le catholicisme s'efforçait d'agir sur le peuple, créait
des cercles d'ouvriers, multipliait les pèlerinages, échouait à le re-
conquérir, à le ramener au pied des autels. C'était chose définitive, les
églises restaient désertes, le peuple ne croyait plus. Et voilà que des circonstances ont permis de souffler au peuple la rage antisémite, on
l'empoisonne de ce fanatisme, on le lance dans les rues, criant: « A bas
les juifs! à mort les juifs! » Quel triomphe, si l'on pouvait déchaîner
une guerre religieuse! Certes, le peuple ne croit toujours pas, mais
n'est-ce pas le commencement de la croyance, que de recommencer
l'intolérance du moyen âge, que de faire brûler les Juifs en place publique? Enfin, voilà donc le poison trouvé; et, quand on aura fait du
peuple de France un fanatique et un bourreau, quand on lui aura arraché du cœur sa générosité, son amour des droits de l'homme, si durement conquis, Dieu sans doute fera le reste.

MAURICE BARRÈS

Le Capitaine Dreyfus

La réhabilitation, m'a dit Maurice Barrès,[1] se poursuit, j'en ai la certitude, en dehors de Dreyfus et de sa famille. Dreyfus est une loque; ne souffrant plus matériellement, il demande seulement qu'on le laisse se remettre, soigner son estomac, élever ses enfants loin du bruit, dans l'oubli complet.

D'autre part, parmi les dreyfusards de marque que je fréquente — et j'en fréquente pas mal depuis que l'Affaire est sortie de sa période aiguë — l'opinion sur le compte du condamné est unanime: Dreyfus n'est pas intéressant, il ne dégage aucune sympathie; il n'a pas eu une seule fois, tout le temps de son procès, le geste qu'il fallait, le cri que l'on attendait. Sa disgrâce physique a rendu la tâche infiniment plus dure à ses défenseurs, et une dame férue d'intellectualisme a pu s'écrier, résumant l'opinion générale: « Quel dommage que nous ne marchions pas pour Esterhazy! »[2] Seulement, voilà, il y a le « principe », ou plutôt « les principes » car de trois dreyfusards, le premier vous dira: « C'est honteux de voir comment la soi-disant trahison de Dreyfus est exploitée par la réaction »; le second: « Je ne peux pas admettre qu'une forme légale soit violée, » le troisième: « Nous n'avons jamais eu une aussi belle occasion de démolir l'armée! » Chacun d'eux poursuit, à travers Dreyfus, une idée absolument in-

1. These reflexions, made after Dreyfus had been released, are taken from an interview with Barrès.

2. Major Ferdinand Walsin Esterhazy (1847–1923), suspected of having written the documents that convicted Dreyfus, was acquitted by a court martial but later arrested when the new government re-opened the investigation in 1898.

From *Mes cahiers* (Paris: Plon, 1930), Vol. III, pp. 156–59. Reprinted by permission of Librairie Plon.

Maurice Barrès (1862–1923) began his intellectual odyssey with the *culte du moi*, a search for meaning in the self. He went on to discover the roots of the self in the soil of France and French national tradition. An ardent nationalist and eloquent publicist and spokesman for *"l'âme française,"* he was one of the leading anti-Dreyfusards and never accepted the reversal of Dreyfus' conviction.

dépendante de la personnalité du condamné. Dans l'affaire Dreyfus, Dreyfus ne fut qu'un prétexte.

Du commencement à la fin Dreyfus est resté un être énigmatique, une sorte d'animal à sang froid, très différent de nous, imperméable à toutes les excitations dont nous affectent notre terre, nos ancêtres, notre drapeau, le mot « honneur ».

Et devant cette énigme vivante, j'ai fait une hypothèse, ce n'est qu'une hypothèse, je vous le répète, mais vous verrez comme tout s'en déduit moralement, comme elle explique tout logiquement. Dreyfus a commis le crime. Mais il sait que la preuve n'en peut être faite qu'au prix de l'aveu d'une violation des convenances internationales qui déchaînerait sur notre pays d'effroyables catastrophes. Cette preuve, il aurait pu en exiger la production, ou du moins mettre ses accusateurs au défi de la produire, les enserrer dans une sorte de chantage moral: ou l'acquittement ou la guerre. Il ne l'a pas fait et son défenseur non plus, — je parle de Me Demange. — Il s'est tu, acceptant sa condamnation, et de l'avoir acceptée, il se considère comme un héros. Seulement se taisant il gardait le secret espoir qu'on lui tiendrait compte de son silence, qu'après quelques années d'Ile du Diable on le grâcierait et voilà pourquoi Dreyfus, au bagne, n'a cessé de mettre tout son espoir dans son supérieur, le général de Boisdeffre,[3] *qui savait;* voilà pourquoi il attendit toujours son salut de l'autorité militaire; voilà pourquoi, revenu en France, avec la conscience d'avoir expié sa faute par cinq années de souffrances et de silence, il refuse ses témoignages de gratitude aux « chambardeurs » qui l'ont tiré du bagne, il ne veut pas s'associer aux campagnes nouvelles, voilà pourquoi il est resté militariste.

Voyez-vous, tout cela nous ramène à l'essentiel, à l'indispensable: refaire une mentalité française, rénover l'énergie nationale.

3. General de Boisdeffre, as Chief of the General Staff, was a prominent figure in the Dreyfus affair. With his military colleagues he tried to protect the army by insisting on Dreyfus' guilt and made the mistake of refusing to prosecute Esterhazy.

CHARLES PÉGUY

A nos amis, à nos abonnés

Nous sommes des vaincus. Nous le sommes même tellement, si complètement, que je ne sais pas si l'histoire aura jamais enregistré un exemple comme celui que nous fournissons. Je ne sais pas si la même histoire, que nous nous permettons d'avoir déjà nommée, aura jamais connu des vaincus comme nous, battus comme nous, non pas honteux, certes, mais honteusement battus; non pas d'une défaite qui apporte la gloire, à qui vont les suprêmes honneurs, — (de la gloire, car un secret instinct, un avertissement secret, un secret remords nous avertit qu'il y a toujours quelque impureté dans la réussite, une grossièreté dans la victoire, une certaine impureté, au moins métaphysique, un reliquat, un résidu d'impureté, une impureté résiduaire dans la fortune; et qu'ainsi et pour la même cause et du même mouvement il n'y a de véritablement, de totalement pur, et ainsi de totalement grand, que la défaite, pourvu qu'elle soit vaillamment, glorieusement supportée, vaillamment, glorieusement acquise pour ainsi dire; soutenue; et qu'il n'y a, qu'il ne peut y avoir de véritable, de totale pureté que dans l'infortune; et que c'est donc à bon droit que les grands honneurs secrets de la gloire, les suprêmes honneurs, ont donc été toujours historiquement à l'infortune; aux grands désastres; et l'histoire ici, une fois dans son ordre, et son ordre admis, et mise à sa place, qui est grande, ne s'y est jamais trompée); — mais d'une défaite la plus mal venue que l'on puisse imaginer; la plus disgracieuse, et disgraciée, la plus petites gens que l'on ait jamais pu faire et que l'on ait jamais faite et réussi à faire. Etre vaincus, ce n'est rien: (mais) nous avons été battus. Nous

From *Œuvres en Prose* (Paris: Pléiade, 1957), Vol. II, pp. 36–39. Reprinted by permission of Editions Gallimard.

Charles Péguy (1873–1914) was a militant Catholic and a militant socialist at a time when those two positions seemed incompatible. A poet and publicist, he fought for Dreyfus and died on the battlefield in the early days of World War I. Péguy was a rare phenomenon in French literary life: a genuine hero to both the right and the left. The present passage is taken from the June 20, 1909 issue of *Les Cahiers de la quinzaine,* the periodical he edited single-handedly. It expresses the moral distress his sometimes contradictory beliefs caused him.

avons même été rossés. En quelques années la société, cette société moderne, avant que nous ayons même eu le temps d'en esquisser la critique, est tombée à un état de décomposition tel, à une dissolution telle que je crois, que je suis assuré que jamais l'histoire n'avait rien vu de comparable. Je ne crois pas que l'égoïsme notamment et les préoccupations de l'intérêt soient jamais tombés à ce degré de bassesse. Cette grande décomposition historique, cette grande dissolution, ce grand précédent que nous nommons littérairement la pourriture de la décadence romaine, la dissolution de l'empire romain, et qu'il suffit de nommer avec vous, cher monsieur Sorel,[1] *la ruine du monde antique,* n'était rien en comparaison de la dissolution de la société présente, en comparaison de la dissolution et de la déchéance de cette société, de la présente société moderne. Il y avait sans doute alors beaucoup plus de crimes et encore un peu plus de vices. Mais il y avait aussi infiniment plus de ressources. Cette pourriture était pleine de germes. Ils n'avaient pas cette sorte de promesses de stérilités que nous avons aujourd'hui, si l'on peut dire, si ces deux mots peuvent aller ensemble.

Nous sommes des vaincus. Je crois, je suis assuré que jamais l'histoire n'a enregistré, n'a eu à enregistrer des vaincus comme nous, des vaincus autant que nous. En moins de cent vingt ans l'œuvre non pas de la Révolution française sous les coups, sous la pesée, sous la poussée de la réaction, de la barbarie universelle est littéralement anéantie. Complètement. Et non seulement il n'en reste plus rien. Ni traces de rien. Mais nulles traces de promesses même, ni d'aucune fécondité ultérieure.

Nous sommes vaincus avant que de naître. Nous sommes nés dans un peuple de vaincus. Nous sommes des vaincus militaires. Nous sommes nés, peu de temps après la défaite, après le désastre, après l'invasion, dans un peuple militairement vaincu. Nous sommes héréditairement et solidairement les vaincus d'une guerre désastreuse. Il faut le dire. Longtemps nous avons cru que nous serions des générations nouvelles, que nous ferions une œuvre nouvelle, non entachée; que nous n'étions pas marqués, entachés de ce désastre; de la trace de ce désastre. Une œuvre non marquée d'avance. Au moins irrévocablement. Il faut en revenir. Il faut s'y rendre. Il faut avoir le courage de le dire. Tout ce que nous faisons, tout ce que nous avons voulu faire depuis quinze ans est commandé par le souvenir, par un souvenir implacable, par la trace de ce désastre antécédent, par ce

1. Georges Sorel (1847–1922) was an engineer, socialist, and editor. His most famous work, *Reflections on Violence,* laid the foundation of modern syndicalism.

désastre antécédent même. A nous-mêmes dans le monde; à nous-mêmes en nous-mêmes. Nous avions cru, un peu naïvement peut-être, que nous pourrions parler *comme si* nous n'avions pas été battus en 70. L'événement nous a rappelé, comme toujours, un peu durement, un peu âprement, comme toujours, que la réalité n'admet jamais le *comme si;* qu'elle n'admet que la réalité même; que le *comme si* peut être langage de science, qu'il est même l'articulation, essentielle, du langage de la science, mais qu'il ne peut être que cela; que dans la réalité on n'est reçu à parler que le langage de la réalité; même. Et nous avons appris du même enseignement, contrairement à tous les enseignements de tous les historiens modernes, et notamment des anti-militaristes professionnels; nous avons appris, nous avons connu, nous avons été enseignés, l'événement nous a rappelé, comme toujours, durement, âprement, comme toujours, que les réalités militaires ont une importance du premier ordre, une importance fondamentale, comme soubassement des autres réalités, du plus grand nombre des réalités matérielles, des réalités économiques, des réalités de puissance, et d'un très grand nombre des réalités de l'esprit, des réalités intellectuelles et mentales; morales même. J'oserai dire: religieuses.

L'expérience nous a montré, une fois de plus, l'événement nous a rappelé, durement, âprement, une fois de plus, que le vaincu ne peut pas *parler comme* le vainqueur, ou au moins comme celui qui n'est, qui n'a été ni vaincu ni vainqueur; qu'il ne peut pas parler le même langage, ni tenir le même ton, qu'il a beau faire, qu'il ne peut pas, qu'il n'a pas droit au même ton; qu'il n'y a pas le même droit physique, pour ainsi dire, que c'est irrévocable; qu'une défaite militaire dure aussi longtemps qu'elle n'est pas réparée; qu'une situation de vaincu militaire dure aussi longtemps qu'elle n'est pas révoquée; qu'il peut bien y avoir des amnisties pour les guerres civiles, des amnisties qui sont d'ailleurs généralement, surtout aujourd'hui, des jeux parlementaires, des jeux de la politique parlementaire; mais qu'il n'y a, qu'il ne peut y avoir ni amnésie ni amnistie militaire, pour les événements militaires, antécédents, pour les situations nées des événements militaires.

Romantisme et révolution

Heureux qui songe de sang-froid aux profonds changements qui s'opèrent autour de nous! Je ne suis pas ce contemplateur altissime. Le spectacle est trop beau et trop riche d'indications, n'y voulût-on frémir que de l'enthousiasme de la curiosité. Mais nous n'en sommes plus, ni vous, ni moi, mon cher ami, à la belle saison où l'œil ne peut se distinguer des chaudes couleurs qu'il admire. Voici la vie, l'expérience. Et voici la faiblesse humaine enfin sentie. La sensibilité se mêle à la pensée. Elle organise de profonds retours sur nous-même: ce mécanisme des mœurs modernes qui s'institue! cette distribution nouvelle des énergies, qui tend à effacer vie moyenne et classes moyennes! ce char électrique qui passe, redivisant le monde en plèbe et en patriciat! Il faut être stupide comme un conservateur ou naïf comme un démocrate pour ne pas sentir quelles forces tendent à dominer la Terre. Les yeux créés pour voir ont déjà reconnu les deux antiques forces matérielles: l'Or, le Sang.

En fait, un homme d'aujourd'hui devrait se sentir plus voisin du Xe siècle que du XVIIIe. Quelques centaines de familles sont devenues les maîtresses de la planète. Les esprits simples qui s'écrient: *Révoltons-nous, renversons-les*, oublient que l'experience de la révolte a été faite en France, il y a cent quinze ans, et qu'en est-il sorti? De l'autorité des princes de notre race, nous avons passé sous la verge des marchands d'or, qui sont d'une autre chair que nous, c'est-à-dire d'une autre langue et d'une autre pensée. Cet Or est sans doute une représentation de la Force, mais dépourvue de la signature du fort. On peut assassiner le puissant qui abuse: l'Or échappe à la désignation et à la vengeance. Ténu et volatil, il est impersonnel. Son règne est indifféremment celui d'un ami ou d'un ennemi, d'un national ou d'un étranger. Sans que rien le trahisse, il sert également Paris, Berlin et Jérusalem. Cette

From *Romantisme et révolution* (Paris: Nouvelle Librairie Nationale, 1925), pp. 31–32. Reprinted by permission.

Charles Maurras (1868–1952), theoretician of the monarchist cause, founded the conservative journal *Action française*.

domination, la plus absolue, la moins responsable de toutes, est pourtant celle qui prévaut dans les pays qui se déclarent avancés. En Amérique elle commence à peser sur la religion, qui ne lui échappe en Europe qu'en se plaçant sous la tutelle du pouvoir politique, quand il est fondé sur le Sang.

Sans doute le catholicisme résiste, et seul: c'est pourquoi cette Eglise est partout inquiétée, poursuivie, serrée de fort près. Chez nous, le Concordat l'enchaîne à l'Etat qui, lui-même, est enchaîné à l'Or, et nos libres penseurs n'ont pas encore compris que le dernier obstacle à l'impérialisme de l'Or, le dernier fort des pensées libres est justement représenté par l'Eglise qu'ils accablent de vexations! Elle est bien le dernier organe autonome de l'esprit pur. Une intelligence sincère ne peut voir affaiblir le catholicisme sans concevoir qu'elle est affaiblie: avec lui: c'est le spirituel qui baisse dans le monde, lui qui régna sur les argentiers et les rois; c'est la force brutale qui repart à la conquête de l'univers.

Heureusement, la force conquérante n'est pas unique. Le Sang et l'Or luttent entre eux. L'Intelligence garde un pouvoir, celui de choisir, de nommer le plus digne et de faire un vainqueur. Le gardera-t-elle toujours? Le gardera-t-elle longtemps? Les idées sont encore des forces par elles-mêmes. Mais dans vingt ans? mais dans trente ans? S'il leur convient d'agir, de produire une action d'éclat, elles seront sages et prudentes de faire vite. L'avenir leur échappe, hélas.

.

ANATOLE FRANCE

La Révolte des anges

Depuis le Concordat de 1801 jusqu'aux dernières années du Second Empire, tous les d'Esparvieu [1] étaient allés à la messe, pour l'exemple. Sceptiques au dedans d'eux-mêmes, ils considéraient la religion comme un moyen de gouvernement. MM. Marc et René, les premiers de leur race, donnèrent les signes d'une dévotion sincère. Le général avait voué, étant colonel, son régiment au Sacré-Cœur, et il pratiquait sa religion avec une ferveur qui se remarquait même chez un militaire, et pourtant l'on sait que la piété, fille du Ciel, a choisi, pour son séjour préféré sur la terre, le cœur des généraux de la troisième République. La foi a ses vicissitudes. Sous l'ancien régime, le peuple était croyant; la noblesse ne l'était pas, ni la bourgeoisie lettrée. Sous le Premier Empire, l'armée, du haut en bas, était fort impie. Aujourd'hui, le peuple ne croit à rien. La bourgeoisie veut croire et y réussit quelquefois, ainsi qu'y réussirent MM. Marc et René d'Esparvieu. Au rebours, leur frère, M. Gaétan, gentilhomme campagnard, n'y était point parvenu; il était agnostique, comme on dit dans le monde, pour ne point employer le terme odieux de libre penseur. Et il se déclarait agnostique, contrairement au bel usage, qui veut que cela se cache. Il y a, au siècle où nous sommes, tant de manières de croire et de ne pas croire, que les historiens futurs auront peine à s'y reconnaître.

Chrétien fervent, René d'Esparvieu était fortement attaché aux idées libérales que ses ancêtres lui avaient transmises comme un héritage sacré. Réduit à combattre la République athée et jacobine, il se proclamait encore républicain. C'est au nom de la liberté, qu'il

1. d'Esparvieu: a fictional family.

From *Œuvres complètes illustrées d'Anatole France* (Paris: Calmann-Levy, 1930), Vol. XXII, pp. 4–6. Reprinted by permission of Editions Calmann-Levy.

Anatole France (1844–1924) was considered by many the Voltaire of his day. Skeptical, irreverent, freedom-loving, he resembled the *philosophes* also in his ultimate attachment to the world as it is. His *Révolte des anges* (1914) is a graceful satire on the good and evil in bourgeois France.

réclamait l'indépendence et la souveraineté de l'Eglise. Lors des grands débats de la Séparation et des querelles des Inventaires, les synodes des évêques et les assemblées des fidèles se tenaient dans sa maison.

Tandis que se réunissaient, dans le grand salon vert, les chefs les plus autorisés du parti catholique, prélats, généraux, sénateurs, députés, journalistes, que toutes les âmes présentes se tournaient vers Rome avec une tendre soumission ou une obéissance contrainte et que M. d'Esparvieu, accoudé au marbre de la cheminée, opposait au droit civil le droit canon, et protestait éloquemment contre la spoliation de l'Eglise de France, deux antiques figures, muettes, immobiles, regardaient la moderne assemblée; à droite du foyer, c'était, peint par David, en veste et en culotte de basin, Romain Bussart, laboureur à Esparvieu, l'air rude et madré, un peu narquois. Il avait ses raisons de rire: le bonhomme avait fondé la fortune de la famille en achetant des biens d'Eglise. A gauche, peint par Gérard, en habit de gala, tout chamarré d'ordres, le fils du paysan, le baron Emile Bussart d'Esparvieu, préfet de l'Empire et grand référendaire du sceau de France, sous Charles X, mort en 1837, marguillier de sa paroisse, les petits vers de *La Pucelle* [2] sur les lèvres.

2. *La Pucelle,* Voltaire's irreverent parody of the story of Joan of Arc.

JEAN JAURÈS

République et socialisme

M. Jaurès: Messieurs, M. le président du conseil a été très modeste en dérobant aux méditations et à l'examen minutieux de la Chambre la longue table des matières qui constitue la déclaration ministérielle. Mais mes amis et moi nous ne nous plaignons nullement que la discussion immédiate ait été ordonnée.

Un membre au centre: Alors, pourquoi avez-vous voté contre?

M. Jaurès: Il y a, dès maintenant, deux résultats acquis: le premier c'est que M. le président du conseil a dû, dès la première journée, peser sur la Chambre pour obtenir un débat écourté et diminué. (*Applaudissements à l'extrême gauche. — Réclamations à gauche et au centre.*)

Le second, c'est que dès le premier jour aussi, pour former une majorité avec des déclarations qui restent vagues, il a fallu sonner la fanfare contre le parti socialiste; dès le premier jour, il a fallu remplacer par une tactique et par une diversion, un exposé clair et précis de la politique gouvernementale. (*Nouveaux applaudissements à l'extrême gauche.*)

Ah! messieurs, cette tactique ne réussira probablement pas longtemps auprès de la Chambre.

Il est facile de dénoncer comme de mauvais patriotes ceux qui ont une conception très noble du rôle de la France démocratique dans le monde. Mais ce n'est pas par de pareilles déclamations qu'on remplace la précision politique. (*Très bien! très bien! à l'extrême gauche.*)

Car pour les hommes politiques, — j'entends pour ceux qui nous combattent, — il y a deux façons de juger le mouvement socialiste qui se développe à l'heure actuelle.

Ou bien vous le considérez comme un mouvement superficiel, factice, passager, qui a été créé par quelques excitations isolées, qui a été développé par l'anarchie générale et par la faiblesse du pouvoir, et qu'un peu de fermeté gouvernementale suffira à contenir ou même à

From *Pages choisies: Séance de la Chambre des Députés du 21 novembre 1893* (Paris: F. Rieder, 1922), pp. 313–22.

supprimer; ou bien au contraire, vous le considérez comme un mouvement dangereux, funeste, mais spontané et profond, qui sort de l'évolution même des choses et de l'histoire, qui est la résultante de toutes les forces humaines en action. (*Applaudissements à l'extrême gauche.*)

M. *Jaurès:* Vous pouvez essayer d'arrêter la poussée des hommes et des choses. Vous pouvez vous dire qu'après tout il vous sera glorieux d'avoir lutté, que nul n'a pu mesurer encore exactement la force de résistance de certaines volontés humaines, et qu'en tout cas vous aurez peut-être retardé de quelques années l'avènement de la barbarie.

Mais, si je vous demande: De ces deux hypothèses quelle est la vôtre? C'est là non pas une vaine question de philosophie sociale, mais une question politique, parce que selon que vous aurez opté pour l'une ou pour l'autre, votre politique et celle de la majorité que vous voulez entraîner avec vous sera différente.

Si le mouvement socialiste n'est qu'une effervescence passagère, s'il n'est que la fièvre momentanée d'un organisme d'ailleurs résistant et sain, il suffira pour le calmer d'un peu d'hygiène gouvernementale.

On enverra aux préfets de bonnes circulaires pour que tous les fonctionnaires, petits ou grands, donnent contre le socialisme; on demandera aux procureurs généraux des rapports confidentiels (*Rires et applaudissements à l'extrême gauche. — Bruit*); on consignera les députés socialistes dans leurs circonscriptions, et puisqu'il paraît qu'ils ne sortent plus maintenant qu'avec leurs écharpes, et comme le peuple devenu fétichiste a une sorte de piété pour les emblèmes parlementaires, il ne sera permis de les porter que dans les grandes cérémonies, dans les processions solennelles où la confrérie parlementaire se déroulera tout entière, précédée par les chanoines ministériels. (*Nouveaux rires et applaudissements sur les mêmes bancs.*)

Au besoin, de-ci, de-là, on administrera quelques coups de lance, on traduira en justice quelques syndicats, et alors, quand il aura été bien démontré au peuple — qui, paraît-il, ne prend pas le socialisme au sérieux, qui joue simplement au socialisme — que c'est un jeu dangereux et une mode surannée, tout sera fini: le prolétariat renoncera à ses vastes groupements, il ne formulera plus ses revendications de classe, il saluera comme une bienfaisante loi de nature la concentration graduelle de la puissance économique en un nombre de mains toujours plus petit; il saluera dans le salariat une institution définitive, et n'ayant plus rien à adorer, il adorera le capital éternel. (*Applaudisse-*

ments sur les mêmes bancs à gauche et à l'extrémité droite de la salle.)

M. *Adolphe Turrel:* Après les chanoines, les prédicateurs! (*Bruit.*)

M. *Jaurès:* Alors, messieurs, avec ce gouvernement sauveur qui aura marché sur le fantôme, qui aura dissipé le cauchemar, vous pourrez vous livrer en toute sécurité, en toute sérénité, à la petite besogne quotidienne. Dans la maison capitaliste consolidée, vous pratiquerez quelques petites réparations pour passer le temps.

Mais, si, au contraire, le mouvement socialiste est déterminé tout à la fois par la forme de la production dans le monde contemporain et par l'état des sociétés politiques, s'il tient tout ensemble au cœur même des choses et aux entrailles du prolétariat, en engageant la majorité gouvernementale dans la lutte contre lui, vous l'engagez, monsieur le président du Conseil, dans le plus rude, dans le plus douloureux et le plus hasardeux des combats. Lorsque vous aurez abattu ou emprisonné, ou bâillonné quelques-uns de ceux que vous appelez les chefs, il en surgira d'autres du peuple même, de la nécessité même, infatigablement. (*Applaudissements à l'extrême gauche.*)

Lorsque vous aurez dompté le prolétariat sur un point, il se relèvera sur un autre; quand vous croirez l'avoir dompté partout, il recueillera ses forces pour de nouvelles revendications et de nouvelles affirmations. Vous obtiendrez peut-être un silence momentané, vous n'obtiendrez pas la résignation. (*Mouvement.*)

Vous n'aurez pas la paix; vous n'aurez qu'une trêve inquiète et soupçonneuse, et le temps, les années même travailleront contre vous. Car, d'une part, le développement du machinisme et de la grande industrie achèvera de jeter dans le salariat ces petits artisans, cette petite bourgeoisie derrière laquelle vous vous abritez encore, et l'armée ennemie sera grossie de tous les expropriés, de tous les spoliés de l'ordre social actuel.

D'autre part, ayant perdu dans les agitations, dans les répressions systématiques, dans les luttes imprudentes engagées contre un mouvement puissant le meilleur de votre force, il ne vous restera plus ni temps, ni liberté d'esprit, ni énergie pour réaliser même ces réformes partielles qui ne sauveraient pas l'ordre social actuel, mais qui, en calmant quelques douleurs et en désarmant quelques colères, vous donneraient au moins un peu de répit. Si bien que la majorité républicaine se trouvera devant une crise tous les jours plus grave, plus grave par le développement même des conditions de la produc-

tion qui créent le socialisme, plus grave parce que votre esprit
d'agression et de résistance aura accumulé les colères et les difficultés.
(*Applaudissements sur divers bancs à gauche. — Exclamations au
centre.*)

J'ai donc le droit, monsieur le président du Conseil, de vous demander ceci: Je vous prie de dire nettement à la majorité que vous
voulez grouper derrière vous si vous espérez avoir raison du mouvement socialiste avec les quelques lois de police que vous annoncez, si
vous croyez en avoir raison en quelques escarmouches, ou si la majorité gouvernementale va être obligée de s'armer du bouclier et du
glaive pour la plus longue et la plus rude des expéditions à l'intérieur.
(*Très bien! sur divers bancs à gauche.*)

Ah! je le sais bien, on essaye, et tout à l'heure, dans votre
déclaration, vous avez essayé vous-même d'éluder le problème avec ce
mot de « meneurs ».

M. le Président du Conseil: Je ne l'ai pas éludé. Je l'ai posé très
nettement.

M. Jaurès: Je dis que vous aussi, après bien d'autres, vous avez essayé d'éluder le jugement d'ensemble qui doit être porté sur la situation actuelle en appelant les anathèmes de la majorité sur ceux que
vous appelez les meneurs.

Eh! bien, permettez-moi de vous le dire, il y a là d'abord une lamentable contradiction. Car ces hommes que vous appelez les meneurs, s'ils se sont levés avant le peuple, s'ils se sont je dirai presque
levés avant le jour . . . (*Rires et exclamations diverses.*)

M. Jaurès: . . . s'ils ont essayé d'organiser le prolétariat avant
qu'il fût une force, s'ils ont annoncé une société nouvelle aux travailleurs encore résignés à la société présente, si pendant longtemps, sans
espérer aucune récompense prochaine, ils ont lutté n'ayant avec eux
qu'une poignée de militants, affrontant ainsi tout à la fois la colère des
gouvernements et l'indifférence plus terrible encore des travailleurs, ils
ne sont pas les ambitieux et les intrigants que vous dites. (*Oh! oh! à
gauche et au centre.*) Ils ont été des hommes de croyance, des hommes
de foi. Mais si, au contraire, vous prétendez qu'ils ont attendu, pour
l'exploiter, que le mouvement se produisît, c'est donc qu'il s'était produit avant eux. C'est que ce ne sont pas eux les meneurs, c'est que c'est
le peuple lui-même qui les a menés. (*Vifs applaudissements à l'extrême
gauche.*)

En vérité, vous êtes dans un état d'esprit étrange. (*Exclamations
au centre.*) Vous avez voulu faire des lois d'instruction pour le peuple;

vous avez voulu par la presse libre, par l'école, par les réunions libres, multiplier pour lui toutes les excitations et tous les éveils. Vous ne supposiez pas, probablement, que dans le prolétariat tous au même degré fussent animés par ce mouvement d'émancipation intellectuelle que vous vouliez produire. Il était inévitable que quelques individualités plus énergiques vibrassent d'une vibration plus forte. Et parce que ces individualités, au lieu de se séparer du peuple, restent avec lui et en lui pour lutter avec lui, parce qu'au lieu d'aller mendier je ne sais quelles misérables complaisances auprès du capital soupçonneux, ces hommes restent dans le peuple pour préparer l'émancipation générale de la classe dont ils sont, vous croyez les flétrir et vous voulez les traquer par l'artifice de vos lois!

Savez-vous où sont les meneurs, où sont les excitateurs? Ils ne sont ni parmi ces ouvriers qui organisent les syndicats que vous voulez sournoisement dissoudre, ni parmi les théoriciens, ni parmi les propagandistes de socialisme; non, les principaux meneurs, les principaux excitateurs, ils sont d'abord parmi les capitalistes eux-mêmes, mais ils sont dans la majorité gouvernementale elle-même. (*Applaudissements à l'extrême gauche.—Protestations au centre.*)

Ah! messieurs, c'est un singulier aveuglement que le vôtre, d'attribuer à quelques hommes l'évolution universelle qui se produit. N'êtes-vous pas frappés par l'universalité du mouvement socialiste? Partout, dans tous les pays du monde, il éclate à la même heure. Vous ne pouvez depuis dix ans faire l'histoire de la Belgique, de l'Italie, de l'Allemagne, de l'Autriche, sans faire l'histoire du parti socialiste. Il en est de même des Etats-Unis, de l'Australie, et même de cette Angleterre qui était, selon vous, le refuge de l'individualisme; voilà que les trade-unions entrent dans le mouvement socialiste; voilà qu'elles renoncent à faire simplement une agitation professionnelle, voilà qu'elles entrent dans l'action politique; elles ne s'enferment plus dans leur île, elles prennent part à tous les congrès internationaux; elles ne veulent plus simplement constituer une aristocratie ouvrière, se créer dans l'ordre capitaliste des avantages particuliers; elles s'ouvrent à tous les métiers, aux plus misérables, à ceux qu'on appelait disqualifiés: c'est l'idée socialiste qui s'affirme dans ce pays prétendu individualiste.

Et c'est devant ce mouvement universel qui entraîne à la fois les peuples les plus divers, quels que soient le climat, le régime politique et la race, que vous venez parler de quelques excitations isolées! Mais vous faites trop d'honneur, monsieur le président du Conseil, à ceux que vous accusez; vous donnez trop de puissance à ceux que vous appelez les meneurs. Il ne dépend pas d'eux de déchaîner un mouvement aussi vaste, et il ne suffit pas du souffle débile de quelques bouches humaines pour soulever cette houle du prolétariat universel. (*Applaudissements sur divers bancs [à l'extrémité gauche et à l'extrémité droite de la salle.]*)

Non, messieurs, la vérité, c'est que ce mouvement sort des profondeurs mêmes des choses; c'est qu'il sort d'innombrables souffrances qui, jusqu'ici, ne s'étaient point concertées, mais qui ont trouvé dans une formule libératrice leur point de ralliement. La vérité, c'est qu'en France même, dans notre France républicaine, le mouvement socialiste est sorti tout à la fois de la République, que vous avez fondée, et du régime économique qui se développe dans ce pays depuis un demi-siècle.

Vous avez fait la République, et c'est votre honneur; vous l'avez faite inattaquable, vous l'avez faite indestructible, mais par là vous avez institué entre l'ordre politique et l'ordre économique dans notre pays une intolérable contradiction.

M. René Goblet: Très bien!

M. Jaurès: . . . Oui, par le suffrage universel, par la souveraineté nationale, qui trouve son expression définitive et logique dans la République, vous avez fait de tous les citoyens, y compris les salariés, une assemblée de rois. C'est d'eux, c'est de leur volonté souveraine qu'émanent les lois et le gouvernement; ils révoquent, ils changent leurs mandataires, les législateurs et les ministres; mais, au moment même où le salarié est souverain dans l'ordre politique, il est dans l'ordre économique réduit à une sorte de servage.

Oui! au moment où il peut chasser les ministres du pouvoir, il est lui, sans garantie aucune et sans lendemain, chassé de l'atelier. Son travail n'est plus qu'une marchandise que les détenteurs du capital acceptent ou refusent à leur gré.

Il peut être chassé de l'atelier, il ne collabore pas aux règlements d'atelier qui deviennent tous les jours plus sévères et plus captieux, et qui sont faits sans lui et contre lui.

Il est la proie de tous les hasards, de toutes les servitudes, et, à tout moment, ce roi de l'ordre politique peut être jeté dans la rue; à tout moment, s'il veut exercer son droit légal de coalition pour défendre son salaire, il peut se voir refuser tout travail, tout salaire, toute existence par la coalition des grandes compagnies minières. Et, tandis que les travailleurs n'ont plus à payer, dans l'ordre politique, une liste civile de quelques millions aux souverains que vous avez détrônés, ils sont obligés de prélever sur leur travail une liste civile de plusieurs milliards pour rémunérer les oligarchies oisives qui sont les souveraines du travail national. (*Applaudissements répétés sur plusieurs bancs à l'extrémité gauche et à l'extrémité droite de la salle.*)

Et c'est parce que le socialisme apparaît comme seul capable de résoudre cette contradiction fondamentale de la société présente, c'est parce que le socialisme proclame que la République politique doit aboutir à la République sociale, c'est parce qu'il veut que la République soit affirmée dans l'atelier comme elle est affirmée ici; c'est parce qu'il veut que la nation soit souveraine dans l'ordre économique pour briser les privilèges du capitalisme oisif, comme elle est souveraine dans l'ordre politique, c'est pour cela que le socialisme sort du mouvement républicain. C'est la République qui est le grand excitateur, c'est la République qui est le grand meneur: traduisez-la donc devant vos gendarmes! (*Nouveaux applaudissements sur les mêmes bancs.*)

Jean Jaurès

Il n'était pas nécessaire de voir Jaurès bien longtemps pour reconnaître l'autre espèce d'homme, le Contemplateur. Assez de poésie en lui; assez de bonheur en lui. Directement fils de la terre; rustique d'aspect; ingénu; sans aucune ruse d'aucune sorte. Resté tel par profonde sagesse. Ecartant, faisant place devant sa vue; ou bien, si les hommes le pressaient, regardant par-dessus leur tête. Revenant à eux de loin, jetant l'air des perspectives sur eux; les éloignant; les percevant dans la masse. Devant cet œil artiste, je sentis que j'étais un homme entre beaucoup, représentatif, et par là mieux ressemblant à moi-même que je ne puis être pour le politique, qui se demande toujours: "Que veut-il et qu'offre-t-il?" Mais il est clair que ces questions ne venaient point à l'esprit de Jaurès, et qu'elles l'auraient importuné, mieux, qu'elles auraient brouillé sa vue. Je l'entendis juger le politique Caillaux,[1] en peu de paroles, et autant que je sais, selon une équitable appréciation; c'était à la veille du procès [2] et à l'avant-veille du grand drame où lui-même devait périr. Et j'admirai comment il renvoyait les hommes et l'homme du jour à distance de vue. Sur la

1. Joseph Caillaux (1863–1944), minister of finances in the Waldeck-Rousseau cabinet in 1899 and again under Clemenceau in 1906, fathered the income tax in France. He negotiated an agreement with Germany on Morocco in 1911, opposed Clemenceau, and favored peace with Germany in 1917, after which he was arrested for sedition.

2. In March 1914, Caillaux' second wife shot a journalist who was trying to discredit her husband. The resulting scandal led to an inquiry by the National Assembly, with Jaurès chairing the committee. Although no friend of Caillaux, Jaurès skillfully steered the investigation to produce a moderate report to the assembly that avoided white-washing Caillaux but did not go to the lengths demanded by Jaurès' own party associates, who had hoped to destroy the Radical Socialist leader.

From *Propos* (Paris: Gallimard, 1958), pp. 264–65. Reprinted by permission of Editions Gallimard.

Alain was the pen name of Emile-Auguste Chartier (1868–1951), philosophy teacher and essayist on literary, philosophic, and political topics, whose views were influential in the intellectual community of the Third Republic.

montagne il était, considérant la terre et les royaumes, dont il n'avait voulu et ne voulait nulle part.

Il est faible de dire qu'il eût été ministre, et premier ministre, s'il l'avait voulu. Il n'était point sur le seuil; il n'appartenait pas à l'ordre des ambitions. C'est encore trop peu de dire que, par une profonde culture, il voyait les pièges et les fautes possibles, et qu'il avait coupé les ponts entre le pouvoir et lui. J'ai connu un ou deux hommes de vraie puissance, qui se retranchèrent ainsi dans le socialisme par précaution ascétique. Mais Jaurès n'avait point tant à se défier. Je le vois plutôt cherchant la meilleure place pour être spectateur, et la trouvant bientôt. Etabli donc là; ordonnant les hommes et les choses pour lui et pour tous, par les moyens de l'Eloquence Contemplative. Alors, selon l'occasion, décrivant, analysant, démontrant; toujours faisant marcher ses raisons et ses personnages comme une foule que l'on voit passer. Mais lui ne passe point parmi la foule; il n'est pas dedans. Je ne crois pas qu'il eut jamais une parole pour se défendre lui-même. Il était autant hors de prise, à son banc de représentant du peuple, que s'il fût resté à l'ombre dans son jardin, lisant Homère et Virgile. Il ne pouvait être qu'assassiné; seul il eut cet honneur.

30 juillet 1921

JEAN JAURÈS

Les Responsables[1]

Citoyens,

Je veux vous dire ce soir que jamais nous n'avons été, que jamais depuis quarante ans l'Europe n'a été dans une situation plus mena-çante et plus tragique que celle où nous sommes à l'heure où j'ai la responsabilité de vous adresser la parole. Ah! citoyens, je ne veux pas forcer les couleurs sombres du tableau, je ne veux pas dire que la rup-ture diplomatique dont nous avons eu la nouvelle il y a une demi-heure, entre l'Autriche et la Serbie, signifie nécessairement qu'une guerre entre la Serbie et l'Autriche va éclater, et je ne dis pas que si la guerre éclate entre la Serbie et l'Autriche le conflit s'étendra nécessairement au reste de l'Europe. Mais je dis que nous avons contre nous, contre la paix, contre la vie des hommes à l'heure actuelle des chances terribles et contre lesquelles il faudra que les prolétaires de l'Europe tentent les efforts de solidarité suprême qu'ils pourront ten-ter.

Citoyens, la note que l'Autriche a adressée à la Serbie est pleine de menaces et si l'Autriche envahit le territoire slave, si les Germains, si la race germanique d'Autriche fait violence à ces Serbes qui sont une partie du monde slave et pour lesquels les Slaves de Russie éprouvent une sympathie profonde, il y a à craindre et à prévoir que la Russie entrera dans le conflit, et si la Russie intervient pour défendre contre l'Autriche la Serbie, l'Autriche ayant devant elle deux adversaires, la Serbie et la Russie, invoquera le traité d'alliance qui l'unit à l'Allemagne et l'Allemagne [a] fait savoir par ses ambassadeurs auprès de toutes les puissances qu'elle se solidariserait avec l'Autriche. Et si le conflit ne restait pas entre l'Autriche et la Serbie, si la Russie s'en mê-lait, l'Autriche verra l'Allemagne prendre place sur les champs de ba-

---

1. This campaign speech was delivered in Vaise, near Lyon, in support of the socialist candidate M. Moutet on July 25, 1914. It was Jaurès's last public speech before his assassination in Paris on July 31.

From *Pages choisies* (Paris: F. Rieder, 1922), pp. 451–55.

taille à ses côtés. Mais alors, ce n'est plus seulement le traité d'alliance entre l'Autriche et l'Allemagne qui entre en jeu, c'est le traité secret mais dont on connaît les clauses essentielles, qui lie la Russie et la France, et la Russie dira à la France: « J'ai contre moi deux adversaires, l'Allemagne et l'Autriche, j'ai le droit d'invoquer le traité qui nous lie, il faut que la France vienne prendre place à mes côtés. » A l'heure actuelle, nous sommes peut-être à la veille du jour où l'Autriche va se jeter sur les Serbes et alors l'Autriche, l'Allemagne se jetant sur les Serbes et les Russes, c'est l'Europe en feu, c'est le monde en feu.

Dans une heure aussi grave, aussi pleine de périls pour nous tous, pour toutes les patries, je ne veux pas m'attarder à chercher longuement les responsabilités. Nous avons les nôtres, Moutet l'a dit et j'atteste devant l'histoire que nous les avions prévues, que nous les avons annoncées; lorsque nous avons dit que pénétrer par la force, par les armes au Maroc, c'était ouvrir à l'Europe l'ère des ambitions, des convoitises et des conflits, on nous a dénoncés comme de mauvais Français et c'est nous qui avions le souci de la France.

Voilà, hélas! notre part de responsabilités, et elle se précise si vous voulez bien songer que c'est la question de la Bosnie-Herzégovine qui est l'occasion de la lutte entre l'Autriche et la Serbie et que nous, Français, quand l'Autriche annexait la Bosnie-Herzégovine, nous n'avions pas le droit, ni le moyen, de leur opposer la moindre remontrance, parce que nous étions engagés au Maroc et que nous avions besoin de nous faire pardonner notre propre péché en pardonnant les péchés des autres.

Et alors notre Ministre des Affaires étrangères disait à l'Autriche: « *Nous vous passons la Bosnie-Herzégovine, à condition que vous nous passiez le Maroc,* » et nous promenions nos offres de pénitence de puissance en puissance, de nation en nation, et nous disions à l'Italie: « Tu peux aller en Tripolitaine, puisque je suis au Maroc, tu peux voler à l'autre bout de la rue, puisque moi j'ai volé à l'extrémité. »

Chaque peuple paraît à travers les rues de l'Europe avec sa petite torche à la main et maintenant voilà l'incendie. Eh bien! citoyens, nous avons notre part de responsabilité, mais elle ne cache pas la responsabilité des autres et nous avons le droit et le devoir de dénoncer, d'une part, la sournoiserie et la brutalité de la diplomatie allemande, et d'autre part, la duplicité de la diplomatie russe. Les Russes qui vont peut-être prendre parti pour les Serbes contre l'Autriche et qui vont dire: « Mon cœur de grand peuple slave ne supporte pas qu'on fasse violence au petit peuple slave de Serbie. » Oui, mais qui est-ce qui a frappé la Serbie au cœur? Quand la Russie est intervenue dans les Balkans, en 1877, et quand elle a créé une Bulgarie, soi-disant indépendante, avec la pensée de mettre la main sur elle, elle a dit à l'Autriche: « Laisse-moi faire et je te confierai l'administration de la Bosnie-Herzégovine. » L'administration, vous comprenez ce que cela veut dire, entre diplomates, et du jour où l'Autriche-Hongrie a reçu l'ordre d'administrer la Bosnie-Herzégovine, elle n'a eu qu'une pensée, c'est de l'administrer au mieux de ses intérêts.

Si depuis trente ans, si depuis que l'Autriche a l'administration de la Bosnie-Herzégovine, elle avait fait du bien à ces peuples, il n'y aurait pas aujourd'hui des difficultés en Europe, mais la cléricale Autriche tyrannisait la Bosnie-Herzégovine; elle a voulu la convertir par force au catholicisme en la persécutant dans ses croyances, elle a soulevé le mécontentement de ces peuples.

La politique coloniale de la France, la politique sournoise de la Russie et la volonté brutale de l'Autriche ont contribué à créer l'état de choses horrible où nous sommes. L'Europe se débat comme dans un cauchemar.

Eh bien! citoyens, dans l'obscurité qui nous environne, dans l'incertitude profonde où nous sommes de ce que sera demain, je ne veux prononcer aucune parole téméraire, j'espère encore malgré tout qu'en raison même de l'énormité du désastre dont nous sommes menacés, à la dernière minute, les gouvernements se ressaisiront et nous n'aurons pas à frémir d'horreur à la pensée du désastre qu'entraînerait aujourd'hui pour les hommes une guerre européenne.

Vous avez vu la guerre des Balkans, une armée presque entière a succombé soit sur le champ de bataille, soit dans les lits d'hôpitaux, une armée est partie à un chiffre de trois cent mille hommes, elle laisse dans la terre des champs de bataille, dans les fossés des chemins ou dans les lits d'hôpitaux infectés par le typhus, cent mille hommes sur trois cent mille.

Songez à ce que serait le désastre pour l'Europe: ce ne serait plus, comme dans les Balkans, une armée de 300.000 hommes, mais 4, 5 et 6 armées de deux millions d'hommes. Quel désastre, quel massacre, quelles ruines, quelle barbarie! Et voilà pourquoi quand la nuée de l'orage est déjà sur nous, voilà pourquoi je veux espérer encore que le crime ne sera pas consommé. Citoyens, si la tempête éclatait, tous, nous socialistes, nous aurons le souci de nous sauver le plus tôt possible du crime que les dirigeants auront commis et en attendant, s'il nous reste quelque chose, s'il nous reste quelques heures, nous redoublerons d'efforts pour prévenir la catastrophe. Déjà dans le *Vorwärts* nos camarades socialistes d'Allemagne s'élèvent avec indignation contre la note de l'Autriche et je crois que notre bureau socialiste international est convoqué.

Quoi qu'il en soit, citoyens, et je dis ces choses avec une sorte de désespoir, il n'y a plus au moment où nous sommes menacés de meurtre et de sauvagerie, qu'une chance pour le maintien de la paix et le salut de la civilisation, c'est que le prolétariat rassemble toutes ses forces qui comptent un grand nombre de frères, Français, Anglais, Allemands, Italiens, Russes et que nous demandions à ces milliers d'hommes de s'unir pour que le battement unanime de leurs cœurs écarte l'horrible cauchemar.

J'aurais honte de moi-même, citoyens, s'il y avait parmi vous un seul qui puisse croire que je cherche à tourner au profit d'une victoire électorale, si précieuse qu'elle puisse être, le drame des événements. Mais j'ai le droit de vous dire que c'est notre devoir à nous, à vous tous, de ne pas négliger une seule occasion de montrer que vous êtes avec ce parti socialiste international qui représente à cette heure, sous l'orage, la seule promesse d'une possibilité de paix ou d'un rétablissement de la paix.

X · L'ENTRE-DEUX-GUERRES

 Au moment où déferlait sur l'Europe, en août 1914, la première vague de la Grande Guerre, toutes les puissances belligérentes, sans en excepter la France, comptaient sur une victoire rapide et décisive: « la guerre fraîche et joyeuse »! Pour les nationalistes de la droite, la guerre devait justifier leur mystique de la nation, qu'ils voyaient déjà triomphant sans peine, par la supériorité de son passé et la valeur de son sang. Et pour la gauche radicale elle était l'ultime convulsion d'une Europe bourgeoise tombée en décadence, et le signal de la révolution prochaine. Ni en France ni ailleurs en Europe personne ne soupçonnait encore la nature terrible et les exigences prolongées de la guerre technologique moderne. Après l'échec de l'offensive allemande sur Paris, arrêtée à la bataille de la Marne, la guerre devait piétiner quatre longues années dans la boue et le sang, terrée dans les tranchées qui sillonnaient le nord de la France.

Le gouvernement français n'avait pas pris d'emblée les mesures énergiques et impopulaires qui s'imposaient, pour mobiliser toutes les ressources de la nation au service de la guerre. En 1914 le président de la République, Raymond Poincaré, avait proclamé *l'union sacrée:* le gouvernement, élargi par l'entrée des socialistes et des conservateurs, put obtenir le soutien de toutes les formations politiques. Les Allemands n'avaient pas réussi à franchir la Marne; seulement la France avait déjà perdu 85,000 hommes dans les premiers mois de la guerre: elle ne devait jamais se relever de cette immense saignée.

La guerre des tranchées se prolongeait. L'année 1915 y passa. Le gouvernement de l'union sacrée, sans orientation bien définie, fit place au cabinet Briand, à tendances plus radicales. Ce fut le moment où se déclencha une des grandes épreuves de la guerre:

en février 1916 s'engageait en effet la bataille de Verdun. La grande forteresse de Verdun avait acquis aux yeux de la population française une valeur quasi-mystique: tant qu'elle tenait bon, Paris et la France n'avaient rien à craindre. Les Allemands ayant concentré toutes leurs forces sur ce point, Briand ordonna au commandant de la place, le général Pétain, de tenir à tout prix (« Ils ne passeront pas »). Pétain organisa une défense brillante, mais la France était saignée à blanc: dès juillet les pertes s'élevaient dans chacun des deux camps à un quart de million de morts, et autant de blessés (ou presque). L'armée se mutinait, le pays était plongé dans le découragement, la gauche désertait l'union sacrée. Une série de crises gouvernementales obligea Poincaré à faire appel à son vieil adversaire, Georges Clemenceau. Homme politique consommé, dont le caractère obstiné ne s'était guère adouci avec l'âge, ce dernier sut redresser la situation. Il réprima sauvagement le défaitisme au sein du gouvernement, imposa aux armées alliées un commandement unique sous le général Foch, et fit tant et si bien que l'alliance avec l'Angleterre et l'Amérique put se maintenir jusqu'à l'effondrement des armées allemandes, en novembre 1918.

L'exaltation de la victoire empêcha d'abord de mesurer le prix immense qu'elle avait coûté. Aux pertes incalculables en hommes et en matériel, à la dévastation du territoire, il fallait ajouter le moral endommagé de la nation et sa stabilité politique perdue. La France avait souffert plus que les autres Alliés: près de deux millions de morts, une dette nationale écrasante, tout le pays du nord et de l'est ravagé. Clemenceau comptait sur le paiement d'une indemnité de guerre pour remettre sur pied, aux frais de l'Allemagne vaincue, les provinces dévastées. Il se reposait sur l'alliance anglo-américaine pour assurer la sécurité de la France. Double pari malheureux, qui allait entraîner la Troisième République à sa ruine.

La popularité de Clemenceau était immense: son parti, le *Bloc national,* se croyait assuré par là d'une victoire facile aux élections de 1919. La crainte des rouges, avivée par les révolutions communistes qui déferlaient sur l'Europe centrale, opéra un revirement vers la droite dont le Tigre lui-même fit les frais l'année suivante, qui vit tomber son propre gouvernement. La Chambre *bleu horizon,* qui alignait une majorité des deux tiers de députés conservateurs, en était revenue à une politique à base de nationalisme et de ferveur catholique rappelant les beaux jours de l'affaire Dreyfus. Elle devait se borner à une action toute symbolique, laissant intacts les deux grands problèmes de la reconstruction et de la sécurité du territoire. Le gouvernement avait misé d'abord sur les dommages de guerre remboursables par l'Allemagne: ils ne devaient jamais se matérialiser. Il en résulta une dévaluation du franc dont la République ne devait plus se remettre. Quant à la sécurité nationale, elle ne pouvait découler que de l'appui des anciens Alliés. Or la Russie bolcheviste était au ban des nations de l'Europe, et de surcroît, elle se désintéressait passablement du sort de la République bourgeoise. Les Etats-Unis, replongés dans leur isolationnisme, n'étaient même pas entrés à la Société des Nations. Quant à l'Angleterre, elle avait repris, à l'égard des desseins que nourrissait la France, outre-mer comme sur le continent, toute sa méfiance traditionnelle. Créations récentes du traité de Versailles, la Pologne et la Tchécoslovaquie ne pouvaient fournir qu'un faible appui à la France contre une Allemagne renaissant de ses cendres.

L'effritement de l'optimisme engendré par la victoire entraîna la chute du gouvernement de droite. En 1924 *le cartel des gauches* remportait la majorité. Cette alliance des radicaux et des socialistes, qui devait se renouer à plusieurs reprises entre les deux guerres, avait tendance, à peine victorieuse, à se désintégrer. Les radicaux, qui ne l'étaient que de nom, bloquaient en effet toute réforme massive sur le plan économique et social. Quant aux socialistes, talonnés par les communistes, qui leur disputaient l'honneur de représenter la classe ouvrière, au sein même du gouvernement ils tenaient à rester d'opposition. L'anticléricalisme restait l'unique point de ralliement de la gauche tout entière, et cette politique, poursuivie avec la dernière vigueur, ne pouvait que raviver la hargne antirépublicaine de la droite, dont devait découler la création des ligues fascistes.

Le krach boursier de 1929, répandant le chômage dans le monde entier (*la Crise*), devait faire éclater au grand jour tous les problèmes économiques et sociaux couvés par la Grande Guerre, et que la prospérité des années 20 avait à demi étouffés. En Allemagne le parti national-socialiste prit le pouvoir en 1933, et nombre de Français accordaient leur admiration à ce régime autoritaire visant à l'efficacité. Dans les ligues patriotiques, qui enrôlaient surtout les jeunes, telles les *Croix de feu* et les *Jeu-*

nesses patriotes, l'appel à la violence d'origine fasciste se conjuguait à l'antisémitisme ultranationaliste, hérité de *l'Action française* et remis en honneur par les Nazis. Sous la menace d'un putsch fasciste le Parti communiste consentit enfin à se rallier au cartel des gauches, inaugurant de la sorte le Front populaire.

La victoire du Front populaire aux élections de 1936 accordait un sursis à la République. Le leader socialiste Léon Blum, arrivé à la tête du gouvernement au moment où éclatait la guerre d'Espagne, sut éviter l'effusion de sang face aux grèves *sur le tas* dans les usines de France. Malheureusement, les réformes mises en vigueur (congés payés, la semaine des 40 heures) ne firent qu'aggraver la fuite des capitaux et le mécontentement de la classe patronale. Le cri « plutôt Hitler que Blum » résume admirablement les dispositions d'esprit d'une bonne partie de la classe aisée. Par ailleurs l'Espagne républicaine succombait à un. *pronunciamiento,* ouvertement appuyé par l'Italie fasciste et l'Allemagne nazie, défaite à laquelle n'avait pas peu contribué la politique de non-intervention imposée à la France du Front populaire par sa propre faiblesse. Ainsi la République, répudiée par la droite et honnie par la gauche, s'enfonçait dans l'immobilisme. Les tanks de Hitler, déchaînés dans la guerre-éclair du mois de mai 1940, allaient lui porter le coup de grâce.

L'invasion de la Pologne, en 1939, amena la France à déclarer la guerre à l'Allemagne sans d'ailleurs qu'il en résultât la moindre incursion au-delà de la frontière allemande. Retranchée derrière la ligne Maginot, l'armée française se contentait de pousser quelques patrouilles dans le no man's land: c'était *la drôle de guerre.* Démoralisée par ses dissensions internes, sous-équipée pour une guerre qu'à Munich déjà elle avait voulu écarter à tout prix, la République affrontait son destin dans l'inquiétude. La percée allemande à travers les Ardennes bouscula tous les plans de l'état-major allié: les Anglais se replièrent en toute hâte sur Dunkerque, l'armée belge capitula en huit jours, et aucun remaniement ministériel de la dernière heure ne put reproduire l'union sacrée, ni le miracle de la Marne. Après six semaines la France dut mettre bas les armes. Le 22 juin 1940 le maréchal Pétain, sorti de la retraite pour rassembler les bribes du pouvoir, signait un armistice avec l'Allemagne, qui livrait à l'occupation tout le pays au nord de la Loire. Un régime de collaboration avec l'Allemagne victorieuse devait s'installer à Vichy, régime conservateur présidé par le maréchal, qui avait plus de quatre-vingts ans, régime qui remplaça la devise « Liberté, Egalité, Fraternité » par celle, moins exaltante, de « Travail, Famille, Patrie. »

La défaite de la France venait couronner une époque pétrie de confusions. La République victorieuse de 1918 avait fini par succomber à sa victoire. Les cabinets s'étaient succédé à un rythme endiablé, regroupant les mêmes figures trop connues. La composition en était invariablement le produit des mêmes « combines » de tous ces partis politiques antagonistes et fraternels — *la république des camarades!* — ce qui minait le prestige du régime sans même réussir à entamer les problèmes effrayants posés par l'après-guerre. Une très riche floraison artistique et littéraire ne pouvait qu'imparfaitement masquer le malaise, qui reparaissait à travers la sensibilité même dont les œuvres faisaient preuve. L'acuité pyschologique prodigieuse d'un André Gide ou d'un Marcel Proust s'exerçait, dans des œuvres capitales, sur des êtres en proie au désœuvrement et adonnés à des mœurs spéciales. Le théâtre, avec Claudel et Giraudoux, se tournait vers la poésie, aidé en cela par l'effort de renouvellement scénique entrepris par les directeurs d'avant-garde Antoine, Jacques Copeau, Louis Jouvet. Cependant l'art nouveau du cinéma, servi par des réalisateurs comme René Clair, Jean Renoir, Marcel Carné, avait pu créer un théâtre moderne pour les foules, où une pléiade de grands acteurs—Raimu, Jouvet, Fernandel, Gabin, Brasseur, Françoise Rosay, Arletty — purent réaliser des types inoubliables. La poésie surréaliste, sous l'impulsion de Guillaume Apollinaire et d'André Breton, comme aussi la peinture cubiste, dominée par le Catalan francisé Pablo Picasso, ajoutaient à cette scène fiévreuse une note de liberté qui frisait l'anarchie. Enfin le médecin Louis-Ferdinand Céline, dans *Le Voyage au bout de la nuit* (1932), avait brossé avec une virulence unique le tableau de l'impuissance humaine face aux contradictions de l'ère moderne, tandis que l'ethnologue André Malraux posait, dans *La Condition humaine* (1933) et *L'Espoir* (1937), le dilemme de la grande aventure idéologique tentée par les révolutionnaires marxistes, en quête d'un monde meilleur.

Le sort de la France devait être réglé par l'invasion allemande de la Russie, en juin 1941. Les communistes français, liés

Henri Philippe Pétain, maréchal de France,
héros de Verdun.

jusqu'alors par le pacte Hitler-Staline de 1939, allaient très rapidement fournir à la résistance anti-nazie (*le maquis*) des cadres
éprouvés de militants adeptes à l'action clandestine. L'année suivante l'invasion alliée de l'Afrique du Nord donnait à la France
Libre du général de Gaulle une base d'opérations en Algérie.

Les deux Résistances, celle de l'intérieur où dominaient les communistes, et celle des gaullistes combattant aux côtés des armées alliées, résumaient déjà dans leurs divergences toute l'évolution politique de l'après-guerre. Mais la reconquête de l'Afrique du Nord par les Alliés avait sonné le glas de l'indépendance de Vichy. Installant le collaborateur Pierre Laval à la tête des affaires, les Allemands étendirent leur occupation au pays tout entier. Six cent mille ouvriers français se virent conscrits pour un labeur d'esclaves dans les usines de l'Allemagne. La Résistance, sous-estimée par le haut commandement anglo-américain, n'en réussit pas moins à disloquer sérieusement l'effort de guerre allemand, par le sabotage des transports et le harcèlement des troupes. Au moment de la Libération, qui suivit le débarquement des troupes alliées en Normandie, en juin 1944, l'implantation des cadres communistes et non-communistes devait se poursuivre fiévreusement dans les municipalités rendues à la liberté. Six mois plus tard, la France pouvait prétendre à nouveau à une égalité durement reconquise au sein des puissances alliées. La ténacité altière de Charles de Gaulle avait triomphé des circonstances. L'appareil de l'Etat, représenté par ses innombrables fonctionnaires, en assurait la continuité, — hâvre de stabilité dans l'universel chaos de la guerre. Fort de cet appui, de Gaulle pouvait compter sur une majorité de Français, restés conservateurs malgré tout, aux yeux desquels sa présence était un rempart contre la menace d'une révolution communiste. En 1945, après la capitulation de l'Allemagne, c'est à la tâche de la reconstruction que la France, une fois de plus, devait se consacrer.

L'Union sacrée (1914)[1]

A la Chambre, lorsque, au son des tambours qui battaient aux champs, M. Deschanel est arrivé entre les zouaves qui faisaient la haie, la foule qui remplissait la salle des Pas-Perdus a crié aussi: « Vive la France! Vive la République! » Monté au fauteuil, M. Deschanel a prononcé, en quelques paroles émues, l'oraison funèbre de M. Jaurès, « assassiné par un dément, à l'heure même où il venait de tenter un suprême effort en faveur de la paix et de l'union nationale ». Le Président de la Chambre a poursuivi: « Ses adversaires sont atteints comme ses amis et s'inclinent avec respect devant notre tribune en deuil. Mais, que dis-je? Y a-t-il encore des adversaires? Non, il n'y a plus que des Français, des Français qui, depuis quarante-quatre ans, ont fait à la cause de la paix tous les sacrifices et qui, aujourd'hui, sont prêts à tous les sacrifices pour la plus sainte des causes: le salut de la civilisation, la liberté de la France et de l'Europe. »

Puis, M. Viviani, très pâle, contenant avec peine cette sensibilité débordante dont il lui arrivait si fréquemment de souffrir, a gravi d'un pas lent les degrés de la tribune et a lu, d'une voix grave, le message présidentiel.

Dès les premiers mots, sur tous les gradins de l'amphithéâtre, la Chambre entière, de l'extrême droite à extrême gauche, s'est levée. Des hommes tels que le comte de Mun et Maurice Barrès ont immédiatement communié avec les Jules Guesde, les Vaillant, les Marcel

---

1. Poincaré (1860–1934) made this appeal as president of the Republic. Viviani, the prime minister, read the president's remarks to the Chamber of Deputies, which had just listened to an emotional eulogy of the assassinated socialist leader, Jean Jaurès, read by his fellow deputy Deschanel. The other deputies mentioned include the royalist Comte de Mun, the rightist Maurice Barrès, the radical socialist, subsequently founder of the Communist Party of France, Jules Guesde; the old Communard and Blanquist Vaillant; and the radical Sembat.

From *Au service de la France* (Paris: Plon, 1927) Vol. IV, pp. 542–47. Reprinted by permission of Librairie Plon.

Sembat, dans l'amour fervent de la patrie. Le message a reçu le même accueil que dans l'autre Assemblée et les spectateurs ont fait écho à l'enthousiasme des députés:

« Messieurs, la France vient d'être l'objet d'une agression brutale et préméditée, qui est un insolent défi au droit des gens. Avant qu'une déclaration de guerre nous eût encore été adressée, avant même que l'ambassadeur d'Allemagne eût demandé ses passeports, notre territoire a été violé. L'Empire d'Allemagne n'a fait hier soir que donner tardivement le nom véritable à un état de fait qu'il avait déjà créé.

« Depuis plus de quarante ans, les Français, dans un sincère amour de la paix, ont refoulé au fond de leur cœur le désir des réparations légitimes.

« Ils ont donné au monde l'exemple d'une grande nation qui, définitivement relevée de la défaite par la volonté, la patience et le travail, n'a usé de sa force renouvelée et rajeunie que dans l'intérêt du progrès et pour le bien de l'humanité.

« Depuis que l'ultimatum de l'Autriche a ouvert une crise menaçante pour l'Europe entière, la France s'est attachée à suivre et à recommander partout une politique de prudence, de sagesse et de modération. On ne peut lui imputer aucun acte, aucun geste, aucun mot, qui n'ait été pacifique et conciliant. A l'heure des premiers combats, elle a le droit de se rendre solennellement cette justice qu'elle a fait, jusqu'au dernier moment, des efforts suprêmes pour conjurer la guerre qui vient d'éclater et dont l'Empire d'Allemagne supportera, devant l'histoire, l'écrasante responsabilité.

« Au lendemain même du jour où nos alliés et nous, nous exprimions publiquement l'espérance de voir se poursuivre pacifiquement les négociations engagées sous les auspices du cabinet de Londres, l'Allemagne a déclaré subitement la guerre à la Russie, elle a envahi le territoire du Luxembourg, elle a outrageusement insulté la noble nation belge, notre voisine et notre amie, et elle a essayé de nous surprendre traîtreusement en pleine conversation diplomatique.

« Mais la France veillait. Aussi attentive que pacifique, elle s'était préparée; et nos ennemis vont rencontrer sur leur chemin nos vaillantes troupes de couverture, qui sont à leur poste de bataille et à l'abri desquelles s'achèvera méthodiquement la mobilisation de toutes nos forces nationales. Notre belle et courageuse armée, que la France accompagne aujourd'hui de sa pensée maternelle, s'est levée toute frémissante pour défendre l'honneur du drapeau et le sol de la patrie.

« Le Président de la République, interprète de l'unanimité du pays, exprime à nos troupes de terre et de mer l'admiration et la confiance de tous les Français.

« Etroitement unie en un même sentiment, la nation persévérera dans le sang-froid dont elle a donné, depuis l'ouverture de la crise, l'exemple quotidien. Elle saura, comme toujours, concilier les plus généreux élans et les ardeurs les plus enthousiastes avec cette maîtrise de soi qui est le signe des énergies durables et la meilleure garantie de la victoire.

« Elle est fidèlement secondée par la Russie, son alliée; elle est soutenue par la loyale amitié de l'Angleterre. Et déjà, de tous les points du monde civilisé, viennent à elle les sympathies et les vœux. Car elle représente aujourd'hui, une fois de plus, devant l'univers, la liberté, la justice et la raison.

« Dans la guerre qui s'engage, la France aura pour elle le droit, dont les peuples, non plus que les individus, ne sauraient impunément méconnaître l'éternelle puissance morale. Elle sera héroïquement défendue par tous ses fils, dont rien ne brisera devant l'ennemi l'union sacrée et qui sont aujourd'hui fraternellement assemblés dans une même indignation contre l'agresseur et dans une même foi patriotique.

« Haut les cœurs et vive la France! »

Tous les projets de loi déposés par le gouvernement sont ensuite votés dans les deux Chambres sans un mot de discussion, emprunt et crédits supplémentaires, régime de la presse en temps de guerre et diverses autres dispositions urgentes. Après quoi, M. Viviani fait, en quelques mots vibrants, un magnifique appel au pays, et les Chambres s'ajournent d'elles-mêmes *sine die*.

GEORGES CLEMENCEAU

Révolution d'Europe (1915)

La guerre actuelle apporte, en soi, une révolution comme la Terre n'en avait pas vu. Ce mot de révolution a toujours exercé une puissance magique sur les esprits que les misères de l'homme ont refoulés dans les vastes champs de l'idéologie. Plus ou moins, chacun souffre d'une condition qu'il a souvent le droit de juger malheureuse. Changement, révolution, c'est une chance de répit, et pourvu que l'imagination s'y prête c'est, pour des foules douloureuses, l'espérance de cet état chimérique dont ne peuvent s'approcher peut-être que des humbles: le bonheur.

La Révolution Française, qui emplit l'Europe d'une rumeur non encore épuisée, fut l'un des plus puissants soubresauts d'humanité que mentionne l'histoire. Mais tout européenne, tout humaine, qu'elle voulût être, — et fut, si l'on en considère les résultats, — elle demeura si profondément française de pensée et d'action, que l'Angleterre, ni l'Allemagne, pour des causes différentes, n'ont jamais pu la comprendre, encore moins se l'assimiler. Toutes les deux l'ont combattue avec une extrême violence, sans pouvoir réussir à en arrêter le cours.

L'affranchissement des peuples, telle est la juste formule de la grande Révolution d'Europe qui s'accomplit, en ce moment, sous nos yeux. L'indépendance de tous, par une équitable répartition des puissances de paix selon leurs légitimes affinités, voilà le programme pour le triomphe duquel combattent les armes alliées, qui, demain, auront mis fin aux dernières convulsions d'une démence de tyrannie. Napoléon avait rapporté de Moscou ce mot fameux: « L'Europe sera républicaine ou cosaque. » C'était, dans les deux cas, annoncer sa défaite. Une sorte de revanche, aussi, sur l'Allemagne, par la juste

From *La France devant l'Allemagne* (Paris: Librairie Payot et Cie., 1916), pp. 217–18. Reprinted by permission of Editions Payot.

Georges Clemenceau (1841–1929), native of the Vendée, an eloquent publicist and skillful politician, emerged as minister of war to lead the government of national unity after 1917. Known popularly as the "Tiger," he was shrewd and intransigent when the time came to make peace with Germany after 1918.

prévision d'une intervention slave, où contre son attente, le droit des peuples doit finalement lui-même se manifester.

Dans ses entreprises de conquêtes lointaines, l'Angleterre avait jeté sur tous les continents des semences fécondes de gouvernement libre par d'heureuses compensations d'autorité et de liberté. Son rôle était marqué d'avance. Elle s'y prépara résolument, dans l'ordre diplomatique par ses accords avec la Russie. Mais l'obstination d'une opinion publique mal informée ne lui permit pas de réaliser la préparation militaire à laquelle elle s'efforce magnifiquement aujourd'hui de suppléer.

Maintenant, nous sommes en pleine bataille, et l'Angleterre, et la Russie et la France peuvent se rendre hautement ce témoignage qu'elles ont fait tout ce qui était compatible avec l'honneur, pour détourner des peuples la catastrophe effroyable. Le jour est venu — plus tôt que tant de politiciens à courte vue n'avaient pensé—où l'Europe s'est mise en demeure d'abdiquer—pour conserver la paix — ses dernières garanties d'indépendance, ou de défendre, les armes à la main, ses droits à la liberté. Le choix fut fait sans emphase, dans la froide conviction qu'au-dessus du souci même de son existence, un peuple, digne de ce nom, doit mettre le respect de son histoire, de sa vie, de sa place légitime dans l'humanité.

Dans les plaines où fauche affreusement la mort, les soldats silencieux de l'Europe libre, de l'Europe indépendante, de l'Europe juste, de l'Europe humaine, tombent sous les coups des instruments avilis d'une oppression barbare que le progrès séculaire des hommes a pour jamais condamnée. Ils tombent, mais comme le héros de la légende, vivants ou morts, ils combattent toujours parce que c'est l'honneur, et par conséquent la vie même des peuples civilisés de l'Europe dont leur héroïsme va décider. Quelle plus grande Révolution se pourrait concevoir?

La Nuit d'avril 1915

A L. de C.–C.

Le ciel est étoilé par les obus des boches
La forêt merveilleuse où je vis donne un bal
La mitrailleuse joue un air à triples-croches
Mais avez-vous le mot
                Eh! oui le mot fatal
Aux créneaux Aux créneaux Laissez là les pioches

Comme un astre éperdu qui cherche ses saisons
Cœur obus éclaté tu sifflais ta romance
Et tes mille soleils ont vidé les caissons
Que les dieux de mes yeux remplissent en silence

Nous vous aimons ô vie et nous vous agaçons

Les obus miaulaient un amour à mourir
Un amour qui se meurt est plus doux que les autres
Ton souffle nage au fleuve où le sang va tarir
Les obus miaulaient
                Entends chanter les nôtres
Pourpre amour salué par ceux qui vont périr

Le printemps tout mouillé la veilleuse l'attaque
Il pleut mon âme il pleut mais il pleut des yeux morts
Ulysse que de jours pour rentrer dans Ithaque

From *Calligrammes* (Paris: Gallimard, 1956) pp. 243–44. Reprinted with the permission of Editions Gallimard.

Guillaume Apollinaire (Wilhelm Apollinaris Kostrowitzky, 1880–1918), a bank clerk like T. S. Eliot, born in Rome and raised in Monaco, dominated the pre-war Paris bohemia as herald of the modern in painting (cubism) and poetry (surrealism). He died of a head wound sustained at the front.

Couche-toi sur la paille et songe un beau remords
Qui pur effet de l'art soit aphrodisiaque

Mais
    orgues
        aux fétus de la paille où tu dors
l'hymne de l'avenir est paradisiaque

Le Feu

Le talus, de tous côtés, s'est couvert d'hommes qui se mettent à dévaler en même temps que nous. A droite se dessine la silhouette d'une compagnie qui gagne le ravin par le boyau 97, un ancien ouvrage allemand en ruines.

Nous traversons nos fils de fer par les passages. On ne tire pas encore sur nous. Des maladroits font des faux pas et se relèvent. On se reforme de l'autre côté du réseau, puis on se met à dégringoler la pente un peu plus vite: une accélération instinctive s'est produite dans le mouvement. Quelques balles arrivent alors entre nous. Bertrand nous crie d'économiser nos grenades, d'attendre au dernier moment.

Mais le son de sa voix est emporté: Brusquement, devant nous, sur toute la largeur de la descente, de sombres flammes s'élancent en frappant l'air de détonations épouvantables. En ligne, de gauche à droite, des fusants sortent du ciel, des explosifs sortent de la terre. C'est un effroyable rideau qui nous sépare du monde, nous sépare du passé et de l'avenir. On s'arrête, plantés au sol, stupéfiés par la nuée soudaine qui tonne de toutes parts; puis un effort simultané soulève notre masse et la rejette en avant, très vite. On trébuche, on se retient les uns aux autres, dans de grands flots de fumée. On voit, avec de stridents fracas et des cyclones de terre pulvérisée, vers le fond où nous nous précipitons pêle-mêle, s'ouvrir des cratères, çà et là, à côté les uns des autres, les uns dans les autres. Puis on ne sait plus où tombent les décharges. Des rafales se déchaînent si monstrueusement retentissantes qu'on se sent annihilé par le seul bruit de ces averses de tonnerre, de ces grandes étoiles de débris qui se forment en l'air. On voit, ou sent passer près de sa tête des éclats avec leur cri de fer rouge dans l'eau. A un coup, je lâche mon fusil, tellement le souffle d'une explosion m'a

From *Le Feu* (Paris: Flammarion, 1918), pp. 266–67. Reprinted by permission of Librairie Ernest Flammarion.

Henri Barbusse (1874–1935) was a novelist and journalist whose first-hand account of trench warfare, *Le Feu* (1918), was an unusually realistic soldier's-eye view of the First World War.

Photoworld—FPG

La Grande Guerre
(Première guerre mondiale):
un détachement en marche vers ses positions.

brûlé les mains. Je le ramasse en chancelant et repars tête baissée dans la tempête à lueurs fauves, dans la pluie écrasante des laves, cinglé par des jets de poussier et de suie. Les stridences des éclats qui passent vous font mal aux oreilles, vous frappent sur la nuque, vous traversent les tempes, et on ne peut retenir un cri lorsqu'on les subit. On a le cœur soulevé, tordu par l'odeur soufrée. Les souffles de la mort nous poussent, nous soulèvent, nous balancent. On bondit; on ne sait pas où on marche. Les yeux clignent, s'aveuglent et pleurent. Devant nous, la vue est obstruée par une avalanche fulgurante, qui tient toute la place.

    C'est le barrage. Il faut passer dans ce tourbillon de flammes et ces horribles nuées verticales. On passe. On est passé, au hasard; j'ai vu, çà et là, des formes tournoyer, s'enlever et se coucher, éclairées d'un brusque reflet d'au delà. J'ai entrevu des faces étranges qui poussaient des espèces de cris, qu'on apercevait sans les entendre dans l'anéantissement du vacarme. Un brasier avec d'immenses et furieuses masses rouges et noires tombait autour de moi, creusant la terre, l'ô-

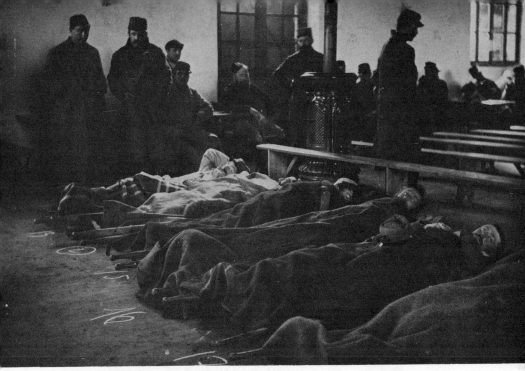

La Grande Guerre:
un hôpital de campagne.

tant de dessous mes pieds, et me jetant de côté comme un jouet rebondissant. Je me rappelle avoir enjambé un cadavre qui brûlait, tout noir, avec une nappe de sang vermeil qui grésillait sur lui, et je me souviens aussi que les pans de la capote qui se déplaçait près de moi avaient pris feu et laissaient un sillon de fumée. A notre droite, tout au long du boyau 97, on avait le regard attiré et ébloui par une file d'illuminations affreuses, serrées l'une contre l'autre comme des hommes.

— En avant!

Maintenant, on court presque. On en voit qui tombent tout d'une pièce. La face en avant, d'autres qui échouent, humblement, comme s'ils s'asseyaient par terre.

André Gide.

ANDRÉ GIDE

Le Retour du Tchad

LA DÉTRESSE DE NOTRE AFRIQUE ÉQUATORIALE

Lorsque je me décidai à partir pour le Congo, le nouveau Gouverneur Général eut soin de m'avertir: — « Que n'allez-vous plutôt à la Côte d'Ivoire, me dit-il. Là tout va bien. Les résultats obtenus par nous sont admirables. Au Congo, presque tout reste à faire. » L'Afrique Equatoriale Française a toujours été considérée comme la « cendrillon » de nos colonies. Le mot n'est pas de moi; il exprime parfaitement la situation d'une colonie susceptible sans doute de devenir une des plus riches et des plus prospères, mais qui jusqu'à présent est restée l'une des plus misérables et des plus dédaignées; elle mérite de cesser de l'être. En France on commence à s'occuper d'elle. Il est temps. Au Gabon, par suite de négligences successives, la partie semble à peu près perdue. Au Congo elle ne l'est pas encore si l'on apporte un prompt remède à certains défauts d'organisation, à certaines méthodes reconnues préjudiciables, supportables tout au plus provisoirement. Autant pour le peuple opprimé qui l'habite, que pour la France même, je voudrais pouvoir y aider. Les intérêts moraux et matériels des deux peuples, des deux pays, j'entends le pays colonisateur et le pays colonisé, s'ils ne sont liés, la colonisation est mauvaise.

Je sais qu'il est des maux inévitables; ceux dus par exemple au climat; des difficultés très lentement et coûteusement surmontables, dues à la situation géographique et à la configuration du pays (et celles du Congo sont particulièrement défavorables, expliquant, excusant dans une certaine mesure les lenteurs de sa mise en valeur); il est enfin certains sacrifices cruels, j'entends ceux qui se chiffrent par vies

From *Le Retour du Tchad* (Paris: Gallimard, 1928), pp. 225–29. Reprinted by permission of Editions Gallimard.

André Gide (1869–1951), one of the foremost men of letters of his time, took very seriously the writer's duty to himself and to society. At one time a communist, he reported his disillusionment with what he saw in the U.S.S.R. when it was unpopular to do so. Here he reports the atrocities he witnessed in his journey through French Equatorial Africa in the 1920's.

d'hommes, certaines misères douloureusement consenties en vue d'un plus grand bien-être futur — et je songe ici tout particulièrement à celle qu'entraîne l'établissement des grandes routes et surtout de la voie ferrée.

Aucun progrès, dans certains domaines, ne saurait être réalisé sans sacrifice de vies humaines. Sacrifice imposé ou généreusement consenti. Du moins s'il profite à la communauté, si, en fin de compte, il y a progrès, peut-on dire que ce sacrifice était utile. Le mal dont je m'occupe ici empêche le progrès d'un peuple et d'un pays; il ruine une contrée pour le profit de quelques-uns. Je me hâte de dire qu'il est particulier à notre Afrique Equatoriale; et plus spécialement encore au Moyen-Congo et au Gabon; il a disparu de l'Oubangui-Chari depuis que les Compagnies concessionnaires de cette colonie ont d'elles-mêmes renoncé à leurs privilèges.

Par quelle lamentable faiblesse, malgré l'opposition des compétences les plus avisées, le régime des Grandes Concessions fut-il consenti, en 1899, ce n'est point tant là ce qui nous étonne. Car, après tout, ce régime put, en ce temps, paraître utile. Pour mettre en valeur un pays neuf, allait-on repousser les capitaux et les énergies, les bonnes volontés qui s'offraient? Non; l'étonnant, c'est qu'après avoir été reconnu néfaste, c'est qu'après avoir été dénoncé tant de fois par les Gouverneurs de la Colonie, après qu'on se fut rendu compte qu'il ne s'agissait point d'une mise en valeur, mais bien d'un écrémage systématique du pays, d'une exploitation éhontée, l'affreux régime subsiste encore.

Mais lorsqu'on vient à reconnaître l'occulte puissance et l'entregent de ces sociétés, l'on cesse de s'étonner. C'est à Paris d'abord qu'est le mal. Et je veux bien croire que le cœur manquerait à certains responsables s'ils se représentaient nettement l'effet de leur coupable complaisance. Mais le Congo est loin. Et pourquoi chercher à connaître ce qu'il est si reposant d'ignorer? Voudrait-on se renseigner, combien n'est-il pas difficile de découvrir ce que tant de gens ont si grand intérêt à cacher. Allez donc y voir! Et quand on est là-bas, encore que de camouflages. On peut circuler durant des mois dans ce pays sans rien comprendre de ce qui s'y passe, sans rien en voir que du décor. Ainsi fis-je d'abord. J'ai raconté dans ma relation de voyage par quels hasardeux concours de circonstances mes yeux se sont ouverts. J'y reviendrai.

On ne voyage pas au Congo pour son plaisir. Ceux qui s'y risquent partent avec un but précis. Il n'y a là-bas que des commerçants, qui ne racontent que ce qu'ils veulent; des administrateurs qui disent ce qu'ils peuvent et n'ont droit de parler qu'à leurs chefs; des chefs tenus par des considérations multiples; des missionnaires dont le maintien dans le pays dépend souvent de leur silence. Parfois enfin quelques personnages de marque, en un glorieux raid, traversent la contrée entre deux haies de « Vive la France! » et n'ont le temps de rien voir que ce que l'on veut bien leur montrer. Quand, par extraordinaire, un voyageur libre se hasarde là-bas, comme j'ai fait moi-même, sans autre souci que celui de connaître, la relation qu'il rapporte de son voyage ne diffère pas sensiblement de la mienne, où l'on s'étonne de retrouver la peinture des mêmes misères qu'un Auguste Chevalier par exemple dénonçait il y a déjà vingt ans. Rien n'a changé. Sa voix n'a pas été écoutée. L'on n'a pas écouté Brazza [1] lui-même, et ceux qui l'ont approché savent avec quelle tristesse, dans les derniers temps de sa vie, il constatait les constants efforts pour discréditer son témoignage, pour étouffer sa voix. Je n'ai pas grand espoir que la mienne ait plus de chance de se faire entendre. « Je tiens de source certaine, m'écrivait X., fort bien placé pour le savoir, que l'on s'apprête à *torpiller* votre livre. » Et c'est ce qui ne manqua pas d'arriver. Dès que l'on vit que mon témoignage courait risque d'être écouté, l'on s'ingénia à mettre en doute sa valeur; je me vis traité d'esprit léger, d'imagination chimérique, de « chercheur de tares » . . . Ces accusations tendancieuses me laisseraient indifférent s'il ne s'agissait ici que de moi; mais il y va du sort d'un peuple et de l'avenir d'un pays. Le reproche de partialité, que l'on me faisait également, je me défends de l'encourir. Tous les renseignements que je donnerai dans ces pages sont officiels. Même le commentaire que j'y ajoute n'est le plus souvent qu'un centon impersonnel formé de phrases extraites de rapports administratifs. Car, tout au contraire de ce que certains ont pu dire, ce n'est nullement contre l'administration que je m'élève; je ne déplore que son impuissance en face de ces maux que je signale; et cet article n'a d'autre but que de tâcher de lui prêter main forte.

1. Pierre-Paul-François-Camille Savorgnan de Brazza (1852–1905), Italian by birth, was a naturalized French citizen and naval officer. He explored equatorial Africa between 1875 and 1885, carving out an African empire for France.

La Guerre de Troie n'aura pas lieu

Hector: Et vous voulez la guerre?

Ulysse: Je ne la veux pas. Mais je suis moins sûr de ses intentions à elle.

Hector: Nos peuples nous ont délégués tous deux ici pour la conjurer. Notre seule réunion signifie que rien n'est perdu . . .

Ulysse: Vous êtes jeune, Hector! . . . A la veille de toute guerre, il est courant que deux chefs des peuples en conflit se rencontrent seuls dans quelque innocent village, sur la terrasse au bord d'un lac, dans l'angle d'un jardin. Et ils conviennent que la guerre est le pire fléau du monde, et tous deux, à suivre du regard ces reflets et ces rides sur les eaux, à recevoir sur l'épaule ces pétales de magnolias, ils sont pacifiques, modestes, loyaux. Et ils s'étudient. Ils se regardent. Et, tiédis par le soleil, attendris par un vin clairet, ils ne trouvent dans le visage d'en face aucun trait qui justifie la haine, aucun trait qui n'appelle l'amour humain, et rien d'incompatible non plus dans leurs langages, dans leur façon de se gratter le nez ou de boire. Et ils sont vraiment comblés de paix, de désirs de paix. Et ils se quittent en se serrant les mains, en se sentant des frères. Et ils se retournent de leur calèche pour se sourire . . . Ainsi nous sommes tous deux maintenant . . . Nos peuples autour de l'entretien se taisent et s'écartent, mais ce n'est pas qu'ils attendent de nous une victoire sur l'inéluctable. C'est seulement qu'ils nous ont isolés, pour que nous goûtions mieux, au-dessus de la catastrophe, notre fraternité d'ennemis. Goûtons-la. C'est un plat de riches. Savourons-la . . . Mais c'est tout. Le privilège des grands, c'est de voir les catastrophes d'une terrasse.

Hector: C'est une conversation d'ennemis que nous avons là?

From *La Guerre de Troie n'aura pas lieu* (Paris: G. Grasset, 1935), pp. 169–72. Reprinted by the kind permission of Jean-Pierre Giraudoux.

Jean Giraudoux (1882–1944), novelist, playwright, and diplomat, enlivened the French stage of the 1930's with a series of plays—sophisticated fables of innocence —that displayed his special blend of wit and fantasy. A Germanophile, he witnessed in dismay the renewed disintegration of Franco-German relations, transposed here to antiquity.

Ulysse: C'est un duo avant l'orchestre. C'est le duo des récitants avant la guerre. Parce que nous avons été créés sensés, justes et courtois, nous nous parlons une heure avant la guerre, comme nous nous parlerons longtemps après, en anciens combattants. Nous nous réconcilions avant la lutte même, c'est toujours cela. Peut-être d'ailleurs avons-nous tort. Si l'un de nous doit un jour tuer l'autre et arracher pour reconnaître sa victime la visière de son casque, il vaudrait peut-être mieux qu'il ne lui donnât pas un visage de frère . . . Mais l'univers le sait, nous allons nous battre.

Hector: L'univers peut se tromper. C'est à cela qu'on reconnaît l'erreur, elle est universelle.

Ulysse: Espérons-le. Mais quand le destin, depuis des années, a surélevé deux peuples, quand il leur a ouvert le même avenir d'invention et d'omnipotence, quand il a fait de chacun, comme nous l'étions tout à l'heure sur la bascule, un poids précieux et différent pour peser le plaisir, la conscience et jusqu'à la nature, quand par leurs architectes, leurs poètes, leurs teinturiers, il leur a donné à chacun un royaume opposé de volumes, de sons et de nuances, quand il leur a fait inventer le toit en charpente troyen et la voûte thébaine, le rouge phrygien et l'indigo grec, l'univers sait bien qu'il n'entend pas préparer ainsi aux hommes deux chemins de couleur et d'épanouissement, mais se ménager son festival, le déchaînement de cette brutalité et de cette folie humaines qui seules rassurent les dieux. C'est de la petite politique, j'en conviens. Mais nous sommes chefs d'Etat, nous pouvons bien entre nous deux le dire: c'est couramment celle du Destin.

PAUL REYNAUD

La Ruée allemande

Le 10 mai, vers quatre heures du matin, l'ambassadeur de Belgique me téléphone: son pays, attaqué, fait appel à la France. A la même heure, Gamelin [1] reçoit une communication semblable de l'attaché militaire de Belgique. Vers une heure et demie, le commandement français avait été averti que les forces allemandes étaient en état d'alerte et que des colonnes se mettaient en mouvement vers l'Ouest.

Brutal réveil pour la Hollande, la Belgique et le Luxembourg qui dormaient du profond sommeil de la neutralité. Ici, surgit une cinquième colonne qui occupe certains points-clés. Là, des parachutistes prennent position près des ponts dont ils empêchent la destruction. Ailleurs, des soldats allemands se sont posés, en planeurs, sur les défenses fortifiées belges, font sauter les tourelles blindées avec des charges creuses, neutralisant avec leurs lance-flammes les créneaux d'observation et les embrasures de tir. Et lorsque l'infanterie belge tentera d'intervenir, elle sera dispersée par les stukas.[2] Puis surgissent les panzerdivisions . . . Guderian [3] racontera que, depuis des mois, ses troupes s'entraînaient à ces premières heures de l'assaut, sur les terrains de l'Eifel, semblables à ceux des Ardennes et que le minutage était si serré que les ordres purent être rédigés, à l'avance, jusqu'au cinquième jour de l'attaque, au niveau de l'armée, du corps d'armée, de la divi-

1. General Gamelin was commander-in-chief of the French armies at the outbreak of the war.
2. Stuka: German dive-bomber.
3. General Guderian commanded the German tank units.

From *Mémoires* (Paris: Flammarion, 1963), Vol. III, pp. 341–46. Reprinted by permission of the Librairie Ernest Flammarion.

Paul Reynaud (1878–1966), a conservative deputy, was chosen premier in March, 1940. His long anti-fascist stance in the Chamber had brought him to prominence in the battle against the party of appeasement. Refusing to sign an armistice with Germany after the defeat, he resigned the government to Marshal Pétain on June 16, 1940. He was imprisoned by the Vichy government, liberated from a German prison in 1945, and played a modest role in the political arena of the Fourth Republic, opposing both the parties of the left and the Gaullists.

sion et du régiment. Il ajoute, non sans fierté: « Du 10 au 15 mai 1940, je n'ai pas eu grand changement à faire à ces ordres qui se succédaient, à point nommé, comme les différentes scènes d'une pièce de théâtre. »

De notre côté, Georges [4] téléphone à Gamelin:

— Il est bien entendu que c'est la manœuvre de la Dyle, que ce n'est pas celle de l'Escaut?

— Puisque les Belges nous appellent, voyez-vous le moyen de faire autre chose?

— Evidemment non.

Inquiétante incertitude! Crainte des responsabilités!

Les troupes alliées pénètrent en Belgique. Gamelin leur adresse l'ordre du jour suivant:

« L'attaque que nous avons prévue depuis octobre dernier, s'est déclenchée ce matin. L'Allemagne engage contre nous une lutte à mort. Les mots d'ordre sont pour la France et tous ses alliés: courage, énergie, confiance. Comme l'a dit, il y a vingt-quatre ans le maréchal Pétain, nous les aurons. »

Hitler parle à ses soldats sur un autre ton:

« L'heure a sonné du combat décisif (. . .) Depuis trois cents ans, l'Angleterre et la France n'ont pour politique que de faire obstacle à l'unification de l'Europe et surtout de maintenir l'Allemagne dans l'impuissance (. . .) Au cours des deux derniers siècles, la France à elle seule, a déclaré trente et une fois la guerre à l'Allemagne (. . .) Il s'agit de refuser au peuple allemand les moyens de vivre (. . .) L'Angleterre et la France cherchent à détourner l'attention du Reich vers le sud-est de l'Europe pour se porter, à travers la Belgique et les Pays-Bas, vers le bassin de la Ruhr. Soldats du front de l'Ouest (. . .), la bataille qui commence décidera du sort de l'Allemagne pour un millénaire. Faites votre devoir. Les vœux de la nation vous accompagnent. »

A la radio, je dis aux Français:

« Trois pays libres, la Hollande, la Belgique, le Luxembourg, ont été envahis cette nuit par l'armée allemande. Ils ont appelé à leur secours les armées alliées. Ce matin (. . .), nos soldats, les soldats de la liberté, ont franchi la frontière. Ce champ de bataille plusieurs fois séculaire de la plaine des Flandres, notre peuple le connaît bien. En face de nous, se ruant sur nous, c'est aussi l'envahisseur séculaire. Partout, dans le monde, chaque homme libre, chaque femme libre regarde

4. General Georges was sent to command the northeast front.

et retient son souffle devant le drame qui va se jouer. Est-ce la force bestiale qui va vaincre? Hitler le crie. Depuis des années, il se jouait de notre amour de la paix pour préparer sa guerre. Il voulait faire croire à ses voisins les plus menacés qu'il ne dépendait que d'eux, que de leur faiblesse, de vivre en bonne intelligence avec lui. Même après la guerre déclarée, il a voulu croire encore à nos divisions, à nos faiblesses. Il a espéré de la trahison communiste une dislocation intérieure de la France. Il a tenté aussi de séparer les Alliés. Mais rien n'est venu.

« Aujourd'hui, il jette le masque. A peine cherche-t-il à couvrir d'un prétexte dérisoire sa nouvelle ruée. C'est la France qu'il montre du doigt à ses armées et à ses avions de guerre. La France qui, dit-il, a déclaré, en deux cents ans, trente et une fois la guerre à l'Allemagne. C'est le vieux compte à régler. Le compte de la France dont il est si souvent parlé dans *Mein Kampf*. La France, calme et forte, est debout. C'est l'heure du rassemblement.

« Vous savez déjà qu'au sein du gouvernement, tous les partis se sont rejoints. A l'heure où le meilleur de notre peuple, ce qu'il a de plus jeune, de plus vivant, de plus fort, va risquer sa vie dans un combat solennel, une pensée grave habite chaque maison de nos villes, chaque chaumière de nos villages, chaque cantonnement de nos armées. Une même pensée nous élève tous au-dessus de nous-mêmes. Chacun se prépare à faire son devoir. L'armée française a tiré l'épée. La France se recueille. »

Les meilleures troupes alliées se sont portées en Belgique sur une ligne allant d'Anvers à Namur. Chose étrange! l'ennemi ne s'oppose pas à leur avance. Je crains qu'ayant crevé notre front au sud, avec son corps cuirassé, comme je l'avais prédit à la Chambre, cinq ans plus tôt, il ne capture ces troupes comme dans une nasse.

— Cela ne vous inquiète pas, demandai-je à Gamelin, de voir les armées alliées entrer en Belgique sans être prises à partie par l'aviation allemande?

— Non, me répond Gamelin. Mais tout en demeurant correct et respectueux, il devient rouge. Il comprend quel piège je redoute.

Je ne suis pas le seul à éprouver cette inquiétude. Faisant allusion à sa position et à celle du général Huntziger dont il était chef d'état-major, le général Lacaille dira après la guerre: « Cette entrée en Belgique nous paraissait, dans l'ensemble, une chose dénuée de toute raison. En effet, si nous nous reportons à la situation de l'armée française à ce moment-là, mal armée, mal équipée d'une façon générale, insuffisamment instruite, il semblait assez peu raisonnable, alors qu'elle aurait pu, sur le sol national, organiser des positions fortifiées, de la lancer en Belgique dans une bataille de rencontre . . . »

Gamelin comptait que les Hollandais tiendraient 48 heures et que les Belges retarderaient « de plusieurs jours » l'avance allemande. Déception sur toute la ligne.

Les dix panzerdivisions progressent irrésistiblement, une au nord vers Breda en Hollande, deux autres vers Maestricht, tandis que, au sud, la masse des sept autres se rue à travers les Ardennes vers Dinant, Monthermé et Sedan.

Oui, à travers les Ardennes, malgré la réponse, nous l'avons vu, faite par Pétain en 1934 à un sénateur qui lui demandait à la Commission de l'Armée: « Et s'ils passent par les Ardennes? » — On les repincera à la sortie. »

La thèse de l'Etat-Major, Weygand [5] l'exposera après la guerre: l'armée de Langle, essayant de boucher les Ardennes, en 1914, avait été « très sérieusement étrillée ». « Nous savions donc, dit-il, que le massif des Ardennes était difficile. »

L'idée de la ruée à travers les Ardennes et de la mortelle surprise ainsi infligée aux Français avait germé, à la fois dans l'esprit d'Hitler et dans celui du général von Manstein,[6] en octobre 1939. Hitler hésitait, alors que Manstein avait la foi mais l'Etat-Major, réticent, empêchait son plan d'aller jusqu'au Führer. Mais le jour où Manstein put, après un déjeuner, faire part de sa foi à Hitler, la décision fut prise, le 17 février. Au surplus, l'armée s'étant renforcée depuis septembre puisque six nouvelles divisions cuirassées avaient été créées, l'Etat-Major ne s'y opposa plus et donna même à Manstein plus de moyens qu'il n'en avait demandés.

Le général Blumentritt, chef des opérations du général von Rundstaedt, écrira sur la traversée des Ardennes: « Nous ne rencontrâmes aucune résistance sérieuse (. . .). Les routes étant réservées aux *panzerdivisions*, l'infanterie utilisa les moindres sentiers forestiers et marcha à travers la campagne (. . .). Les troupes françaises furent plus bousculées que vaincues (. . .). Il n'y eut pas de vrai combat, heureusement car notre approvisionnement n'avait pas suivi et chaque batterie ne disposait que de 50 coups. »

Gamelin, fort de ces deux principes: un front continu est increva-

5. General Maxime Weygand (1867–1965) was recalled from Syria to replace the inactive General Gamelin in the midst of the battle for France.

6. Field-Marshal Fritz Erich von Manstein devised the plan of campaign against France which Hitler chose over that of his Chief of Staff, General Jodl.

ble et les Ardennes sont impénétrables, a massé le meilleur de ses troupes dans le secteur Nord-Ouest du front. Il en est, en effet, encore au plan Schlieffen de 1914 et croit que le seul péril pour lui est de voir son aile gauche enveloppée par l'aile droite ennemie.

De la mer à Namur, il y a l'armée belge, l'armée britannique et l'armée Blanchard, soit 43 divisions face à 22 divisions allemandes. Au sud de Namur à la ligne Maginot par Sedan, il y a 17 divisions alliées contre 33 divisions allemandes. Et ce sont nos moins bonnes divisions!

De Namur à Sedan, c'est l'armée Corap, insuffisante en effectifs et en moyens, médiocre en qualité.

A Sedan, c'est pire. Là se trouve la charnière de l'armée Corap et de l'armée Huntziger, laquelle est formée de réservistes pauvrement encadrés et elle n'a ni matériel antiaérien, ni canons anti-chars.

Ainsi donc, dans le Nord, les Alliés sont de 2 à 1 contre l'ennemi; au sud de Namur, c'est l'inverse. Bien plus! Il n'y a, au Nord, que 3 panzerdivisions contre 1 division cuirassée et 3 divisions légères mécaniques alliées tandis qu'au sud de Namur, il y a 7 panzerdivisions contre 2 divisions cuirassées, dont nous verrons que le rôle sera pratiquement nul.

Gamelin avait pourtant reçu des avertissements. Au début de mars, Léopold III [7] lui avait fait part de sa conviction que l'attaque principale de l'ennemi porterait sur le secteur Givet-Sedan-Longwy.

Le 30 avril, notre attaché militaire à Berne prévient Gamelin que la Wehrmacht attaquera entre le 8 et 10 mai, avec Sedan comme axe principal d'offensive.

Renseignements précieux! Gamelin ne modifia pas son plan d'un iota. Il avait pourtant, nous l'avons vu, reçu le rapport de Pierre Taittinger,[8] prévenant que « nous pourrions avoir, de ce côté, un jour prochain, une surprise suivie d'amères déconvenues. » S'était-il contenté de transmettre ce rapport au général Georges « pour éléments de réponse »?

Certainement pas, puisqu'il déclarera, après la guerre, sous la foi du serment: « Vingt fois avec le général Georges, nous avons regardé sur la carte cette direction de Sedan qui offrait la possibilité de tourner tout notre système fortifié de l'Est et permettait de marcher sur Paris et sur Abbeville. »

Ils n'en avaient, hélas, tiré aucune conclusion.

7. Léopold III: King of the Belgians from 1934 to 1951.

8. Pierre Taittinger, an admirer of Mussolini and fascism, founded in the 1920's a proto-fascist group called the *Jeunesses patriotes*.

MARC BLOCH

L'Etrange défaite

Nos ministres et nos assemblées nous ont, incontestablement, mal préparés à la guerre. Le haut commandement, sans doute, les y aidait peu. Mais rien, précisément, ne trahit plus crûment la mollesse d'un gouvernement que sa capitulation devant les techniciens. En 1915, les commissions des Chambres avaient, pour nous doter d'artillerie lourde, plus fait que tous les artilleurs ensemble. Que leurs héritières n'ont-elles agi de même, et plus à temps, pour les avions et les chars! L'histoire du ministère de l'Armement semble une leçon de déraison; il est inouï que, pour l'improviser, il ait fallu attendre les premiers mois de la campagne. C'est dès le jour de la mobilisation qu'il eût dû surgir, avec ses cadres tout prêts. Rarement, le Parlement refusait les crédits, si les spécialistes savaient les demander avec assez de courage. Il n'avait pas la force de les contraindre à les bien employer. En outre, capable de se résigner à frapper l'électeur à la bourse, il craignait beaucoup plus de le gêner. Sa répugnance à imposer aux réservistes les périodes d'exercice nécessaires a porté un coup très grave au principe des armées nationales. Il est vrai que les routines de la caserne, fort peu favorables à un emploi rationnel de ces stades d'instruction, lui avaient frayé la voie. A plusieurs reprises, les présidents du Conseil avaient dû réclamer les pleins pouvoirs. C'était avouer que la machine constitutionnelle grinçait. Mieux eût valu la réformer, avant qu'il fût trop tard. Solution de facilité, on ne voit point que ces pleins pouvoirs eux-mêmes aient beaucoup servi à renforcer la pratique gouvernementale ni à y remettre de l'ordre. Gâtés par la pratique des couloirs, nos chefs politiques croyaient s'informer quand ils ne faisaient que recueillir des potins au hasard des rencontres. Les problèmes mondiaux comme les problèmes nationaux ne leur apparaissaient plus que sous l'angle des rivalités personnelles.

From *L'Etrange défaite* (Paris: Edition Albin Michel, 1957), pp. 200–205. Reprinted by permission of Librairie Armand Colin.

Marc Bloch (1896–1944), a great medieval historian, joined the resistance movement and was shot by the Germans on the eve of liberation.

Le maréchal Pétain
le jour de sa condamnation par la cour de Vichy, en 1945.

Ce régime était donc faible. Il n'était pas si méchant qu'on l'a voulu peindre. Parmi les crimes dont on l'a accusé, certains semblent bien purement imaginaires. On a répété que les passions partisanes, et surtout anticléricales, avaient désorganisé l'armée. Je puis témoigner qu'à Bohain, le général Blanchard se rendait, chaque dimanche, à la messe. Supposer qu'il eût, pour cela, attendu la guerre, serait faire à son courage civique l'injure la plus gratuite. Il avait cent fois raison, puisque telle était sa foi, d'accomplir ainsi, publiquement, son devoir de fidèle. L'incroyant qui lui en eût su mauvais gré aurait été un sot ou une âme de boue. Mais je ne vois pas que ces convictions religieuses, loyalement affirmées, l'aient empêché d'obtenir, sous des gouvernements dits « de gauche », une armée, et de la conduire à la défaite.

Aussi bien, gouvernaient-ils tant que cela, nos Parlements et les ministres sortis de leurs rangs? Des systèmes antérieurs, ils avaient gardé plusieurs grands corps publics qu'ils étaient bien loin de diriger étroitement. Sans doute, les préoccupations de parti ne manquaient pas d'intervenir, assez souvent, dans les choix des chefs d'équipe. De quelque côté que soufflât le vent du moment, les désignations qu'elles imposaient étaient rarement les plus heureuses. Mais le recrutement de base restait presque exclusivement corporatif. Asile préféré des fils de notables, l'Ecole des Sciences Politiques peuplait de ses élèves les ambassades, la Cour des Comptes, le Conseil d'Etat, l'Inspection des Finances. L'Ecole Polytechnique, dont les bancs voient se nouer, pour la vie, les liens d'une si merveilleuse solidarité, ne fournissait pas seulement les états-majors de l'industrie; elle ouvrait l'accès de ces carrières d'ingénieurs de l'Etat, où l'avancement obéit aux lois d'un automatisme quasi mécanique. Les Universités, par le moyen de tout un jeu de conseils et de comités, se cooptaient à peu près complètement elles-mêmes, non sans quelques dangers pour le renouvellement de la pensée, et offraient à leurs maîtres des garanties de permanence, que le système présent a, provisoirement, dit-il, abolies. Fort de sa richesse et du prestige que, même sur les âmes, en apparence, les plus philosophiques, exerce toujours le hochet d'un titre, l'Institut de France conservait, pour le mal ou pour le bien, sa dignité de puissance intellectuelle. Si la politique influait, d'aventure, sur le choix de l'Académie, ce n'était assurément pas celle de gauche. « Je connais, disait naguère Paul Bourget, trois citadelles du conservatisme: La Chambre des lords, le grand Etat-Major allemand, l'Académie française. »

Le régime eut-il tort ou raison de respecter ces antiques corporations? On peut en disserter à perte de vue. Les uns diront: stabilité, tradition d'honneur. Les autres, vers lesquels j'avoue incliner, répliqueront: routine, bureaucratie, morgue collective. Une chose, en tout cas, est certaine: sur deux points, la faute fut lourde.

Quel tollé quand, par l'établissement d'une Ecole d'administration, un ministère de Front populaire prétendit battre en brèche le monopole des « Sciences Po »! Le projet était mal venu. Mieux eût valu certainement favoriser, par des bourses, l'accès de tous aux fonctions administratives et en confier la préparation aux universités, selon le large système de culture générale qui fait la force du *Civil Service* britannique. Mais l'idée première était juste. Quelle que soit la nature du gouvernement, le pays souffre si les instruments du pouvoir sont hostiles à l'esprit même des institutions publiques. Une démocratie tombe en faiblesse, pour le plus grand mal des intérêts communs, si ses hauts fonctionnaires, formés à la mépriser et, par nécessité de fortune, issus des classes même dont elle a prétendu abolir l'empire, ne la servent qu'à contrecœur.

D'autre part, le système de cooptation qui, officiel ou non, régnait dans presque tous les grands corps, aboutissait à y fortifier beaucoup trop le pouvoir de l'âge. Comme dans l'armée, l'avancement, à quelques exceptions près, était généralement assez lent et les vieillards, se perpétuant aux sommets, s'ils acceptaient de tendre l'échelle à quelques-uns de leurs cadets, choisissaient, pour cela, de préférence, leurs trop bons élèves. Les révolutions nous paraissent tantôt souhaitables, tantôt odieuses, selon que leurs principes sont ou non les nôtres. Elles ont cependant toutes une vertu, inhérente à leur élan: elles poussent en avant les vrais jeunes. J'abhorre le nazisme. Mais, comme la Révolution française, à laquelle on rougit de la comparer, la révolution nazie a mis aux commandes, que ce soit à la tête des troupes ou à la tête de l'Etat, des hommes qui, parce qu'ils avaient un cerveau frais et n'avaient pas été formés aux routines scolaires, étaient capables de comprendre « le surprenant et le nouveau ». Nous ne leur opposions guère que des messieurs chenus ou de jeunes vieillards.

Cependant un régime, quelle que soit la force de résistance propre acquise par ses rouages, est, avant tout, ce que l'a fait la société même qu'il prétend régir. Il arrive que la machine entraîne le conducteur. Plus souvent, elle vaut ce que valent les doigts qui la manient. Je ris quand j'entends certains hommes d'affaires de ma connaissance, quelques heures après avoir « fait passer », à beaux deniers sonnants, un article dans le plus grave de nos journaux, s'élever éloquemment

contre la vénalité de la presse ou s'ils ont commandé à un ancien ministre le livre qui devra défendre leurs bas intérêts, railler ces
« fantoches » du Parlement. Qui mérite davantage la corde, le corrompu ou le corrupteur? Nos grands bourgeois se plaignent volontiers
du corps enseignant. Au temps où, plus qu'aujourd'hui, ils tenaient les
cordons de la bourse, ils trouvaient naturel de donner, par la voie du
budget, aux professeurs de leurs fils, moins qu'à leurs domestiques.
Dira-t-on assez le mal que nous a fait la proverbiale avarice française?
Là encore, l'esprit de petite ville n'a pas cessé de triompher.

CHARLES DE GAULLE

Appel aux Français

le 18 juin 1940

Les chefs qui, depuis de nombreuses années, sont à la tête des armées françaises, ont formé un gouvernement.

Ce gouvernement, alléguant la défaite de nos armées, s'est mis en rapport avec l'ennemi pour cesser le combat.

Certes, nous avons été, nous sommes, submergés par la force mécanique, terrestre et aérienne, de l'ennemi.

Infiniment plus que leur nombre, ce sont les chars, les avions, la tactique des Allemands qui nous font reculer. Ce sont les chars, les avions, la tactique des Allemands qui ont surpris nos chefs au point de les amener là où ils en sont aujourd'hui.

Mais le dernier mot est-il dit? L'espérance doit-elle disparaître? La défaite est-elle définitive? Non!

Croyez-moi, moi qui vous parle en connaissance de cause et vous dis que rien n'est perdu pour la France. Les mêmes moyens qui nous ont vaincus peuvent faire venir un jour la victoire.

Car la France n'est pas seule! Elle n'est pas seule! Elle n'est pas seule! Elle a un vaste Empire derrière elle. Elle peut faire bloc avec l'Empire britannique qui tient la mer et continue la lutte. Elle peut, comme l'Angleterre, utiliser sans limites l'immense industrie des Etats-Unis.

Cette guerre n'est pas limitée au territoire malheureux de notre pays. Cette guerre n'est pas tranchée par la bataille de France. Cette guerre est une guerre mondiale. Toutes les fautes, tous les retards, toutes les souffrances, n'empêchent pas qu'il y a, dans l'univers, tous les moyens pour écraser un jour nos ennemis. Foudroyés aujourd'hui par la force mécanique, nous pourrons vaincre dans

From *Mémoires de guerre* (Paris: Librairie Plon, 1960), Vol. I, pp. 267–68. Reprinted by permission of Librairie Plon.

Charles de Gaulle (1890–1970), a brigadier general at the outbreak of hostilities, came to prominence by rejecting the armistice and the defeat of France. Retreating to England, he made this brief broadcast to the French people.

l'avenir par une force mécanique supérieure. Le destin du monde est
là.

Moi, général de Gaulle, actuellement à Londres, j'invite les officiers et les soldats français qui se trouvent en territoire britannique ou
qui viendraient à s'y trouver, avec leurs armes ou sans leurs armes,
j'invite les ingénieurs et les ouvriers spécialistes des industries
d'armement qui se trouvent en territoire britannique ou qui viendraient à s'y trouver, à se mettre en rapport avec moi.

Quoi qu'il arrive, la flamme de la résistance française ne doit pas
s'éteindre et ne s'éteindra pas.

XI · LA QUATRIEME ET
LA CINQUIEME REPUBLIQUE

 A son entrée à Paris le 26 août 1944 le général de Gaulle installait au pouvoir le gouvernement provisoire de la France Libre qu'il avait présidé à Alger. Par ce geste, qu'accompagnait la création d'une Assemblée consultative groupant les représentants des diverses factions de la Résistance, le général, dédaignant l'occasion qui lui était tendue d'installer une dictature militaire, remettait en place les rouages de la vie politique. En octobre une Assemblée constituante était élue, qui devait donner à la France une constitution nouvelle. L'éventail des tendances représentées montrait jusqu'à quel point — et combien peu! — la France était changée. Près d'un quart des voix allait aux conservateurs et aux partis du centre; le reste était à peu près également partagé entre le Parti communiste (qui avait recueilli le plus grand nombre de voix), le Parti socialiste et le MRP (Mouvement républicain populaire), groupant les fervents de de Gaulle mais non le général lui-même, qui se tenait au-dessus de la mêlée. Incapable de se plier à l'obligation de gouverner au gré d'une majorité parlementaire, de Gaulle démissionnait en janvier 1946, rentrant chez lui à Colombey-les-deux-Eglises.

Une première constitution proposait un modèle proprement jacobin: l'Assemblée unique et toute-puissante. Elle fut rejetée. Une Assemblée nouvelle proposa une modification de l'organisation essentiellement parlementaire de la Troisième République, moins exposée, espérait-on, à la débilitante instabilité ministérielle qui avait été une des plaies de l'entre-guerres. L'aversion de tous les partis pour un pouvoir exécutif fort (on n'avait pas oublié le 2 décembre!) fit la Quatrième République à l'image de la Troisième. La constitution fut approuvée sans enthousiasme en octobre 1946.

La Quatrième, ridiculisée avec verve par un public désabusé, devait accomplir assez rapidement la plupart des réformes sur le chantier avant 1940. Les assurances sociales, la nationalisation de la Banque de France, celle du charbon, du gaz et de l'électricité mirent un frein à la toute-puissance du capital au sein de la nation. L'inflation même qui terrassait le franc n'était pas sans stimuler l'activité nécessaire à la reconstruction. Une aide américaine massive fournissait les capitaux nécessaires, tout en couvrant les importations indispensables qu'une économie démantelée ne suffisait pas à acquitter. La planification de l'économie à l'échelle nationale et la création du Marché commun accéléraient le mouvement de redressement économique, tant et si bien que, dix ans seulement après la libération de son territoire, la France de 1954 avait atteint un degré de stabilité et de prospérité inégalé depuis 1914.

Le succès économique de la Quatrième République était l'œuvre, non pas du Parlement, mais des cadres permanents de hauts fonctionnaires restés en dehors de la politique. Par l'exclusive prononcée à l'égard des deux partis extrêmes — les communistes et les gaullistes — le Parlement avait dangereusement réduit sa base populaire, et dans cette enceinte étroite manœuvrait la soi-disant Troisième Force, prise entre deux feux. La menace communiste, amplifiée par les échos de la guerre froide, accaparait tous les esprits. Le danger était plus réel sur la droite. La prospérité générale ne touchait pas également tous les secteurs de l'économie. Les petits agriculteurs et les boutiquiers, rejetés en marge par la consolidation des grosses entreprises, devaient se rallier en masse à la croisade de Pierre Poujade. En 1956 les Poujadistes obtenaient trois millions de voix et enlevaient cinquante sièges à l'Assemblée, au nom de ce grand principe: le refus de l'impôt. En l'absence de tout autre programme le mouvement fit long feu: les autres partis de la droite devaient en recueillir les voix.

En pleine remontée sur le plan économique et social, la Quatrième République devait s'abîmer sur cet écueil surgi des circonstances nouvelles: la décolonisation. La guerre avait ébranlé les assises du colonialisme européen: de l'Afrique du Nord aux

Indes néerlandaises soufflait un vent de révolte, chargé de ferveur nationaliste et révolutionnaire. La France, comme l'Angleterre, se mit en mesure d'assouplir les structures qui la reliaient à son empire. Cependant, coup sur coup, deux guerres d'indépendance devaient éclater. En 1954, après une longue campagne coûteuse couronnée par le désastre de Dien-Bien-Phu, la France dut abandonner l'Indochine. Deux ans plus tard elle reconnut l'indépendance de la Tunisie et du Maroc. Seulement l'Algérie, officiellement intégrée au territoire de la métropole depuis le XIXe siècle, et qui comptait près d'un million de colons se réclamant de la nationalité française, posait un problème plus grave. A partir de 1954 le soulèvement nationaliste y prit la forme d'une guerre civile, mettant aux prises, d'une part, la population indigène, et de l'autre les colons, appuyés par les officiers supérieurs de l'armée de carrière. L'armée devait déployer près d'un demi-million d'hommes pour tenter de tenir en respect quelques milliers de guérillas, reprenant à leur compte la tactique du terrorisme mis en honneur par le maquis sous l'occupation allemande. En France l'opinion désavouait la guerre, mais l'armée et les colons n'en voulurent pas démordre. Ils allaient finir par mettre au défi l'autorité de la République. Le 13 mai 1958 un comité révolutionnaire s'installait à Alger. A quelques jours de là il étendait son autorité à la Corse, menaçant Paris d'un coup de force.

Du fond de sa retraite le général de Gaulle fit savoir qu'il répondrait à l'appel de la nation. Il avait l'appui, pour des raisons diverses et contradictoires, de l'armée, des gaullistes et de la majorité non-communiste de l'Assemblée. Aux yeux de ces derniers de Gaulle représentait l'alternative à la prise de pouvoir par les colonels ou les communistes. Les gaullistes, eux, avaient la foi, et ils étaient partisans d'un gouvernement fort de type présidentiel. Enfin l'armée le croyait de son bord, gagné comme elle au nationalisme rétrograde des colonels. Le 1er juin 1958 Charles de Gaulle accédait à la présidence du Conseil, revêtu d'une autorité dictatoriale pour six mois et habilité à présenter une constitution nouvelle, que devait entériner un référendum.

La Cinquième République date officiellement de la mise en vigueur de cette constitution, approuvée à une majorité imposante, en septembre 1958. Mais ce n'était pas tant la constitution que la personnalité même du général, qui l'avait conçue à sa me-

Le général de Gaulle
à la libération de Paris (1944).

sure, qui devait décider de la nature du régime. Entouré de
techniciens plutôt que d'hommes politiques, de Gaulle devait
faire servir les vastes pouvoirs qui lui avaient été accordés à
trancher le nœud gordien de la question coloniale. L'Algérie se
vit accorder son indépendance; les *pieds noirs* eurent droit à se
faire rapatrier en métropole; les officiers rebelles furent durement
remis à la raison. En cinq ans de Gaulle avait liquidé l'empire
(regroupé, à l'exemple de l'Angleterre, en Communauté libre),
au vif mécontentement de nombre de ses fidèles.

On s'est ingénié à trouver des parallèles dans l'histoire à ce
style audacieusement personnel mis en honneur par le premier
président de la Cinquième République. D'aucuns ont évoqué les
fastes de Louis XIV, d'autres le règne de Napoléon Ier (ou, plus
malicieusement, celui de Napoléon III). Le régime présentait un
mélange de tous ces styles: à la fois monarchiste et bonapartiste, il
ne manquait pas non plus, d'ailleurs, de résonances jacobines et
même socialistes. A l'instar de Napoléon III de Gaulle poursui-

vait une politique intérieure conciliant le progrès économique et social avec la stabilité politique et le goût de l'ordre, dans le cadre d'un Etat paré d'un certain prestige, capable de hausser la voix dans les conseils de l'Europe et du monde. L'économie restait sujette au plan, qui prenait une importance accrue. L'opposition politique, — muselée par la faiblesse du Parlement, — à gauche, se trouvait morcelée; à droite, impitoyablement réprimée.

De Gaulle et ses technocrates, tous d'inspiration plus ou moins traditionnaliste, avaient mis en veilleuse la vie politique du pays, représentée par le grouillement lilliputien des partis, abhorré par un homme qui s'imaginait incarner la France. Ayant mis sur pied une révolution économique et sociale qui avait changé la face du pays, de Gaulle devait succomber — comme avant lui Louis-Philippe et Louis-Napoléon — au bouillonnement des forces neuves qu'il avait fait émerger. L'expansion de l'Université ne s'était accompagnée ni des crédits nécessaires ni des réformes indispensables: le soulèvement estudiantin donnant la main au mécontentement ouvrier, les combats de rue de mai 1968 déclenchèrent la grève générale. De Gaulle surmonta la crise, mais son crédit était atteint. Onze mois plus tard il se retirait abruptement de la vie publique, pour n'avoir pas remporté la majorité dans un référendum dénué d'importance.

La remontée spectaculaire de la Quatrième République, la politique de grandeur de la Cinquième devaient trouver certaines équivalences dans l'importance reprise et maintenue de l'exemple français dans le domaine artistique et littéraire. Les problèmes de conscience posés par l'occupation avaient imprimé à la littérature de l'après-guerre une orientation plutôt austère. Jean-Paul Sartre, le maître à penser de sa génération, avait opté pour une littérature politiquement engagée, dans les voies du marxisme notamment. Albert Camus, partisan d'une liberté moins embrigadée, avait posé dans *La Peste* (1947) le devoir de combattre sans espoir pour le bonheur des hommes. Simone de Beauvoir, dans un volumineux pamphlet, *Le Deuxième sexe* (1949), avait défini — et tenté de secouer — la servitude de la femme. Cette littérature d'engagement et de contestation devait faire place, dans la décade suivante et jusque sous la Cinquième République, à des recherches d'un tout autre ordre: le *nouveau roman* d'Alain Robbe-Grillet, Nathalie Sarraute, Michel Butor, où perce une certaine affinité pour le détachement de la science, à la mesure d'une société préoccupée d'efficience. Au théâtre, l'acrobatie verbale d'Ionesco et la verve métaphysique de Beckett chantaient à leur façon la poésie de l'absurde. André Malraux, promu ministre de la culture, sut raviver la beauté de Paris par le ravalement des façades et réformer les théâtres de l'Etat dans le sens d'un contact plus vivifiant avec les masses. La création du Théâtre National Populaire, la décentralisation de la vie artistique par la formation d'excellentes troupes de jeunes en province devaient aider à mettre à la portée de tous le patrimoine artistique jusqu'alors réservé à une élite. Le cinéma, par contre, qui était un art véritablement à la portée des masses, sous l'impulsion d'un petit nombre de réalisateurs de génie — Truffaut, Godard, Bresson — devait créer un spectacle accessible surtout à une jeunesse avertie, pour qui le film est un art qui a son passé, ce qui lui dicte un style à la fois allusif et expérimental. Démocratique dans ses convictions, mandarine dans son essence, une culture toujours jeune d'esprit mais qui se souvient qu'elle est millénaire se plie ainsi comme il se doit aux exigences toujours renouvelées de l'Histoire.

ALBERT CAMUS

Le Sang de la liberté[1]

Paris fait feu de toutes ses balles dans la nuit d'août. Dans cet immense décor de pierres et d'eaux, tout autour de ce fleuve aux flots lourds d'histoire, les barricades de la liberté, une fois de plus, se sont dressées. Une fois de plus, la justice doit s'acheter avec le sang des hommes.

Nous connaissons trop ce combat, nous y sommes trop mêlés par la chair et par le cœur pour accepter, sans amertume, cette terrible condition. Mais nous connaissons trop aussi son enjeu et sa vérité pour refuser le difficile destin qu'il faut bien que nous soyons seuls à porter.

Le temps témoignera que les hommes de France ne voulaient pas tuer, et qu'ils sont entrés les mains pures dans une guerre qu'ils n'avaient pas choisie. Faut-il donc que leurs raisons aient été immenses pour qu'ils abattent soudain leurs poings sur les fusils et tirent sans arrêt, dans la nuit, sur ces soldats qui ont cru pendant deux ans que la guerre était facile.

Oui, leurs raisons sont immenses. Elles ont la dimension de l'espoir et la profondeur de la révolte. Elles sont les raisons de l'avenir pour un pays qu'on a voulu maintenir pendant si longtemps dans la rumination morose de son passé. Paris se bat aujourd'hui pour que la France puisse parler demain. Quelques-uns vont disant que ce n'est pas la peine et qu'avec de la patience Paris sera délivré à peu de frais. Mais c'est qu'ils sentent confusément combien de choses sont menacées par cette insurrection, qui resteraient debout si tout se passait autrement.

---

1. This article appeared as an editorial in the underground newspaper *Combat* (which Camus directed) on August 24, 1944, the eve of the liberation of Paris.

From *Essais* (Paris: Gallimard, 1965), pp. 255–56. Reprinted by permission of Editions Gallimard.

Albert Camus (1913–60) was novelist, playwright, journalist of the Resistance, and Nobel prize winner (1957); poet and prophet of the Absurd, he celebrated man's new freedom while accepting his old burdens. It was he who gave the postwar world two of its most widely acclaimed works: *L'Etranger* (1942) and *La Peste* (1947).

Le coup de feu pour la libération de Paris.

Il faut, au contraire, que cela devienne bien clair: personne ne peut penser qu'une liberté, conquise dans ces convulsions, aura le visage tranquille et domestiqué que certains se plaisent à lui rêver. Ce terrible enfantement est celui d'une révolution.

On ne peut pas espérer que des hommes qui ont lutté quatre ans dans le silence et des jours entiers dans le fracas du ciel et des fusils, consentent à voir revenir les forces de la démission et de l'injustice sous quelque forme que ce soit. On ne peut pas s'attendre, eux qui sont les meilleurs, qu'ils acceptent à nouveau de faire ce qu'ont fait pendant vingt-cinq ans les meilleurs et les purs, et qui consistait à aimer en silence leur pays et à mépriser en silence ses chefs. Le Paris qui se bat ce soir veut commander demain. Non pour le pouvoir, mais pour la justice, non pour la politique, mais pour la morale, non pour la domination de leur pays, mais pour sa grandeur.

Notre conviction n'est pas que cela se fera, mais que cela se fait aujourd'hui, dans la souffrance et l'obstination du combat. Et c'est pourquoi, par-dessus la peine des hommes, malgré le sang et la colère, ces morts irremplaçables, ces blessures injustes et ces balles aveugles, ce ne sont pas des paroles de regret, mais ce sont des mots d'espoir, d'un terrible espoir d'hommes isolés avec leur destin, qu'il faut prononcer.

Cet énorme Paris noir et chaud, avec ses deux orages dans le ciel et dans les rues, nous paraît, pour finir, plus illuminé que cette Ville Lumière que nous enviait le monde entier. Il éclate de tous les feux de l'espérance et de la douleur, il a la flamme du courage lucide, et tout l'éclat, non seulement de la libération, mais de la liberté prochaine.

Constitution du 28 septembre 1946

PRÉAMBULE

Au lendemain de la victoire remportée par les peuples libres sur les régimes qui ont tenté d'asservir et de dégrader la personne humaine, le peuple français proclame à nouveau que tout être humain, sans distinction de race, de religion ni de croyance, possède des droits inaliénables et sacrés. Il réaffirme solennellement les droits et les libertés de l'homme et du citoyen consacrés par la Déclaration des Droits de 1789 et les principes fondamentaux reconnus par les lois de la République.

Il proclame, en outre, comme particulièrement nécessaires à notre temps, les principes politiques, économiques et sociaux ci-après:

La loi garantit à la femme, dans tous les domaines, des droits égaux à ceux de l'homme.

Tout homme persécuté en raison de son action en faveur de la liberté a droit d'asile sur les territoires de la République.

Chacun a le devoir de travailler et le droit d'obtenir un emploi. Nul ne peut être lésé, dans son travail ou son emploi, en raison de ses origines, de ses opinions ou de ses croyances.

Tout homme peut défendre ses droits et ses intérêts par l'action syndicale et adhérer au syndicat de son choix.

Tout travailleur participe, par l'intermédiaire de ses délégués, à la détermination collective des conditions de travail ainsi qu'à la gestion des entreprises.

Tout bien, toute entreprise, dont l'exploitation a ou acquiert les caractères d'un service public national ou d'un monopole de fait, doit devenir la propriété de la collectivité.

La Nation assure à l'individu et à la famille les conditions nécessaires à leur développement.

Elle garantit à tous, notamment à l'enfant, à la mère et aux vieux

From *L'Année politique 1946* (Paris: Editions du Grand Siècle, 1947), pp. 576a–576h. Reprinted by permission of Presses Universitaires de France.

travailleurs, la protection de la santé, la sécurité matérielle, le repos et les loisirs. Tout être humain qui, en raison de son âge, de son état physique ou mental, de la situation économique, se trouve dans l'incapacité de travailler a le droit d'obtenir de la collectivité des moyens convenables d'existence.

La Nation garantit l'égal accès de l'enfant et de l'adulte à l'instruction, à la formation professionnelle et à la culture. L'organisation de l'enseignement public gratuit et laïque à tous les degrés est un devoir de l'Etat.

La France forme avec les peuples d'outre-mer une Union fondée sur l'égalité des droits et des devoirs, sans distinction de race ni de religion.

Fidèle à sa mission traditionnelle, la France entend conduire les peuples dont elle a pris la charge à la liberté de s'administrer eux-mêmes et de gérer démocratiquement leurs propres affaires; écartant tout système de colonisation fondé sur l'arbitraire, elle garantit à tous l'égal accès aux fonctions publiques et l'exercice individuel ou collectif des droits et libertés proclamés ou confirmés ci-dessus.

TITRE PREMIER. DE LA SOUVERAINETÉ

Article premier. — La France est une République indivisible, laïque, démocratique et sociale.

Art. 2. — Son principe est: gouvernement du peuple, pour le peuple et par le peuple.

Art. 3. — La souveraineté nationale appartient au peuple français.

Le peuple l'exerce, en matière constitutionnelle, par le vote de ses représentants et par le référendum.

En toutes autres matières, il l'exerce par ses députés à l'Assemblée Nationale, élus au suffrage universel, égal, direct et secret.

TITRE II. DU PARLEMENT

Art. 5. — Le Parlement se compose de l'Assemblée Nationale et du Conseil de la République.

Art. 7. — La guerre ne peut être déclarée sans un vote de l'Assemblée Nationale et l'avis préalable du Conseil de la République.

Art. 13. — L'Assemblée Nationale vote seule la loi. Elle ne peut déléguer ce droit.

Art. 16. — L'Assemblée Nationale est saisie du projet de budget.

Art. 18. — L'Assemblée Nationale règle les comptes de la Nation.

Art. 19. — L'amnistie ne peut être accordée que par une loi.

TITRE V. DU PRÉSIDENT DE LA RÉPUBLIQUE

Art. 29. — Le Président de la République est élu par le Parlement.

Il est élu pour sept ans. Il n'est rééligible qu'une fois.

Art. 30. — Le Président de la République nomme en Conseil des Ministres les Conseillers d'Etat, le Grand Chancelier de la Légion d'honneur, les ambassadeurs et les envoyés extraordinaires, les membres du Conseil supérieur et du Comité de la défense nationale, les recteurs des Universités, les préfets, les directeurs des administrations centrales, les officiers généraux, les représentants du Gouvernement dans les territoires d'outre-mer.

Art. 32. — Le Président de la République préside le Conseil des Ministres. Il fait établir et conserve les procès-verbaux des séances.

Art. 36. — Le Président de la République promulgue les lois dans les dix jours qui suivent la transmission au Gouvernement de la loi définitivement adoptée. Ce délai est réduit à cinq jours en cas d'urgence déclarée par l'Assemblée Nationale.

Dans le délai fixé pour la promulgation, le Président de la République peut, par un message motivé, demander aux deux Chambres une nouvelle délibération, qui ne peut être refusée.

A défaut de promulgation par le Président de la République dans les délais fixés par la présente Constitution, il y sera pourvu par le Président de l'Assemblée Nationale.

Art. 37. — Le Président de la République communique avec le Parlement par des messages adressés à l'Assemblée Nationale.

Art. 38. — Chacun des actes du Président de la République doit être contresigné par le Président du Conseil des Ministres et par un Ministre.

Art. 41. — En cas d'empêchement dûment constaté par un vote

du Parlement, en cas de vacance par décès, démission ou toute autre cause, le Président de l'Assemblée Nationale assure provisoirement l'intérim des fonctions de Président de la République.

Art. 44. — Les membres des familles ayant régné sur la France sont inéligibles à la présidence de la République.

TITRE VI. DU CONSEIL DES MINISTRES

Art. 45. — Au début de chaque législature, le Président de la République, après les consultations d'usage, désigne le Président du Conseil.

Celui-ci soumet à l'Assemblée Nationale le programme et la politique du cabinet qu'il se propose de constituer.

Le Président du Conseil et les Ministres ne peuvent être nommés qu'après que le Président du Conseil ait été investi de la confiance de l'Assemblée au scrutin public et à la majorité absolue des Députés, sauf cas de force majeure empêchant la réunion de l'Assemblée Nationale.

Art. 46. — Le Président du Conseil et les Ministres choisis par lui sont nommés par décret du Président de la République.

Art. 47. — Le Président du Conseil des Ministres assure l'exécution des lois.

Il nomme à tous les emplois civils et militaires, sauf ceux prévus par les articles 30, 46 et 84.

Le Président du Conseil assure la direction des forces armées et coordonne la mise en œuvre de la défense nationale.

Les actes du Président du Conseil des Ministres prévus au présent article sont contresignés par les Ministres intéressés.

Art. 48. — Les Ministres sont collectivement responsables devant l'Assemblée Nationale de la politique générale du Cabinet et individuellement de leurs actes personnels.

Ils ne sont pas responsables devant le Conseil de la République.

Art. 49. — La question de confiance ne peut être posée qu'après délibération du Conseil des Ministres; elle ne peut l'être que par le Président du Conseil.

La confiance ne peut être refusée au Cabinet qu'à la majorité absolue des Députés à l'Assemblée.

Ce refus entraîne la démission collective du Cabinet.

Albert Camus.

Misère de la Kabylie [1]

Après avoir parcouru la région de Tizi-Ouzou, un soir où nous nous promenions dans les rues de la ville, je demandai à un de mes compagnons si « c'était partout comme ça ». Il me répondit que je verrais pire. Après quoi nous parcourûmes longtemps le village indigène où, venues des boutiques faiblement éclairées, des lueurs coulaient dans les rues sombres avec des airs de musique, une danse de marteaux et des bavardages confus.

Et le fait est que j'ai vu pire.

Je savais en effet que la tige de chardon constituait une des bases de l'alimentation kabyle. Je l'ai ensuite vérifié un peu partout. Mais ce que je ne savais pas c'est que l'an passé, cinq petits Kabyles de la région d'Abbo sont morts à la suite d'absorption de racines vénéneuses. Je savais que les distributions de grains ne suffisaient pas à faire vivre les Kabyles. Mais je ne savais pas qu'elles les faisaient mourir et que cet hiver quatre vieilles femmes venues d'un douar éloigné jusqu'à Michelet pour recevoir de l'orge sont mortes dans la neige sur le chemin de retour.

Et tout est à l'avenant. A Adni, sur 106 élèves qui fréquentent les écoles, 40 seulement mangent à leur faim. Dans le village même, le chômage est général et les distributions très rares. Dans les douars de la commune de Michelet, on compte à peu près 500 chômeurs par douar. Et pour les douars les plus malheureux, les Akbils, les Aït-Yahia, les Abi-Youçef, la proportion est encore plus forte. On compte 4 000 chômeurs valides dans cette commune. A l'école d'Azerou-Kollal, sur 110 élèves, on en compte 35 qui ne font qu'un seul repas par jour. A Maillot, on estime à 4/5 de la population le nombre des indigents. Là, les distributions n'ont lieu que tous les trois mois. Aux Ouadhias,

1. This extract is taken from a newspaper series, written in Algeria before World War II, which earned for Camus the animosity of the colonial authorities. It remains a classic of its kind.

From "Misère de la Kabylie," in Actuelles III (Paris: Gallimard, 1958), pp. 42–45. Reprinted by permission of Editions Gallimard.

sur 7 500 habitants, on compte 3 000 miséreux. Dans la région de Sidi-Aïch, 60% des habitants sont indigents. Dans le village d'El-Flay, au dessus du centre de Sidi-Aïch, on cite et on montre des familles qui restent souvent deux et trois jours sans manger. La plupart des familles de ce village ajoutent au menu quotidien de racines et de galettes les graines de pin qu'elles peuvent trouver en forêt. Mais cette audace leur rapporte surtout des procès, puisque le code forestier et les gardes forestiers sont impitoyables à cet égard.

Si cette énumération ne paraît pas suffisamment convaincante, alors j'ajouterai que dans la commune d'El-Kseur, sur 2 500 habitants kabyles, on compte 1 000 indigents. Les ouvriers agricoles emportent avec eux, pour la nourriture de toute une journée, un quart de galette d'orge et un petit flacon d'huile. Les familles, aux racines et aux herbes, ajoutent les orties. Cuite pendant plusieurs heures, cette plante fournit un complément au repas du pauvre. On constate le même fait dans les douars qui se trouvent autour d'Azazga. De même les villages indigènes autour de Dellys sont parmi les plus pauvres. En particulier le douar Beni-Sliem compte l'incroyable proportion de 96% d'indigents. La terre ingrate de ce douar ne fournit rien. Les habitants sont réduits à utiliser le bois mort pour en faire du charbon qu'ils tentent ensuite d'aller vendre à Dellys. Je dis qu'ils le tentent, car ils ne possèdent pas de permis de colportage et, dans la moitié des cas, le charbon et l'âne sont saisis. Les habitants de Beni-Sliem ont pris l'habitude de venir à Dellys la nuit. Mais le garde-champêtre aussi et l'âne saisi est envoyé à la fourrière. Le charbonnier doit alors payer une amende et les frais de fourrière. Et comme il ne le peut, la contrainte par corps l'enverra en prison. Là du moins, il mangera. Et c'est dans ce sens et dans ce sens seulement qu'on peut dire sans ironie que le colportage du charbon nourrit les Beni-Sliem.

Qu'ajouterais-je à tous ces faits? Qu'on les lise bien. Qu'on place derrière chacun d'eux la vie d'attente et de désespoir qu'ils figurent. Si on les trouve naturels, alors qu'on le dise. Mais qu'on agisse si on les trouve révoltants. Et si enfin on les trouve incroyables, je demande qu'on aille sur place.

ANDRÉ MALRAUX

Antimémoires (1958)

A l'un des derniers Conseils, M. Pleven [1] avait dit: « Nous ne représentons plus que des ombres. . . Ne nous payons pas de mots. Le ministre de l'Algérie ne peut franchir la Méditerranée. Le ministre de la Défense nationale n'a plus d'armée. Le ministre de l'Intérieur n'a plus de police. » Beaucoup d'anciens soldats d'Indochine et d'anciens paras faisaient partie de la police parisienne, entrée en grève en mars.

Restait la formation de milices. Le président Pflimlin [2] s'y opposait. Il voyait dans leur création une menace de guerre civile plus grave que dans l'appel au général de Gaulle. Les ministres, d'ailleurs, parlaient de former des Comités de Défense Républicains, non d'armer des milices, qui fûssent devenues des milices communistes. A moins qu'il n'y eût pas de milices du tout. « La mobilisation des masses, disaient les syndicats, peut se faire sur les salaires, non sur le système parlementaire. Les ouvriers, qui se souviennent qu'en 1944 les libertés ont été rétablies, et qui ont souvent un des leurs en Algérie, préfèrent de Gaulle aux colonels. » Lorsque les communistes avaient parlé de mobilisation, les militants avaient rejoint les cellules, mais les avaient quittées dans la matinée, laissant les derniers fidèles jouer à la belote. Le dimanche, 35 000 voitures s'étaient succédé sur l'autoroute de l'Ouest — 3 000 de plus que l'année précédente.

La révolution d'Alger n'était pas moins confuse. On savait mal à Paris ce que signifiait le mot intégration. Soustelle [3] avait dit: c'est le contraire de la désintégration. Ah, oui? Le mythe de la France depuis

1. René Pleven, minister of finance in several cabinets of the Fourth Republic.
2. Pierre Pflimlin, last premier of the Fourth Republic.
3. Jacques Soustelle, a distinguished ethnologist and right-wing politician, the leading civilian figure in the Algerian revolt.

From *Antimémoires* (Paris: Gallimard, 1967), pp. 143–47. Reprinted by permission of Editions Gallimard.

André Malraux (1901–   ), archeologist, art historian, novelist, and political figure of sorts, in 1933 wrote *La Condition humaine,* a novel crystallizing the political climate of the 1930's. Malraux was an early and enthusiastic follower of de Gaulle, who appointed him minister of cultural affairs.

Dunkerque jusqu'à Tamanrasset était né d'une enquête du service psychologique de l'armée, alors dans sa fraîche gloire. Pour les militaires activistes, pour les officiers des S.A.S.[4] et même beaucoup de paras, il apportait la fraternisation. Que le service psychologique l'ait organisée, ne fût-ce qu'en faisant transporter les musulmans par les camions de l'armée, c'est vraisemblable; mais il n'avait pas prévu cette Nuit du 4 Août, et fut incapable de la renouveler. La « journée du miracle », le 16 mai,[5] surprit ceux qui l'avaient préparée, et qui écrivaient: « Cette espérance n'est comparable qu'à celle que nous avons connue à Paris au lendemain de la Libération! » Elle surprit les musulmans qui se retrouvaient dans les bras des pieds-noirs, les pieds-noirs qui se retrouvaient dans les bras des musulmans. Elle décontenança les communistes, qui décidèrent de n'y pas croire; et même le F.L.N.,[6] car pendant la période de fraternisation, aucun attentat ne fut commis à Alger. Les capitaines des paras proclamaient: Nous appuierons notre mouvement sur dix millions de Français d'Algérie, Européens et musulmans. Mais l'exaltation retombée, la condition des musulmans n'avait pas changé. Les Comités de Salut Public décrétaient d'augmenter le salaire misérable des ouvriers agricoles; les colons les faisaient travailler de cinq heures à midi, payaient une demi-journée du nouveau salaire: moins qu'avant l'augmentation. La fureur gagnait l'armée, qui attendait du mouvement algérien une révolution française technisée, un consulat de Saint-Just [7] et de Mao Tsé-toung — et qui n'était sans doute unie que dans le désir d'une action politique, dans la haine d'un régime qui ne savait ni faire la guerre ni faire la paix. Les civils se méfiaient de la fraternisation. Dans leurs organisations nationalistes mais antimétropolitaines, Algérie française voulait dire à l'occasion France algérienne. Les réactionnaires chevronnés se déclaraient pour l'intégration, depuis qu'ils tenaient le droit de vote pour acquis aux musulmans, dont les neuf millions de voix pèseraient plus que celles d'un million de pieds-noirs, mais moins que celles de vingt millions de Français. En Corse, l'adjoint socialiste de Bastia, qui remplaçait le maire, avait quitté la mairie, occupée par les paras, en

4. *S.A.S.: Sections administratives spécialisées.*
5. On May 16, 1958, the National Assembly, after a heated debate, voted to grant de Gaulle emergency powers. Malraux compares this session to the night of August 4, 1789, when the first National Assembly abolished feudal privileges.
6. *F.L.N.:* Front de Libération Nationale, the Algerian nationalist revolutionary organization.
7. Saint-Just, associate of Robespierre and leading theoretician of the Terror during the French Revolution.

chantant *La Marseillaise;* les paras l'avaient accompagné en la chantant aussi, et la foule sur la place l'avait reprise en chœur, sans qu'on sût si elle la chantait pour l'adjoint, pour les paras, ou pour les deux. . .

Le 1er juin, l'envoyé des Comités de Salut Public, qui s'attendait à trouver Paris en état de siège, découvrait, ahuri, des joueurs de pétanque sur l'esplanade des Invalides. Un des plus célèbres reporters américains m'avait assuré que le général Massu [8] s'était fait torturer pour avoir le droit d'ordonner la torture. On retenait pourtant, de ce tohu-bohu, qu'un mouvement contradictoire et résolu disposait d'avions et de combattants, contre un gouvernement sans armée ni police. Salan,[9] délégué de Pflimlin, avait crié: « Vive de Gaulle! » et l'on n'attendait plus du général qu'il arrêtât les parachutistes, mais qu'il prévînt la guerre civile — qui allait commencer, comme celle d'Espagne, comme la Révolution d'Octobre, avec les cinémas ouverts et les badauds en promenade.

Il me convoqua, deux jours après mon retour, à l'hôtel Lapérouse.

A cinq heures, peut-être parce qu'il tenait notre entretien pour un moment de repos. Il fit apporter du whisky et du thé. Le salon était celui de l'appartement qu'on lui réservait lorsqu'il venait à Paris: du Louis XVI d'hôtel, et le calme que le général de Gaulle a toujours imposé autour de lui. Le thé repartit vers le brouhaha qui montait du hall et emplissait l'escalier, comme le chaos du pays.

— La question principale, me dit-il en substance, est de savoir si les Français veulent refaire la France, ou s'ils veulent se coucher. Je ne ferai pas la France sans eux. Et nous devons assurer la continuité des institutions, jusqu'au moment où j'appellerai le peuple à en choisir d'autres. Provisoirement, il n'a pas envie des colonels. Il s'agit donc de refaire l'Etat, de stabiliser la monnaie, d'en finir avec le colonialisme.

Je retrouvais le rythme ternaire qui lui est aussi familier que le dilemme l'est à d'autres.

— Faire un Etat qui en soit un, ça veut dire faire une Constitution qui en soit une. Donc, le suffrage universel est la source de tout pouvoir; le pouvoir exécutif et le pouvoir législatif sont réellement séparés, le gouvernement est responsable vis-à-vis du Parlement.

8. General Massu, commander of the airborne troops and devoted to keeping Algeria French.

9. General Raoul Salan, commander of French forces in Algeria since 1956, joined the French Algerian rebellion in May, but tried to steer a course between the army extremists and the government.

« Stabiliser la monnaie ne sera pas facile; mais ce sera moins difficile qu'on ne le dit, si l'Etat est capable de continuité et de fermeté; c'est-à-dire s'il est un Etat.

« L'affaire coloniale. . . Il faut que je dise à tous ceux qui forment l'Empire: les colonies, c'est fini. Faisons ensemble une Communauté. Etablissons ensemble notre défense, notre politique étrangère et notre politique économique.

« Pour le reste, nous les aiderons. Bien sûr, les pays pauvres voudront s'associer aux riches, qui seront moins pressés. Nous verrons. Qu'ils fassent des Etats. S'ils en sont capables.

« Et s'ils sont d'accord.

« Ceux qui ne le sont pas, qu'ils s'en aillent. Nous ne nous y opposerons pas. Et nous ferons la Communauté française avec les autres. »

Constitution de la Cinquième République

PRÉAMBULE

Le peuple français proclame solennellement son attachement aux Droits de l'Homme et aux principes de la souveraineté nationale, tels qu'ils ont été définis par la Déclaration de 1789, confirmée et complétée par le préambule de la Constitution de 1946.

En vertu de ces principes et de celui de la libre détermination des peuples, la République offre aux Territoires d'Outre-Mer qui manifestent la volonté d'y adhérer des institutions nouvelles fondées sur l'idéal commun de liberté, d'égalité et de fraternité et conçues en vue de leur évolution démocratique.

TITRE PREMIER. DE LA SOUVERAINETÉ

Art. 2. — La France est une République indivisible, laïque, démocratique et sociale. Elle assure l'égalité devant la loi de tous les citoyens sans distinction d'origine, de race ou de religion. Elle respecte toutes les croyances.

Son principe est: gouvernement du peuple, par le peuple et pour le peuple.

Art. 3. — La souveraineté nationale appartient au peuple qui l'exerce par ses représentants et par la voie du référendum.

Aucune section du peuple ni aucun individu ne peut s'en attribuer l'exercice.

Le suffrage peut être direct ou indirect dans les conditions prévues par la Constitution. Il est toujours universel, égal et secret.

From *L'Année politique 1958* (Paris: Presses Universitaires de France, 1959), pp. 553–55. Reprinted by permission of Presses Universitaires de France.

TITRE II. LE PRÉSIDENT DE LA RÉPUBLIQUE

Art. 5. — Le Président de la République veille au respect de la Constitution. Il assure, par son arbitrage, le fonctionnement régulier des Pouvoirs publics ainsi que la continuité de l'Etat.

Il est le garant de l'indépendance nationale, de l'intégrité du territoire, du respect des accords de Communauté et des traités.

Art. 6. — Le Président de la République est élu pour sept ans par un collège électoral comprenant les membres du Parlement, des conseils généraux et des assemblées des Territoires d'Outre-Mer, ainsi que les représentants élus des conseils municipaux.

Art. 7. — L'élection du Président de la République a lieu à la majorité absolue au premier tour. Si celle-ci n'est pas obtenue, le Président de la République est élu au second tour à la majorité relative.

Le scrutin est ouvert sur convocation du gouvernement.

Art. 8. — Le Président de la République nomme le Premier Ministre. Il met fin à ses fonctions sur la présentation par celui-ci de la démission du gouvernement.

Sur la proposition du Premier Ministre, il nomme les autres membres du gouvernement et met fin à leurs fonctions.

Art. 9. — Le Président de la République préside le Conseil des Ministres.

Art. 10. — Le Président de la République promulgue les lois dans les quinze jours qui suivent la transmission au gouvernement de la loi définitivement adoptée.

Il peut, avant l'expiration de ce délai, demander au Parlement une nouvelle délibération de la loi ou de certains de ses articles. Cette nouvelle délibération ne peut être refusée.

Art. 11. — Le Président de la République, sur proposition du gouvernement pendant la durée des sessions ou sur proposition conjointe des deux assemblée publiée au *Journal officiel,* peut soumettre au référendum tout projet de loi portant sur l'organisation des Pouvoirs publics, comportant approbation d'un accord de Communauté ou tendant à autoriser la ratification d'un traité, qui sans être contraire à la Constitution, aurait des incidences sur le fonctionnement des institutions.

Lorsque le référendum a conclu à l'adoption du projet, le Président de la République le promulgue dans le délai prévu à l'article précédent.

Art. 12. — Le Président de la République peut, après consultation du Premier Ministre et des présidents des assemblées, prononcer la dissolution de l'Assemblée Nationale.

Les élections générales ont lieu vingt jours au moins et quarante jours au plus après la dissolution.

Il ne peut être procédé à une nouvelle dissolution dans l'année qui suit ces élections.

Art. 13. — Le Président de la République signe les ordonnances et les décrets délibérés en Conseil des Ministres.

Il nomme aux emplois civils et militaires de l'Etat.

Art. 15. — Le Président de la République est le chef des armées. Il préside les conseils et comités supérieurs de la Défense nationale.

Art. 16. — Lorsque les institutions de la République, l'indépendance de la Nation, l'intégrité de son territoire ou l'exécution de ses engagements internationaux sont menacés d'une manière grave et immédiate et que le fonctionnement régulier des Pouvoirs publics constitutionnels est interrompu, le Président de la République prend les mesures exigées par ces circonstances, après consultation officielle du Premier Ministre, des présidents des assemblées ainsi que du Conseil constitutionnel.

Il en informe la Nation par un message.

Ces mesures doivent être inspirées par la volonté d'assurer aux Pouvoirs publics constitutionnels, dans les moindres délais, les moyens d'accomplir leur mission. Le Conseil constitutionnel est consulté à leur sujet.

Le Parlement se réunit de plein droit.

L'Assemblée Nationale ne peut être dissoute pendant l'exercice des pouvoirs exceptionnels.

Art. 17. — Le Président de la République a le droit de faire grâce.

Art. 18. — Le Président de la République communique avec les deux assemblées du Parlement par des messages qu'il fait lire et qui ne donnent lieu à aucun débat.

Hors session, le Parlement est réuni spécialement à cet effet.

TITRE IV. LE PARLEMENT

Art. 24. — Le Parlement comprend l'Assemblée Nationale et le Sénat.

Les députés à l'Assemblée Nationale sont élus au suffrage direct.

Le Sénat est élu au suffrage indirect.

Art. 27. — Tout mandat impératif est nul.

Le droit de vote des membres du Parlement est personnel.

ANDRÉ RIBAUD

La Cour

Chronique du royaume

Le Roi est un grand homme de six pieds quatre pouces, qui avait passé septante ans, gris, avec peu de cheveu, mais beaucoup de nez et énorme, creusé de rides, raviné de sillons, qui s'était augmenté considérablement par l'âge. Long, il avait été maigre avant qu'assez de gros ne se mit à son estomac, jusqu'à lui faire la taille épaisse et fort tombée. La majesté de son air, qu'il voulait suprême en toutes circonstances, en eût été affaissée et abaissée, sous l'habit militaire qu'il se piquait de porter dans les conjonctures les plus cérémonielles, s'il n'eût eu soin de procurer le remède par une ruse légale et singulière. Dans les tout premiers jours de son second règne, il avait fait publier par Guillaumat, lors son secrétaire d'Etat de la Guerre, un règlement général prescrivant le retranchement du ceinturon de la garde-robe des officiers, afin de n'avoir plus à s'incommoder lui-même d'un objet qui démasquait et tout ensemble opprimait l'excès de son embonpoint.

Sa physionomie promettait beaucoup d'esprit et n'était pas trompeuse; le Roi en avait infiniment, très orné de lecture, châtié de grec, sachant mettre la plus brillante latinité au service d'un français pur, coulant, raffiné, mais que sa dissimulation naturelle lui persuadait de faire équivoquer, par calcul ou par goût, aux endroits les plus scabreux, dans tout le ménagement subtil des ombres et du clair-obscur. La parole aimait à s'assaisonner d'un sel fin, âcre, semé de poivre, et de prouesses de mots, d'expressions mordantes qui frappaient souvent par leur cruauté, quelquefois par leur justesse, toujours par leur singularité. Le débit était éloquent, facile, choisi, habile à moduler, dans une pompe et une autorité séductrices, les dissertations les plus savantes,

From *La Cour* (Paris: René Julliard, 1961), pp. 9–14. Reprinted by permission of C. René Julliard.

André Ribaud is the pseudonym of Roger Fressoz (1921–), an able political reporter. His biting chronicle of government life, couched in language imitating the duc de Saint-Simon's *Mémoires* of court life under Louis XIV, appeared in the satirical weekly *Le Canard enchaîné*.

mais qui pouvaient se relâcher soudainement en platitudes, en non-
sens, en rotures de style, en grossièretés de tours les plus exécrables, et
il était surprenant alors d'entendre tomber d'aussi haut des propos
aussi bas.

Peu de grâce au maintien, mais un visage noble, quoique rechigné, hautain. L'œil, fort court en vue, était d'un rond étrange
comme celui d'un éléphant, sous de pesantes paupières, au milieu d'un
cerne profond et noir, semblant toujours goguenarder le restant des
humains quand il n'était pas simplement éteint par l'indifférence ou
l'ennui de les devoir regarder. Il ne s'allumait, mais alors s'embrasait,
que de cette passion de soi-même, qu'elle fût orgueil, colère, jouissance, qui consumait le Roi, car c'était un homme uniquement personnel et qui ne comptait les autres, quels qu'ils fussent, que par rapport
à soi, prêt à hasarder mille fois l'Etat pour son unique grandeur. Rien
dans cet œil qui marquât jamais la bonté, la tendresse, la pitié, même
la simple considération d'autrui. Entiché d'humanités, le Roi était fort
peu embarrassé d'humain, et les entraînements de son cœur le laissaient toujours éloigné de lieux dont les mouvements de sa rhétorique,
par parade, par politique, l'approchaient quelquefois.

Sa gloire, sa vanité, car ce sont deux choses, étaient en lui au plus
haut point. Sa politesse était extrême, mais pour s'en faire rendre autant, se prenant aux louanges, aux déférences, aux ovations, avec les
dernières faiblesses. Toujours sur les échasses pour la morale,
l'honneur, la plus rigide probité, les sentences et les maximes: toujours
le maître des conversations et des compagnies. Il parlait beaucoup, et
beaucoup trop, mais si agréablement qu'on lui passa longtemps ces
débordements de discours.

Avec cela, secret, grand combinateur de stratagèmes et d'artifices
dans les alambics impénétrables de son esprit, ténébreux, avec le goût
de l'être, supérieur, particulier et, par hauteur, difficile à apprivoiser,
mais aisé, quoi qu'on crût, à fléchir sur quantité de matières con-
sidérables pourvu qu'on ne fît pas semblant de lui voir mordre à
l'hameçon qu'on lui tendait. Inexorable sur les bienséances et les bas-
détails, il ployait souvent sur les grands intérêts et l'essentiel même de
ses Etats. Sous un extérieur de constance, il se montrait changeant sur
l'important car il n'était pas moins irrésolu qu'obstiné, cachant le flexi-
ble du roseau sous l'écorce du chêne. Tranchant avec superbe un jour
pour, un jour après, retrancher avec plus de superbe encore, et dans
l'apparence, l'affectation de la rigueur la plus continuelle. Cette chimie
engendrait les plus violents désordres — on le vit bien dans les affaires

barbaresques et toutes les autres principales de son royaume. Seules ses haines étaient authentiquement irréfragables, comme sa bonne opinion de soi était inentamable. Même s'il se roidissait à paraître s'en départir, il ne s'en dépouillait jamais entièrement. Peut-être faisaient-elles le roc de sa vie. Car, à le bien sonder, on ne lui découvrait aucun vrai dessein d'Etat, aucune vaste philosophie qui méritassent de lui survivre et de fonder solidement sa renommée dont il était si anxieux, dans les siècles à venir. Il régnait, par désir de se faire sentir à tout et à tous du dedans comme du dehors, animé davantage de la fureur d'étonner et de foudroyer les humains que de l'application de les gouverner et de les relever. C'était un prince au fond très malheureux, sous le masque de l'impassible, qui s'aigrissait à proportion qu'il semblait s'apaiser, abusé de soi-même autant que désabusé des autres, lassé du monde sans être dépris du trône, borné dans son pouvoir à mesure qu'il était augmenté dans son arbitraire, redouté en tout, obéi en rien. Il avait cru être né pour commander à l'univers, il n'était pas le maître de son royaume, ni même de sa Cour. Et il sentait bien qu'il allait abandonner ses peuples plus déchirés, diminués, meurtris, qu'il ne les avait trouvés, car s'il avait la mine d'un grand roi, il n'en avait pas le jeu. Peut-être avait-il l'étoffe d'un grand capitaine: il ne le fut que dans des livres.

Charles de Gaulle,
président de la République,
en province (1961).

CHARLES DE GAULLE

La Dernière Allocution

Françaises, Français,

Vous, à qui si souvent j'ai parlé pour la France, sachez que votre réponse le 27 avril va engager son destin parce que d'abord il s'agit d'apporter à la structure de notre pays un changement très considérable. C'est beaucoup de faire renaître nos anciennes provinces aménagées à la moderne sous la forme de régions, de leur donner les moyens nécessaires pour que chacune règle ses propres affaires tout en jouant son rôle à elle dans notre ensemble national, d'en faire des centres où l'initiative, l'activité, la vie, s'épanouissent sur place. C'est beaucoup de réunir le Sénat et le Conseil économique et social en une seule assemblée, délibérant par priorité et publiquement de tous les projets de loi au lieu d'être — chacun de son côté — réduits à des interventions obscures et accessoires. C'est beaucoup d'associer la représentation des activités productrices et des forces vives de notre peuple à toutes les mesures locales et législatives concernant son existence et son développement.

Votre réponse va engager le destin de la France, parce que la réforme fait partie intégrante de la participation qu'exige désormais l'équilibre de la société moderne. La refuser, c'est s'opposer dans un domaine essentiel à cette transformation sociale, morale, humaine, faute de laquelle nous irons à de désastreuses secousses. L'adopter, c'est faire un pas décisif sur le chemin qui doit nous mener au progrès dans l'ordre et dans la concorde, en modifiant profondément nos rapports entre Français.

Votre réponse va engager le destin de la France parce que, si je suis désavoué par une majorité d'entre vous, solennellement, sur ce sujet capital, et quels que puissent être le nombre, l'ardeur et le dévouement de l'armée de ceux qui me soutiennent et qui, de toute façon, détiennent l'avenir de la patrie, ma tâche actuelle de chef de l'Etat deviendra évidemment impossible et je cesserai aussitôt d'exercer

Text of speech delivered by General de Gaulle on 25 April 1969, as released by the press service of the Elysée.

mes fonctions. Alors, comment sera maîtrisée la situation résultant de la victoire négative de toutes ces diverses, disparates et discordantes oppositions, avec l'inévitable retour aux jeux des ambitions, illusions, combinaisons et trahisons dans l'ébranlement national que provoquera une pareille rupture?

Au contraire, si je reçois la preuve de votre confiance, je poursuivrai mon mandat, j'achèverai, grâce à vous, par la création des régions et la rénovation du Sénat, l'œuvre entreprise il y a dix années pour doter notre pays d'institutions démocratiques adaptées au peuple que nous sommes, dans le monde où nous nous trouvons et à l'époque où nous vivons, après la confusion, les troubles et les malheurs que nous avions traversés, depuis des générations. Je continuerai, avec votre appui, de faire en sorte, quoi qu'il arrive, que le progrès soit développé, l'ordre assuré, la monnaie défendue, l'indépendance maintenue, la paix sauvegardée, la France respectée. Enfin, une fois venu le terme régulier, sans déchirement et sans bouleversement, tournant la dernière page du chapitre que voici quelque trente ans j'ai ouvert dans notre histoire, je transmettrai ma charge officielle à celui que vous aurez élu pour l'assumer après moi.

Françaises, Français, dans ce qu'il va advenir de la France, jamais la décision de chacune et de chacun de vous n'aura pesé aussi lourd.

Vive la République!

Vive la France!

ANDRÉ FONTAINE

Le Monde sans de Gaulle

Il y a huit jours encore, on aurait difficilement trouvé dans les ambassades, dans les rédactions des grands journaux étrangers, dans les centrales des services de renseignements, une seule personne pour penser sérieusement que le référendum pourrait être négatif. Lorsque *le Monde* fit état d'un sondage officieux donnant la victoire au « non », la première réaction, notamment à Londres, fut de dire qu'il s'agissait d'une manœuvre d'intoxication. On interpréta de même la hausse du dollar. Il fallut la publication des études de la SOFRES et de l'IFOP [1] pour que l'on commence à envisager l'éventualité d'un échec, auquel, cependant, personne n'arrivait tout à fait à croire. C'est donc une surprise générale confinant au saisissement qui caractérise les réactions des capitales étrangères devant l'effacement du dernier des grands survivants de la deuxième guerre mondiale. Ce dénouement prosaïque a beau singulièrement rappeler la chute de Churchill en juillet 1945, il n'en reste pas moins si mal accordé au personnage et à la légende de l'homme des tempêtes qu'on a du mal à se persuader de sa réalité.

Se mêle-t-il, à cet étonnement général, une part de satisfaction? Le général avait trop défié à la ronde pour que le premier réflexe de ceux qui se sont si souvent heurtés à lui ne soit pas de soulagement. Mais aussitôt celui-ci ressenti, sinon exprimé, une double question est presque partout posée: la disparition de la scène politique du chef de la France libre signifie-t-elle pour autant la fin de la diplomatie gaulliste? N'est-elle pas de nature à entraîner des troubles, notamment dans l'ordre économique et monétaire, dont pourraient bien pâtir en fin de compte les gouvernements les plus hostiles à cette diplomatie?

Déjà au moment de la crise de mai on avait vu se produire, ouverte ou implicite, une étonnante convergence des sympathies étrangères en faveur de celui qui était alors le président de la

1. These initials refer to two important French public opinion surveys.

From *Le Monde* (Paris), 24–30 April 1969. Reprinted by permission of *Le Monde*.
André Fontaine (1921–   ) is an eminent political journalist and head of *Le Monde*'s foreign affairs bureau.

République. A Moscou, on redoutait que, s'il était renversé par la révolution, une junte de protégés de la C.I.A. ne mît fin rapidement au rapprochement grâce à lui largement amorcé entre la France et les pays socialistes.

A Washington, au contraire, on craignait un coup d'Etat communiste. Nos voisins s'inquiétaient d'une contagion probable de l'agitation universitaire et ouvrière. Les Arabes et, d'une manière générale, les pays du « tiers monde » ne se seraient pas consolés de l'éviction du seul homme d'Etat occidental qui ait véritablement manifesté de la compréhension pour leurs problèmes. Les Roumains, les Polonais, les Yougoslaves, les Tchécoslovaques, de leur côté, voyaient en lui l'apôtre de leur émancipation. Il n'est pas jusqu'aux Cubains, en dépit du rôle joué dans le soulèvement étudiant par le mythe du « Che », qui n'aient discrètement donné à entendre qu'ils verraient sans plaisir s'en aller le général, grâce auquel ils se sentaient un peu moins dépendants, pour résister à la pression américaine, du seul bon vouloir des Soviétiques. Pour manifester une hostilité ouverte au régime, il n'y avait guère que quelques dépêches de l'agence Chine nouvelle: encore n'y trouvait-on aucune attaque contre le chef de l'Etat lui-même, tandis que les dirigeants de Pékin restaient muets.

Ce style par trop militaire, quel mal n'a-t-il pas fait à la diplomatie gaulliste! Il est aussi facile de blesser une nation ou un gouvernement qu'un individu. Le général de Gaulle ne s'en est pas privé. Aimant la France d'un amour dont on ne saurait mettre en doute la sincérité, il s'est persuadé une fois pour toutes que dans la jungle internationale il faut se garder de compter sur l'amitié des autres, surtout s'il s'agit de grandes puissances, et s'occuper avant tout de forcer leur respect. Ce respect, il l'avait certes gagné, en dépit des caricatures souvent féroces de la presse anglaise, américaine, allemande et, il y a plus longtemps, soviétique. Mais il l'avait gagné plus pour lui, grâce à son prestigieux passé, à sa force de caractère, à son éloquence, que pour la France elle-même. En revanche, il avait réussi à détourner de lui quantité de gens qui eussent été tout prêts à reconnaître à notre pays, dans les faits, la prépondérance en Europe, pour peu qu'il ne parût pas l'exiger en droit.

Que restera-t-il, maintenant que le général est retourné dans son village, de l'indépendance qu'il avait rendue à notre pays, à condition toutefois d'être seul à l'exercer, et du rang qu'il s'est donné tant de mal pour lui assurer? Nul ne peut mettre en doute l'intention de la majorité actuelle, si elle conserve le pouvoir, de persévérer dans la direction qu'il a tracée.

Il n'empêche que le propre de la diplomatie de la Ve République est d'avoir été pendant onze ans définie et mise en œuvre par un seul homme, qui considérait qu'elle appartenait à son « domaine réservé » et qui mettait à son service une énergie, une audace, un panache dont on peut bien dire, sans faire injure à personne, qu'on ne voit pas quel autre Français les réunit aujourd'hui. On serait donc tenté de croire que sans remettre en cause les orientations précédemment définies, sans demander aux Américains de revenir en France et sans réintégrer l'OTAN,[2] une Ve République *bis* pourrait bien manifester dans ses relations internationales moins de dynamisme et moins d'initiative que la Ve tout court.

A vrai dire, cette évolution presque inévitable, à moins de nouveaux bouleversements internes, vers plus de souplesse à l'égard des nations atlantiques était déjà esquissée depuis un an. La révolte de mai avait à la fois affecté le prestige du chef de l'Etat et entamé le stock de devises sur lequel il s'appuyait pour faire la guerre au dollar. L'invasion de la Tchécoslovaquie avait donné un coup d'arrêt brutal à la politique dont le slogan « l'Europe de l'Atlantique à l'Oural » résumait les ambitions. La crise monétaire de novembre avait fait prendre conscience de la puissance retrouvée de l'Allemagne et poussé à rechercher, pour tenter de la contrebalancer, un rapprochement avec la Grande-Bretagne. Enfin, les relations avec les Etats-Unis, presque toujours mauvaises pendant les dix dernières années, avaient, depuis l'arrêt des bombardements sur le Vietnam du Nord et plus encore depuis la visite de M. Nixon à Paris, connu une amélioration radicale.

De toute façon, c'en est sans doute fini pour longtemps des initiatives spectaculaires et de la diplomatie de mouvement que le général a pratiquée avec un succès inégal tout au long de son règne. Le dialogue soviéto-américain, la réaffirmation de la mainmise de Moscou sur son glacis européen, les difficultés de notre économie, qui ont imposé le ralentissement de la réalisation de la force de frappe, laissaient déjà peu de champ à d'autres actions que des refus hautains ou des tentatives de conciliation comme celle qui se poursuit à New-York à propos du Moyen-Orient. Au mois de juin 1968 déjà, on avait pu annoncer dans ces colonnes une éclipse au moins temporaire de notre diploma-

---

2. *l'OTAN:* NATO, North Atlantic Treaty Organization.

tie. Si l'on conçoit celle-ci seulement sous l'aspect des coups de théâtre, il est à craindre que l'éclipse ne se poursuive longtemps.

Ce n'est pas à dire qu'il n'y ait pas pour le gouvernement de ce pays, quel qu'il soit, une tâche importante à accomplir dans l'ordre extérieur. Il lui faut d'abord s'employer à empêcher que la crise politique ouverte par la victoire du « non » ne se transforme en crise monétaire. Pour ce faire, il est assuré de la solidarité de tous nos alliés, aussi intéressés que nous à éviter la débâcle du franc. Il faut aussi que l'action de la France en faveur du « tiers monde » soit poursuivie si l'on ne veut pas que celui-ci se voie réduit à choisir entre Pékin et Moscou.

Il faut enfin remettre sur le métier la toile de Pénélope de l'Europe. C'est sur ce point, en effet, que l'histoire sera sans doute la plus sévère pour le général de Gaulle. En exaltant l'esprit national comme le seul moteur de l'activité politique, il n'a pas seulement contribué à le réveiller chez notre grand voisin d'outre-Rhin, qui en a fait, dans le passé, bien mauvais usage. Il a ralenti le courant qui poussait les peuples du continent à s'associer. Il n'a pas compris qu'on ne pouvait échapper à la « double hégémonie » qu'il a si souvent condamnée sans consentir certains abandons de la sacro-sainte souveraineté de l'Etat. En s'opposant avec acharnement à la candidature d'une Grande-Bretagne enfin convertie à une idée qu'elle avait auparavant, il faut bien le dire, tout fait pour saboter, il a retardé le moment où nos deux peuples pourront par leur association retrouver dans les affaires du monde la place éminente que leur a fait perdre une rivalité fratricide.

Que la France, une fois amorti le choc provoqué par le départ de la scène mondiale du géant qui l'a tant agitée, s'engage dans cette triple voie avec constance, dignité, fermeté, et l'on pourrait découvrir rapidement que notre pays a d'autres moyens de se faire entendre et respecter que ceux auxquels le général de Gaulle a si souvent et si justement reproché aux autres de recourir.

Suggestions for further reading

French historical literature is as vast and varied as the history of France itself; here we can do no more than point out some of the standard general works in French and mention a few of the special studies easily available in English. Many of the works listed contain bibliographies which may be consulted for sources of information on more specialized topics. The series *Clio* and *Nouvelle Clio* contain excellent works on all periods, most of them with superior reference sections. The classic general history is Lavisse, *Histoire de France* (8 vols, Paris, 1900–11), though it is now somewhat out of date. For more recent interpretations the two indispensable sources are the appropriate volumes of the series *Peuples et civilisations* and the Larousse *Histoire de France*, edited by Marcel Reinhard (Paris, 1954). For the period after 1715 there is an excellent work in English by Alfred Cobban, *A History of Modern France* (3 vols., London and Baltimore, 1961), readily available in a paperback edition.

For the middle ages there are Robert Fawtier, *The Capetian Kings of France* (New York, 1968), and Edouard Perroy, *The Hundred Years War* (New York, 1951). For social and economic history the works of Marc Bloch are particularly useful. A recent biography, *Louis XI* by Paul Murray Kendall (New York, 1971), is both judicious and lively. Donald Stone, *France in the Sixteenth Century* (Englewood Cliffs, N.J., 1969), provides a good if very general introduction. J. E. Neale, *The Age of Catherine de Medici* (New York, 1943), is more detailed. Albert Guérard, *The Life and Death of an Ideal, France in the Classical Age* (New York, 1943), offers a sprightly if opinionated interweaving of political and cultural history.

The best recent history of the seventeenth century is Geoffrey Treasure, *Seventeenth Century France* (New York, 1966); this may be supplemented by John B. Wolf, *Louis XIV* (New York, 1968), the only good recent biography of the Sun King. W. H. Lewis, *The Splendid Century*, is very entertaining and has some good chapters on social history. C. B. A. Behrens, *The Ancien Régime* (New York, 1967), offers a sound general introduction to the eighteenth century, and is magnificently and profusely illustrated. For the social role of the aristocracy, the classic study is Franklin L. Ford, *Robe and Sword* (New York, 1953). Peter Gay, *The Enlightenment, An Interpretation* (2 vols., New York, 1966 and 1969) takes into account most of the recent critical writing on this complex subject.

The literature on the French Revolution is especially rich. A good book to begin with is Robert R. Palmer, *The Age of the Democratic Revolutions* (2 vols., Princeton, 1959 and 1964). George Lefebvre's classic volume from the *Peuples et civilisations* series has been translated and published as *The French Revolution* (2 vols., New York, 1962 and 1964); equally important is his *Coming of the French Revolution* (Princeton, 1947). J. M. Thompson, *The French Revolution* (2d ed., New York, 1966) is a rich, colorful and eminently readable history of the revolution. Robert R. Palmer's *Twelve Who Ruled* (Princeton, 1941), available in paperback, is a masterpiece of scholarship and narrative art.

Robert B. Holtman, *The Napoleonic Revolution* (Philadelphia, 1969), is an interesting interpretation of the Bonapartist age with a useful bibliography. J. M. Thompson's *Napoleon Bonaparte, His Rise and Fall* (Oxford, 1952) has a strong English bias, but is useful and readable. Two books on the Napoleonic myth, Albert Guérard's *Reflections on the Napoleonic Legend* (London, 1924) and Peter Geyl's *Napoleon For and Against* (London, 1947), can help guide the student through the labyrinth of Napoleonic historiography.

The best modern history of the Restoration, Berthier de Sauvigny's *La Restauration* (Paris, 1955), remains untranslated. The period can be approached through a variety of specialized studies, such as Frank E. Manuel, *The Prophets of Paris* (Cambridge, Mass., 1962), a study of the utopian socialists; Adrian Dansette, *Religious History of Modern France* (New York, 1961); Rondo E. Cameron, *France and the Economic Development of Europe, 1800–1914* (Princeton, 1961); and Arthur L. Dunham, *The Industrial Revolution in France* (New York, 1955). Thomas E. B. Howarth's *Citizen King, Louis Philippe* (London, 1961) provides a good introduction to a period which has inspired surprisingly little historical writing. A good general account of the revolution of 1848, along with studies of other European revolutions of that year, may be found in Priscilla S. Robertson, *The Revolutions of 1848* (Princeton, 1952). A more recent book, Frederick A. De Luna's *The French Republic under Cavaignac, 1848* (Princeton,

1969), though specialized, has a large and very useful bibliography.

The most comprehensive study of the Third Republic is Jacques Chastenet, *Histoire de la Troisième République* (7 vols., Paris, 1952–62), though his conservative bias shows through, particularly in the later volumes. Alexander Sedgwick, *The Third French Republic, 1870–1914* (New York, 1968), and Nathanael Greene, *From Versailles to Vichy, The Third French Republic, 1919–1940* (New York, 1970), taken together provide an excellent survey of the whole period with useful critical bibliographies.

The literature on the period since 1940 is diffuse and often polemical. Herbert Luethy, *France Against Herself* (New York, 1955), and David Thomson, *Democracy in France Since 1870* (4th ed., New York and London, 1964), both give a detailed picture of the Fourth Republic, a picture perhaps less detached than Duncan MacRae, Jr., *Parliament, Parties and Society in France 1946–1958* (New York, 1967). Jean Lacouture, *De Gaulle* (New York, 1966), is a useful biography; de Gaulle's own writings still provide the best introduction to the man who so dominated the public life of France in the last decade, an age whose history is yet to be written.

Vocabulary

Abbreviations: *m* masculine noun; *f* feminine noun; *arch* archaic word or usage; *pl* plural; *adj* adjective; *poet* poetical.

abaisser to reduce, depress
abâtardir to adulterate
abattement *m* dejection
abattre to knock down or off, bring low
abbé *m* abbot
abîme *m* abyss
s'abîmer to founder
abjuration: *f* renunciation; **faire** —— to renounce (a faith)
aboutir to end up, lead to
aboutissement *m* outcome
abreuver to water
abri *m* shelter
absoudre to absolve
abus *m* abuse, mistake
abuser to deceive; **s'** —— to take in, to fool oneself
accabler to overwhelm, burden
accaparer to beset, monopolize
acception *f* meaning, sense
accommodant compliant
s'accommoder de to settle for, put up with
accorder to grant, concede
accoudé leaning on one's elbow
accroissance *f arch* increase
accroissement *m* growth
accroître to increase, grow
accroupi crouched
acculer to drive, push
acharné relentless
achever to end up, complete
acier *m* steel
acquis obtained; —— **à** won over to
acquit *m* acknowledgement; **par** —— **de conscience** for conscience's sake

s'acquitter to perform; —— **d'un devoir** to fulfill a duty
âcre tart, sharp
actif *m* credit
actuel present
adjoint *m* alderman
adonné given to
s'adonner to practice; **s'** —— **à une velléité** to dabble
adorer to worship
adoucir to soften
advenir to befall, occur, happen
adverse conflicting
affaiblir to weaken
affaissé drooping
affamé ravenous, famished
affectation *f arch* excessive eagerness
affecter to put on; to assign, to attack
affermir to steady
affiche *f* poster
afficher to post a notice
affidé in the know
affligeant distressing
affliger to afflict
s'affoler to panic, go mad
affranchir to free; **s'** —— to throw off, free oneself
affreux(-se) awful
affrontement *m* confrontation
s'affubler to bedeck oneself
affût *m* gun carriage
agacer to tease, irritate
agatisation *f* turning the color of agate
s'agenouiller to kneel
agréer to approve
agreste rustic

ahuri dazed
aides *f pl* duty, excise tax
aïeux *m pl* forefathers
aigle *m* eagle; standard
aigre sharp, sour, bitter
aigreur *f* bitterness
aigu(-ë) acute
aiguiser to sharpen
aile *f* wing
ailleurs elsewhere; **d'——** anyway
aimable lovable
aîné eldest
airain *m* brass
aise glad; **très ——** delighted
aisé well off
aisément comfortably, easily
ajourner to adjourn, put off
ajouter to add
ajustement *m* garb
s'aligner to line up with
alimenter to feed
allécher to entice
allemand *adj* German
Allemagne *f* Germany
alliage *m* alloy
allumer to light, spark, kindle
allure *f* mien, gait
altérer to adulterate, spoil, corrupt
altier haughty, proud
altissime on high
amant *m* lover
amas *m* pile, heap
aménagé set up
amende *f* fine
amener to bring, bring on, lead
amer bitter
amollir to soften
amorce *f* bait
amorcer to trigger, attempt
amortir to soften
analphabétisme *m* illiteracy
ancienneté *f* seniority
ancrer to root; **s'——** to implant it-self
âne *m* jackass, donkey
anéantir to destroy, reduce to naught
anéantissement *m* annihilation
Angleterre *f* England
anoblir to ennoble
anthropophage *adj* cannibalistic
antre *m* den
apaiser to calm down
apanage *m* endowment, prerogative

apercevoir to notice
aperçu *m* insight
apostasier to renounce one's faith, be-tray one's religion
apôtre *m* apostle
appareil *m* machinery, structure, ap-paratus; pomp, display
apparence *f* justification
apparition *f* appearance
appartenir to belong, pertain
appauvrir to impoverish
appeler to call, appeal
appellation *f* title, denomination
applaudissement *m* applause
apporter to bring on
apprentissage *m* apprenticeship, initia-tion
apprêt *m* adornment
appris learned; **bien ——** well brought up
apprivoiser to tame
approvisionnement *m* supplies
appui *m* support
appuyer to second, reinforce, press, base (upon)
âpre rasping
âprement bitterly
âpreté *f* asperity
arborer to flaunt
arc-en-ciel *m* rainbow
archevêque *m* archbishop
ardent fiery, hot, scorching; passionate, eager; **chapelle ——e** funeral chapel
argent *m* silver; money
argentier *m* money man; *arch* super-intendant of finances
arlequin *m* clown, harlequin
armateur *m* ship builder
armement *m* ordnance
s'armer to take up arms
armoire *f* cupboard, wardrobe
armoirie *f* coat of arms
armurier *m* gunsmith
arracher to snatch, tear away; **s'——** to fight over
arrêt *m* ordinance, decree, legal deci-sion
arrêté *m* decree, regulation
arrêter to resolve
arriver à ses fins to succeed
arroser to water
ascendant *m* influence, power
asepsie *f* aseptic state

asile *m* asylum
aspect *m* appearance
assaisonner to season
assaut *m* charge; **prendre d'——** to storm, take by assault
asservissement *m* enslavement
assiéger to besiege
assigner to devote
assises *f pl* foundations
assortir to match
assoupir to lull, smother
assouplir to loosen up
assourdissant deafening
assouvi having one's fill, content
assumer to take on
s'astreindre to tie oneself down
astreint forced
astuce *f* guile, wiliness
atelier *m* workshop, works
atourné *arch* dressed up
attache *f* root
atteindre to reach
atteinte *f* reach, attáck; **porter ——** to impair, breach
atteler to harness; **s'—— à** to settle down (to a task)
attendre to wait, await, expect
attendri moved
attendrissement *m* tenderness
attendu given that
attentat *m* terrorist attack
attente *f* expectation
attenter à to harm
attester to testify
s'attrouper to gather
aube *f* dawn
aucuns *arch* some
aumône *f* alms
aune *f* yard
auréolé enhanced
aurore *f* dawn
autel *m* altar
Autriche *f* Austria
autrichien *adj* Austrian
autruche *f* ostrich
autrui another
s'avaler *arch* to go down, be reduced
avancement *m* promotion
à l'avenant correspondingly
avènement *m* advent, coronation, coming to rule
avenir *m* future
s'avérer to prove to be

averse *f* downpour
averti notified, warned; knowledgeable, sophisticated
avertissement *m* warning
aveu *m* admission
aveugle blind
avilir to abase, degrade
avis *m* advice
avisé knowledgeable, observant
aviser to observe
aviver to kindle, heighten
avoine *f* oats
avoir beau faire do what one might
avoir raison de to overcome
avorté abortive
avouer to confess

bachelier *m arch* youth
bâcler to botch
badaud *m* stroller, idler, sidewalk superintendent, sightseer
badiner to banter
bagatelle *f* trinket
bagne *m* penitentiary
bâiller to yawn
bailliage *m* bailiwick
baillir *arch* to hand over
baîllon *m* gag
baiser *m* kiss
baisser to go down, lower
ballant flopping
balle *f* bullet, ball
ballotter to toss
ban *m* proclamation; **mettre au ——** to banish
bande *f* company
bandeau *m* band, crown; hair parted in the middle
bannir to banish, exile, outlaw
baraque *f* shed, shack
barbaresque of Barbary (Algeria)
barre *f* barrier; bar in courtroom
bascule *f* scales
basin *m* bombasine
basse-cour *f* barnyard
bassesse *f* lowness, meanness, pusillanimity
bâtiment *m* edifice
bâtir to build
battre to beat; **se ——** to fight
bavardage *m* chatter
bec *m* beak, mouth; **—— de gas** street lamp

béer to bay
belote *f* pinochle
bénédiction *f* blessing
bénévole self-appointed
bénir to bless
bénitier *m* holy water font
berceau *m* cradle
bercer to rock; **se —— de** to soothe oneself (with)
berger *m* shepherd
berline *f* coach
besogne *f* work, occupation
besoin *m* need, requirement
bêtise *f* stupidity
bidon *m* flask
bien well; **gens de ——** enlightened public opinion; **—— portant** in good health
bienfaisant *adj* beneficent
biens *m pl* property, lands
bienséance *f* propriety
bienvenue *f* welcome
bis dark (of bread); the second
bise *f* north wind
bissac *m* wallet
blé *m* wheat, grain
blesser to injure, wound, offend
bleu horizon color of French military uniforms in World War I
blindé armored
blocus *m* blockade
blouse *f* smock
bocal *m* bowl
boche *m* a German, kraut
boeuf *m* ox, steer
bohème *m* disheveled artist
boire to soak up, drink
boiserie *f* woodwork
boisseau *m* bushel
bonasse kindly
bonbon *m* candy
bonheur *m* happiness, good fortune
bonnement with simplicity; **tout ——** simply
bonnet grec *m* square cap worn in-doors
bonze *m* Buddhist monk
bord *m* edge; **de son ——** in the same league
border to line
borne *f* bourn, limit
borné limited, obtuse

se borner to go no further
bouche *f* mouth
boucher to stopper
bouclier *m* shield
boue *f* mud
bouffi swollen
bouillir to boil
bouillonnement *m* effervescence
bouillotte *f* card game
boulanger *m* baker
boulet *m* cannonball
bouleversement *m* upheaval
bouleverser to transform, turn upside down
bourg *m* hamlet
bourguignon *adj* Burgundian
bourreau *m* hangman, executioner
bourrer to stuff, cram
bourse *f* purse, scholarship
boursouflure *f* swelling
bousculer to knock over; **se ——** to jostle
bout *m* end, goal; **venir à ——** to manage, succeed
bouter hors *arch* to kick out
boyau *m* trench
brancard *m* stretcher pole
branle *m* motion; **mettre le ——** to put out of joint
bras *m* arm
brasier *m* blaze
brebis *f* ewe
brèche *f* breach; **battre en ——** to breach, force to the wall
bref in short
bribe *f* tatter
bride *f* bridle
brigue *f* intrigue
brillant *m* sparkle
brimer to taunt
briser to break
broché broached, stitched
brochure *f* paperback
broder to embroider
broncher to stir
brouhaha *m* tumult, bustle
brouille *f* quarrel
brouiller to scramble, upset, embroil
brouillon *m* troublemaker
broussaille *f* brush
broyer to grind, crush
bruire to rumble

bruit *m*   noise, outcry
brûle-gueule *m*   short-stemmed pipe
brûler   to burn
brume *f*   mist
bruyant   noisy
bûcher *m*   execution stake
bûcheron *m*   woodsman
but *m*   aim, goal, target
buter   to stumble
butin *m*   plunder, booty

cabale *f*   political intrigue, cabal
cabrer   to bolt, rear
cabriolet de place *m*   hansom cab
cacher   to hide, conceal
cachot *m*   cell, dungeon
cadet *m*   youngest son
cahier *m*   notebook
caisse *f*   box; **grosse ——**   kettledrum
calciné   burnt out
calèche *f*   buggy, barouche
camion *m*   truck
campagne *f*   countryside; military campaign
cancaner   to wobble
canne *f*   cane
canon *m*   cannon; flounce; church decree
cantonnement *m*   encampment
capitoul *m*   city magistrate
capote *f*   cloak
caractère *m*   printing type
carcan *m*   stocks
carré *m*   square; defensive infantry formation
carreau *m*   window pane
carrefour *m*   street corner, intersection
carrosse *m*   coach
cartouche *f*   cartridge
casaque *f*   coat; **tourner ——**   to turn one's coat, switch parties
casemate *f*   block house
caserne *f*   barracks
casque *m*   helmet
cassé   quashed
cauchemar *m*   nightmare
caudataire *m*   train-bearer
causer   to chat, converse
causeuse *f*   talker
céder   to yield
ceinture *f*   belt
ceinturon *m*   military belt

cendreux(-se)   old (of a fireside squatter); ashen
cendrillon *f*   Cinderella
censurer   to censor
centon *m*   paraphrase
cercueil *m*   coffin
cerne *m*   circle
cerveau *m*   brain
cetui *arch*   this
chaîne *f*   fetters, shackles
chair *f*   flesh
chaire *f*   pulpit
chaleur *f*   heat
chalouper   to roll and pitch
chamarré   bedecked
chambardeur *m*   troublemaker
chambellan *m*   chamberlain
chambranle *m*   door frame
chambre *f*   room; house of legislature
chanceler   to stagger
changer   to alter; **—— de face**   to take another turn
chanoine *m*   canon, church dignitary
chant *m*   song
chantage *m*   blackmail
chantier *m*   yard; **sur le ——**   in the works
chapelet *m*   beads, rosary
chapon *m*   capon
char *m*   chariot, heavy wagon, tank
charcuterie *f*   cold cuts
chardon *m*   thistle
charge *f*   burden, responsibility; state office
charger   to make a cavalry charge; **se —— de**   to see to, undertake
charnier *m*   charnel-house
charnière *f*   hinge
charpente *f*   wooden frame
charrue *f*   plow
chasse *f*   hunt
chassepot *m*   regulation French army rifle, circa 1870
châtié   refined
châtier   to chastise
châtiment *m*   punishment
chaumière *f*   cottage
chauve   bald
chef *m*   head; **au —— de**   on charges of
chef-d'oeuvre *m*   masterpiece
chemin *m*   road
cheminée *f*   mantlepiece

chêne *m* oak
chenu hoary
chevelure *f* mane, head of hair
chevet *m* bedside
cheveu *m* hair
chevronné veteran
chiffrer to cipher; **se —— par** to be reckoned by
chimère *f* delusion
chimérique fantastic, deluded
chirurgien *m* surgeon, physician
choix *m* choice
chômeur *m* unemployed
chope *f* beer mug
chou *m* cabbage
chouette *f* screech owl
chrétienté *f* Christendom
christianisme *m* christianity
chute *f* fall, downfall
cible *f* target
ci-devant heretofore, former
ciel *m* sky, heaven
cierge *m* taper
cigogne *f* stork
cinglé whiplashed
circonscription *f* district
cire *f* wax
cirque *m* circus; circle
civière *f* stretcher
clairet light red
clairon *m* bugler
claironné trumpeted
clapotement *m* patter
clavecin *m* harpsichord
clef *f* key
clerc *m* cleric
cligner to wink, to bat an eye
clin d'oeil *m* twinkling of an eye
clou *m* nail
se coaliser to form a coalition
Cocagne *f* rock candy mountain
cocher *m* coachman
coeur *m* heart
cognée f woodsman's axe
cohue *f* mob, crowd
coin *m* corner
colback *m* busby, hussar's cap
colère *f* anger, wrath; *adj* wrathful
colifichet *m* bauble
coller to glue
collet *m* collar

colportage *m* peddling
comble *m* apex, top; *adj* brimful
combler to fill
commis *m* clerk, assistant tax-collector
commode comfortable
comparse *m* supernumerary
compétence *f* competent authority
se complaire à to delight in
complaisance *f* wish to please; laxness
comploter to plot
comporter to admit of
composer to settle
comptabilité *f* records, bookkeeping
compte *m* account; **à bon ——** cheap; **loin de ——** out of sight
comptoir *m* counter
concitoyen *m* fellow citizen
concourir to conspire
concurrent *m* competitor
conduire to lead
confier to entrust
confiner to border on
confrérie *f* confraternity, sodality
congé *m* leave
conjoncture *f* crisis
conjuguer to combine
conjuré *m* conspirator
conjurer to exorcise, ward off
connaissance *f* acquaintance; **en —— de cause** knowing whereof one speaks
connétable *m* Grand Constable
se consacrer to devote oneself
conscient conscious
conserve *f* preserve; **de ——** reserve
conséquent consistent **par —— in consequence**
considération *f* worth; esteem
consigner to set down
console *f* console table
constater to observe
contexture *f* fabric
contraint forced
contrainte *f* constraint; **—— par corps** arrest for debt
contre-bas downwards
contretemps *m* hitch; **à ——** ill-timed
contrevenant *m* transgressor
contribuable *m* taxpayer
convenable suitable
convenir to agree, suit; to grant
convive *m* fellow diner**

convoitise *f* lust

corbeille de tapisserie *f* (needlepoint) work basket

corbillard *m* hearse

corde *f* rope

cordonnier *m* shoemaker

corriger to correct, compensate

corrompre to corrupt

corse Corsican

coteau *m* slope

coter to quote

cotret *m* bundle of sticks

cou *m* neck; **prendre les jambes à son —** take to one's heels

couard cowardly

se coucher to go to bed

coude *m* elbow

coudée *f* cubit

coudoyer to elbow

couler to flow; to cast

couloir *m* hallway; cloak room

coulpe *f arch* guilt

coup *m* stroke, blow; **à —— de** by dint of; **—— de théâtre** bolt from the blue; **du ——** at once; **sur le ——** whereupon

coupable guilty

coupe *f* cup; **sous la ——** in the power (of)

couperet *m* blade

cour *f* court

courage *m arch* heart

courant *m* course; *adj* common

courir to run; **—— sus** *arch* to harry

courroux *m* wrath, violence

cours *m* course; **donner ——** give currency

course *f* race

courtisan *m* courtier

couteau *m* knife

coûter to cost; to be onerous

coûteux(-se) onerous

coutil *m* drill (cloth)

coutre *m* plowshare

coutume *m* custom, common law

couvé bred

craindre to fear

crainte *f* fear, suspicion

craintif fearful

créature *f* dependant, tool

créneau *m* battlement

crépine *f* fringe

crépitement *m* crackling

crête *f* crest

creux(-se) hollow; **charge ——** armor-piercing explosive

creuser to dig; **—— un abîme** to create a chasm

crever to rip, burst

cri, *m* shout; **pousser les hauts —— s** cry bloody murder

crible *m* sieve, riddle

crier to shout, call out

croc *m* fang

croisée *f* window

croître to wax, grow

croix *f* cross

croquemort *m* funeral attendant

crouler to crumble, crush

croupir to wallow, stagnate

cru raw

cruauté *f* cruelty

cuirassé armored

cuirassier *m* cavalryman

cuivre *m* copper

culbuter to bowl over; **se ——** to turn somersaults

culte *m* worship

cultivateur *m* farmer

cuyder *arch* to think

dague *f* dagger

dais *m* canopy

davantage further, more, anymore

débandade *f* stampede

débat *m* debate; **mettre en ——** to bring into question

débauche *f* orgy, debauchery, debauch

débile feeble

débit *m* flow; shop

débiter to retail

déborder to overflow

débouché *m* outlet

déboucher to clear, come into sight

débouter to dismiss a lawsuit

débraillement *m* dishevelment

débuter to begin

deça hither; **par ——** this side

déception *f* disappointment

décevoir to disappoint

déchaîné let loose

décharge *f* discharge; **à la** —— for the defense

déchéance *f* fall, decay

déchiqueture *f* shredded outline

déchirer to tear asunder

déchoir to fall

déclencher to trigger, set in motion

décombres *m pl* rubbish

déconsidérer to bring into ill repute

déconvenue *f* upset

découler to flow from

décret *m* decree; **en** —— under threat of seizure

décrocher to wangle

dedans inside

se dédommager to seek compensation

défaillir to faint; *arch* to fail

défaire to undo, defeat; **se** —— to give up

défaite *f* excuse

défaut *f* fault, lack, want

défendre to defend; to forbid

déférer to confer

déferler to sweep

défi *m* challenge

défiance *f* mistrust, misgiving; —— de confort *arch* want of solace

défilé *m* parade

dégager to free, bring out

dégoût *m* distaste, disgust

degré *m* step, degree, rank

dégringoler to tumble down

déguenillé ragged

dehors outside

délai *m* delay; **à court** —— shortly

délasser to restore, relax

délier to release

délit *m* transgression

démarche *f* carriage; steps taken to effect a purpose

démêler to disentangle

démence *f* insanity

démenti *m* denial; **donner un** —— to give the lie

démentir to belie, deny

démesure *f* folly, outrage

demeure *f* home; **à** —— permanently; **mettre en** —— to summon

demeurer to stay, live; **le** ——**ant** what is left over

démis set out of joint

démissionner to resign

démodé out of fashion

démonté rough

démordre to let go, give in

denier *m* coin

denrée *f* foodstuff

dentelle *f* lace

dénué devoid

déparer to disgrace

départir to distribute, separate; **se** —— to shed

dépêche *f* dispatch

dépens *m pl* cost(s), expense

dépense *f* expenditure

dépenser to spend

dépit *m* spite; **en** —— in spite of, against

déployer to display

dépouiller to strip; **se** —— divest oneself

dépourvoir to leave unprovided

déréglé unruly

dérisoire laughable

dérobé secret; **à la** ——**e** stealthily

dérober to withhold; **se** —— to withdraw

dérogeance *f* forfeit

déroute *f* rout

dès from the moment, as soon as

désabusé critical, sobered

se désagréger to disintegrate

désavouer to disown, reject

descente *f* expedition

désemparé at a loss

déshonnête dishonorable

se désintéresser to take no interest, hold aloof, wash one's hands (of)

désoeuvrement *m* idleness

désormais from now on

dessein *m* purpose, design

dessiller to open, undeceive

se dessiner to define itself

dessus above; **le** —— the upper hand

détenir to hold

détenteur *m* holder

se déterminer to make up one's mind

détourner to turn (someone) aside; **se** —— to turn from

détritus *m* scraps

détruire to destroy

dette *f* debt

deuil *m* mourning

dévaler to descend

dévaliser to rob, hold up
devancer to precede, leave behind
devanture *f* storefront
devise *f* currency; motto
dévot pious, devout
dévouement *m* devotion, piety
difforme shapeless
diffusion *f* spread
digne worthy
dignité *f* dignity; function, office, title
dinde *f* turkey
disette *f* scarcity, famine
disgrâce *f* unattractiveness
disposer de to have at one's disposal
dispositions *f pl* mood
disqualifié unskilled
disserter to argue at length
dissiper to dispel
dissoudre to dissolve
dit called; **le** —— the said, aforementioned
doigt *m* finger; inch
dolent sad, afflicted
dommage *m* harm
dommageable damaging
dompter to tame
don *m* gift
dorénavant from now on
dos *m* back
dot *f* dowry
doter to endow
douanier *m* customs officer
douar *m* nomadic settlement
doucement softly, slowly
douceur *f* gentleness
douer to endow
drap *m* cloth
drapeau *m* flag
dresser to raise, put together
droit *m* law; right; —— **des gens** law of nations; *pl* rights
dupe taken in
durée *f* span, duration
duvet *m* down

ébat *m* sport
éblouir to dazzle
ébranler to shake
ébruitement *m* leak
écart *m* divergence; **à l'** —— away from
écartement *m* break

échafaud *m* scaffold
échauffer to heat up; to raise (morale)
échantillon *m* sample
échapper to escape
écharpe *f* scarf
échasse *f* stilt
échéance *f* due date
échec *m* check, failure; *pl* chess
échelle *f* ladder; scale
échelonné spread
échoir to fall out **(il échet** *or* **échoit)**
éclair *m* lightning
éclairé enlightened, inspired
éclat *m* splinter; splendor; —— **d'emprunt** borrowed luster
éclater to burst, explode, break out
éclore to hatch
éclosion *f* birth
écorce *f* bark
écorcherie *f* fleecing
écraser to crush
écrémage *m* skimming the cream
s'écrier to exclaim
écrit *m* written work
écriteau *m* sign
écrivain *m* writer
écrou *m* nut
écrouelles *f pl* scrofula
s'écrouler to collapse
écueil *m* reef
écurie *f* stable
écuyer *m* squire, rider
effacer to erase, efface
effarant frightening
effectifs *m pl* manpower, numbers
effleurer to brush against
effondrement *m* collapse
s'efforcer to strive
effrité crumbled
effroi *m* fright
effusion *f* outpouring; —— **de sang** bloodshed
égarer to mislead, lead astray; to lose
égorger to slaughter; to slit (someone's) throat
égout *m* sewer
égratigner to scratch
éhonté shameless
élan *m* rush, impetus
s'élancer to soar
élargir to widen
élever to raise; **s'**—— to rise

éloge *m* apology; praise
éloigner to remove
élu *m* elect
éluder to eschew
embarras *m* difficulty
embarrassé weighed down
d'emblée from the start
embonpoint *m* paunch, portliness
embraser to set afire; **s'——** to catch
fire
embrasser to embrace
embrigadé fenced in
émettre to express; to launch
émeute *f* riot
émouvoir to move, set in motion; to
perturb
empailler to stuff
s'emparer to seize, get hold (of)
empêchement *m* interference; disabil-
ity
empêcher to prevent; **s'——** to stop
oneself
emphase *f* overblown style, pomposity
empirisme *m* hit-and-miss method
emplir to fill
emploi *m* position, job
empoigner to grab
empoisonner to poison
emporté quick to anger
emporter to drive along, carry off
empressement *m* readiness; haste
emprunt *m* borrowing, loan; bond issue
emprunter to borrow
en-cas *m* emergency substitute
enceinte *f* arena
encens *m* incense
enchevêtrement *m* entanglement
encombrer to burden
à l'encontre de against, over against
encourir to incur
encre *f* ink
endiablé hectic
endommager to damage
s'énerver to lose one's head
enfantement *m* childbirth
enfantillage *m* puerility, childishness
enfermer to lock up
enfilade *f* row, line
enflé swollen
enfoncer to knock in; **s'——** to sink
(into)
enfouir to bury

enfreint broken, transgressed
engagement *m* commitment
engloutir to swallow up
engourdissement *m* numbness, apathy
engraisser to fatten
engrenage *m* mesh
enjamber to step over
enjeu *m* stakes
enjoindre to urge, enjoin
enlever to storm
enlisement *m* stymied pace
s'ennuyer to tire, be irked
énoncer to utter
enquête *f* survey, inquest
enquis *arch* questioned
enrayer to hobble, slow down
enregistrer to register (an edict, which
otherwise remained invalid)
enseigne *f* sign
enseignement *m* education
enseigner to teach, instruct
ensemble *m* entirety; **d'——** overall
enserrer to fit tightly
ensevelir to bury
entacher to taint; to cast a doubt
entamer to nick, dent; to break into,
begin
entasser to pile up
ente *f* graft shoot
entendre to hear; to understand; to
mean; **s'—— à** to manage, know how
to do something
entériner to confirm
enterrement *m* burial
entiché enamored
entouré surrounded
entraîner to drive, sweep along; to
train
entrave *f* shackle
entrée *f* entry; **d'——** right off
entrefaite *arch* interval; **sur ces ——s**
meanwhile
entregent *m* connections
s'entr'égorger to be at each other's
throats
entreprendre sur to undermine
entretenir to maintain
entretien *m* conversation
entrevoir to glimpse
envahir to invade, take to (the streets)
envahissant pervasive
envahisseur *m* invader
à l'envi in a single voice

envie *f* envy; **avoir ——** to wish

épais thick

épanouissement *m* unfolding

épargner to spare

épaule *f* shoulder

épauler to abet

épée *f* sword

épeler to spell

éperdu frantic

éperon *m* spur

épi *m* head of grain, ear of corn

épiceries *f pl* spices

épine *f* thorn

épingle *f* pin

épluchure *f* peel

épopée *f* epic

époque *f* era; **faire ——** to leave a mark

épouvanter to terrify

s'éprendre to fall in love (with)

épreuve *f* test, trial

éprouver to test, undergo; to feel

épuiser to exhaust

équilibré balanced

éraflure *f* chipping, flaking

erre *arch f* opinion, outlook, mode of action

errer to wander

ès *arch* in the (**en les**)

escadron *m* cavalry troop

escarmouche *f* skirmish

Escaut *m* Scheldt River

esclavage *m* slavery

escouade *f* squad

escroc *m* embezzler

espérance *f* hope

esprit *m* mind, spirit, wit

esprit-de-vin *m* brandy

esquisser to sketch

essaim *m* swarm

essor *m* rise; development

estoc *m* tree trunk

estrade *f* podium

estudiantin relating to students

s'établir to settle down

étalagiste *m* open-air vendor

étaler to spread

état *m* state; estate; order; profession; **—— civil** vital statistics; **faire ——** take into account, bring out; **hors d'——** in no state (to), unable

état-major general staff, high command

éteindre to put out, extinguish; **s'——** to go out, die

étendard *m* standard, banner

étendue *f* length and breadth, extent

étincelle *f* spark

s'étioler to wilt

étoffe *f* stuff; fabric

étoilé star-spangled

étonner to astonish, amaze

étouffer to smother, stifle, hush up, put to rest

étranger foreign; **à l' ——** (from) abroad

étreindre to squeeze

étriller to trounce

étroit strait, narrow; **à l' ——** hemmed in

s'évader to make one's escape

évangile *m* gospel

s'évanouir to vanish; to faint

éveil *m* awakening

éveiller to awaken, arouse; **s'——** to awaken, arise, wake up

événement *m* event; *arch* outcome

éventail *m* fan; gamut, range

éventrer to disembowel

éventualité *f* possibility

évêque *m* bishop

s'évertuer to strain, strive

éviter to avoid

exact punctual

exacteur *m* one who exacts

exaltation *f* excitement

exaucer to fulfill

exemplaire *m* copy

exigence *f* demand

extorquer to extort

extraordinaire *m* special reserves

extravagance *f* senselessness

fabrication *f* manufacture

se fâcher to become angry, deplore, be put out

fâcheux uncongenial, repellent

façon *f* way, fashion, manner

factice artificial

factieux *m* agitator

factionnaire *m* sentinel

fade bland

faiblesse *f* weakness

faillir to fail

faim *f* hunger; **manger à sa ——** to have enough to eat

faisceau *m* stack
fait *m* fact; **prendre ——— et cause** take up the cudgels
faîte *m* top, acme
faix *m* burden, load
fantassin *m* foot soldier
fantoche *m* puppet
farine *f* flour
farouche wild, unresponsive
faste *m* ceremoniousness; *pl* pomp
faucher to mow down
faussaire *m* forger
faute *f* lack; **——— de** for want of; **se faire ——— de** to miss an opportunity
fauteuil *m* armchair; **prendre le ———** to take the chair at a meeting
fauve wild; tawny
faux *m* forgery; *adj* false
faveur *f* favor; **à la ——— de** thanks to; **en ——— de** in kindness to
fécond fertile
fendant slashing
féodal feudal
fer *m* iron; *pl* chains
féru infatuated with; insistent on; given to
fétu *m* wisp
feu *m* fire, luminary, light; **entre deux ———x** in a crossfire; **faire long ———** to fail, misfire, run aground; **le ——— roi** the late king
feudataire *m* grandee
fiacre *m* horse cab
fiche *f* chip
fidéi-commis *m* trust
fiel *m* gall; malice
se fier to trust, rely (on)
fièvre *f* fever
figurant *m* supernumerary, extra (on the stage)
figure *f* face; **faire ——— de** to be marked off as
fil *m* thread; **——— de fer** wire; **donner du ——— à retordre** to be troublesome
fils *m* son; **——— de ses oeuvres** a self-made man
finesse *f* refinement
fiscalité *f* tax structure
flagorneur sycophantic
flambeau *m* torch
flaque *f* puddle

fléchir to bend, deflect
fléau *m* scourge
flétrir to stigmatize, besmirch
fleurer to smell
fleuve *m* river
flocon *m* flake
floraison *f* flowering
florissant flourishing
flot *m* flood, wave
flotte *f* fleet, navy
foi *f* faith; **faire ——— de** to testify
foin *m* hay
foire *f* fair
foisonner to teem, abound
foncier basic, of land (tax)
fond *m* bottom
fondement *m* foundation
fonder to found, base, establish
fondre to dissolve; to rush
fonds *m* funds
fonte *f* cast iron
forain open-air
forban *m* outlaw
force *f* strength; **——— de** plenty of; **——— de frappe** nuclear striking power; **——— majeure** circumstances beyond one's control
forcément of necessity
forfait *m* crime
forgeron *m* blacksmith
fort strong; **——— de** on the strength of, buoyed up by; **le ——— de** the thick of things
se fortifier to arm oneself
fortune *f* wealth; **faire ———** come into (its) own
fossé *m* ditch
fou mad
foudroyant with lightning speed
foudroyer to dash to the ground (as with a thunderbolt)
fouetter to whip
fouille *f* excavation, archeological dig
fouiller to search
foule *f* crowd
fourgon *m* baggage car
fournaise *f* furnace
fournir to supply, furnish
fourrière *f* pound
foyer *m* focus; flames; fireside
fracasser to shatter
frais *m pl* expenses, cost; bother

franchise *f* freedom, openness
frapper to strike, hit, come down upon
frayer to clear
frein *m* brake; bit
freiner to hold back, slow down
frémir to shudder
frimas *m* frost
fripier *m* old-clothes merchant
fripon *m* scamp
friser to curl; to border on, edge
frisson *m* shudder
froisser to wound
froment *m* wheat
fronde *f* slingshot
fronder to taunt; to mutiny
front *m* brow, front; **faire** —— to unite
fronton *m* façade
fulgurant flashing
fumée *f* smoke
fumier *m* dung
funeste harmful, ominous, dreadful, destructive, fatal
fusant *m* flare
fusil *m* rifle
fusiller to shoot
fustiger to scourge
fuyard *m* fugitive

gabelle *f* salt tax
gage *m* token, guarantee; *pl* wages
gagner to gain; to win over; to reach
galère *f* galley
galérien *m* convict, galley slave
galette *f* pancake
gallican of or relating to the French clergy who resisted Rome and pressed the claims of nationality within the church
galonné braided
gamelle *f* mess-kit, dish
ganache *f* easy mark, sucker
gant *m* glove
garde-champêtre *m* village constable
garde-du-sceau *m* Keeper of the Seal
garniture *f* frill
garrotter to tie up tightly, strangle
gaspillage *m* squandering
gâter to spoil
gémir to groan
gêner to discomfort, set ill at ease
genre *m* kind, sort

gent *f* people, folk; *adj* gentle
geôlier *m* jailer
gérer to manage
gestion *f* management
gibelotte *f* rabbit stew
giberne *f* cartridge pouch
giboyer to go out hunting
gisant supine; **il gît** he lies; **gésir** to lie
givre *m* hoarfrost
glace *f* ice; sherbet
glacis *m* rampart
glaive *m* sword
glas *m* death-knell
glissement *m* slipping, sliding
gluant sticky
goguenarder to mock
en goguette in one's cups, tipsy
gond *m* hinge
gouffre *m* chasm, abyss
goulot *m* bottleneck
se gourmer to fight
grâce *f* favor; **bonne** —— easy manner
grâcier to pardon
gradin *m* tier
grandes compagnies *f pl* armed bands hired for the king's service, irregularly paid and likely to plunder
grandir to grow
gravir to climb, ascend
gré *m* wish, pleasure; **de** —— **ou de force** willy-nilly; **savoir mauvais** —— hold (something) against (someone)
greffe *m* recorder's office
grelot *m* bell
grenouille *f* frog
grésiller to sizzle
grille *f* iron fence
grincer to grind; to screech
gris inebriated
gronder to growl
gros *m* party; **le** —— the thick
grossier crude
grossir to swell, amplify
grouiller to swarm
grumeleux lumpy
guêpier *m* hornets' nest
guère scarcely, barely, hardly
guérir to cure
guerre *f* war

guêtre *f* gaiter

gueux *m* scum (title proudly taken up by the Dutch rebels in their war of independence against Spain)

guichetier *m* jail warden

guise *f arch* manner; **à sa ——** as he pleases

habilité empowered

habiller to dress up

habit *m* suit of clothes

habitude *f* habit

haie *f* hedge; lineup, row

haillon *m* rag

haine *f* hatred

haleter to heave, pant

hameçon *m* fishing hook

harcèlement *m* harassment

harde *f* rag, clothes ("glad rags")

hardi bold

hargne simmering hate

harnacher to harness

hasarder to risk

hâter to hasten

hausser to raise

hautement loudly

hauteur *f* height; **à la ——** up to

hâve haggard

hâvre *m* harbor

hériter to inherit

héritier *m* heir

heurt *m* impact

se heurter to clash

hiver *m* winter

hochet *m* rattle; bauble

homme de loi *m* lawyer

honnir to despise

honte *f* shame

horloge *f* clock

hors outside; **—— de soi** beside oneself

houle *f* swell, surge

houssine *f* riding crop, switch

huer to hoot

huile *f* oil

huissier *m* usher, court attendant

huitaine *f* eight days, a week

hurler to howl

icelui (-celle, -cieux, -celles) *arch* **celui-ci,** etc.

idolâtre *m* idolatry

immonde vile

immuable unchanging, immovable

impôt *m* tax, duty

impression *f* printing

imprimeur *m* printer

impunément with impunity

inattaquable unassailable

incendie *m* fire

incidence *f* bearing

s'incliner to bow; to give in (to)

inconnu *m* nobody

incontinent without delay

inconvénient *m* difficulty

inculper to arraign

incurie *f* unconcern

indu unjustified

induire to lead, induce

inébranlable unshakable

inégalé unequalled, unparalleled

ineptie *f* ineptitude; absurdity

inespéré unhoped-for

infaillible beyond doubt

infime tiny

infracteur *m* breaker (of laws)

s'ingénier to strive, contrive

ingénieur des ponts et chaussées *m* civil engineer

ingrat unrewarding

inique iniquitous

inlassablement relentlessly

inoffensif harmless

inonder to flood

inopinément suddenly

inoubliable unforgettable

insensé senseless, insane

insigne noteworthy

insoupçonné unsuspected

intelligences *f pl* secret dealings

à l'instar de on the model of, like

intendance *f* governorship, jurisdiction of royal intendant

intéressé self-interested, biased

intermettre to interrupt

interrègne *m* interregnum, vacancy of throne

intoxication *f* poisoning; hidden persuasion

intrigant *m* schemer

investir to besiege

irréfragable unassailable

issu born of, arising from

issue exit, way out; outcome
ivre drunk(en)

jà *arch* already
jachère *f* fallow state
jacquerie *f* a peasant uprising, from
Jacques Bonhomme, a general term
  for a peasant
jaillir to spring up
jaloux jealous
jambe *f* leg
jeter to throw; —— **les hauts cris** make
  an outcry
jeu *m* game, gambling; system; —— **de
  paume** indoor tennis court
jonché strewn
jouer to play, gamble; to depict (on
  stage); **se** —— to make light
jouet *m* toy
joug *m* yoke
jouir to enjoy
juif *m* Jew
juré *m* juryman
jurer to swear; to clash
jurisconsulte *m* jurist
justesse *f* exactness; **de** —— barely,
  close

krach *m* crash

laboureur *m* plowman
lâche cowardly
laïcisation *f* secularization
laideur *f* ugliness
laine *f* wool
laïque lay, secular
laisser to let; to leave; **ne pas** ——
  de not to fail to
lambeau *m* shred, rag
lame *f* blade
lancer to launch
lange *f* diaper
langoureux languid
languissant languishing, dying
lanternier *m* lamplighter
laquais *m* lackey
large *m* open sea; **au** ——! shove
  off!
larme *f* tear
larron *m* thief
larvé incipient
las(-se) weary, tired

légende *f* caption
léger lighthearted
légèreté *f* frivolity, lightheartedness
legs *m* bequest
léguer to bequeath
lentement slowly
léser to wrong
levée *f* levy
lever to raise; **se** —— to arise, to rise
  to one's feet
lèvre *f* lip
liaison *f* cohesion
liard *m* farthing
libraire *m* bookseller
lie *f* dregs
lien *m* bond, tie
lier to bind
lieu *m* place, spot
lieue *f* league
linceul *m* shroud, winding sheet
lisière *f* borderline
livre *f* pound (basic unit of coinage
  before 1789)
livrée *f* livery
livrer to deliver; **se** —— **la guerre** to
  wage war on one another
locataire *m* or *f* tenant
loin far; **de** —— **en** —— at rare in-
  tervals
loisible possible; available
loisir *m* leisure
long(-ue) long; **à la** —— by and by,
  at long length
loque *f* limp rag
louange *f* praise
loup *m* wolf
loyer *m* rent(al)
lueur *f* glow
luire to shine (forth)
lumière *f* light; *pl* enlightenment
lunette *f* spy-glass
lustre *m* candelabra
lustrer to smooth
lutrin *m* church lectern
lutter to struggle
luxure *f* lust

mâcher to chew
machine de guerre *f* battering ram
maçonné walled in
madras *m* kerchief
madré shrewd

magasin *m* store; —— **à poudre** powder magazine

magot *m* mannikin, grotesque figurine

maigrir to grow thin

main *f* hand; —— **de fer** hand shovel; —— **d'oeuvre** labor force; **prêter —— forte** lend a hand, come to the rescue

mainmise *f* grip

maint many a

maintien *m* bearing, carriage

mairie *f* town hall (in Paris, there is one in each ward)

majeur *m arch* forefather

mal *m* evil (deeds); suffering, illness

mâle male, virile, masculine

mal-fondé *m* baselessness

malice *f* mischievousness

malversation *f* embezzlement

mamelon *m* knoll

manchon *m* muff

mandat impératif *m* binding mandate

mandataire *m* representative

mander to convey, make known

maniement *m* handling

manière *f* manner, way

se manifester to declare itself

manquer to lack, miss, come near, fail; to violate

marais *m* marsh, bog

marche *f* step, march

marché *m* market transaction; **bon —— ** cheap

marée *f* tide

marge *f* margin, wayside

marguillier *m* churchwarden

marquant ranking

marque *f* note; brand; **de —— ** ranking, distinguished

marteau *m* hammer

matamore *m* stage bully

mater to break, beat down

matière *f* (subject) matter

matin *m* morning

maudire to curse

mauvais bad, wicked, evil

Mᵉ abbreviation of **maître** (lawyer's title)

mécénat *m* art patronage

méchant wicked

méconnaître to misunderstand

méconnu ignored

mécontentement *m* discontent, dissatisfaction

méfiance *f* mistrust

mêler to mix; **se —— ** to meddle, take a hand (in)

méli-mélo *m* scramble

ménage *m* household

se ménager to contrive for oneself

mendier to beg

menée *f* intrigue, maneuver

mener to lead, conduct; —— **grand'joie** to rejoice mightily

meneur *m* agitator

ménétrier *m* minstrel

mensonge *m* lie

mentir to lie

menu minute, small, fine

se méprendre to mistake, to be mistaken

mépris *m* contempt, disregard

mépriser to despise, look down on

mer *f* sea

mercuriale *f* price list (required by law to be posted in public places)

mesquin petty

mesure *f* measure: **à —— que** as; **en —— de** in a position to

métier *m* craft, trade, business, career; loom, spinning frame

mettre to set, put; —— **au point** to bring to completion; —— **en demeure** to challenge; —— **en sûreté** to secure

meubles *f pl* furniture

meurtre *m* murder

meurtri bruised

meurtrière *f* murderess; firing slit

miauler to meow

mie *arch* scarcely

miel *m* honey

milice *f* under the old régime, a levy of townsmen and peasants; later, auxiliary police force levied for riot duty (specifically under the Vichy régime, anti-Resistance duty)

millier *m* a thousand

mine *f* mien, face; fount, source

miner to undermine

minutage *m* timing

mise *f* stake; —— **sur pied** raising

miser to place one's bet

miséricordieux compassionate

mitraille *f* grapeshot

mitrailleuse *f* machine gun
mobile *m* motive, urge
mode *f* fashion
moëlle *f* marrow
moeurs *f pl* mores, manners, behavior; —— **spéciales** sexual inversion
moindre lesser, least
moine *m* monk
moire *f* watered silk
moisson *f* harvest
moitié *f* half
mollesse *f* laxness, softness
monceau *m* heap
montrer to show
se moquer to make fun (of), make a mockery, not care a hang (for)
moral *m* morale
morcelé splintered
mordre to bite
More (Maure) *m* Moor, Moroccan
morgue *f* arrogance
morne grim
morose gloomy
mort *f* death
morveux *m* snotnose
mot *m* word; —— **d'ordre** watchword, password; **se payer de** ——**s** to kid oneself
mou flabby, soft
mouche *f* fly; beauty patch
moucheter to spot
mouillé wet
moulin *m* mill
mourir to die; **se** —— to be dying
mouvoir to move, stir, drive away
moyen *m* means; *adj* average, middle
mû see **mouvoir**
mugir to bellow
municipaliser to turn into a self-governing municipality, urbanize
mur *m* wall
mûrir to mature, grow to fruition
murmure *m* grumbling
museau *m* snout
museler to muzzle
musulman *adj* Moslem
mutation *f* change; —— **d'état** revolution
mutin rebellious, mutinous

naguère at one time
nain *m* dwarf

naissance *f* birth
naître to be born
nanti well off
nappe *f* layer
narquois mocking
nasse *f* eel-pot, trap
naturel native; **bon** —— better nature
néanmoins nonetheless
néant *m* nothingness
nef *f* ship
négociant *m* merchant, businessman
net clear, sharp; altogether
nez *m* nose; **s'en prendre au** —— to rue it
niche *f* kennel
nid *m* nest
nivellement *m* leveling
noblesse *f* nobility; —— **de robe** magistracy
noeud *m* knot, tie
nonagénaire ninety-year old person
nord *adj* north
se nouer to form (ties)
nourrice *f* nurse; *poet* begetter
nourrir to feed, nurture
novateur *m* innovator
nuage *m* cloud
nue *f poet* cloud; *pl* heavens
nuée *f* large cloud, thundercloud
nuire to harm
nul none
nuque *f* nape of the neck

obéissant obedient
observation *f* objection
obus *m* shell
octroyer to grant
oculaire *m* eyewitness
oeil *m* eye; **voir d'un bon** —— view with favor
oeuvre *f* work, achievement, creation
offenser to offend, hurt
offensif(-ve) offensive; **retour** —— resurgence
officieux officious; unofficial
officine *f* office
offusquer to offend
oindre to anoint
oiseleur *m* bird-catcher
oisif idle
ombre *f* shadow, shade

onction *f* unction, anointment
onde *f poet* water, wave
opiniâtrement stubbornly
opprimer to oppress
orage *m* storm
ordonner to order, command
ordre *m* order, rank, estate
oreille *f* ear
orge *f* barley
orgue *m* organ
orgueilleux(-se) proud, overbearing
oriflamme *f* banner
ormeau *m* young elm
orphelin *m* orphan
orteil *m* toe
ortie *f* nettle
os *m* bone
oser to dare
osier *m* wicker
ôter to remove, take away
oublier to forget
ouïr to hear
ouragan *m* hurricane
outrage *m* wrong, abuse, injury
outre que besides
outremer overseas
ouvrage *m* work
ouvrir to open

païen pagan
paillasse *m* Pagliacci, clown
paille *f* straw
pair even; *m* peer; **hors de** —— peer-less
paisible peaceful, peaceable
pallier to compensate (for)
pampre *m* vine stock
pan *m* side
panache *m* helmet plume
pantoufle *f* slipper
panzer *m* tank (German)
papauté *f* papacy
pape *m* pope
paquet *m* bundle, package
para *m* parachutist, airborne trooper
paravent *m* screen
paré enhanced
pareil(-le) like
parer to parry; —— **à** guard against
paresse *f* laziness
pari *m* wager
parole *f* word (spoken)

parricide *m* murder of a blood relative or a king
partage *m* division
partager to share, divide
parterre *m* flower bed
parti *m* part, side(s) in a decision, political party; match; **prendre un** —— to come to a decision; **tirer** —— to take advantage
particulier private
partie *f* part, game, party to a dispute; **prendre à** —— to engage, attack
partir to leave; to go off; **à** —— **de** from —— on
parvenir to succeed; —— **à bout de** to overcome
pasquin *m* clown
pas *m* step, precedence
passe *f* pass; **mauvaise** —— tight spot, bad way
passementé trimmed
passer to forgive; to allow; —— **pour** to be accounted as; **se** —— **de** to do without
pâtir to suffer
patrie *f* fatherland, homeland
patrimoine *m* heritage
patronat *m* management
patte *f* paw
paupière *f* eyelid
payer to pay; **se** —— **de** to settle for
paysannerie *f* peasantry
péage *m* duty, excise tax
péché *m* sin
pêcheur *m* fisherman
peigner to comb
peindre to paint, portray
peine *f* pain, penalty, punishment, trouble; **à** —— scarcely
pêle-mêle pell mell
pèlerin *m* pilgrim
peloton d'exécution *m* firing squad
penchant *m* disposition, liking
penché leaning
pendre to hang
pendule *f* grandfather clock
pénétrant sharp
pénible painful
pension *f* yearly income, annuity
pépinière *f* nursery
percevoir to gather, collect a tax
perdre to lose; to undo, destroy

péripétie(s) *f* reversal, ups and downs
perron *m* front step
Perse *f* Persia
perte *f* loss; destruction; **à —— de vue** as far as the eye can see
pesanteur *f* weight
pesée *f* steady pressure
peser to weigh
pestiféré plague-stricken
pétanque *f* bowling game
pétillant effervescent
petit-fils *m* grandson
pétri replete
peu little; **pour —— que** if ever
peuple *m* people, populace
Philomèle *f* Philomel, the nightingale of Greek legend
phtisie *f* tuberculosis
physicien *m* physicist
pic *m* pick-axe
pièce *f* play; piece; room
pied *m* foot; **—— noir** Algerian of European stock
piège *m* trap
piétinement *m* trampling
piétiner to tread; to be mired
piéton *m* pedestrian
pillerie *f* pillaging
pinceau *m* brush
pioche *f* pick-axe
piper to load dice
pique *f* pike
piquer to prick; **se —— de** to make a point of, take special pride in
pire worse
pis worst; **de —— en ——** from bad to worse
pitoyable pitiful
pitre *m* buffoon
placard *m* closet; poster
place *f* position; room
placet *m* petition; stool
plaie *f* sore
se plaindre to complain
plainte *f* complaint; groan
se plaire à to be pleased to
plaisant amusing
plaisanter to joke
planer to sweep, soar
planeur *m* glider
planification *f* planning (the economy)
pléiade *f* phalanx

pleurer to weep, bemoan
pli *m* fold
plier to bend, fold; **se ——** to adapt
plonger to plunge, immerse
ployer to bend, fold, give way
poids *m* weight
poing *m* fist
poireau *m* leek
poitrine *f* chest
poivre *m* pepper
police *f arch* polity
policé polished, civilized
politesse *f* politeness, courtesy, refinement
poltron *m* coward
pommade *f* vaseline
pommeau *m* knob, pummel
pondre to lay an egg
portée *f* reach, range, bearing
porte-panier *m* delivery boy
poser to posit
possédant propertied
pot au feu *m* boiled beef
poteau *m* stake
potin *m* gossip
pouce *m* thumb; inch
poudre *f* (gun)powder
poudreux dusty
poudrière *f* powder magazine
poulain *m* colt
poularde *f* chicken
pouls *m* pulse
pourceau *m* pig
pourpoint *m* doublet
pourpre *f* purple
pourrir to rot
pourriture *f* putrefaction
pourvoir to provide, supply, see to
poussée *f* pressure
pousser to push, drive
poussier *m* coal dust
poussière *f* dust
pouvoir *m* power; government; **pleins —— s** emergency powers
pratiquer to work, practise, carry on
préalable prior
prêcher to preach
préconiser to advocate
prédicateur *m* preacher
préfectoral (système ——) the appointment by the central government of a set of administrative officers to govern

préfectoral (système ——) (cont.)
the departments created by the Revolution
préjudice *m* harm, disadvantage
prélever to deduct
prescrire to lay down, stipulate
presse *f* crowd
presser to press, oppress, urge
pressoir *m* wine-press
prêter to lend
preuve *f* proof, evidence
preux valiant, knightly
prévenant foregathered
prévenir to warn
prévision *f* forecast
prévoir to foresee
prévôt *m* provost
prie-Dieu *m* kneeling stool
prier to pray, ask
primauté *f* primacy
primer to come before
printemps *m* spring
prise *f* grip
priver to deprive; **se ——** to do without, resist the temptation
procédure *f* judicial process
procès *m* trial
procès-verbal *m* minutes of a meeting
prochain *m* neighbor
proche close; **ses ——s** one's near and dear
procureur général *m* attorney general
prodiguer to lavish
se profiler to be outlined
proie *f* prey, victim
projet de loi *m* bill
se promener to take a walk
promouvoir to promote (**promu**)
prôner to advocate
pronunciamiento *m* military coup
se propager to spread
propre fit, suited; *m* the distinctive feature
propriétaire *m* owner, landlord
provende *f* provision, pittance
puiser to draw
puissance *f* power
putsch *m* coup d'état (German)

quant à quant by and by
quérir to seek
queue *f* tail, queue

quiconque whoever
qui vive! who goes there? (sentinel's challenge)
quolibet *m* wisecrack
quotité *f* quota, amount

rabat *m* ruff, lace collar
rabattre to cut back, discount; **se —— to settle (for)**
raccourcir to shorten
rachat *m* repurchase
racine *f* root
radeau *m* raft
rafale *f* burst
raffoler to adore
rafler to rifle
rage *f* rabies
rageur seething
raid *m* long distance drive
railler to make fun
raison *f* reason; **avoir —— de** to get the better of
rajuster to fix up
ralentissement *m* slowdown
râler to utter a death rattle
rallier to rally, join up with
ramasser to pick up
rameau *m* bough
ramener to bring back
rampe *f* banister
ramper to crawl, grovel
rang *m* rank
ranimer reawaken
rassemblement *m* gathering
rat-de-cave *m* exciseman, "revenuer"
râteau *m* rake
rattraper catch up to
ravalement *m* cleanup
ravir to take away
ravitaillement *m* food delivery
rayon *m* ray
rayonner to radiate, shine forth
réalisateur *m* film director
(re)badigeonner to whitewash
rebours *m* reverse (of the grain or nap); **au ——** contrariwise
receveur *m* collector
rechigné grouchy
récit *m* narrative
récitant *m* solo voice
réclamation *f* protest

réclamer to demand, protest; **se ——
de** to claim
recoin *m* corner, nook
récolte *f* crop
reconnaître to acknowledge
recourir to have recourse
recouvrer to recover
se recroqueviller to crumple up
recueillir to gather, collect
recul *m* recoil; **en ——** declining
reculé far off
reculer devant make way for
rédaction *f* newsroom
reddition *f* surrender
rédiger to pen, draft, edit
redingote *f* tail coat
redire to criticise, gainsay
redoutable fearsome
référendaire *m* referendary; **Grand
R ——** keeper of the seal and archives
of the imperial senate
refleurir to flourish again
refluer to stream back
refondre to renovate, transform
refouler to repress, push back
regard *m* glance, oversight, sight
régir to rule
régisseur *m* stage manager
règle *f* rule, order
règlement *m* regulation
régner to rule, reign
regorger to swarm
rehausser to raise, enhance
rein(s) *m* kidney(s); *pl* back
reine *f* queen
réintégrer to rejoin
réjouir to rejoice
se relâcher to let go
relaps relapsed into heresy, apostate
reliquat *m* leftover
reluisant glistening
remaniement *m* reshuffle
remettre to put off; to re-establish;
—— en cause to challenge; **se ——**
to recover; **se —— de la partie** to
rejoin the fray
remise *f* delay
remontée *f* recovery
remous *m* upheaval
remplir to fill, hold, fulfill
remporter to take back; to gain
remuant quarrelsome

remuer to budge
renchérir to go one better, outdo
rendre to return, render, give back; to
make; **se ——** to give in, surrender,
to betake oneself
renfermer to lock up
renflouer to salvage
se rengorger to gloat
renouveau *m* rebirth
renouveler renew, rekindle
renseignement *m* information
rente *f* income
rentrer dans to fit into
renverser to upset, overthrow
renvoyer to dismiss, send back
repaire *m* den
répandre to spread
répartir to distribute
se repentir to regret, repent
répertoire *m* catalog
repincer to nab
répit *m* respite
se replier to turn upon oneself; to fall
back
se reporter to go back
repos *m* rest, tranquillity
repousser to reject, repel, refuse
reprendre to return to, take up again
répugnance *f* reluctance, repulsion
requérir to call out, request, call upon
requête *f* petition; **maître des ——s**
auditor
rescapé *m* survivor
réseau *m* network
résoudre to resolve, come to a decision
respirer to breathe
ressentir to feel, resent
ressort *m* spring, bounce
ressortir to stand out; **faire ——** to
bring out
se ressourdre *arch* to arise anew, come
back
ressusciter to revive, bring back to life
rester to stay
restituer to give back
restreint restricted, limited
retentissement *m* resonance
retenue *f* restraint
réticent reluctant
retors crooked
retour *m* return; **—— sur soi-même**
second thoughts

retraite *f* retirement
retrancher to omit, suppress, excise
retremper to give renewed strength
retrousser to turn up
se réunir to convene
réussir to succeed
revanche *f* return match; **en** ——— conversely
revendication *f* protest, demand, claim
revenir to come back; ——— **de** to give up, to get over
rêver to dream
révérence *f* curtsey
revêtir to take on, assume
revirement *m* swing
revoler to fly back
révolu bygone
Rhénanie *f* the Rhineland
ride *f* furrow, ripple
rideau *m* curtain; **lever de** ———
curtain-raiser
rigueur *f* rigor
ripaille *f* junket
rire to laugh, smile
ris *m arch* laugher
rivage *m* shore
roberie *arch* robbery
rocher *m* rock
rogner to gnaw
roide stiff
romance *f* love song
rompre to break off; to train
ronde *f* round; **à la** ——— all around
ronflement *m* snore
roseau *m* reed
rosser to trounce
roturier *m* commoner
rouage *m* cog; *pl* machinery
rouer to break on the wheel
rougir to blush; to heat
royaume *m* realm, kingdom
ruade *f* horse kick
rude rough, tough
ruée *f* onslaught
se ruer to rush
ruisseau *m* brook; gutter
rustre *m* rustic, countryman

sabotier *m* clog-maker
saccagement *m* devastation
sacerdoce *m* priesthood
sacre *m* coronation, anointment

sacrer to anoint, proclaim
sagesse *f* wisdom
sain healthy, wholesome
saisie *f* seizure
saisir de to vest with power to
saisissement *m* shock
salé salted
salle *f* room, hall
Salpêtrière *f* one of the oldest and best-known insane asylums in Paris
salut *m* salvation, safety
sang *m* blood
sang-froid *m* coolness under fire, "cool"
sanglant bloody
sangler to cinch
sanglot *m* sob
santé *f* health
saperlotte (mild expletive)
sapience *f arch* wisdom
Sarrasin *m* Saracen, Turk
sauter to jump, leap; **faire** ——— to blow up
sauvegarde *f* safekeeping
sauve qui peut! every man for himself!
se sauver to run off, to flee
savamment competently
savoir *m* learning, science
scabreux questionable, indecent
sceau *m* seal
sceller to seal
scénique pertaining to the stage
scinder to split
scrutin *m* ballot(ing)
séance *f* session, sitting
séant fitting, suitable
sec dry
secouer to shake off, toss
secours *m* help
secousse *f* shake, shock, blow, upheaval
séculaire century-old, age-old
seigle *m* rye
sein *m* bosom, breast; **au** ——— **de** amid
selle *f* saddle
semence *f* seed
sénéchaussée *f* seneschal's jurisdiction
sens dessus-dessous topsy-turvy
sensiblement perceptibly
sentier *m* path
sergent de ville *m* police officer
serment *m* oath; **prêter** ——— to take an oath

sermonneur *m* sermonizer
serpillière *f* coarse apron
serre *f* talon
serré close, tight
serviteur *m* servant
seuil *m* threshold
sève *f* sap
sevrer to wean
shako *m* bearskin hat
sied (il ——) it is becoming, it is fitting
siéger to sit, hold a session
siffler to whistle, to hiss
se signaler to announce itself
se signer to cross oneself
sillon *m* furrow, streak
simulacre *m* representation, show
singe *m* monkey
sinistre *m* disaster
sitôt no sooner; **de ——** all that soon
soc *m* ploughshare
soie *f* silk
soif *f* thirst
soigneusement carefully
soin *m* care, concern
sol *m* ground
se solder to result in
soleil *m* sun
solennellement solemnly, with pomp
solfatare *f* land emitting sulfurous fumes, fumerole
solidairement of a piece
sombrer to sink
sommeil *m* sleep
son *m* sound
sondage *m* poll
songer to dream, contemplate, give thought
sort *m* fate, chance
sorte *f* kind; **de la ——** thus, in such manner
sortie *f* exit
sot *m* fool
sottise *f* bit of silliness
soubassement *m* foundations
soubresaut *m* jolt, upheaval
souci *m* care, worry; marigold
souffle *m* breath
souffreteux(-se) sickly, wretched
souffrir to suffer, endure, put up with
soufre *m* sulfur
souhaiter to wish, desire

souillure *f* blemish
soulagement *m* relief
soulèvement *m* uprising
soulever to arouse
soulier *m* shoe
souligner to underline, stress
soumettre to submit, subject
soumis submissive, subject to
soupirail *m* cellar grate
souplesse *f* flexibility
sourd deaf
sourdine *f* mute; **en ——** muted
sournois sneaky
sournoisement on the sly
sous-estimer undervalue
soutenir to support, maintain, back up
spirituel(-le) witty; spiritual
spolier to despoil
stade *m* stage
subsister to survive, go on
suc *m* juice
succédané *m* substitute
sueur *f* sweat
suffrage *m* vote
suie *f* soot
suite *f* retinue, wake
suppléer to make up for
supplice *m* torment, execution
supplier to beg
suppôt *m* henchman
sûr sure, assured, trusted
suranné timeworn
surchauffer to overheat
surclassé outclassed
surcroît *m* excess, increase; **de ——** moreover
surélever to raise, to elevate
sûreté *f* safety, security
surgir to arise, emerge
surprendre to take by surprise
sursaut *m* sudden jump, start
surséance *f* stay, delay
sursis *m* respite
survenir to recur, come up
survivre to outlive
susceptible apt
susciter to give rise
syndicat *m* labor union

tabouret *m* stool
tâche *f* task

taille *f* land tax, tax on produce; waist; size
se taire hold one's peace, be quiet
talonné hard-pressed
talus *m* embankment
tambour *m* drum
Tamise *f* River Thames
tandis que whereas
se tapir to huddle
tapissé bedecked
tarder à quelqu'un to yearn for
tare *f* fault, blemish
tarir to dry up
tas *m* heap, pile, crew; **grève sur le —— ** sit-down strike
taux *m* rate, tariff
tefterdar *m* Turkish official
teinturier *m* dry cleaner
téméraire rash
témoignage *m* proof
témoigner to witness, exhibit
témoin *m* witness
tendre to stretch out
ténébreux(-se) dark, forbidding
teneur *f* content
tenir en respect to hold off
tentative *f* attempt, undertaking
tenter to attempt, seek; to tempt
ténu insubstantial
tenue *f* session
terme *m* end; **à bon —— ** to a good conclusion
ternaire ternary, three-beat
terrain *m* terrain; **—— d'élection** chosen setting
terrassement *m* heavy construction work
terrasser to overwhelm
se terrer to hole up
terrien in the land
têtu stubborn
tiédi warmed
tiers third
tige *f* stem
timon *f* helm
tintamarre *m* racket
tir *m* firing
tirer to draw, pull, drive, extricate; to fire a gun; **s'en —— ** to pull out; **—— parti** to make use
tocsin *m* alarm
tohu-bohu *m* confusion

toile *f* cloth, sheet, canvass
tollé *m* outcry
toman *m* Persian coin
tombereau *m* tumbril
tonifiant tonic
tonner to thunder
topique local
se tordre to twist, writhe
torpiller to torpedo
tortue *f* turtle
toucher to touch, reach
Tourangeau *m* from Touraine, region of Tours
tourbe *f* rabble
tourbillon *m* swirl
tourelle *f* turret
tourmente *f* storm, crisis
tourmenter to vex
tourner to turn, take a turn, bypass; **—— au préjudice** to work against
toutefois yet
traduire to express, translate; **—— en justice** to take to court
trahir to betray
train *m* retinue, pace
traîner to draw, drag
trait *m* arrow
traître *m* traitor
trajet *m* distance, itinerary
tranchée *f* trench
trancher to cut, slice; to cut short, settle a question; **—— de** to cut a figure as
trappe *f* trap door
traquer to hound
trébucher to stumble
tremper to dip, soak
trépied *m* tripod
trésor *m* treasury
tressaillir to shudder
tréteau *m* trestle
trêve *f* truce
tricher to cheat
tricot *m* sweater, knit shirt
trinquer to clink glasses, drink a health
triple-croche *f* thirty-second note
tripot *m* gambling den
triste sad
trombe *f* tornado
tromper to deceive; **se —— ** to err, be mistaken

tromperie *f* hoodwinking
tronçon *m* segment
tronçonné mutilated, beheaded
trouer to riddle (with holes)
troupeau *m* herd
trouver to find; **se —— bien** to feel well off
tuer to kill
tuerie *f* slaughter
tuile *f* roof tile
tutelle *f* wardship

ulcérer to embitter
ultérieur further
ultramontain ultramontane, referring to those who looked across the Alps to Rome for authority or leadership; anti-gallican
union *f* unity
unique single
usage *m* custom
usine *f* factory
usité common, routine
usure *f* attrition

vacarme *m* racket, hullabaloo
vaincre to defeat
vainqueur *m* victor
vaisseau *m* ship
valoir to be worth; to earn someone something; **se faire ——** to show oneself in a good light
vanter to boast
vaquer to see to
vautour *m* vulture
se vautrer to wallow
veille *f* wake; eve, day before
veiller to wake
veilleuse *f* night light; **mettre en ——** to suspend
velléité *f* half-measure
velours *m* velvet
vendre to sell out, betray
vénéneux poisonous
venir à bout to manage
vente *f* sale
ventre *m* belly
véreux worm-eaten, corrupt
véridiquement truthfully
verge *f* rod
verglas *m* ice underfoot

vergogne *f* shame
vermeil(-le) scarlet
vernis *m* varnish
vérole *f* pox
verre *m* glass
verser to pour
vespasienne *f* open-air urinal booth
veste *f* jacket
vétilleux finicky
vêtir to dress, put on
veuve *f* widow
vicier to deteriorate
vide *m* void, vacuity
vieillard *m* old man
vierge virgin
vif alive, vital, lively, keen
vigne *f* grapevine, vineyard
vigneron *m* vine-grower
vigueur *f* vigor; **mise en ——** enactment
vil base, lowborn, vile
vinaigre *m* vinegar
violer to rape
viser to aim at
visière *f* face guard
vitre *f* glass, windowpane
vivres *m pl* victuals
voeu *m* wish, desire; vow
voie *f* way
voire in truth
voirie *f* road-building, sanitation; garbage dump
voisiner to neighbor
voix *f* voice; vote
vol *m* flight
volaille *f* poultry
voler to steal; to fly
volet *m* blind
volonté *f* will, wish
voûte *f* vaulted ceiling
vraisemblable plausible, likely
vraisemblablement most likely
vu given
vue *f* outlook, view, objective

whist *m* card game

zélé devoted
zouave *m* colorfully dressed colonial soldier

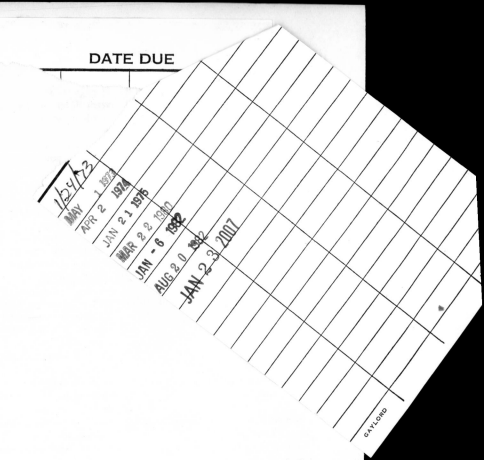